509A
LIUGONG

LIUGONG

LIUGONG

LIUGONG

ZOOMLION

建今日 见未来

韩国斗山集团（DOOSAN）是一家享誉全球、颇具竞争力的跨国公司。斗山工程机械（Doosan Infracore）创立于1937年，隶属于斗山集团，是斗山集团基础设施建设（ISB）领域的核心部门。Doosan Infracore主要提供工程机械等设备，通过完善的服务体系和金融服务方案，针对客户需求，提供可定制化的整体解决方案，实现客户价值，向世界一流企业进军。

目前，Doosan Infracore生产基地遍布美洲、欧洲、亚洲，均与韩国总部以及在美国、印度、欧洲等地的全球化研究开发中心和工程技术网络紧密相连，结合全球1200多家经销商网络，为全球客户提供优质的产品、技术和服务。

自1994年进入中国市场以来，斗山工程机械（中国）有限公司坚持以品质赢市场，在中国挖掘机市场十年累计销量位列第三，客户满意度累计15次获得冠军。2013年12月率先实现了挖掘机累积生产销售量突破13万台；2016年全面推出9C系列新品以及电喷机的更新换代；2017年推出贴合中国矿山产业的标杆产品DX800LC−9C，荣获多项国内大奖；2018年推出DX130−9C与DX230LC−9C，凭借均衡出众的性能被誉为斗山“黄金双枪”；同年，在bauma CHINA 2018（上海宝马展）上，斗山隆重推出全球率先用真实设备展示超长距离跨国远程控制施工机械的5G远程控制技术，全方位彰显了“为未来而准备的斗山”的创新突破和品牌实力。

告别了斗山荣耀的80周年，2019年，斗山将凭借领先的技术和专业的团队，率先积极地应对中国市场变化，开启中国工程机械行业发展新的纪元。

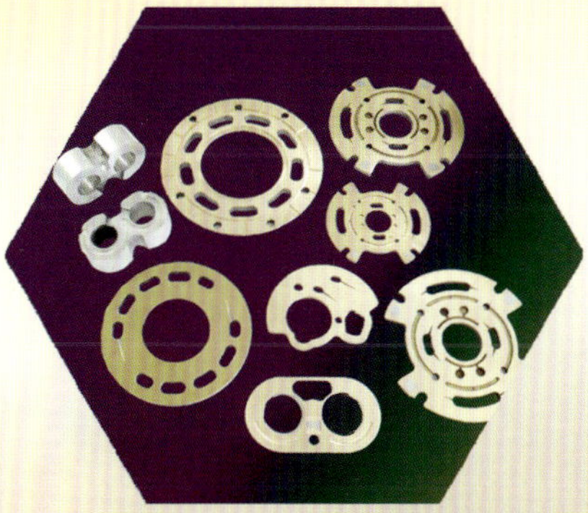

承载城市梦想 建筑美好生活

■ φ15m级超大直径泥水平衡盾构机

■ 杭州江南大道工程φ11.67m泥水平衡盾构机

■ 印度孟买地铁工程φ6.62m双模式硬岩TBM掘进机

■ 新加坡FUNAN地下通道工程7.93m×6.43m矩形顶管机

■ 新疆乌鲁木齐轨道交通钢模

■ φ1m高精度管幕暗挖法土压平衡顶管机

地址：上海市浦东新区海徐路957号　邮编：200137

电话：021-58482957　传真：021-58483905

http://shield.stec.net　邮箱：shichangbu@stecmc.com

中国战略性新兴产业研究与发展

该书对实现“中国制造2025”“工业强基”的战略目标，与“一带一路”沿线国家进行深入合作，提升国家硬实力，具有现实的指导作用。

适合各级政府和行业决策机构制定政策法规、学术研究机构规划研究方向参考，也适合企业决策者，技术、管理及市场人员，以及投资、证券行业及咨询机构的人员在规划、投资、研究、项目实施中使用。

第十届、第十一届全国人大常委会副委员长、中国科学院院士、中国工程院院士 路甬祥

该书凝聚深化对战略性新兴产业发展规律的认识，为国家战略性新兴产业发展规划的深入实施提供参考，具有重要意义。

中国机械工业联合会会长 王瑞祥

该书的出版既是出版界的一件大事，也是推动我国机械工业转型升级和行业振兴发展的一件好事。

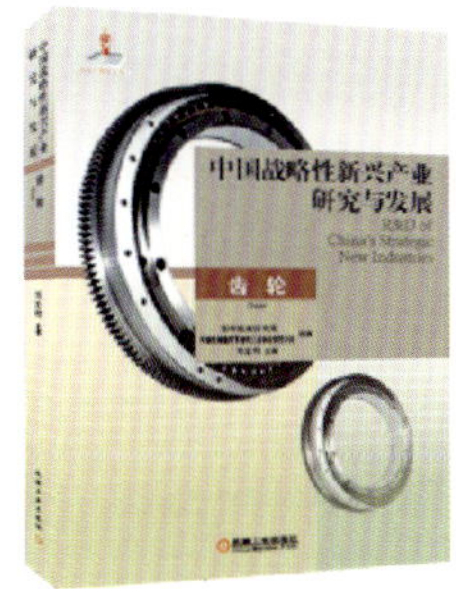
齿轮

风能

工程机械

轨道交通

农业机械

生物质能

数控机床

水电设备

太阳能

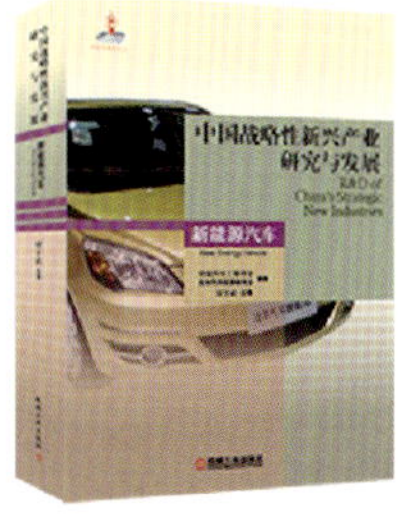
新能源汽车

智能电网

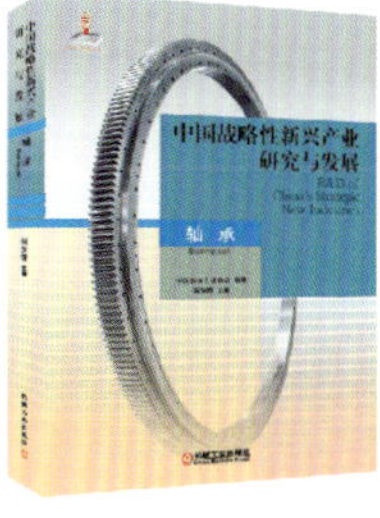
轴承

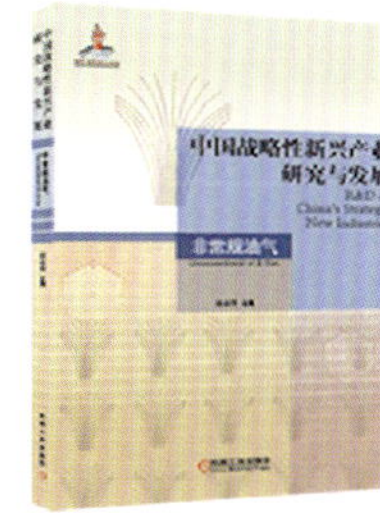
非常规油气

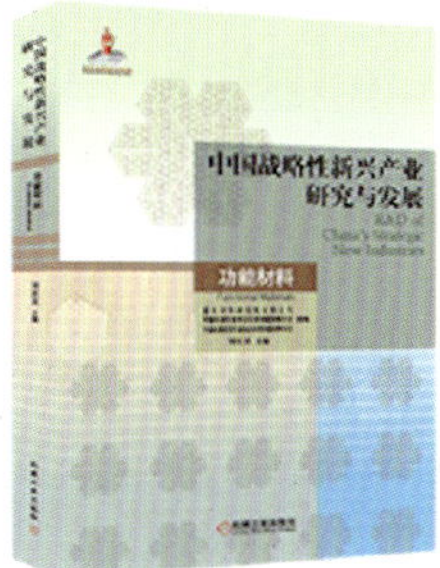
功能材料

紧固件

内燃机

塑料机械

塑木复合材料

物联网

物流仓储装备

制冷空调

智能制造装备

模具

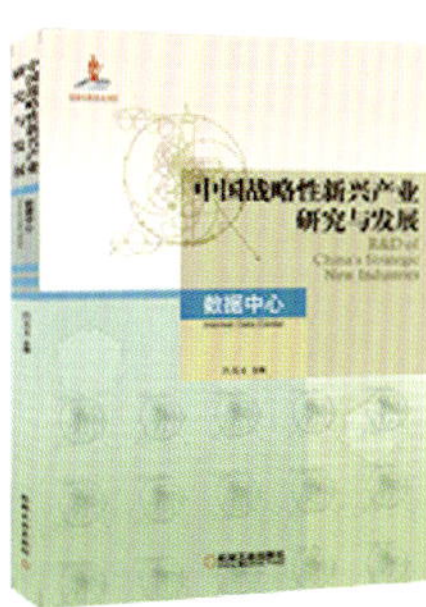
数据中心

中压开关

广告
xilin
起源于1985
西 林 叉 车
34年专注于仓储物流设备
34 Years Focus on Warehousing and Logistics Equipment
远销131个国家及地区
Export to 131 countries and regions
国际品质 全球认证
国家高新技术企业
中国质量诚信企业
GS认证
CE认证
www.xilinchina.com
全国销售服务热线：400-8809-355
宁波如意股份有限公司 NINGBO RUYI JOINT STOCK CO.,LTD.

中国机械工业年鉴系列

中国工程机械工业年鉴

2019

中国机械工业年鉴编辑委员会
中国工程机械工业协会 编

本书主要内容包括综述篇、大事记、改革开放40年、行业篇、企业篇、市场篇、调研篇、统计资料和标准篇9个栏目，集中反映了2018年工程机械行业的发展情况，详细记载了挖掘机械、铲土运输机械、工程起重机、工业车辆、筑养路机械、凿岩机械与气动工具、桩工机械、掘进机械、市政与环卫机械、装修与高空作业机械、观光车、工程机械配套件等分行业的发展情况，提供了工程机械行业的经济指标。

本书主要发行对象为政府决策机构、机械工业相关企业决策者和从事市场分析、企业规划的中高层管理人员，以及国内外投资机构、贸易公司、银行、证券、咨询服务部门和科研单位的机电项目管理人员等。

图书在版编目（CIP）数据

中国工程机械工业年鉴．2019/中国机械工业年鉴编辑委员会，中国工程机械工业协会编．—北京 ：机械工业出版社，2019.9

（中国机械工业年鉴系列）

ISBN 978-7-111-63418-8

I．①中… II．①中… ②中… III．①工程机械—机械工业—中国—2019—年鉴 IV．① F426.4-54

中国版本图书馆CIP数据核字（2019）第161365号

机械工业出版社（北京市百万庄大街22号　　邮政编码100037）

责任编辑：魏素芳

责任校对：李　伟

北京宝昌彩色印刷有限公司印制

2019年9月第1版第1次印制

210mm×285mm • 15.5印张 • 42 插页 • 628千字

定价：400.00元

凡购买此书，如有缺页、倒页、脱页，由本社发行部调换

购书热线电话（010）68326643、68997962

封底无机械工业出版社专用防伪标均为盗版

中国机械工业年鉴系列

作为『工业发展报告』

记录企业成长的每一阶段

中国机械工业年鉴

编辑委员会

中国工程机械工业年鉴

『鉴』证行业发展

挖掘企业亮点

中国工程机械工业年鉴
执行编辑委员会

中国工程机械工业年鉴

『鉴』证行业发展
挖掘企业亮点

中国工程机械工业年鉴
编辑出版工作人员

总　编　辑　石　勇

主　　　编　李卫玲

副　主　编　刘世博

编辑总监　任智惠

市场总监　赵　敏

责任编辑　魏素芳

编　　　辑　陈美萍　曹春苗

地　　　址　北京市西城区百万庄大街 22 号（邮编 100037）

编　辑　部　电话（010）68997962　传真（010）68997966

市　场　部　电话（010）88379812　传真（010）68320642

发　行　部　电话（010）68326643　传真（010）88379825

E-mail:cmiy@vip.163.com

http://www.cmiy.com

中国工程机械工业年鉴

『鉴』证行业发展

挖掘企业亮点

中国工程机械工业年鉴
特约顾问单位特约顾问

（按姓氏笔画排列）

特约顾问单位	特约顾问
诺力智能装备股份有限公司	丁　毅
河北宣化工程机械股份有限公司	于根茂
厦门厦工机械股份有限公司	王功尤
太原重工股份有限公司	王创民
山东临工工程机械有限公司	王志中
雷沃工程机械集团	王桂民
维特根（中国）机械有限公司	韦策图
山重建机有限公司	伦学廷
内蒙古北方重型汽车股份有限公司	邬青峰
浙江高宇液压机电有限公司	池建伟
浙江长盛滑动轴承股份有限公司	孙志华
住重中骏（厦门）建机有限公司	杨泽湧
中国国机重工集团有限公司	吴培国
山河智能装备股份有限公司	何清华
安徽博一流体传动股份有限公司	闵玉春
小松（中国）投资有限公司	张全旺
中交天和机械设备制造有限公司	张伯阳
安徽合力股份有限公司	张德进
江苏八达重工机械股份有限公司	陈利明
徐州盾安建筑工程机械制造有限公司	陈建海
台励福机器设备（青岛）有限公司	林佳郁
杭州爱知工程车辆有限公司	俞　沉
中信重工机械股份有限公司	俞章法
珠海仕高玛机械设备有限公司	郗俊峰
浙江海宏液压科技股份有限公司	钱云冰
一汽解放汽车有限公司无锡柴油机厂	钱恒荣
方圆集团有限公司	高　秀
北京华德液压工业集团有限责任公司	唐小波
上海隧道工程有限公司机械制造分公司	龚　卫
利星行机械（昆山）有限公司	傅耀生
宁波如意股份有限公司	储　江
广西柳工机械股份有限公司	曾光安
中联重科股份有限公司	詹纯新
斗山工程机械（中国）有限公司	廉允盛
廊坊德基机械科技有限公司	蔡群力
中国中铁工程装备集团有限公司	谭顺辉

中国工程机械工业年鉴

『鉴』证行业发展
挖掘企业亮点

中国工程机械工业年鉴
特约顾问单位特约编辑

（按姓氏笔画排列）

特约顾问单位	特约编辑
中国中铁工程装备集团有限公司	王杜娟
安徽合力股份有限公司	王利伟
斗山工程机械（中国）有限公司	王思思
浙江海宏液压科技股份有限公司	文小凤
宁波如意股份有限公司	叶国云
中信重工机械股份有限公司	史永胜
北京华德液压工业集团有限责任公司	冯敬华
山重建机有限公司	朱立官
利星行机械（昆山）有限公司	朱庆红
山河智能装备股份有限公司	朱建新
徐州盾安建筑工程机械制造有限公司	刘　东
内蒙古北方重型汽车股份有限公司	刘　智
广西柳工机械股份有限公司	刘春菊
江苏八达重工机械股份有限公司	孙　娜
维特根（中国）机械有限公司	李　娇
一汽解放汽车有限公司无锡柴油机厂	杨　洋
中国国机重工集团有限公司	杨　雪
中交天和机械设备制造有限公司	杨　辉
杭州爱知工程车辆有限公司	吴仙华
小松（中国）投资有限公司	吴春雷
安徽博一流体传动股份有限公司	余丙才
方圆集团有限公司	汪新军
廊坊德基机械科技有限公司	张　拯
雷沃工程机械集团	张也弛
住重中骏（厦门）建机有限公司	陈　宁
珠海仕高玛机械设备有限公司	陈若枝
浙江长盛滑动轴承股份有限公司	郁建忠
中联重科股份有限公司	罗雅萌
浙江高宇液压机电有限公司	项玲媛
诺力智能装备股份有限公司	钟锁铭
台励福机器设备（青岛）有限公司	施正丰
太原重工股份有限公司	贾　俊
厦门厦工机械股份有限公司	高万居
山东临工工程机械有限公司	郭少华
上海隧道工程有限公司机械制造分公司	黄迎燕
河北宣化工程机械股份有限公司	薛占君

前　言

在喜迎新中国成立70周年大庆的重要时刻，《中国工程机械工业年鉴2019》如期与读者见面了。

70年来，我国工程机械行业从无到有、从小到大，特别是改革开放40年来，工程机械行业在改革开放的历史机遇中获得了高速发展，取得了巨大的成绩和辉煌的成就，成为全球工程机械产业的重要力量。当前，我国正在高质量发展的轨道上向工程机械强国迈进。

2018年，是全面贯彻落实党的十九大精神开局之年，也是打好三大攻坚战开局之年，还是迈向高质量发展新征程的起步之年。这一年，身处世界百年未有之大变局，面对复杂严峻的国内外形势，在以习近平同志为核心的党中央坚强领导下，按照党中央决策部署，坚持新发展理念，坚持以供给侧结构性改革为主线，按照推动高质量发展要求，凝心聚力，攻坚克难，推动我国经济发展沿着正确方向前进，经济运行保持在合理区间，国民经济和社会发展主要预期目标较好地完成，实现了经济社会大局和谐稳定。

工程机械行业在历经5年之久的发展低潮以及2017年快速恢复和增长后，迎来了全面发展的2018年。全行业坚持高质量发展的工作要求，深入开展供给侧结构性改革，积极投身“一带一路”建设，取得了较好的成绩，技术创新和盈利能力大幅度提升，市场销售继续保持快速增长，经济运行质量达到历史最好水平。全行业呈现出可持续发展的勃勃生机，奠定了稳定发展的良好局面。

《中国工程机械工业年鉴》一直致力于真实记载工程机械行业的发展变化，记录了工程机械行业从规模扩张到质量提升的重大历史转变。作为行业发展史料，《中国工程机械工业年鉴》将继续发挥其独特的作用，引导企业加快转型升级，实现高质量发展，与广大企业、用户和关心我国工程机械行业发展的读者一起推动我国工程机械在强国道路上不断前行。

中国工程机械工业协会会长：

2019年7月

索

引

『鉴』证行业发展

挖掘企业亮点

广告索引

对话工业品牌

仕高玛
SICOMA
珠海仕高玛机械设备有限公司
SICOMA ZHUHAI CO., LTD.

公司简介

珠海仕高玛机械设备有限公司由隶属于中国兵器集团的西北工业集团、意大利SICOMA公司和香港志豪（中国）有限公司共同投资组建，专注于高品质混凝土搅拌机械设备的研发、生产、销售与服务。公司占地总面积达10万㎡，员工550余人。

珠海仕高玛公司把意大利SICOMA公司处于欧洲前沿的先进搅拌机技术与中国市场需求完美地结合，汇聚众多优秀的专业技术人才和经营丰富的管理团队，并与长安大学、武汉理工大学、香港大学等著名院校、研究院深入开展一系列产学研合作。拥有近百项专利技术，连续多年获得高新技术企业”称号以及“广东省工程技术研究中心”“珠海市重点企业中心” 等认定。

珠海仕高玛研发的产品主要有双卧轴、行星式、涡浆式、连续式等多系列、多品种的商品混凝土搅拌机、水工专用搅拌机、砂浆搅拌机、沥青搅拌机、轻质混凝土搅拌机、UHPC高性能混凝土搅拌机、稳定土搅拌机、飞灰固化搅拌机、陶瓷/人造石搅拌机、高速混合机、干粉搅拌机以及教学实验搅拌机等13个种类搅拌机和配套产品。自2000年投入市场以来，先后在北京奥运会、上海世博会工程、上海环球金融中心工程、溪洛度水电工程、阳江核电站工程、广州白云机场工程、高铁建设工程以及港珠澳大桥工程等多个国家重点工程项目中投入使用。此外，公司还与欧美、非洲、东南亚等20多个国家和地区建立了广泛业务联系，产品性能和品质得到国内外行业专家和客户的一致认可和高度评价，市场占有率稳居行业前列。

珠海仕高玛秉承“以人为本、服务至上”的服务理念，建立完善的售后服务体系和培训基地，建立了14个配件仓库，并在全国60多个大中城市设立了办事处，形成了总部、区域中心、二级仓库的三级配件供应保障体系，着力为国内外用户提供完美的解决方案！

作为搅拌机行业的领军企业，仕高玛将起带头作用，把“绿色发展”的理念投入到产品研发和技术创新之中。公司研发的节能高效绿色环保搅拌机率先通过国家环保部门“十环认证”，是行业中率先获此殊荣的企业，为国家和客户节约更多的能源，为建设美丽中国贡献出自己的一份力量。

产品展示

MAO标准型双卧轴商品混凝土搅拌机

MAO方量：1.5~6.0m³

MPC行星式商品混凝土搅拌机

MPC方量：0.25 ~3.0m³

企业荣誉

高新技术企业

广东省工程技术研究中心

中国工程机械100强

浙江高宇液压机电有限公司创建于2006年，是一家以提供液压零部件、系统集成及服务为主的国家高新技术企业。公司主要产品有多路阀、流量放大阀、先导阀、操纵阀等系列，主要配套应用于工程机械、矿山机械、船工机械、农业机械、工业车辆等领域，是国内少数具有完整液压系统研发生产能力的企业之一。公司被国家相关部门列入“工程机械高端液压件及液压系统产业化协同工作平台”成员单位。公司主导产品装载机多路换向阀连续七年位居行业前列。

公司技术力量雄厚，建立了开放高效的技术合作与技术创新体系，拥有浙江省企业技术中心和浙江省高新技术企业研究开发中心等创新平台，多次承担了国家技改和省级多项科研项目，取得国家专利近20项，参与制定或修订了6项行业标准，并多次获得科技创新等奖励。2016年，公司参与承担国家重点研究计划项目“丘陵山地拖拉机关键技术研究与整机开发”项目。

公司拥有先进的工艺装备、检测设备和完善的管理体系，保证了产品的性能和质量，客户满意度和市场占有率保持行业领先水平。公司与徐工集团、临工股份、卡特彼勒、福田雷沃、厦工股份、龙工股份等国内知名工程机械主机客户建立了长期稳定的合作伙伴关系，并连续多年被客户评为优秀供应商。

公司坚持技术创新和管理创新，全面推行卓越绩效管理和精益生产方式，大力实施精准营销和品牌战略，提高综合运营能力，高宇液压正以“成为国内领先的液压零部件、系统集成及服务供应商”为目标，集约发展、创新发展，努力成为工程机械行业值得信赖的品牌。

地址：浙江省临海市大洋街道柘溪路358号　邮编：317000

电话：0576-89367878　传真：0576-85128292

http://www.zjgaoyu.com

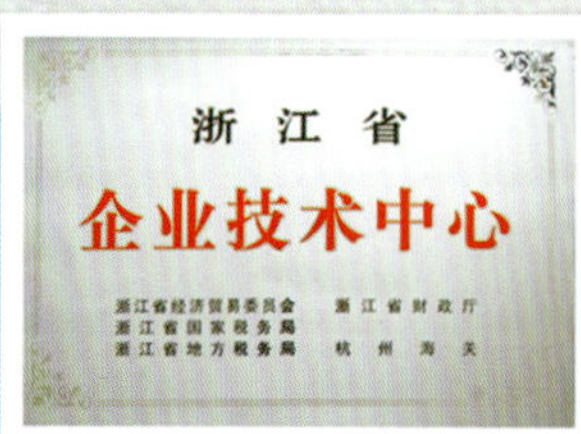

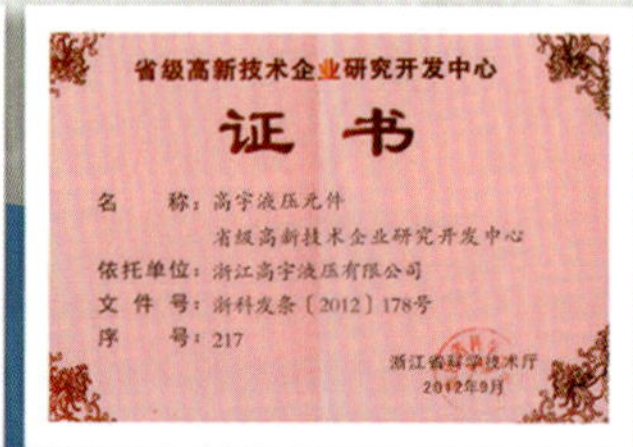

CRV先导阀

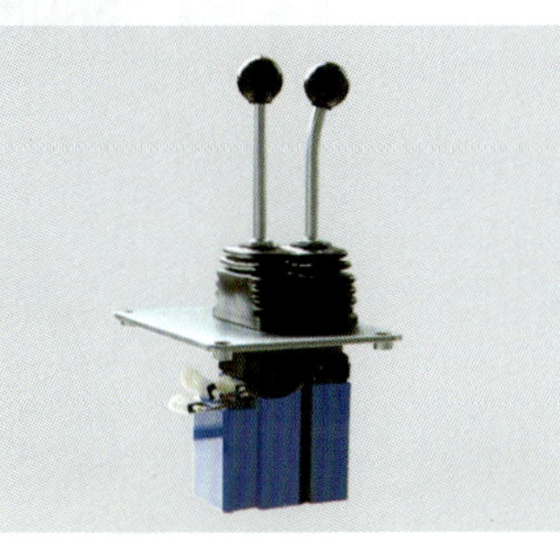
CRC先导阀

XDF3先导阀

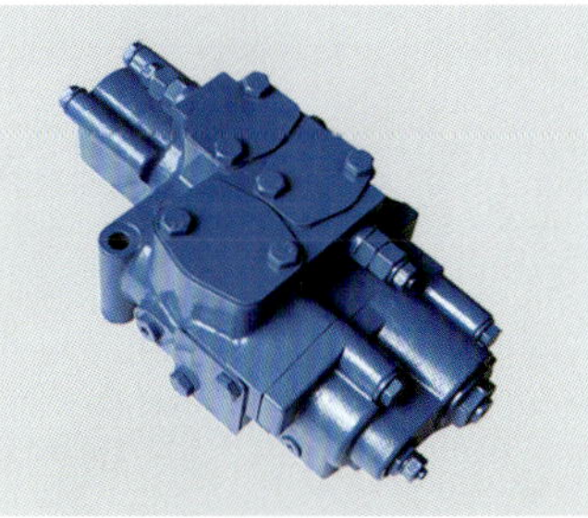
ZLF25E新型流量放大阀

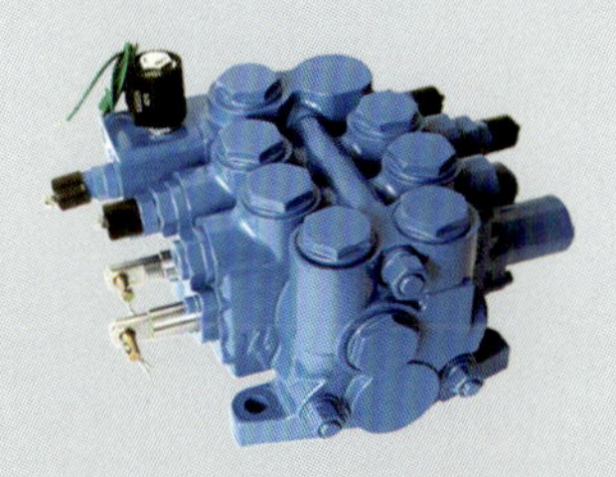
DL20CD带自动卸荷和再生功能多路换向阀

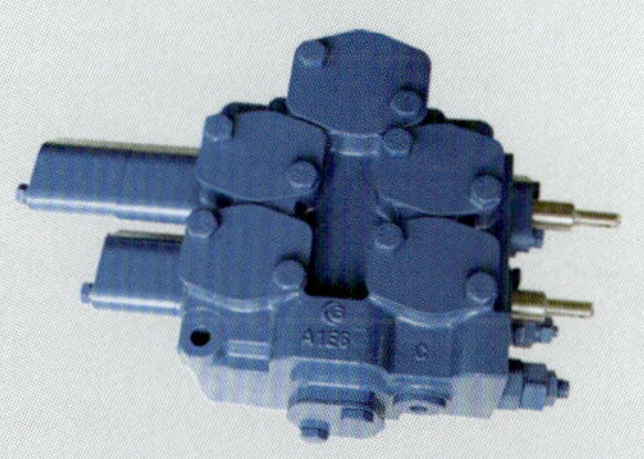
GMV25液控多路换向阀

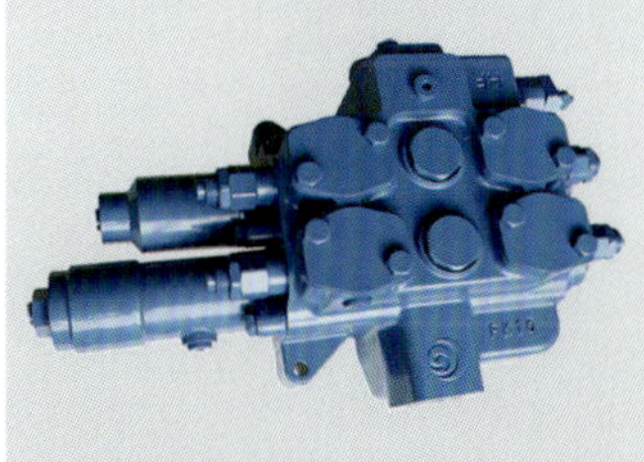
GMV32液控多路换向阀

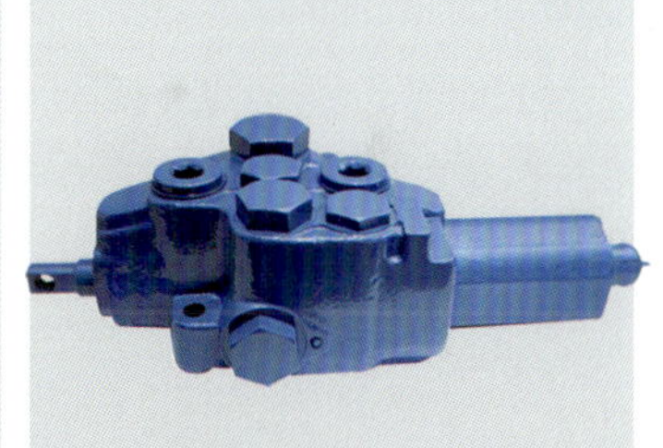
KV25多路换向阀

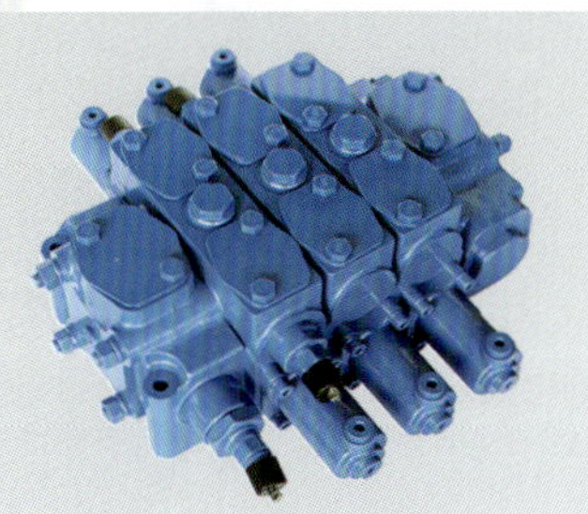
TDV25液控多路换向阀

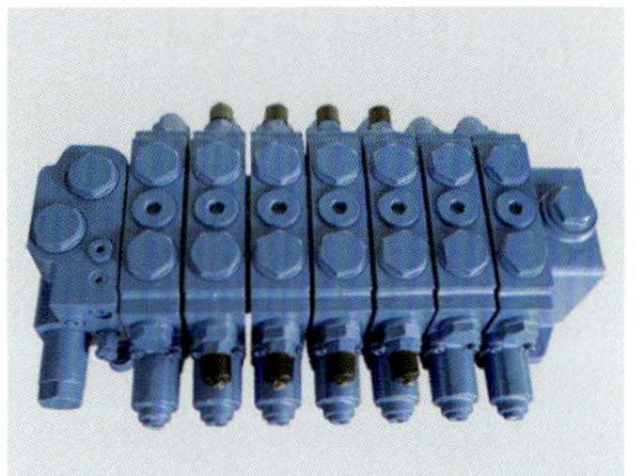
DLV20负载敏感式液控多路换向阀

TBM成功应用于“引故入洛”，可用于硬岩隧道施工和引水施工工程

洛阳地铁洛阳造“牡丹号”，用于城市地铁施工

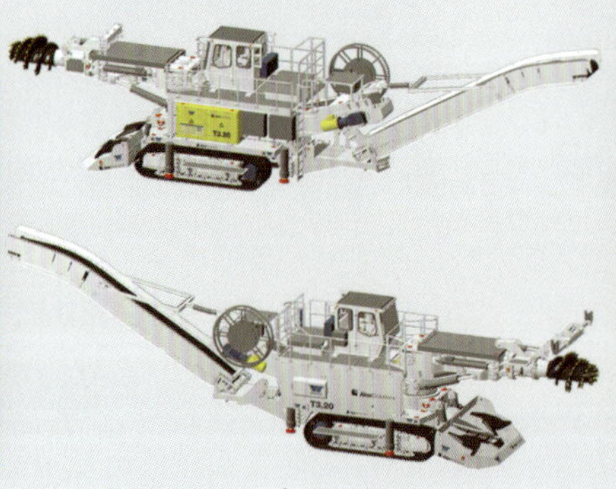

T3.2悬臂掘进机（引进德国WIRTH技术）

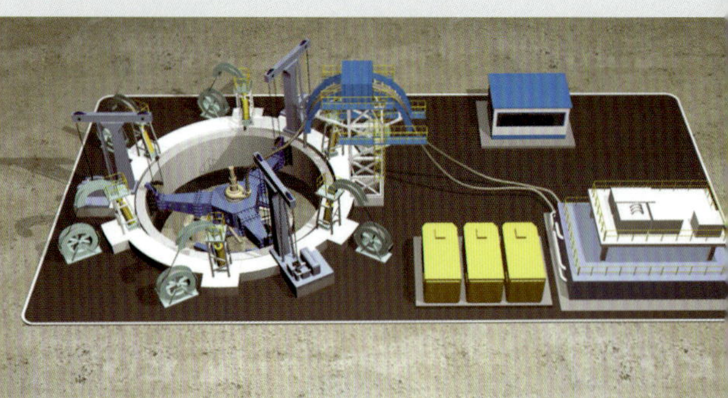

城市地下空间竖井掘进成套装备

中信重工机械股份有限公司

中信重工机械股份有限公司前身为洛阳矿山机器厂，是“一五”期间国家156项重点工程之一，1993年并入中国中信集团公司，2008年改制为股份有限公司，2012年7月公司A股股票在上海证券交易所成功挂牌并上市交易。

历经60年的建设与发展，公司孕育形成了以焦裕禄精神为核心的诚信企业文化，为实现企业愿景提供了强劲的文化驱动力。公司已成长为国家创新型企业和高新技术企业、中国大型的重型装备制造企业。公司率先获批全国“双创”示范基地，成为国家专业化“众创空间”，荣获第四届中国工业大奖、第二届中国质量奖提名奖、制造业单项冠军示范企业，在装备制造领域打造了中国制造的金字招牌。

公司在掘进机械和桩工机械方面有多年的研制经验和技术积累，拥有专门的研发团队。在超深井、大直径竖井掘进机领域有着40多年的研发和制造历史，取得国家专利数十项、科技成果多项；获得国家和省部级科技进步奖一等奖、二等奖多项。在国内率先自主开发 Φ5m敞开式TBM技术，并成功应用于“引故入洛”的引水项目，该技术获得河南省科技进步奖二等奖；制造的14台（套）Φ6.4m盾构机成功应用于洛阳地铁项目，成功联合研制了国内大型 Φ15.03m泥水平衡盾构机，并应用于苏埃通道项目。

公司拥有具备国际先进水平的高性能超重载悬臂式硬岩掘进机，最大截割硬度为150MPa，最大截割面积为9.5m×7.5m，可实现硬岩隧道的快速掘进； 拥有用于海上风电桩基施工的嵌岩桩钻机，变径为5～9m，扭矩为1000～1600kN·m；拥有以3000kJ液压打桩锤为代表的系列液压打桩锤，适应不同打击能量要求的钢桩打击要求；拥有大直径竖井施工的竖井掘进成套装备，该装备是地下空间开发的利器，掘进直径为12～25m，掘进深度为0～100m。

海上风电嵌岩桩钻机

AD130/1000竖井钻机

AD120/900竖井钻机

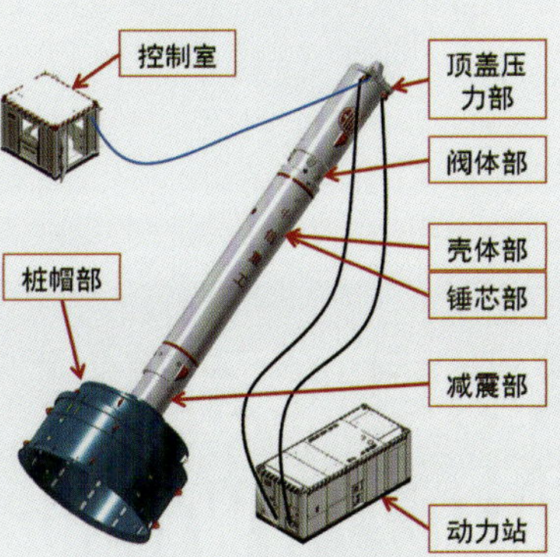

3000kJ液压打桩锤

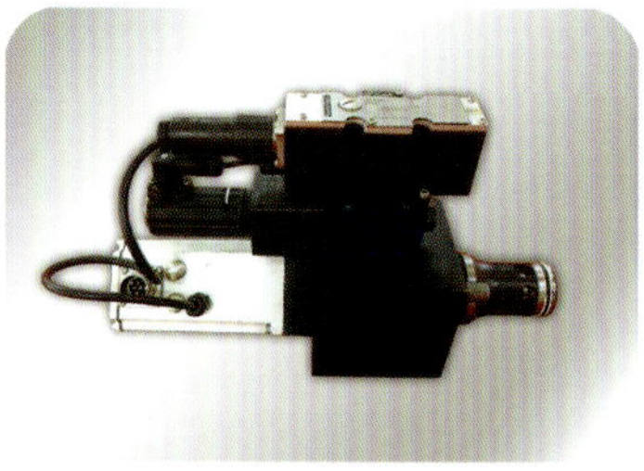

博一流体　传动世界

企业文化

公司理念　博大精深　专注第一

价 值 观　协作　自信　奉献　高效

经营理念　成为值得顾客长期信赖的企业

管理理念　追求完美　马上行动　没有借口

行为准则　公司的事就是我的事　必须由我和我的同仁去完成

公司专利　三标体系　CNAS证书

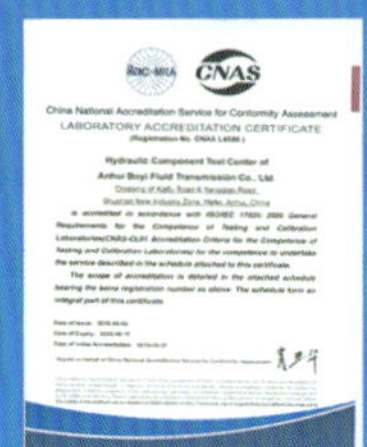

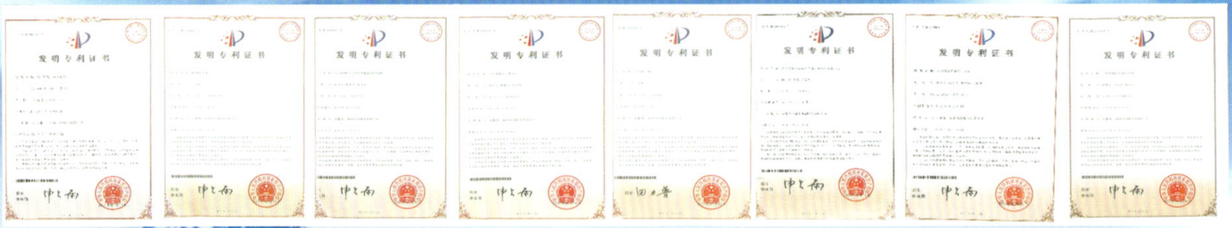

公司地址：安徽省合肥市仰桥路1号　电话：0551-65370370-815

传　　真：0551-65370371　http ://www.byltcd.com

邮　　箱：info@byltcd.com　邮编：230031

解放动力

Yearbook
China Construction Machinery Industry
A17

民族品牌 高端动力

Company profile

企业简介

一汽解放发动机事业部

2017 年 10 月，中国一汽以一汽解放汽车有限公司无锡柴油机厂为主体，整合道依茨一汽（大连）柴油机有限公司、一汽无锡油泵油嘴研究所、一汽技术中心发动机开发所，成立一汽解放发动机事业部（以下简称“事业部”）。

事业部分布于无锡、长春、大连，总部位于无锡。
总占地面积超过

87 万 m^2

拥有从业人员 7500 多人

主要产品为柴油机、燃气机、运动件、再制造产品和共轨系统。
其中，柴油机产品实现了重、中、轻型产品的全覆盖，
功率覆盖 40 ～ 650 马力（1 马力 =735.5W），排量覆盖 2 ～ 16L，
在中国柴油机自主企业中独树一帜。

曾获得

“国家科学技术进步奖一等奖”
“国家科学技术进步奖二等奖”

等荣誉，
并率先成为工信部门智能制造试点示范工程。

目前，事业部的柴油机产品市场保有量超过

400 万台，在重型柴油机领域保持行业领先。

未来，一汽解放发动机事业部将以品牌为统领，狠抓转型升级、科技创新，开拓进取，昂扬奋进，为做强做大解放动力自主事业，为助推一汽解放实现“中国第一、世界一流”目标做出新的贡献。

一汽解放公司总经理助理
发动机事业部党委书记
总经理

钱恒荣

广告
A JOHN DEERE COMPANY
WIRTGEN GROUP
您的需求 一站解决
www.wirtgen-group.com/technologies
CLOSE TO OUR CUSTOMERS

广告
德基机械
D&G MACHINERY
德基科技控股有限公司全资子公司
股票代码 01301.HK
筑路有德基 环保占先机
20周年倾力打造
新一代整体式环保沥青搅拌设备
欢迎垂询
info@dgmachinery.com
dgmachinery.com
产品免费咨询热线
400-883-1881
800-810-1881
廊坊德基机械科技有限公司
LANGFANG D&G MACHINERY TECHNOLOGY COMPANY LIMITED
微信 | 公众平台
官方网站
东部 电话 021-58303082 • 上海市东方路710号汤臣金融大厦1003 • 邮编 200122
南部 电话 020-38870070 • 广州市天河区体育东路118号财富广场西塔2302 • 邮编 510620
西部 电话 028-61505837 • 四川省成都市高新区交子大道300号誉峰M3-1506 • 邮编 610041
北部 电话 010-81516910 • 北京市朝阳区塞隆国际文化创意园A4-119 • 邮编 100024

广告
AICHI
杭州爱知
专业的技术力量强大的产品阵容高空作业杭州爱知助您一臂力
高空作业车行业
国有控股企业
引领业内工业技术
追求国际尖端品质
国内领先高空作业车生产流水线
586项质量检验
48款不同设计
7～38米不同高度
驰骋在不同领域
精心演绎建设者的风范
彰显在自由高空
GMH18
18.3米
2.7米
12米
7.9米
无水平支腿，直接撑地
杭州爱知工程车辆有限公司 浙江省杭州市经济技术开发区5号大街17号 http://www.hzaichi.com 电话：0571-86910567

『值得您拥有的，不只是我们的设备，更有我们的团队。』

左侧机型：
KOMATSU Dump Truck 930E
右侧机型：
KOMATSU MINING Hybrid Shovel 2650CX

下了高速，就进入了一条一直延绵至地平线的公路。道路外广袤的土地上，除了高度超过2m的树形仙人掌和低矮的灌木丛之外，别无他物。天际边那一抹蓝色，看起来比平日在城里看到的浓了许多。连吹到脸上的风，也是干干的。这就是美国亚利桑那州图桑，世界著名的矿山聚集地。在其方圆400km的范围内，就聚集着20多座铜矿山。

感觉简直就是两头大恐龙。只见那只巨大的钢手以其锐利的尖爪『咣』的一下就扎入矿壁，紧接着，粗壮的手腕『呼』的一下又向上抬了起来。只这一铲，就是60t！这里的矿卡也够大，一车的装载量就相当于15台普通4t卡车。靠着那块强健的后背，稳稳妥妥地装满后，一台台地绝尘而去。高度达20m的『挖掘机』，装载量达300t的『矿卡』，一对谁也离不开谁的矿山作业好伙伴。

总部设在美国密尔沃基的久益环球和总部设在日本东京的小松，两家公司现已合二为一，新成立的小松矿山公司已开始运营，并作为一个完整的团队为广大矿山用户提供产品和服务。『成为一家公司之后，原来的不足之处得到了弥补，优势更得以增强了好几倍！』一位来自密尔沃基的女性高管对我们如是说。久益环球是一家长期专注于超大型装车用的挖掘机和地下横掘井工作业用的矿山机械的企业，正好跟擅长大型矿用卡车等矿山机械的小松构成优势互补，双方的联合也正是基于这一点而进行的。『现在，产品线更加完善，换句话说，现在我们已经能够参与到从挖掘、装车到运搬的矿山作业所有环节中去，我坚信，我们将有非常光明的前景。』说这些话时，女高管脸上洋溢着灿烂的微笑。

一辆矿用卡车装满后刚开走，另一辆紧接着就到位。事实上，该矿山通过运行中心对卫星和GPS定位信息的统一管理，向矿卡持续地发出行进位置指令。而在澳大利亚的矿山，小松矿卡已经完全实现了作业无人化。

这里的操作手大多是本地人。对常驻在矿山的小松服务工程师来说，能够与这些操作手保持良好的对话至关重要。这些来自于现场的第一手信息并不仅仅在日常的服务当中得到反映，还会被传递到总公司并在今后的研发中得到发挥。『我们提供给用户的，绝不仅仅是这些设备，而是还包括了我们这些服务工程师在内的整个小松团队！』一段掷地有声的话，着实令人印象深刻。

正好赶上换班的时间。操作手从位于10m高处的驾驶室下到了地面。操作手轻抚了一下相当于挖掘机大手的小手指的地方，好似在对这个好帮手说着：『伙计，辛苦了！』天空上，亚利桑那的太阳似乎也在会心地注视着这对矿山好伙伴。

KOMATSU | 小 松

小松(中国)投资有限公司

地址：上海市浦东新区金科路2889弄6号
长泰广场办公楼E座2F/3F 邮编:201203
电话：021-68414567
传真：021-68410250 68410251
http://www.komatsu.com.cn

广告

徐州盾安建筑工程机械制造有限公司

国家高新技术企业 全套管行业标准制定者

徐州盾安建筑工程机械制造有限公司是国内专业从事特种工程机械研发、制造、销售服务及帮助客户施工管理的高新技术企业，产品包括DTR系列全套管全回转钻机、低净空全套管全回转钻机、DBG系列全液压拔管机、DAG系列钢立柱植入设备和基坑钢支撑轴力智能补偿系统等。

公司以技术创新为依托，以精益制造为手段，秉承“以客户为中心，技品领先”的经营理念，拥有雄厚的技术研发和制造能力，研发制造具有完全自主知识产权的、达到国际领先水平的全系列全套管全回转钻机，并获得国家授权专利成果70余项，其中发明专利5项。同时公司作为主要起草单位，编制了国内全套管钻机行业标准，引领国内全套管钻机行业再上新台阶。

复杂地层 施工利器

（低净空全套管全回转钻机）

（DAG系列钢立柱植入设备）

（DTR系列全套管全回转钻机）

（DBG系列全液压拔管机）

官方微信　官方微博

网址：www.dunanhm.com

地址：江苏省徐州市泉山经济开发区同发路8号

联系方式：

18305202989

400-694-8580

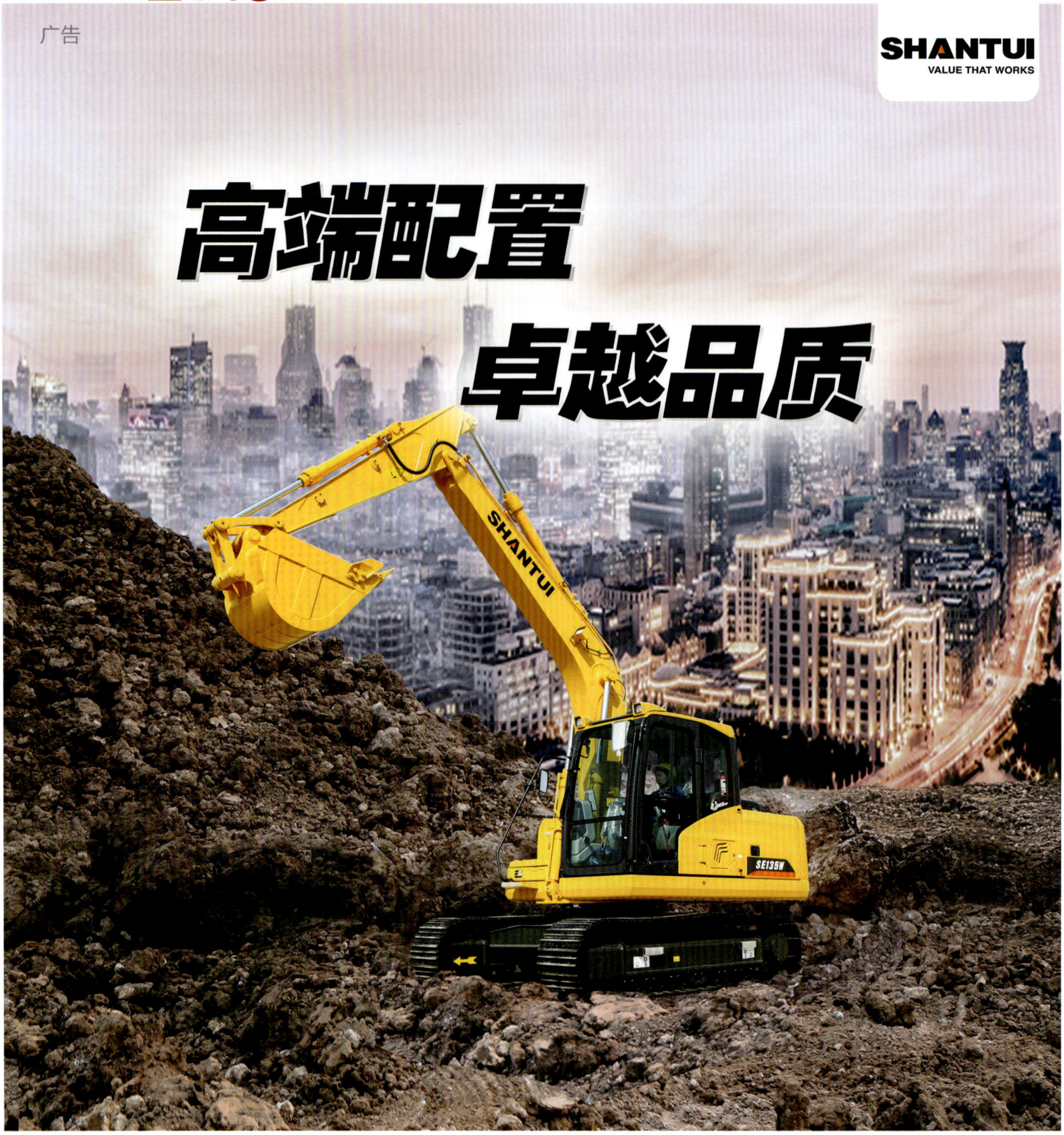
广告
SHANTUI
VALUE THAT WORKS
高端配置
卓越品质
SHANTUI
SE135W

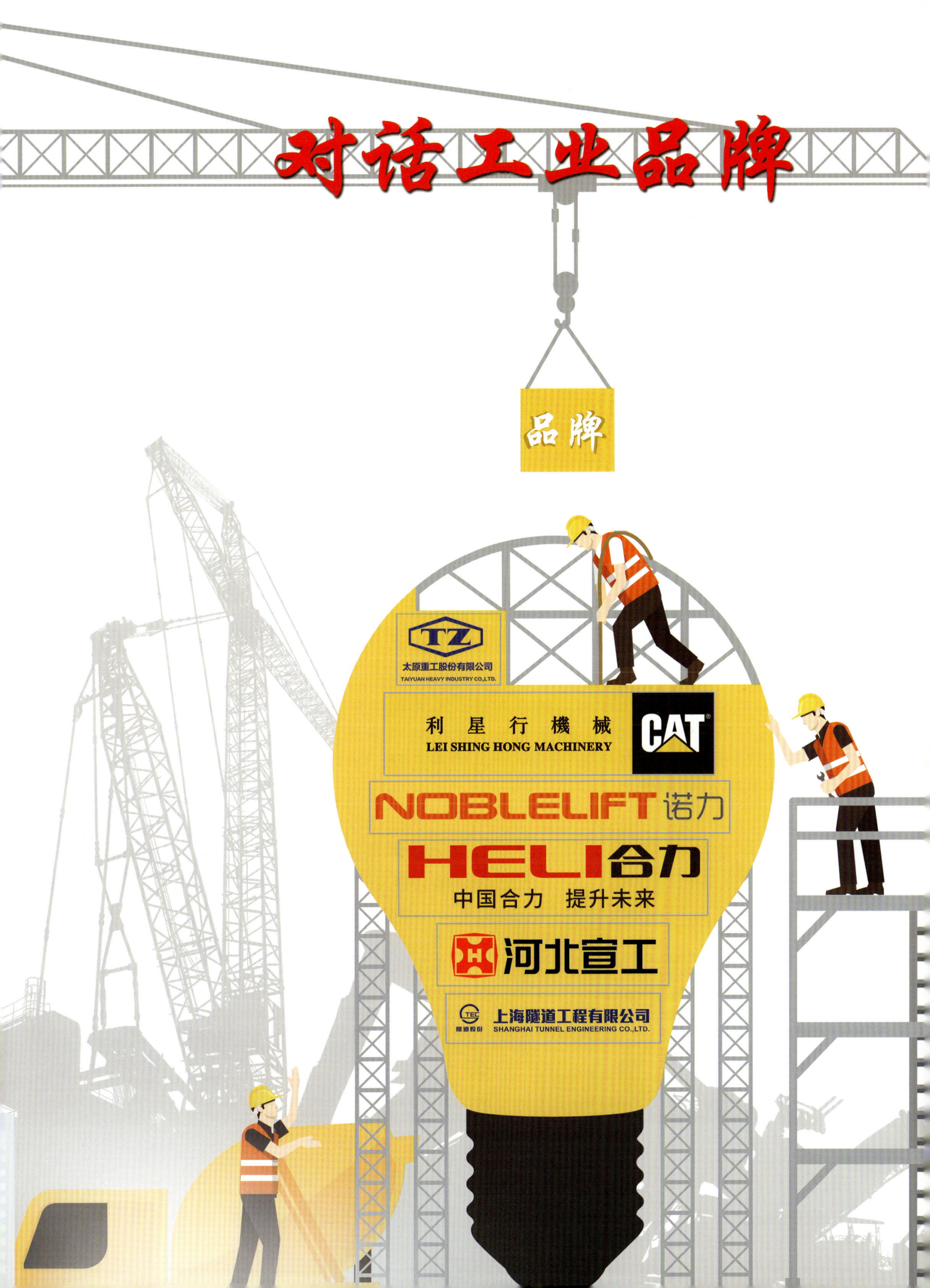

对话工业品牌
品牌
TZ
太原重工股份有限公司
TAIYUAN HEAVY INDUSTRY CO.,LTD.
利 星 行 機 械
LEI SHING HONG MACHINERY
CAT
NOBLELIFT诺力
HELI合力
中国合力 提升未来
河北宣工
TEC
隧道股份
上海隧道工程有限公司
SHANGHAI TUNNEL ENGINEERING CO.,LTD.

河北宣工

河北宣化工程机械股份有限公司
XUANHUA CONSTRUCTION MACHINERY CO., LTD.

河北宣化工程机械股份有限公司（以下简称河北宣工）始建于1950年，是国有上市公司，是我国生产推土机的主要骨干企业。

目前公司主要产品覆盖推土机、装载机、压路机、挖掘机、吊管机等工程机械产品。推土机覆盖130～430马力（1马力=735W）全系列履带推土机及其变型产品，广泛应用于基础建设、沙漠治理、油田港口、水电工程、冶金矿山、环卫垃圾、农田改造等作业。通过结构调整、技术升级，目前形成T系列和SD系列推土机产品，为用户提供全系列、定制化、符合国家环保要求的产品。T系列作为高性价比推土机，以T140、T160、 TY230机型及变型产品为主，在国内外市场占有较高的市场份额。 SD系列在消化吸收国际先进推土机技术基础上，自主研发的高技术含量、高性能产品，满足中高端用户需求。SD系列分为N系列液力机械型和K系列电控静液压型，以SD5K、SD6、SD7、SD8、SD9机型及变型产品为主，高驱动推土机代表国际推土机行业先进技术水平，公司是国内拥有高驱动推土机的核心技术且可实现规模化生产的制造厂家。合理的设计及布局决定了高驱动推土机具有高效率、高质量、高耐用性、维修方便的特性。

公司按照整体规划、循序渐进、有序发展的原则，大力发展工程机械、矿山机械、冶金和环保机械、铸铁件及关键机械零部件、钢材深加工等五大产业，努力将宣工打造成为国内领先、国际一流的集工程、矿山机械、冶金和环保机械为一体的现代化装备制造企业。

SD7K高驱动静液推土机
您可以轻松驾驭的推土机

K代表着当今世界优秀的静液、电控技术，SD7K正是融合这些先进技术，利用绿色动力轻松提升效率和创造财富。

- 三阶段排放标准的“蓝擎”电控发动机
- 世界著名品牌的静液压负载反馈传动系统
- 高端电控系统搭配，实现全方位安全、智能、友好的人机交换功能
- 高驱动行走技术
- 比例先导控制的工作装置液压系统
- 舒适的操作与环境

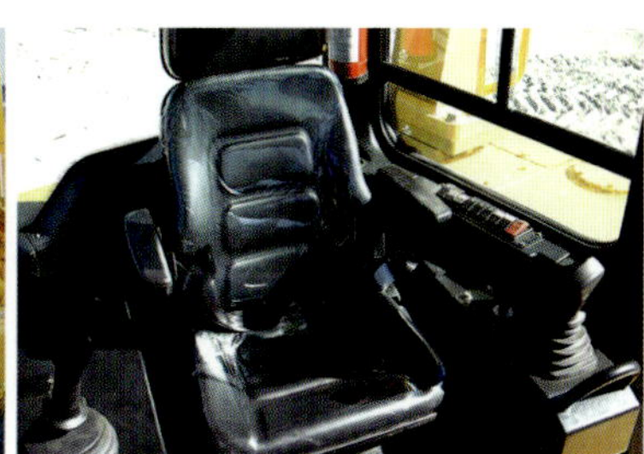

宣工依据国内外工程机械行业整体发展趋势，坚持科技创新，通过产品结构调整和升级换代，形成了T系列和SD系列（包括N系列液力机械型和K系列电控静液压型）推土机，为用户提供全系列、定制化、符合国家环保要求的产品。

广告
河北宣工为您提供:
130~430马力全系列推土机
SD9N
SD8N
HBXG
SD7K
SD5K
河北宣工
SD系列推土机
SD series bulldozer

系统集成·物料搬运
System Integration | Material Handling

重诺力行 物动随心

We promise, We deliver

全领域智能内部物流系统提供商
Full range intelligent intralogistics system provider

作为一家发轫中国的国际化企业，诺力以开放包容的文化和前瞻性的布局，打造出独具特色的商业模式。从物料搬运到系统集成，从设计规划到落地实施，从物流设备到解决方案，从硬件到软件，诺力均全方位满足客户需求，率先为国内全行业提供完备的智能内部物流解决方案。

www.noblelift.cn

统一咨询热线:4001-603611

统一售后热线:400-8836-115

诺力官网

诺力官微

诺力智能装备股份有限公司

地址:浙江省长兴县太湖街道长州路528号

邮箱:info@noblelift.com

股票代码:SH603611

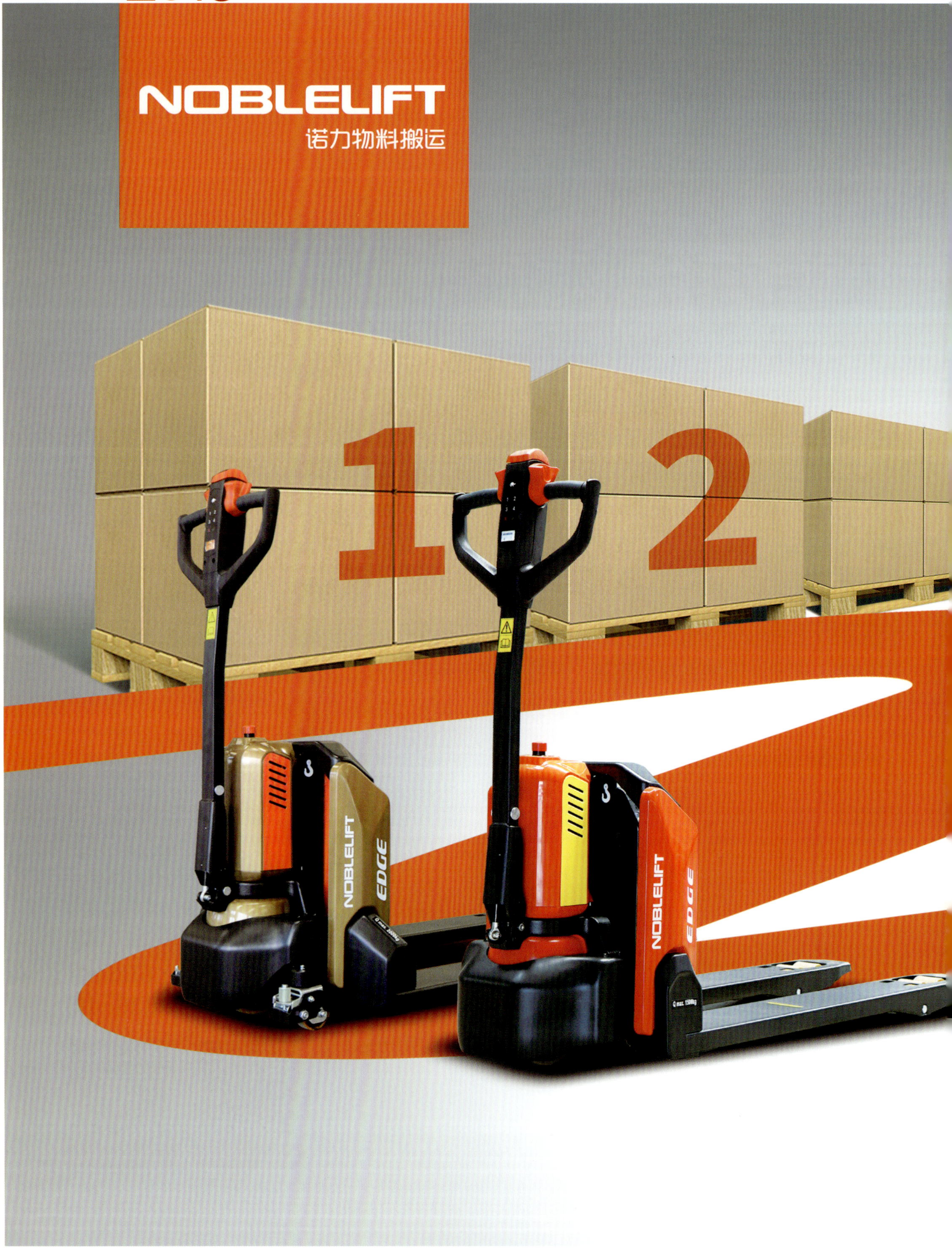
NOBLELIFT
诺力物料搬运
1
2
NOBLELIFT
EDGE
NOBLELIFT
EDGE

400服务热线：4001 600761 www.helichina.com

400服务热线:4001 600761　　www.helichina.com

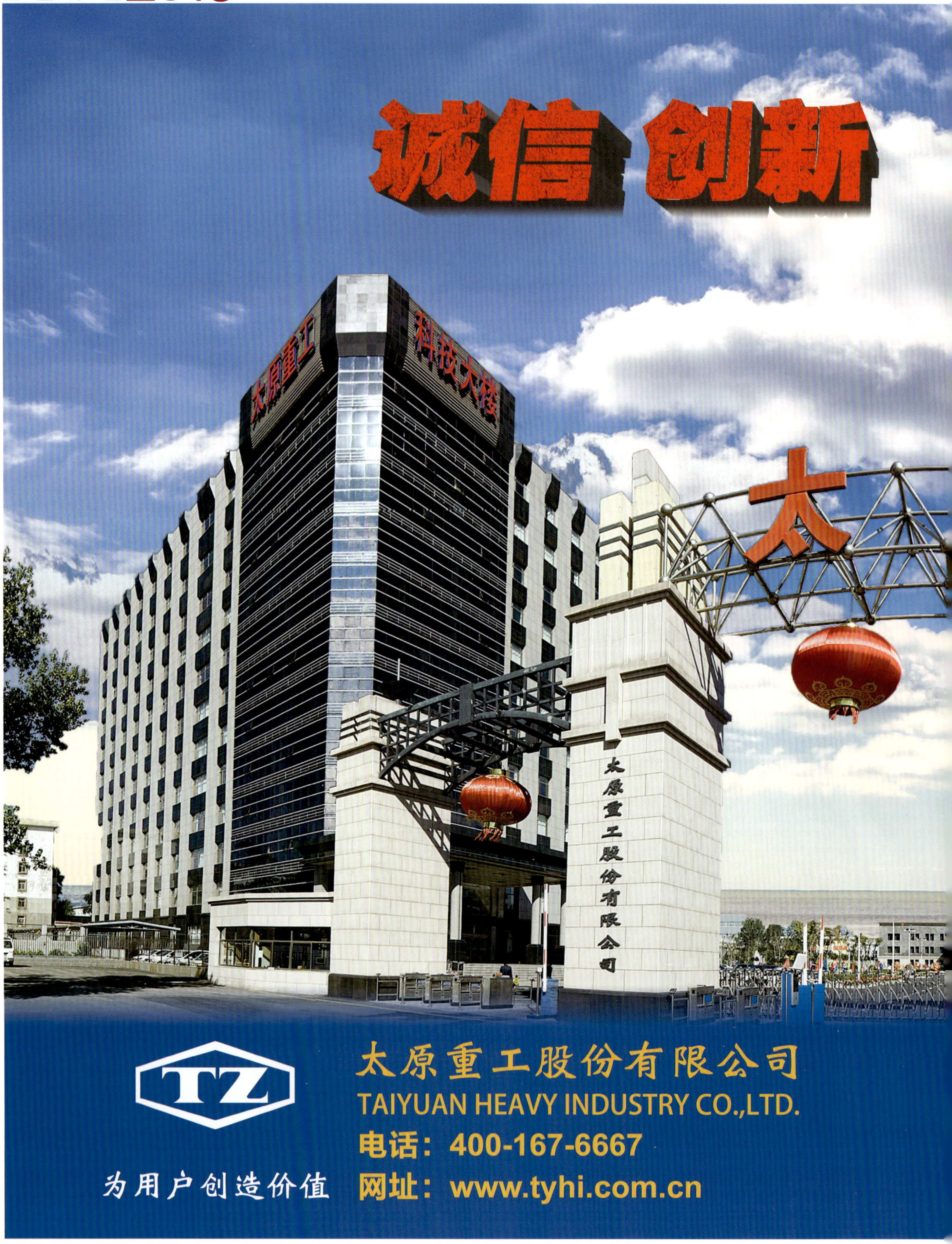
诚信 创新
太原重工
科技大楼
太
太原重工股份有限公司
TZ
为用户创造价值
太原重工股份有限公司
TAIYUAN HEAVY INDUSTRY CO.,LTD.
电话：400-167-6667
网址：www.tyhi.com.cn

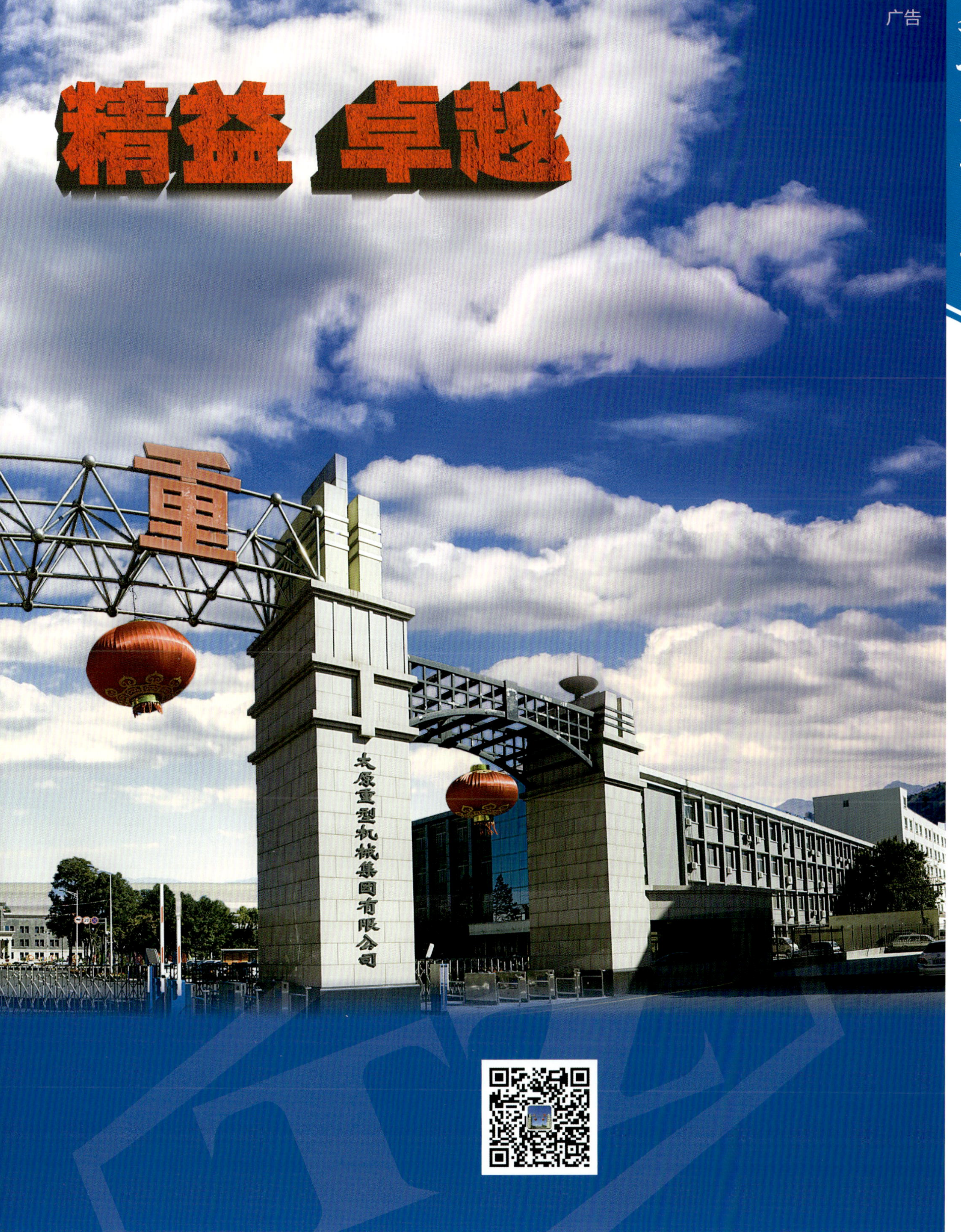
广告
精益 卓越
重
太原重型机械集团有限公司

太原重工工程起重机

TZC660 履带式起重机

产品特点：最大起重量 660t，强大的起重性能，全工况配置，广泛应用于石油、化工、海工、电建等领域。

TZM500 全地面起重机

主要性能：臂头高度 96m，额载 72t；臂头高度 102m，额载 60t。

主要应用：适用于风电 1.5 ~ 2.0MW 吊装及检修。

太原重工（简称太重）始建于1950年，已累计为国家重点建设项目提供了2000余种、近3万台（套）装备产品，被誉为“国民经济的开路先锋”。工程机械产品是太重转型发展的重要产品之一，结合太重在新能源领域的发展步伐，目前已实现了在风机整机和吊装设备的研制、风场 EPC 总承包工程的全产业链服务能力。

从20世纪80年代开始，太重先后制造了cc600/140t、cc1000/200t、cc2000/300t系列履带式起重机，是当时国产大型履带式起重机。2012年，太重又成功研制了6400t液压复式起重机，树立了国内工程起重机领域的又一座丰碑。目前已形成了全地面与履带式两大系列大型工程起重机产品。液压复式起重机、大型环轨起重机的研发制造能力引领行业先进水平。

近年来，太重针对工程起重机市场现状和国家发展规划，紧密跟踪风电、核电、石化等行业发展变化，结合太重风电的产业优势和差异化发展战略，聚焦风机吊装、检修领域，打造特色化、差异化产品，先后生产制造了适应风电机组吊装的TZM260、TZM500、TZM1200地面起重机，TZC500、TZC750履带起重机，TZT1200履带伸缩臂起重机，TZL750全地面桁架臂起重机及风电辅助吊，对标165m中心高风机吊装的TZK180移动式伸缩臂起重机、4000t海上风电施工船。太重成为风机吊装起重机研制企业的排头兵，实现了由平原到山地、陆地到海洋风机吊装起重机的全覆盖。

太重秉承“为用户创造价值”的经营理念，在设备设计前期，对目标市场和客户进行走访，收集客户意见，确保研发产品的通用性和前瞻性。并对产品的运输、转场、拆组装效率进行严格把关、人性化设计，为施工的安全及顺利运行保驾护航。太重将不断为客户提供更加安全、高效的工程起重机。

广告

安全与高效的完美结合

TZM/TZT1200 全地面、履带伸缩臂起重机

主要性能： 臂头高度 111m，额载 105t；臂头高度 117m，额载 90t。满足 2.0～3.0MW 风机吊装及检修。

产品优点： 履带总宽 4.8m，可在狭窄道路现场不拆卸快速转场。

TZL750 全地面桁架臂起重机

主要性能： 臂头高度 164m，额载 99t；臂头高度 161m，额载 110t；臂头高度 130m，额载 170t。

产品优点： 全地面底盘桁架臂臂杆设计，既具有全地面车辆转场的快捷性，又具有桁架臂强大的起重性能。

为用户创造价值

太原重工股份有限公司

TAIYUAN HEAVY INDUSTRY CO.,LTD.

电话：400-167-6667

网址：www.tyhi.com.cn

利星行機械
LEI SHING HONG MACHINERY

利星行机械成立于 1994 年 10 月，1995 年取得全球知名的工程机械制造商——美国卡特彼勒公司在中国华东区代理权，销售各类卡特彼勒工程机械、发动机及发电机组等产品，协调并提供快捷完善的售后服务。

成立至今，利星行机械通过精益求精的管理模式和经营理念，已发展成为卡特彼勒在中国成功的代理商，是工程机械行业内公认的知名企业。2017 年 10 月通过并购，公司取得了卡特彼勒在华北及东北的代理权。至此，利星行机械的市场区域涵盖了北京、天津、上海、黑龙江、吉林、辽宁、内蒙古、山西、河北、河南、山东、安徽、湖北、江苏、浙江以及台湾地区。

经过 20 多年的发展，利星行机械已拥有一个由 3000 多人组成的专业团队，凭借在工程机械、发动机和发电机组以及新型能源领域的专业技能，利星行机械已发展成为年销售额逾 12 亿美元的企业。公司提供一站式产品和服务解决方案，涵盖新机销售、二手机再制造及销售、售后服务支持、设备租赁、物流和融资配套等领域。

2017 年和 2019 年，利星行机械分别在在华东区昆山总部和华北区北京总部投资设立了专业的数字化运营中心，通过全方位推动数字化战略，结合数字和科技的各种创新技术，建立具有利星行机械特色的信息化、数字化服务体系，让客户感受智能化服务带来的便捷以及由此带来的代理商服务模式的变革。

利星行融资租赁
LEI SHING HONG FINANCIAL LEASE

青阳北路

全面的业务经营范围

新机销售

利星行机械设有完善的新机销售服务系统，包括各类卡特彼勒工程机械、矿山设备、发动机和发电机组，以及分布式能源和微电网系统解决方案。同时销售珀金斯工业发动机和山工机械品牌产品，包括装载机、推土机、压路机、平地机等。

二手机销售

2005年，利星行机械在扬州投资设立了全国颇具规模的工程机械二手设备中心，内设维修和翻新车间，引进国际先进设备和维修技术对各种卡特彼勒设备和发电机组进行翻新和维修服务，获得卡特彼勒专业认证。截至2018年，实现累计二手设备销售近15000台。

设备租赁

利星行机械在华东、华北及东北代理区域共设置 16 个卡特彼勒租赁店，提供多元化产品租赁，为客户提供全面的租赁解决方案。为保持精益运营、提供增值服务，公司积极运用数字平台渠道，开发租赁客户端、客户通过客户端直接交易比例已接近 70%，大大提高租赁运营效率的同时，更给客户带来便捷。

利星行租赁

IOS 客户端

安卓客户端

联系我们：

利星行机械（华东区）总部
利星行机械（昆山）有限公司
地址：江苏省昆山市昆太路 432 号
电话：0512-5766 3168
网址：www.lsh-cat.com

企业微信

利星行机械（华北区）总部
华北利星行机械（北京）有限公司
地址：北京市通州区马驹桥镇景盛中街 12 号
电话：010-5902 1666
网址：www.lshmnc.com.cn

企业微信

上海隧道工程有限公司
SHANGHAI TUNNEL ENGINEERING CO.,LTD.

创新突破 严格管理 引领盾构产业高质量发展

隧道股份上海隧道工程有限公司是中国率先开展盾构法隧道技术研发和施工应用的专业公司，也是具有世界影响力的工程总承包商以及投资、工程建设、创新集成和产品制造的一体化总集成商。公司专业从事盾构掘进机、顶管掘进机、钢模、管模等地下施工装备的研发、设计制造和技术服务。自1958年率先起步自主研发盾构装备以来，研制的盾构机从简单到复杂，技术不断进步、成熟，达到国际先进水平。

公司以引领国产盾构产业发展为己任，紧紧围绕“创新驱动、从严管理”方针，以实现“技术领先，质量一流”为目标，采用“自主设计、自主研发、全球采购”的国际化运作模式，形成了集研发设计、装配制造、技术服务、施工反馈、维修保养等于一体的产业链。迄今为止，设计、制造了φ0.6～15.73m各类掘进机近400台，产品包括土压平衡盾构机、泥水平衡盾构机、复合铰接式盾构机、硬岩掘进机TBM、顶管机等，应用于大型越江公路隧道、地铁隧道、电缆隧道、原水管路隧道、污水隧道、电厂取排水隧道和综合管廊等工程项目建设，市场遍及国内各大城市及印度、新加坡、日本、马来西亚等国家，累计掘进里程数超过700km。

公司制造基地占地面积60000m²，拥有多项技术专利的专业技术研发中心和国家盾构设计试验中心，并联合高等院校实现产学研一体化。公司获得53项国家重大课题、86项省部级科技进步奖、285项自主知识产权以及20项国家级工法。

一、科技创新，持续提升核心竞争力

企业始终坚持将创新作为贯穿盾构产业发展的主线，通过全方位的技术创新，不断提升产品的科技含量和市场竞争力，围绕装备制造前沿不断研发新技术、开发新产品，取得了累累硕果。

1．产品不断推陈出新

依托国家“863”项目，公司相继承担了“地铁土压平衡盾构的设计与研究”“大直径泥水平衡盾构的研制与应用”两项国家科研项目，成功研制出具有完全自主知识产权的φ6.34m地铁土压平衡盾构“先行号”、

φ11.22m大型泥水平衡盾构“进越号”，均应用于工程实践。在总结地铁土压平衡盾构C型机设计制造经验的基础上，设计出技术更成熟、性能更稳定的D型升级产品，并实现批量生产、应用，成为构筑700km上海轨道交通网络的主力军。

针对当前城市交通拥堵的现状，公司不断拓展装备制造新领域。研制出断面为10.4m×7.5m的矩形顶管掘进机，应用于郑州中州大道下穿公路隧道，成为治理交通拥堵的“微创手术利器”。公司研发的无工作井施工法盾构（GPST）在南京地铁机场线取得圆满成功，使中国成为世界上第二个拥有GPST盾构技术的国家。

2．重点项目突破创新

公司以类矩形盾构科创中心建设为载体，成功研发超大断面11.83m×7.27m土压平衡类矩形盾构机，并率先在宁波实现了类矩形盾构法隧道的全线贯通。其中，双串联式机械手联动管片拼装系统颠覆以往的拼装模式，申请18项专利，实现了由“创新”到“创造”的飞跃。

凭借类矩形盾构机的优异表现，公司再度斩获宁波地铁2号线、4号线两台盾构机订单，为开拓市场树立了典范。企业异形断面隧道掘进机系列化产品自主研制及应用项目荣获上海市科技进步奖一等奖。

3．孵化科技创新成果

公司充分利用专业技术研发中心，联合上海盾构设计试验中心、同济大学进行科研攻关，开展“产、学、研”合作，不断提高科技创新能力，形成了超大（异形）断面隧道掘进装备研发技术、都市核心区超大断面盾构隧道建造综合技术、超长距离盾构隧道地下对接综合技术、城市地下快速通道出入口匝道非开挖建造综合技术以及敏感环境下超深工作井与明挖区段建造综合技术等关键核心专业技术。

近年来，公司综合利用先进制造、信息和智能技术以及大数据技术，构建了物联网信息化平台，研制出高精度管幕暗挖法专用顶管机、极小半径曲线顶管机、急曲线掘进机、垂直顶升掘进机、蛇形臂式检测机器人、盾构机管片拼装机器人、中隔墙安装机械手、隧道加固机械手等前沿技术、装备，各类产品获国家级和省部级科技进步奖等2[illegible]项、知识产权48项、成果转化2项，在盾构设备的研制与开发领域具有领先的技术优势。

二、立足市场，加速盾构产业化进程

为加快推进国产盾构产业化进程，向制造强国建设提供更为先进的地下施工装备，公司集中优势，分析市场，精准定位，聚焦核心地域和领域，构筑“全国发展、全球视野”的市场新格局。

1．国产盾构实现跨域经营

公司结合市场发展需求，秉承转变思维、创新突破的发展理念，明确国产盾构产业基地转型升级的发展目标。自主研发盾构装备以来，先后开创多个中国先河：1958年率先研制出网格式盾构机，用于上海塘桥试验段工程；1965年率先研制出φ10.2m网格式盾构机，用于上海打浦路越江隧道工程；1988年率先研制了φ4.35m土压平衡盾构机，应用在上海南站过江电缆隧道工程，并获得国家科技进步奖一等奖；2003年，率先研制的具有国际先进水平的φ6.34m土压平衡盾构机用于上海地铁二号线西延伸段；2007年，φ11.22m泥水平衡盾构机用于上海打浦路复线越江隧道工程……

面对蓬勃发展的地下工程建设市场，企业积极贯彻“立足上海，面向全国，走向世界”的经营方针，批量生产了具有完全自主知识产权的地铁土压平衡盾构机，先后应用于上海、南京、杭州、苏州、宁波、天津、广州、武汉、郑州等地，初步实现了国产盾构机跨域经营的目标，树立了国产盾构机的品牌。

2．持续拓展海外市场

公司积极践行技术领先市场的经营策略，加大科技投入力度，采用国际标准，致力于产品安全保障、环境保护及人性化理念设计，不断提高国际竞争力。2010年，符合BS标准的国产领先复合型铰接式土压平衡盾构机远赴新加坡，开创了自主研制国产盾构机出口海外的先河，并为国产盾构机走出国门、陆续赢得海外工程订单树立了良好的口碑。该产品获得了2013年国家重点新产品。应用于印度孟买的敞开及闭胸土压平衡双模式单护盾TBM掘进机被评为2018年度上海市高端智能装备率先突破专项立项项目。当前，公司出口掘进装备27台，销往新加坡、印度等国家和中国香港地区，成功开辟了东南亚国际市场。经过不断地改进与完善，形成了新一代复合式土压平衡盾构机产品，在地层适应性、安全、效率与作业环境的人性化等方面总体达到国际先进水平。

3．大盾构全生命周期管理

近年来，公司先后制造、合作生产了上海北横通道φ15.56m盾构机、上海沿江通道越江隧道φ15.43m盾构机、上海诸光路φ14.4m盾构机、杭州文一路φ11.66m盾构、珠海马骝洲交通隧道φ14.90m盾构机等十余台超大直径盾构机。一系列大盾构机的制造和应用打通了城市交通的“大动脉”，为进一步完善城市道路网、促进城市经济发展，为我国地下空间建设起到重要的推动作用。

当前，公司正投入到上海市域铁路项目14m以上超大直径国产盾构机的设计、研发、制造中。项目的建成，将联络长三角近沪地区之间的城际客流，进一步加深长三角城市间的联系，推动城市群的协同发展。

三、深化管理，推进企业高质量发展

公司积极探索与发展相适应的管理机制，处理好生产规模扩大与管理效率提升的关系，加快推进企业标准化和信息化建设，落实内部管理机制，强化质量管理，提升服务品质。

1．标准化促进产品质量提升

公司始终以“创新科技，追求卓越，提升核心竞争力”为目标，着力推行卓越绩效管理模式，严格落实质量、环境、职业健康安全管理体系内部审核，确保管理体系运行有效可控，年度合规性评价达98%。公司不仅编制了相关技术标准、管理标准、工作标准，还主持了产品行业标准的编制和推广应用，以“新、全、高”等作为标准化工作的基本要求，实现科研、生产、经营的规范化。实施全面系统的标准化、现代化运作模式，从细节处提升产品品质、优化制造流程，为国产盾构产业的长远发展提供强有力的保证。

2．“云管理”助力“零距离”专家解决方案

公司将“云管理”应用于项目管理之中，借助云计算，通过集中式管理系统建立完善的数据体系和信息共享机制。以PDM管理系统、远程控制系统、虚拟培训系统、售后服务管理系统等构架出产品全生命周期大数据“管理平台”，及时提供“零距离专家解决方案”，有效串联在产品设计、制造、现场应用以及后台分析等不同阶段的核心数据，形成了完善的PDCA循环体系，实现运营管理效率和核心竞争力提升。为适应基本的信息化需求，公司开发盾构数据管控平台，对技术中心PDM升级改造，实现电气设计网络化，提供WMS仓储管理系统的解决方案。

3．精准服务塑造良好品牌形象

公司秉承“诚信为本、质量第一、服务至上”的管理理念，始终以客户为中心，开发了“售前服务→产品设计→产品制造→安装调试→售后服务”全过程的综合解决方案技术支撑体系，内容涵盖设备出厂前用户理论培训、施工现场操作培训、盾构机试掘进期间服务、盾构机第一个工程全程服务、盾构机转场服务、远程诊断技术服务以及盾构机终身服务等，实现产品合格率达100%，顾客满意率为94.5%。

公司超前的研发投入和充分的技术储备为客户提供全方位的技术咨询；开展操作培训，采取理论与实践相结合兼备的培训模式，为产品使用提供保障；自主研发盾构全方位“专家监控系统”，集监控、报警、诊断、修改、大数据采集为一体，实现盾构机智能化监控和“全生命周期”维护；及时完善备品备件储备，解决客户后顾之忧；建立健全售后服务制度，设立售后服务工作小组，践行“即时响应，精湛服务”承诺；深化顾客回访制度，充分考虑客户的意见和建议，为产品改进提供依据。公司先后为27台海外盾构机、11台超大直径盾构机以及百余台盾构机、钢模产品提供全生命周期服务，推动企业从产品制造向提供全程技术支持和整体解决方案转变，塑造出公司良好的品牌形象。

公司将继续加快企业创新步伐，不断优化产品升级，持续提升管理能力，树立一流企业品牌，推动国产盾构机产业实现高质量发展。

综合索引

『鉴』证行业发展

挖掘企业亮点

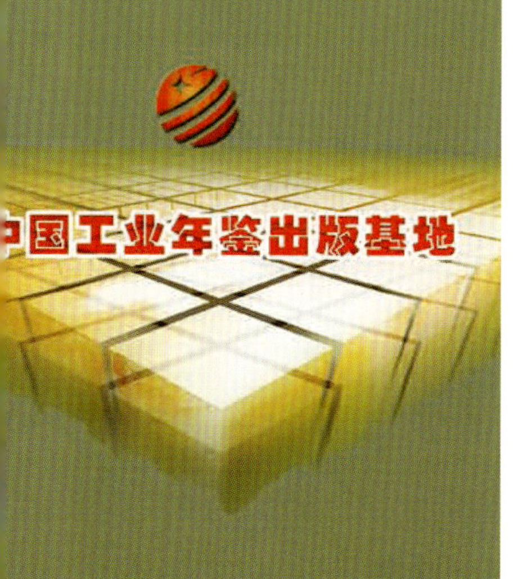

中国机械工业年鉴系列

《中国机械工业年鉴》

《中国电器工业年鉴》

《中国工程机械工业年鉴》

《中国机床工具工业年鉴》

《中国通用机械工业年鉴》

《中国机械通用零部件工业年鉴》

《中国模具工业年鉴》

《中国液压气动密封工业年鉴》

《中国重型机械工业年鉴》

《中国农业机械工业年鉴》

《中国石油石化设备工业年鉴》

《中国塑料机械工业年鉴》

《中国齿轮工业年鉴》

《中国磨料磨具工业年鉴》

《中国机电产品市场年鉴》

《中国热处理行业年鉴》

《中国电池工业年鉴》

《中国机械工业集团年鉴》

编辑说明

一、《中国机械工业年鉴》是由中国机械工业联合会主管、机械工业信息研究院主办、机械工业出版社出版的大型资料性、工具性年刊，创刊于 1984 年。

二、根据行业需要，中国机械工业年鉴编辑委员会于 1998 年开始出版分行业年鉴，逐步形成了“中国机械工业年鉴系列”。该系列现已出版了《中国电器工业年鉴》《中国工程机械工业年鉴》《中国机床工具工业年鉴》《中国通用机械工业年鉴》《中国机械通用零部件工业年鉴》《中国模具工业年鉴》《中国液压气动密封工业年鉴》《中国重型机械工业年鉴》《中国农业机械工业年鉴》《中国石油石化设备工业年鉴》《中国塑料机械工业年鉴》《中国齿轮工业年鉴》《中国磨料磨具工业年鉴》《中国机电产品市场年鉴》《中国热处理行业年鉴》《中国电池工业年鉴》和《中国机械工业集团年鉴》。

三、《中国工程机械工业年鉴》于 2000 年创刊。2002 年起，中国机械工业年鉴编辑委员会和中国工程机械工业协会开始合作编撰，本书为第 19 期。该年鉴记载了工程机械行业的运行情况、产品状况、产销情况，对市场情况、行业发展趋势进行了系统分析，全面系统地提供了工程机械行业的主要经济技术指标。本书设置综述篇、大事记、改革开放 40 年、行业篇、企业篇、市场篇、调研篇、统计资料和标准篇 9 个栏目。

四、统计资料中的数据由中国工程机械工业协会提供，数据截至 2018 年 12 月 31 日。因统计口径不同，有些数据可能出现不一致的情况。

五、在年鉴编撰过程中得到了中国工程机械工业协会及各分会、行业专家和企业的大力支持和帮助，在此深表感谢。

七、由于水平有限，难免出现错误及疏漏，敬请批评指正。

中国机械工业年鉴编辑部

2019 年 7 月

目　录

综 述 篇

大 事 记

改革开放 40 年

行 业 篇

企 业 篇

市 场 篇

调 研 篇

统 计 资 料

标 准 篇

Contents

Overview

Chronicle of Events

40 Years of Reform and Opening-up

Trades

Enterprises

Market

Research

Statistical Data

Standards

综述篇

分析总结2018年工程机械行业发展情况、工程机械质量检验情况，介绍工程机械行业科研成果，公布行业年度新闻事件

综述篇

2018年工程机械行业发展综述

2018年，工程机械行业在历经5年之久的发展低潮以及2017年快速恢复和增长后，迎来了全面发展的一年。全行业坚持高质量发展的工作要求，深入开展供给侧结构性改革，积极投身“一带一路”建设，取得了较好的成绩，技术创新和盈利能力大幅度提升，市场销售继续保持快速增长，经济运行质量进一步提高，全行业呈现出可持续发展的勃勃生机，奠定了稳定发展的良好局面。

一、改革开放40年来，工程机械行业快速发展成为国民经济建设的重要支柱产业

2018年是我国改革开放40周年。40年来，我国工程机械行业不断发展壮大，成为我国装备制造业的重要组成部分，成为国民经济建设的重要支柱产业。

40年来，我国工程机械行业依托于改革开放的政策动力和发展成果，受惠于国民经济整体实力提升和国民经济建设的巨大需求，在改革开放之前的行业规划定点分工布局为主的行业结构基础上，通过改革开放、吸引外资、引进技术，逐渐发展成为国有企业、外资企业、民营企业齐头并进、协同发展的行业结构。

40年来，我国工程机械行业在不断满足国民经济发展需要的同时，产业结构、产品结构不断得到优化、发展和完善，现已具有21大类产品。我国成为全球工程机械产品类别、产品品种最齐全的国家之一。制造商、代理商、供应商、租赁商等业态完整，形成相互促进的发展格局。

40年来，随着我国基础设施建设步伐加快和重大建设工程的实施，推动了工程机械行业重大技术装备和高端装备的快速发展，一批重大技术装备成为全球工程机械产业的标志性产品，每年都有大型高端装备技术参数纪录被刷新。

40年来，工程机械行业在吸引外资“引进来”的同时，积极开展“走出去”实践。通过境外投资建厂、收购境外企业、建立和完善海外营销服务体系、设立境外研发机构等方式，扎实推进国际化战略，不断提升境外业务占比，当前境外业务覆盖170多个国家和地区，产品出口到210个国家和地区。工程机械行业已成为践行“一带一路”倡议、开展国际产能合作的重点行业，取得了丰硕成果。

40年来，工程机械行业坚持创新发展，瞄准国际领先技术，提高发展水平，实施供给侧结构性改革，实现“三个转变”，在满足国民经济建设各项需要的同时，不断加大科技研发和技术改造的力度，产品设计节能、环保、宜人，产品质量水平显著提高，产品的智能化、可靠性、耐久性与国际先进水平的差距逐渐缩小，涌现出了众多具有国际影响力的品牌。通过持续不断的技术改造，提高制造能力和水平，加快智能制造技术应用，一批企业成为工业和信息化部发布的智能制造示范试点，有效支撑了行业转型升级和高质量发展。

40年来，我国工程机械行业在改革开放带来的历史机遇中获得了高速发展，取得了翻天覆地的发展变化，成为全球工程机械产业的重要力量。但依然有一些领域发展存在不协调、不充分的情况，需要全行业同仁持续推进供给侧结构性改革，实现工程机械行业长期稳定地高质量发展。

二、2018年工程机械行业进入新的发展阶段

1. 市场销售持续增长，行业发展质量进一步提高

2018年，面对异常复杂严峻的外部环境和艰巨繁重的改革发展任务，在以习近平新时代中国特色社会主义思想指导下，我国经济运行保持在合理区间，结构不断优化，质量效益进一步提升。在此背景下，工程机械行业借助稳定向好的宏观经济和持续稳定的固定资产投资，行业转型升级的成果进一步显现，在市场二手设备加快更新、大气污染防治环保政策对市场产生的积极作用、“一带一路”建设拉动出口增长，以及建设施工领域新技术、新工法的推广应用等众多因素叠加影响下，工程机械市场再现高速增长。

据中国工程机械工业协会统计，2018年全行业完成营业收入5 964亿元，同比增长10.4%；九大类工程机械主要产品销量同比增长25.5%，工程机械产品出口在2017年历史最高点的基础上再创新高，达到235.9亿美元，同比增长17.36%，九大类工程机械主要产品出口量同比增长34.4%。

2018年，汽车起重机销售32 278台，同比增长58%；挖掘机销售203 420台；同比增长45%；推土机销售7 600台，同比增长33.2%；随车起重机销售14 084台，同比增长29.6%；装载机销售118 811台，同比增长21.7%；工业车辆销售597 252台，同比增长20.2%；平地机销售5 261台，同比增长16.3%。

在出口方面，摊铺机出口116台，同比增长103.5%；挖掘机出口19 100台，同比增长97.5%；压路机出口3 202台，同比增长40.6%；工业车辆出口167 023台，同比增长32.8%；推土机出口2 176台，同比增长32.1%；平地机出口3 197台，同比增长28.1%；装载机出口23 260台，同比增长18.9%；随车起重机出口1 173台，同比增长10.9%。2018年工程机械主要产品销售及出口情况见表1。

表1 2018年工程机械主要产品销售及出口情况

产品名称	销量			出口量		
	2018年（台）	2017年（台）	同比增长（%）	2018年（台）	2017年（台）	同比增长（%）
装载机	118 811	97 659	21.7	23 260	19 559	18.9
推土机	7 600	5 707	33.2	2 176	1 647	32.1
平地机	5 261	4 522	16.3	3 197	2 495	28.1
汽车起重机	32 278	20 434	58.0	2 125	2 200	-3.4
随车起重机	14 084	10 867	29.6	1 173	1 058	10.9
工业车辆	597 252	496 738	20.2	167 023	125 725	32.8
压路机	18 376	17 421	5.5	3 202	2 278	40.6
摊铺机	2 319	2 390	-3.0	116	57	103.5
挖掘机	203 420	140 303	45.0	19 100	9 672	97.5
总计	999 401	796 041	25.5	221 372	164 691	34.4

与此同时，工程机械行业经济效益继续保持快速增长。据统计，行业12家重点企业营业收入同比增长15%；利润总额同比增长85.4%，经济效益增幅远超过营业收入增幅；应收账款增长4.31%，行业经济运行质量提升到历史最好水平。2018年工程机械行业重点联系企业经济效益指标完成情况见表2。

表2 2018年工程机械行业重点联系企业经济效益指标完成情况

指标名称	实际完成	同比增长（%）
营业收入（万元）	33 748 823	15.0
营业成本（万元）	27 828 151	12.0
营业税金及附加（万元）	162 752	5.9
销售费用（万元）	1 779 549	28.3
管理费用（万元）	1 480 237	12.6
财务费用（万元）	428 708	-27.9
其中：利息支出（万元）	512 282	-4.4
利润总额（万元）	1 794 471	85.4
资产合计（万元）	46 130 054	19.7
流动资产平均余额（万元）	31 474 285	22.6
其中：应收账款（万元）	10 643 004	4.3
存货（万元）	7 101 089	19.7
其中：产成品（万元）	3 765 171	22.0
应交增值税（万元）	694 544	41.5
从业人数（人）	120 135	4.0
工资总额（万元）	863 487	14.4

在此情况下，工程机械企业继续推进供给侧结构性改革，持续加大研发和新技术、新产品投入力度，进一步补齐高端关键配套件等技术短板，有力地配合了市场销售的新高峰、需求结构的新变化和高端化发展的新趋势，行业发展质量得到了明显提高。

2. 创新发展、科技进步成为行业持续增长的动力

2018年，工程机械行业紧扣重要战略机遇新内涵，深入实施创新驱动发展战略，在高端、智能产品核心技术研发和应用等方面取得突破，充分满足了国民经济建设重大工程的需要，涌现出一大批科研成果，成为行业持续增长的重要动力。

（1）中铁装备牵头申报的“异形全断面隧道掘进机设计制造关键技术及应用”项目荣获2018年度国家科学技术进步奖二等奖，标志着我国异形全断面隧道掘进机核心技术从跟跑、并跑走向了引领。

在2018年度中国机械工业科学技术奖获奖项目中，上海交通大学等单位联合完成的“海上大型绞吸疏浚装备的自主研发与产业化”项目荣获特等奖，中联重科的“2 000t全地面起重机”和中铁装备等5家单位联合完成的“全断面岩石隧道掘进装备（TBM）自主设计制造关键技术及应用”项目荣获一等奖，徐工集团的“面向随机多变负载的工程机械低噪高效关键技术及应用”等8个项目荣获二等奖，诺力智能装备股份有限公司的“基于智能控制的四向堆高车”等16个项目荣获三等奖。

（2）在国家知识产权局组织的第二十届中国专利奖申报评选中，徐工集团、三一重工、中联重科、中国铁建重工、内蒙古北方重汽、上海隧道工程等单位的9项专利荣获中国专利优秀奖；柳工、安徽合力、林德叉车等单位的3项专利获外观设计优秀奖。专利奖获奖项目数量连续保持增长。

（3）由中铁工程装备集团自主研制的世界首台马蹄形盾构机施工的蒙华铁路白城隧道项目凭借“采用大断面马蹄形的土压平衡盾构方法首次应用于黄土隧道”荣获国际隧道协会2018年度技术创新项目奖。该奖是国际隧道界的最高奖。

（4）柳工 4180D 平地机荣获素有“工业设计界奥斯卡”美誉的 2019 红点产品设计大奖。

工程机械行业创新成果再度受到国家和国内外相关单位的表彰，标志着全行业更加重视技术创新，且创新成果的含金量越来越高。作为装备制造业的重要组成部分，工程机械行业正成为众多受表彰行业的杰出代表，为国民经济建设和工程机械行业持续发展创造了良好的条件，提供了强有力的科技支撑。

3. 重大技术装备与强基工程再结硕果

近年来，工程机械行业坚持创新发展，不断加大研发投入，加快重大技术装备研制步伐，以不断适应国内外建设项目施工的需求。

我国最大吨位的挖掘机 —— 总质量 700t 的液压挖掘机在徐工集团下线，中国成为继德、日、美之后，第四个具备 700 吨级以上液压挖掘机研制、生产能力的国家。

由中铁装备等单位联合研制的直径 15.8m 的国内最大直径泥水平衡盾构机“春风号”在郑州下线，标志着我国隧道掘进机械的设计制造继续向大型化、高端化迈进。

国内首台（套）隧道智能化注浆装备在中国铁建重工研制成功，是我国隧道施工领域重大技术装备的新成果。该设备既具备自感知、自决策、自执行等智能化特征，也使注浆过程、注浆结果可视化，同时还实现数据自动采集、存储、传输、分析、交互等大数据信息化管理。

中联重科自主研制的当前我国最大吨位的动臂塔机 LH3350-120，是当前全球最大吨位的内爬式动臂塔机。该机采用柴油动力、电液比例控制、液压驱动的动臂塔机关键技术，产品更加安全、智能、可靠。整套关键技术已申请专利成果 12 项，其中发明专利 10 项。

重大技术装备研发、制造、产业化及推广应用取得积极进展，柳工、山东临工、安徽合力、山推、国机重工、山河智能、陕西建设机械、中交西筑等企业重大技术装备及高端产品在重大项目、重大工程和重点建设领域得到应用，获得使用单位好评。

随着工程机械整机技术的不断提升，工程机械配套件领域也不断获得新进展。恒立液压、艾迪精密等核心零部件制造商在技术创新与产品可靠性上不断突破，其泵阀等核心液压产品入围全球知名品牌 20 吨级以上挖掘机配套供应体系，开始批量装机，标志着国产核心零部件从后市场的替代产品进入前端主机配套市场。川崎液压、伯姆克液压等加强与整机企业的技术融合，积极支持整机产品的性能和质量提升，推动整机产品升级。

4. 智能化、数字化、工业互联网技术应用再上新台阶

2018 年 6 月，中共中央政治局常委、国务院总理李克强视察三一集团，对三一集团打造工业云平台、使企业内部创客空间和外部创新资源紧密结合、以更低成本更高效率促进创新加速予以肯定，并提出要发展开放、共享、包容的工业互联网平台，以全新机制汇聚人才和创意，使大中小企业融通发展。

2018 年，徐工发布全新工业互联网品牌“汉云”，中联重科发布云谷工业互联网平台（ZValleyOS），三一集团持续多年投资工业互联网平台“树根互联”。工程机械领军企业布局数字化与工业互联网，基于物联网技术的设备应用与管理，对工程机械产业链、价值链协同促进，将大大增强工程机械行业发展的内生动力。

中铁装备自主研发的掘进机远程监控服务平台——“装备云”正式上线。该系统深度融合了数字传感技术、工业互联网、大数据分析、人工智能、虚拟现实、增强现实等新一代信息技术，实现了隧道掘进机集群的远程实时监控、业务管理及掘进机临境化虚拟交互、现场三维可视化模拟等功能。

加快智能制造步伐成为工程机械行业企业实现高质量发展的一个重要着力点。徐工集团、三一集团、中联重科、柳工、山东临工、山推、雷沃重工、星邦重工等企业的数字化、智能化工厂和生产线有效提升了产品品质和制造工艺，在智能制造的征程上迈出新的一步。

5. 坚持绿色发展成为工程机械行业的重要发展目标

2018 年 8 月，生态环境部《非道路移动机械污染防治技术政策》发布，指出了“国四”升级的技术方向，再一次深入推进了标准的实施。中国工程机械工业协会为推进“国四”顺利实施积极努力，多次组织召开非道路移动工程机械四阶段排放沟通交流会，就企业准备情况及存在的问题、新标准排放相关配套要求，及切换的时间与步骤进行了讨论与交流，提出了相关建议，协会汇总后向国家环保有关部门进行了汇报反馈。当前，一批企业正积极抓紧四阶段产品的试制、测试，有些企业产品完成了阶段性工作。

卡特彼勒、小松、日立、久保田、科勒、五十铃、康明斯等积极研发和对标四阶段排放要求，布局适合国内市场的整机及发动机产品的市场推广。

面临治理趋严和标准提升，我国工程机械行业全面强化环保意识，积极推进环保升级。2018 年 6 月，中国工程机械工业协会在三一重机召开了工程机械行业水性涂料应用和焊接粉尘控制研讨交流现场会。会议为落实《大气污染防治法》等相关要求打下了坚实的基础，体现了工程机械行业的社会担当。三一重机、雷沃重工等企业已经实现了水性涂料替代，完成了焊接粉尘控制技术改造。山东临工、中铁装备荣获工业和信息化部绿色制造体系示范绿色工厂（第二批）称号。特雷克斯、捷尔杰积极适应中国市场的需求变化，不断推广高端产品的国产化，为国内建筑、安装、维护工程提供安全、高效、绿色的施工解决方案。

6. 国际化稳步前行，“一带一路”建设做出新贡献

2018 年，工程机械行业海外业务发展迅速，已经连续多年实现出口量快速增长，海外制造业已经成为带动规模增长的重要动力。同时，加快营销服务体系建设和完善，加强海外人才和本土员工的培训，进一步构建和完善了国际化发展和本土化经营的海外业务结构。

（1）为深化“一带一路”布局、更好地服务客户，徐工集团海外第一个直营区域备件中心于 2018 年 1 月在肯尼亚首都内罗毕正式启动运营，将面向东非五国的徐工

客户。徐工集团在海外设备保有量超过 20 万台。在非洲地区，徐工集团在 16 个国家建立了经销商，在肯尼亚设备保有量超过 2 000 台。

山东临工不断完善海外服务网点覆盖，着力培训各级各类专业技术人员，为顾客提供交机、培训、保养、维修、旧机处置等覆盖产品全生命周期的全流程服务。除了经销商团队，临工还在国内建立及时服务响应团队，为国内外项目需求提供及时而可靠的储备力量。

（2）在开展国际产能合作、开辟第三方市场方面，中铁装备与意大利承包商合作用于第三方市场的第一台出口非洲的土压平衡盾构机成功下线。福建晋工勇于实践，与韩国现代集团开展全球市场合作，由福建晋工向现代建设机械全球代理商生产供应包括装载机和零部件在内的全系列产品，双方充分发挥各自优势，达到资源互补。

（3）随着我国工程机械国际地位的不断提高，大型成套高端设备出口和工程承包不断增加。三一集团与中铁隧道局合作沙特保障房项目，徐工、三一集团、柳工、安徽合力、国机重工、杭叉集团、山河智能、山推、中国铁建重工、中交天和等高端装备实现对欧美等高端市场的出口。

7. 积极培育和发展协会团体标准

2018 年，在中国工程机械工业协会广大会员的支持和配合下，协会组织发布了 13 项团体标准，当前协会已发布了 67 项工程机械团体标准，涉及基础标准、安全标准、产品标准、方法标准、关键零部件标准、节能环保标准、科技成果转化标准及职业培训标准等。协会高度重视团体标准的推广和应用效果，探索在产业政策制定以及行政管理、政府采购、认证认可、检验检测等工作中引用团体标准的机制，鼓励使用具有自主创新技术、具备竞争优势的团体标准，推动工程机械行业团体标准工作向前发展，赋予团体标准鲜活的生命力，使团体标准真正成为“实用、爱用、管用”的标准。

由中国工程机械工业协会发布的 5 项工程机械团体标准入选工业和信息化部科技司的 2018 年团体标准应用示范项目。该 5 项团体标准涉及可靠性、管路布局规范工艺标准、安全标准和填补空白的产品标准，均符合绿色环保发展方向和国家提倡的绿色发展理念。其中 T/CCMA 0056—2018《土方机械　液压挖掘机　多样本可靠性试验方法》已列入国家科技支撑计划“工程机械节能减排关键技术研究与应用”项目。该标准解决了我国液压挖掘机可靠性研究方法和验证问题，为改善产品质量指明了方向，可扩展到其他工程机械产品，从而促进行业高质量发展与产业升级换代，提升我国工程机械在国际上的竞争优势，具有可预期的经济效果。

三、2019 年工程机械行业的形势和任务

2019 年，工程机械行业将面对更加复杂的国际环境和保持国内经济稳定发展的艰巨任务，客观、充分地分析国内外经济趋势对于做好工程机械行业的稳定发展工作尤为重要。

1. 发展形势分析

从国际形势看，世界经济虽有望延续复苏态势，但保护主义、单边主义加剧，主要发达经济体货币政策调整的外溢效应持续显现，部分新兴经济体面临的风险增多，国际大宗商品价格波动加剧，地缘政治风险累积发酵，全球经济贸易增速趋缓。预计 2019 年世界经济增速将出现小幅回落，由前两年的 3.7% 下降到约 3.6%，主要经济体增长进一步分化。

美国减税政策对其 2019 年经济增长的支撑依然明显，但边际效应将递减，经济内生性的增长动能已经放缓；欧元区 2019 年经济增长动力除了出口带动外，内生性增长使其经济增长韧性增强；新兴市场和发展中经济体将继续保持相对较快的增速，印度经济仍将保持旺盛的增长态势，中东和非洲经济将继续保持复苏态势，俄罗斯和巴西经济复苏步伐也将进一步加快。但在全球流动性收缩以及贸易争端不确定的背景下，外部需求弱化，部分新兴经济体 2019 年经济增长存在不确定性，取决于其国内经济政策的效果。

从国内形势看，2019 年是新中国成立 70 周年，是全面建成小康社会关键之年。我国发展仍处于并将长期处于重要战略机遇期，经过近几年宏观经济政策的实践和探索，比以往更加有基础、有条件、有信心、有能力保持经济运行在合理区间，推动经济持续健康发展。

（1）宏观经济政策取向：逆周期政策力度加大，推动经济高质量发展。一是继续实施好积极的财政政策和稳健的货币政策，落实好对实体经济、小微企业、制造业的普惠性减税措施，运用好货币工具，保持流动性合理充裕，稳定市场预期。二是加快形成强大的国内市场，增强经济内生动力。在稳定并有效扩大投资的同时，加快落实促进消费的各项措施，推动消费升级。三是继续打好三大攻坚战，加强保障和改善民生。四是着力深化创新驱动，推动制造业转型升级。加大研发投入力度，大力支持关键核心技术攻关，构建开放、协同、高效的共性技术研发平台，健全以市场为导向、以企业为主体的产学研一体化创新机制。五是大力降低成本费用，纾解企业发展困难。推动更大规模减税和降费，千方百计地降低企业成本；优化融资结构，提高直接融资比重。在十三届全国人大二次会议确定的降低制造业增值税率 3 个百分点和降低社保费率的决策，给制造业、建筑业及相关产业带来的政策红利和辐射影响，将对 2019 年乃至今后几年工程机械行业稳定发展提供有力支撑。六是加快改革开放步伐，激发市场活力、潜力。深化国资国企、财税金融、土地、市场准入、社会管理等关键领域改革，推动全方位对外开放，扩大进出口贸易，推动出口市场多元化。

（2）固定资产投资将继续保持企稳回升态势。2019 年将围绕“基础设施补短板”加大投资，“建设”重点围绕五个方面 —— 工业互联网、物联网等新型基础设施，市政、物流、脱贫攻坚等城乡基础设施，能源、交通、水利等重大基础设施，民生和公共服务项目，生态环保建设。而“改造”则突出加大技术改造和设备更新。2019 年基建投资增速将略高于 2018 年，呈中速增长态势。

（3）2019年世界经济增速放缓，不稳定、不确定因素增加，外部输入性风险上升，国内经济运行总体平稳，稳中有变、变中有忧，国内需求走弱的影响将会向实体端和生产端传导，经济下行压力加大；投资作为稳增长的重要手段作用进一步增强；金融等领域风险隐患依然不少。尽管如此，我国发展仍处于重要战略机遇期，拥有足够的韧性、巨大的潜力和不断迸发的创新活力，经济长期向好的趋势也不会改变。

2. 2019年工程机械行业发展目标

2016年以来，工程机械行业从市场低谷中走出来，实现了延续两年多的高速增长。2018年，很多产品销量超过以往最高水平，高速增长之后，市场需求空间和市场需求结构将发生深刻变化。

在市场需求旺盛的同时，行业企业高质量发展取得了明显进展。一方面，企业发展质量得到有效提升，经济效益和可持续发展潜力得到提高；另一方面，智能化、网络化、高品质、高可靠性设备发展迅速，有效扩展了市场应用范围。因此，工程机械行业面对市场的新变化，有能力迎接市场的新挑战，实现新的发展。

2019年工程机械行业发展的主要预期目标是：全行业营业收入在2018年实际完成的基础上增长10%左右，企业利润总额保持稳定增长，出口在2018年的基础上力争增长10%。

3. 2019年重点工作

（1）坚持高质量发展，维护行业稳定持续发展的良好局面。10年来，工程机械行业经过了国际金融危机后的爆发式增长，也经历了之后持续5年之久的低迷，终于迎来了近两年的快速增长良好局面。工程机械行业高速或超高速发展在今后几年是无法持续的，要保证行业持续稳定健康发展，只有坚持高质量的发展道路，而不能再追求前两年的高速度。

（2）加快排放升级步伐，做好排放标准升级切换准备工作。非道路移动机械国四标准将于2020年12月实施，行业企业应抓紧切换前期准备工作，把握好这次排放标准升级带来的转型升级的机遇，与发动机等相关配套及服务企业紧密合作，尽早完成相关试验验证工作，实现新旧机型的平稳过渡，并进一步提升产品品质，把这次排放标准升级当作行业迈向高质量发展和绿色发展的新起点。

（3）着力品牌培育，持续推进海外业务升级。

（4）办好北京工程机械展（BICES），迎接新中国成立70周年。

（5）做好“十三五”规划评估，着手准备“十四五”规划编制工作。

〔撰稿人：中国工程机械工业协会吕莹〕

2018年工程机械质量检验情况

一、工程机械行业40年发展回顾

2018年是我国改革开放40周年。40年来，我国工程机械行业在改革开放政策的引领和推动下，在跌宕起伏中不断发展壮大，我国已成为世界工程机械生产大国。

40年来，我国工程机械行业从改革开放之初，随着国民经济建设发展加快和基础设施建设力度的加大，经历了引进技术和自主研发相结合的全面发展时期，工程机械行业掀起引进技术的高潮，并出现了第一个完全自主研发的产品。在自主研发与合资合作快速发展时期，企业发展迅速，开始注重自主研发，纷纷建立自己的研发中心。同时，我国巨大的市场需求吸引了大量外国资本来华投资，同时带来了先进的技术、设备和管理经验，带动了行业快速发展。在高速的国际化发展时期，在国内外市场大量需求的驱动下，我国工程机械行业呈高速发展态势，全行业不断加大科技研发和技术改造的力度，产品设计节能、环保、宜人，产品技术、产品质量及可靠性、耐久性都与国际先进水平的差距逐渐缩小，一大批优秀企业正朝着国际化、综合化、规模化的方向迈进。

40年来，我国经济发展维度更宽，层次更深，基础设施建设呈现的多样性、大型化、高效化、个性化趋势，刺激衍生了新产品、新技术、新工艺的创新与应用。工程机械的服务领域得到进一步拓展，在国民经济建设中的作用愈加重要，现已形成挖掘机械、铲土运输机械、起重机械、工业车辆、压实机械、混凝土机械、掘进机械、路面机械与养护机械、桩工机械、市政与环卫机械、混凝土制品机械、高空作业机械、装修机械、钢筋与预应力机械、凿岩机械、气动工具、军用工程机械、电梯与扶梯、工程机械配套件、其他专用工程机械20大类、109组、450种基型、1 090个系列、上万个型号的产品设备；工程机械配套件10组、60种基型、133个系列、近千个产品型号。我国已成为工程机械产品类别、产品品种最齐全的国家之一。

40年来，工程机械行业企业采用新技术、新结构、新工艺、新材料，攻克众多技术难关，取得多项突破性成果。①完成了系列履带起重机核心技术的研究和产业化，取得了超高强钢臂架设计及制造基础共性关键技术、大型结构件焊接精加工技术、高强管材焊接工艺方法、超大结构件设计及优化、力矩限制器精度研究、整机安全控制系统开发设计等一系列研究成果。②攻克了U形臂成型工艺、椭圆形吊臂成型工艺、单缸自动伸缩插销技术以及焊接加工工艺等难题，使我国汽车起重机行业的整体技术水平达到国际先进水平。③首创了碳纤维复合材料臂架的结构设计、成型制造和验证方法，批量制造出可在复杂应力工况下可靠工作的大尺寸碳纤维复合材料臂架，在刚度容许范围内臂架减重约40%。长臂架泵车技术居世界前列。④利用消失模技术制造出复杂箱体类铸件，减少了加工余量，降低了制造成本，提升了变速器箱体等复杂基础零部件的研发、制造、配套水平。⑤突破了主节自动生产线上多项技术难题，制造出达到世界先进水平的润滑履带，为国际主流推土机制造企业配套。⑥采用混合动力技术，主要特点是挖掘机工作时发动机发电储存为电能，回转时采用电能驱动回转，节省燃油，降低排放，效果明显。⑦首创了超起装置技术，解决了大型全地面起重机起重性能随臂长增加衰减过快的难题，改善了起重臂受力状况，提高了起重性能。⑧减震降噪技术达到国际一流水平。

40年来，工程机械行业不断构建以企业为主体、以市场为导向、产学研相结合的技术创新体系，加强创新人才队伍建设，搭建创新服务平台，推动科技和经济紧密结合，努力实现优势领域、共性技术、关键技术的重大突破，工程机械处于数字化、智能化、宜人化、节能环保、巨型化和微型化、减量化、轻量化等技术发展阶段，将向高性能、多功能、高可靠性、人性化、环境适应性、能源多样性以及机器人工程机械的方向发展。

改革开放40年，奠定了我国从工程机械制造大国迈向制造强国的坚实基础，但面对当前所处的内外部经济环境，对比新时代改革开放的新要求，实现高质量发展，还有很多问题亟待解决。一是大而不强的问题依然突出。主要是大与强的不平衡、量与质的不平衡、质与价的不平衡问题较突出。关键核心技术、核心零部件对外依存度依然较高，在前沿核心技术领域，与美国等发达国家的差距仍然较大。二是发展不平衡。主要体现在结构性矛盾中，即产能规模与结构不平衡，高端不足、低端过剩；主机与基础支撑不平衡，基础技术、基础材料、基础工艺相对薄弱，核心技术、关键零部件受制于人的局面亟待打破；产品品种数量与质量水平不平衡，产品的安全性、稳定性、可靠性、耐久性、一致性有待提高；“走出去”步伐与国际化竞争力发展不平衡，在人才、经验、品牌建设和适应能力上亟待加强。三是发展不充分的问题。主要是企业科技开发与投入不充分、创新能力有待提高，产品国际竞争力不强；两化融合、智能化、绿色化发展不充分。

国家工程机械质量监督检验中心（简称质检中心）在多年的试验检验数据的基础上，开展了典型工程机械产品失效统计和分析工作，下文选取挖掘机、装载机、工程起重机、非公路自卸车、叉车、推土机、压路机、观光车等典型产品，针对其可靠性试验中发生的失效，按照平均失效间隔时间、失效类别、失效模式、失效所属系统等进行统计，给出分析建议，希望对提高行业产品的可靠性有所帮助。

二、典型工程机械产品质量状况分析

（一）挖掘机产品质量状况分析

1.挖掘机行业质量整体情况

挖掘机行业作为我国装备制造业的重要组成部分，正逐步向中高端转型。经过几年来的积累，效果已经初步显现。数据显示，2010年之前，日系、韩系品牌占据明显优势。以2011年为起点，国产品牌挖掘机市场占有率快速上升。到2018年，国产品牌挖掘机在我国挖掘机市场占比已经连续几年过半。虽然挖掘机产品技术水平在不断提升，但产品质量进步缓慢，在产品可靠性、耐久性、一致性等方面的关注和投入不够。相比产品技术提升而言，我国挖掘机产品质量与国外产品仍有差距，提升的空间和迫切性更大。

产品质量是产品的核心关注要素，直接影响着企业的市场和效益，产品质量的不断提升和持续改善也推动着我国制造业水平的提升。随着技术的进步和时代的发展，制约产品质量提升的因素在发生着变化，提升产品质量的手段也需要持续更新。为不断推动我国挖掘机产品质量提升，需要对行业产品质量进行持续跟踪和分析，包括行业质量现状、制造商在产品制造过程中的设备问题、配套问题和管理问题等，为挖掘机产品质量提升提出意见。

2.液压挖掘机可靠性试验数据统计与分析

质检中心通过采集500余台6t以上的液压挖掘机在800h现场跟踪可靠性试验数据，对它们的失效发生时间、发生部位和发生次数，按照失效类别、失效模式、失效所属系统等进行统计。

按照失效所属系统可以划分为：动力系统、传动系统、执行系统（工作装置）、行走系统、回转系统、制动系统、控制系统、电气系统和其他主要零部件九大系统。

按失效所属系统统计：其他主要零部件失效比例为27.3%，执行系统失效比例为18.1%，传动系统失效比例为12.5%，动力系统失效比例为10.8%，电气系统失效比例为9.2%，行走系统失效比例为9%，控制系统失效比例为8.9%，回转系统失效比例为3.8%，制动系统失效比例为0.4%。

通过数据分析可见，挖掘机各系统的失效率中，主要零部件、执行系统、传动系统和动力系统的失效率最高。

按失效发生模式统计：松脱性失效比例为28.3%，损伤性失效比例为24.4%，泄漏性失效比例为23.9%，断裂性、其他失效比例均为6.9%，堵塞性失效比例为3.8%，失调性失效比例为3.5%，退化性失效比例为2.3%。

通过数据分析可见，挖掘机各模式的失效率中，松脱性、损伤性、泄漏性三种失效模式的失效次数较高。

3.挖掘机行业提高产品质量的建议与发展方向

我国挖掘机械行业产品质量的提高需要从以下几个方面来着手进行：

（1）可靠性。我国挖掘机产品可靠性水平依赖于配套件的可靠性水平，是通过提高零件、部件、总成、系统的可靠性来实现的，而国内外几家著名的挖掘机生产厂家挖掘机智能化控制技术已达到比较高的程度。我国挖掘机企业应充分利用现代微电子技术、传感器技术、GPS及GIS技术、网络技术及智能失效诊断技术，不断提高挖掘机的使用效率和可靠性。

（2）节能环保。回顾挖掘机行业发展历程，作为基础设施建设的重要机械设备，其在为人类做出重大贡献的同时，也在扮演着破坏环境、消耗资源的负面角色。为了减少环境污染，当前各国政府纷纷出台政策和法规，强制执行机动车辆的排放指标，禁止排放超标机动车的销售和使用。特别是美国和欧盟明确规定了非公路机动车设备的排放标准。除此之外，日本等国对低排放和零排放的机动车生产和使用也都给予非常优惠的政策。为了鼓励工程机械的节能减排，近年来，我国也出台了一系列相关的法规，并逐步与国际接轨。在环保意识越来越强的情况下，挖掘机设备也应一改传统形象，在提高自身技术含量、保证产品质量的同时也应加快对节能降耗环保的重视，加入新的理念工艺。

在节能环保的新时代，排量缩减化其实是漫长而又循序渐进的过程。实现挖掘机节能减排这一目标，不仅需要雄厚的资本支持，还需要技术和创新的进步，才能够真正形成最后的合力。

（3）智能化。挖掘机行业将向着智能化方向发展，产品通过智能化手段，帮助用户提高施工效率、降低油耗、提升设备残值率，并为环境保护保驾护航。我国是全球最大的挖掘机市场，随着行业的发展，我国挖掘机市场需求也逐步向着高质量、高效益等方向发展，对产品智能化的要求越来越高。

我国挖掘机市场正在进行剧烈的变化，面对激烈的市场竞争，行业企业更加需要新思路、新布局、新思考。面对行业中的诸多挑战，要坚定信念，继承和发扬改革开放精神，把握新时代要求，尊重市场运行规律，正视产业瓶颈和风险，方能打赢转型升级攻坚战，实现挖掘机械产业高质量、可持续发展。

（二）装载机产品质量状况分析

1.装载机行业质量整体情况

近年来，由于市场的激烈竞争，工程机械产品质量有了大跨步提升和改观。为了进一步稳固市场地位，广大装载机企业在加快新产品研发进度、大力提高生产的同时，对产品质量要求也越来越高。不论是从产品的节能环保、安全舒适性，还是可靠性指标，普遍都有了较高的提升，尤其是国Ⅱ型发动机向国Ⅲ型发动机强制转变，产品的品质及节能降噪减排方面均有质的提升。

2018年国内装载机行业的技术质量现状及存在的问题主要表现在如下几个方面：

（1）节能环保性能。受国家强制性标准法规的要求，节能环保仍是当前各装载机企业主打的首张王牌，仍是装载机市场相互竞争的一个着力点。但与以往不同的是，随着国Ⅳ强制性排放要求的时间表日益临近，当前各工程机械制造企业在国Ⅲ排放发动机顺利切换后，除少量的国Ⅱ型产品因海外市场和客户的要求生产销售外，主流工程机械企业都早已着手研发试制国Ⅳ型排放的工程机械产品。有些企业国Ⅳ型产品样机已经试制成功，由于国Ⅳ排放的最终时间表还没有具体给出，考虑诸多因素，国Ⅳ型产品都还没有正式推向市场。相对于国三发动机的装载机产品，其优势在于，燃油消耗率明显降低，倍受国内市场的欢迎，而且带来了低噪声、高性能的机械引擎，在不影响产品动力性能的同时，司机的操作环境有了明显改善和提高，同时烟度排放也有了明显的提高。当前主流主机生产企业，如临工、柳工、徐工、雷沃、卡特、斗山等都早已着力研发配合国Ⅳ发动机的更具节能环保的装载机产品，除了传统燃油发动机，新型的LNG型发动机产品倍受市场和用户的关注。同时，也有些企业已经把静液压传动方式的装载机作为研发对象。

（2）安全舒适性。安全舒适一直是近年来工程机械产品发展的主流方向，特别是随着装载机产品质量的不断改进提升，以及GB25684系列强制性标准的执行，市场和装载机企业对装载机产品的安全性、操作舒适性认知已经有了明显的提高。产品的安全性基本上都能达到标准规定的强制性条款的指标要求，比如强制性条款要求的机器安全标签，机器的稳定性，机器噪声、振动，机器制动性能，电气系统及电源开关，灭火器存放位置等。当前，随着国Ⅲ发动机的强制推行，大扭矩、低转速发动机的运行，装载机产品的噪声问题得到了很好的解决，当前3t以上的装载机产品的机外辐射噪声和司机位置噪声基本上都能满足国家强制标准的要求，有的主机企业降噪甚至更低，能达到出口欧盟的标准要求。机器操作的舒适性在这几年的发展中也有了明显提升，在中高端装载机产品上表现尤为明显，主要表现在进出机器的通道、踏脚扶手、操作空间、操纵力、司机视野、静音工作环境及空调等方面。这也是与国际接轨、提升国内装载机产品的市场竞争软实力的体现。

（3）产品可靠性。产品的可靠性永远是产品拓展市场的最根本的基石。装载机的可靠性水平是影响产品质量的重要因素，也是企业制造技术工艺水平、质量保证能力等综合实力的体现。国产装载机行业经过近几年的努力，产品质量尤其是可靠性水平有了显著提升，但仍然存在局部设计不合理、使用寿命短、早期失效率高、配套件质量不稳定等问题。当然，导致这些问题的影响因素也比较多。

2.装载机产品可靠性数据统计与分析

质检中心通过对2017—2018年部分装载机可靠性试验数据统计分析，反映出装载机行业整体可靠性水平现状及制约行业产品可靠性的关键因素，以帮助提高国产装载机可靠性水平。

选取2017—2018年的63台装载机（2017年38台，2018年25台）作为样本，对其可靠性试验结果分别进行统计。2017年装载机平均失效间隔时间约为749h，2018年平均失效间隔时间约为865h。我国装载机产品的平均失效间隔时间已经得到很大提高，到2018年的平均失效间隔时间超过800h，说明国产装载机产品的可靠性指标已达到或接近国外产品的可靠性等级，有了质的飞跃。

2017年的38个样本总失效次数为143次，一般失效为48次，占总失效次数的33.6%，轻微失效为95次，占总失效次数的66.4%。

按照失效所属类别统计：其他系统及部件失效比例为45.5%，电器系统失效比例为19.5%，液压系统失效比例为17.5%，转向系统失效比例为4.2%，发动机、制动系统失效比例均为3.5%，传动系统失效比例为2.8%，行驶系统失效比例为2.1%，工作装置失效比例为1.4%。

按失效时间统计：渐变失效为108次，占总失效次数的75.5%；偶然失效为35次，占总失效次数的24.5%；没有发生早期失效、损耗失效、突发失效。

2018年的25个样本总失效次数为145次，一般失效为29次，占总失效次数的20.0%，轻微失效为116次，占总失效次数的80.0%。

按照失效所属类别统计：其他系统及部件失效比例为59.3%，电器系统失效比例为20.0%，制动系统失效比例为4.8%，传动系统失效比例为4.1%，工作装置失效比例为3.4%，转向系统失效比例为2.8%，行驶系统、液压系统失效比例均为2.1%，发动机失效比例为1.4%。

按失效时间统计：渐变失效为85次，占总失效次数的58.6%；偶然失效为48次，占总失效次数的33.1%；损耗失效为10次，占总失效次数比例为6.9%；突发失效2次，占总失效次数比例为1.4%；没有发生早期失效。

从这两年可靠性统计数据结果来看，由于装载机产品的技术开发能力日趋成熟，除了用户的日常维护保养不到位外，影响产品可靠性的主要因素大多来源于外购件的产品质量不过关，反映在电器元件、液压元件以及结构件薄板件方面等方面。影响产品基本性能的问题相对较少，也就是说基础配套的关键零部件的质量还有待进一步扎实提升。

3.确保装载机产品质量长效的新途径

近年来，随着国内工程机械的蓬勃发展，各企业在国产工程机械产品的基本性能方面的竞争优势不是特别明显。通过激烈竞争，研发实力、产品性能及可靠性、耐久性有了明显的提高，各企业在这些性能参数方面相对没有太大的变化。但通过投放市场的产品反馈的问题来看，在对走向市场的产品的维护保养和售后服务方面，是各企业近年来维护产品热销稳定的主要手段，也是各企业产品主要的竞争优势集中点。对产品进行及时有效地跟踪定位、维护保养，提供优质、便捷的服务，也是保证产品质量长效久安的新途径。

（三）工程起重机行业质量状况分析

1.工程起重机行业发展情况

近年来，我国工程起重机行业先后经历了快速发展及低谷阶段，逐步实现行业整合，外资品牌与技术水平较弱、产品质量较差的制造企业已有效出清，逐步形成了以徐工机械、中联重科、三一重工为代表的国产工程起重机龙头企业参与全球竞争的良好局面。当前，工程起重机行业市场竞争趋于理性，摒弃过去规模扩张式的发展模式，主流企业完成重大产品技术向大型化和专用化发展，通用技术向标准化和模块化发展，产品性能逐步实现自动化、智能化和数字化发展的同时，已在“绿色节能”“科技智能”“超高性能”“高效全能”型起重机方向上攻坚克难，并取得了可喜的成绩。

国内工程起重机行业发展至今，自主研发生产的工程起重机产品已实现品种及规格的全覆盖，包括5～220t汽车起重机、60～2 000t全地面起重机、5～3 600t履带起重机、2～50t随车起重机、5～150t轮胎起重机等机型，在产品外观、作业性能、可靠性等方面也有了长足进步。

2.工程起重机产品可靠性数据统计与分析

质检中心依据随机抽样原则，分别选取了2016年、2017年、2018年的各50台工程起重机（汽车起重机和全地面起重机40台、履带起重机4台、轮胎起重机3台、随车起重机3台）作为样本，对其可靠性试验结果分别进行统计。

2016年的50个样本总失效次数为103次，一般失效为77次，占总失效次数的74.8%，轻微失效为26次，占总失效次数的25.2%。按照失效所属类别统计：液压系统失效比例为43.4%，电子、电气系统失效比例为27.8%，发动机及传动系统失效比例为19.7%，结构失效比例为6.0%，其他系统及部件失效比例为3.1%。

2017年的50个样本总失效次数为99次，一般失效为75次，占总失效次数的75.8%，轻微失效为24次，占总失效次数的24.2%。按照失效所属类别统计：液压系统失效比例为40.7%，电子、电气系统失效比例为30.5%，发动机及传动系统失效比例为20.2%，结构失效比例为5.4%，其他系统及部件失效比例为3.2%。

2018年的50个样本总失效次数为94次，一般失效为74次，占总失效次数的78.7%，轻微失效为20次，占总失效次数的21.3%。按照失效所属类别统计：液压系统失效比例为38.9%，电子、电气系统失效比例为32.8%，发动机及传动系统失效比例为22.7%，结构失效比例为4.2%，其他系统及部件失效比例为1.4%。

从失效类别统计结果看，近三年来，工程起重机整体质量呈逐年小幅提升态势，致命失效、严重失效均未有发生，一般失效发生频率有所上升，但轻微失效发生比例逐年下降。

从失效所属类别统计结果看，液压系统失效及电子、电气系统失效仍是起重机主要发生的失效。近三年来，液压系统失效比例逐年下降，但电子、电气系统失效比例与发动机及传动系统失效比例均有所上升。

3.工程起重机行业发展趋势

（1）智能化、专业化新技术扎实推进。随着“中国制造2025”等国家发展战略部署，将推进以交通、能源、石化等基础设施为重点的建设，进而需要专业化、智能化的高端工程机械。企业要在激烈的竞争中脱颖而出，要坚持品牌战略，以技术为引领，创造企业价值。互联网 +、大数据等给工程起重机行业提供了很好的经营模式及产品开发平台。以智能制造为主攻方向，攻克共性技术，强化制造基础，将促进工程起重机行业向价值链高端发展，推动智能化产品研发和产业化。

（2）产品质量将持续提升。我国工程起重机经过多年的技术积累，产品设计和整机制造采用了设计计算、分析和仿真、试验验证等多种技术手段，广泛应用了计算机仿真设计、1 000MPa 高强钢、椭圆臂架加工工艺、焊接机器人等新技术、新材料、新工艺等，并建立了比较完善的质量保证体系，这将促进整机产品在外观、作业性能、可靠性、人机工程等质量方面的持续提升。

（3）未来市场将保持稳健发展态势。我国工程起重机行业经历了几年的快速发展，从 2011 年下半年到 2016 年出现了连续下滑，整个行业面临多年不遇的困难局面。2017 年以来，工程起重机市场逐步回暖，回归到稳步增长的轨道上。然而，在深刻变革、深刻调整、深刻变化的新经济形势和行业发展环境下，工程起重机行业需要把握新时代要求，尊重市场运行规律，正视产业瓶颈和风险，要继续坚持可持续发展思路，营造更好的工程起重机行业产业链，做到多方共赢，让业内企业实现更高质量的发展。

4. 提高工程起重机产品质量的建议

当前，工程起重机行业不同层级的企业面临不同的质量瓶颈，需要不断探索合理化的解决方案，实现突破。处于国内一流企业之列且具有一定国际竞争力的龙头企业，现今大多面临着关键配套件供不应求的局面，进口件进货周期长、成本偏高，使用国产件替代时，又存在可靠性相对较低的产品质量隐患。国内中型规模的工程起重机制造企业面临着市场空间的压缩，因无法与龙头企业竞争更高附加值的大吨位产品市场，大多只能在 12 ～ 55t 的产品范围内寻求生存空间，走具有自身特点的技术路线。在此过程中，基于产品的定位，成本控制就变得尤为重要，而生产成本和产品质量的矛盾便凸显出来。因客户群体的不同，还衍生出了一部分小型起重机械生产企业。该类企业生产成本低，产品转型快，市场导向明显，技术水平相对偏低，仍需进一步规范产品质量管控。

国家应考虑出台起重机报废制度，通过报废超时限服役及存在较大安全隐患的老旧产品，提升在用机械质量水平，拉动市场，为企业投放新产品腾出有效的市场空间；应大力扶持关键配套件生产企业，推进技术革新，提升产品质量；应统一标准，规范市场，加强产品的检测和试验，进一步完善产品质量和可靠性控制体系，并建立试验数据库，形成良好的反馈机制；应深入细致研究和完善产品设计、制造、工艺等，提升产品的综合品质。

（四）非公路自卸车产品质量状况分析

1. 非公路自卸车产品发展情况

2018 年，非公路自卸车行业保持前两年红火的态势，整个行业结束了持续数年的萧条期，市场需求总体回升，部分企业产量恢复到或超过了历史最好水平。一方面，由于随着国家“一带一路”倡议的推进，市场面不断地恢复；另一方面，经过数年的萧条，部分中小规模企业不得不退出非公路自卸车行业，市场现存自卸车经过数年使用已经面临报废，市场需求逐渐恢复。

随着企业根据非公路自卸车的结构特性研发出更高端的产品，也随着配套企业提供更优质的配套零部件，通过行业企业的共同努力，更高技术水平、更高质量水平、更适应市场的产品将推向市场。

我国的非公路自卸车产品分为三种：电传动矿用自卸车、机械传动矿用自卸车、机械传动宽体自卸车。近几年，国内开发的一些新产品技术性能指标可以和国外先进产品相媲美，产品的可靠性仍是当前影响我国工程机械行业产品质量和国内外市场认可的主要因素。

宽体自卸车是在公路自卸车的基础上发展而来，它通过加强结构强度，以增加承载能力；加宽轴距，以增强稳定性；改变传动比，以适应自卸车短距离爬坡运输工况。宽体自卸车具有性价比高、载质比大、方便维修等优点。自推出后，不但迅速占领了国内过半的非公路自卸车市场，还实现大批量出口。但是，大部分矿山的作业工况恶劣程度远远超过公路运输工况，这也导致最初的非公路宽体自卸车的可靠性和使用寿命远低于传统的自卸车。因为其价格优惠，企业更注重生产成本，部分更适合自卸车的技术因零部件产品不成熟或价格较高而普及缓慢。这也导致宽体自卸车较其他土方机械产品可靠性水平偏低，早期失效偏多。可靠性指标普遍偏低，用户反映也很强烈。企业对产品可靠性试验验证工作的忽视或验证不充分，造成了产品早期失效率高，给用户和企业自身都带来了较大的经济损失。

2. 非公路自卸车可靠性数据统计与分析

质检中心对近三年来非公路自卸车进行可靠性试验中发生的失效按照失效模式、失效所属系统等进行统计，给出分析建议，希望对行业产品的可靠性提高有所帮助。

本次统计 58 台试验样机（非公路电传动矿用自卸车 2 台、非公路机械传动矿用自卸车 5 台、非公路机械传动宽体自卸车 51 台），共发生 325 次失效，平均失效间隔时间为 402.3h。

非公路自卸车行业同其他工程机械行业在失效统计时有一定的区别，有些部件被业内认为是易损件，不计入统计。如轮胎在业内多认为是消耗品，在恶劣的作业环境中，轮胎的寿命仅有几个月，许多企业在其司机操作手册中给出了轮胎调整的方法和更换要求。另外，还有一些问题，如装载时大块物料冲击车厢导致钢板开裂；卸载时，物料倾泻时碰坏尾部灯光；尘土较多，未发现螺栓松动，导致其他故障等。因人为或有人为因素的失效，在实际使用中，非公路自卸车的失效率高于统计的机械自身的故障。

按失效模式统计：断裂性失效比例为 23%，泄漏性失效、退化性失效比例均为 18%，损伤性失效比例为 15%，松脱性失效比例为 11%，失调性失效比例为 8%，其他失效比例为 4%，堵塞性失效比例为 3%。

按失效所属系统统计：动力系统、行走系统失效比例均为 22%，电气系统失效比例为 10%，传动系统、转向系统、制动系统失效比例均为 8%，液压系统失效比例为 7%，操纵系统失效比例为 6%，工作装置失效比例为 5%，其他失效比例为 4%。

通过对非公路自卸车失效情况统计，可以看出，其主要失效模式集中在泄漏性失效、断裂性失效、损伤性失效、退化性失效方面；从所属系统来看，动力系统和行走系统失效仍居首位。

3. 非公路自卸车提高质量的建议与发展方向

（1）使用寿命的研究与分析。非公路自卸车使用工况恶劣，驾驶人员也经常存在疲劳驾驶的情况，并有一些自身难以解决的问题，如板簧、轮胎等因磨损大需频繁更换，以及矿山行业的周期性发展，这都会造成非公路自卸车行业产品质量纠纷多、判定难的情况时有发生。企业为更好地保护自身利益，应积极按照作业工况和有限寿命的理论，根据产品数学模型和实际使用情况，做好产品寿命研究分析和估计计算。

（2）绿色环保。非公路自卸车长期处于低速、重载工况，燃料消耗巨大。能耗也是考核非公路自卸车性能的重要指标，且其作业场地有限，车辆集中，适宜一些新能源动力的应用，如天然气动力。纯电动力的非公路自卸车有些技术尚未成熟，制造成本过高，未得到广泛应用。但随着科技的进步，它们可能成为非公路自卸车行业新的增长点。随着国家对环保的重视，排放标准要求越来越严格。在一些工况下，如重载下坡，电动自卸车不但不用频繁使用制动，还能利用下坡产生的动能反向给电池充电。这不但减少了部件磨损，保障了机器的行驶安全，还节约了能源。但是，国家对电动汽车的优惠政策还未普及到非公路自卸车行业，造成整车价格高，市场认可度偏低。

（3）宽体自卸车寻求突破。现在主流的宽体自卸车整备质量达 30t 左右，装载质量达 60t 左右。钢板弹簧用了十几片，有几十厘米高。满载时，钢板弹簧的减震效果大幅降低。有人认为板簧的能力几近发挥到极限，研发更大吨位的宽体自卸车就需要解决这个问题。在短距离运输工况时，需要驾驶人员频繁换挡，增加了驾驶人员的工作强度，也造成离合系统磨损严重，这些都是宽体自卸车发展中需要解决和突破的问题。

（五）叉车产品质量状况分析

1. 叉车行业发展情况

（1）锂电池等新能源技术受到广泛关注。由于我国环保新政的推动和创新理念层出不穷，新能源技术这几年一直受到叉车行业的关注，尤其是锂电池成为行业的大热点，比亚迪在这方面独占鳌头，把其自身领先的锂电池技术较好地融入到了叉车产品的设计之中，配备先进的电动机、电源管理系统，能够很好地满足用户长时间工作的作业需求，使得用户的使用成本大幅降低；新能源在叉车行业的应用才刚刚大规模发展起来，势不可挡。在这种大好形势下，叉车企业如何在竞争激烈的市场中保持冷静的头脑，脚踏实地去研究锂电池产品，合理选择和使用高质量、高安全性的锂电池，对于呵护和培养叉车新能源市场至关重要。

（2）电动叉车占比逐年上升。2018 年是国内电动叉车占比最高、增长最快的一年。一方面，随着国家环保法规的日趋严格和健康环保意识的深入人心，促使越来越多的用户选择电动叉车。另一方面，电子控制技术的快速发展使得电动叉车的操作变得越来越舒适，适用范围越来越广，解决物流的方案越来越多，像托盘堆垛车、前移式叉车、三向窄通道叉车等电动叉车解决了许多内燃叉车做不到的问题，尤其在仓储物流系统解决方案中起到了非常重要的作用。最关键的是，虽然采购电动叉车所用成本要比同等载荷能力的内燃叉车高出不少，但是其生命周期内总的使用成本其实是比内燃叉车低的，就这些方面来看，今后电动叉车的增长速度会越来越快，市场份额也会越来越大。

（3）向轻量化方向发展。节能环保日益成为全社会关注的焦点，用更小的消耗产生更多的效用成为制造业追求的目标，轻量化技术因此也逐渐受到国内外制造业的重视。叉车行业也不例外，特别是近年来随着叉车行业的迅速发展，轻量化已成为行业的重要技术发展方向之一。叉车的轻量化，对于减少钢材消耗以及相应生产、运输等环节的能源消耗，降低作业过程中的能耗与废气排放、降低噪声等都有直接影响，节能减耗的潜力巨大。轻量化是一个系统工程，是在综合考虑重量、性能和成本等因素后的产品创新和优化，涉及产品设计、制造和材料等企业运作的各个方面。2018 年是叉车行业推出轻量化物料搬运设备较多的一年，代表产品就有中力的微金刚、如意的小锂、诺力的蓝狐 1 号、宝骊的小蚁等产品，轻量化搬运设备及服务理念已融入整个叉车行业，这让多样性的轻量化物料搬运变得简单而有效。

（4）向智能化方向发展。随着人工智能技术的飞速发展，叉车智能化已经成为产业发展的大方向，而在叉车行业这个巨大的可智能发展空间里，AGV 叉车以高效率、低成本完成用户人性化和多样化的需求，已成为未来叉车智能化发展的主方向。普通叉车与 AGV 叉车最大的区别在于普通叉车的作业需要有人驾驶，由于司机需要休息等诸多原因，普通叉车的实际工作效率不足 70%，而 AGV 叉车作为自动化物料搬运设备，可以实现无人化搬运，大大降低劳动力和运营成本；另外，AGV 叉车智能化的交通管理，使之运行更加安全可靠，具有人工作业无法比拟的优势。近年来，随着 AGV 技术的发展与成熟、人力成本不断上升，致使 AGV 叉车的购置成本开始接近普通叉车，随之而来的是 AGV 叉车的销量一直保持着迅猛增长的势头，以杭叉、合力、诺力为代表的叉车制造巨头们也纷纷研制出 AGV 叉车和相关的智能物流系统。

2. 叉车产品可靠性数据统计与分析

2018 年，质检中心选取 40 台叉车（内燃叉车 20 台、蓄电池叉车 20 台）作为样本，对其可靠性试验结果进行统计，内燃叉车平均失效间隔时间约为357h，蓄电池叉车平均失效间隔时间约为183h。

通过对40台叉车（内燃、蓄电池）型式试验中所发生的65次失效情况统计结果分析表明：一般失效为23次，占总失效次数的35.4%；轻微失效为42次，占总失效次数的64.6%。与2017年相比，一般失效发生次数所占比例略有下降，整机质量呈上升趋势。

按失效模式统计：泄漏性失效比例为29.2%，配套件性失效比例为23.2%，电气性失效比例为16.9%，加工性失效比例为12.3%，装配性失效比例为10.8%，焊接性失效比例为4.6%，轮胎、设计性失效比例均为1.5%。

按失效所属系统统计：液压系统失效比例为49.2%，电器系统失效比例为15.4%，工作装置失效比例为9.2%，其他失效比例为7.6%，制动系统失效比例为6.2%，发动机、传动系统、转向系统、行驶系统失效比例均为3.1%。另外，液压系统中失效较多的是密封件、管路及接头，分别占液压系统总失效次数的40.6%和28.1%。

按液压系统失效分类统计：油管、管接头失效比例为40.6%，密封件失效比例为28.1%，液压缸失效比例为15.6%，阀、电动机失效比例均为6.3%，泵失效比例为3.1%。

通过数据统计与分析可见，叉车可靠性方面与2017年相比有所提高，尤其内燃平衡重式叉车质量更加稳定。现阶段主机选用的配件还存在质量不稳定、可靠性差、工艺制造和检测手段薄弱、技术研发能力不强等问题。配套件质量和可靠性差往往是造成主机整体质量及可靠性水平不过关的主要原因。我国的叉车产品与国际品牌叉车可靠性差距还表现为早期失效率高、小毛病多、渗漏问题严重。

当前，国产叉车还存在一些质量问题，对于我国叉车企业来说，要清醒地认清当前复杂严峻的外部环境和激烈的市场竞争，要进一步增强危机意识，同时找出自身的不足，增强企业的抗风险能力，在战略上要居安思危，在战术上要苦练内功，提高行业核心竞争能力。从产销量上来讲，我国叉车的产量和销量已远超其他国家，稳居全球第一位，但产品的技术性能和质量水平和世界一流的叉车品牌差距还是较大的。

（六）推土机产品质量状况分析

1. 推土机行业质量发展情况

2018年推土机产品销量不断攀升，国内推土机制造商市场占有量不断增加，竞争越发激烈。企业要在日益激烈的市场竞争中脱颖而出，在关注产品技术性能的同时，需要更加关注产品的品质质量，关注产品的一致性、可靠性和耐久性水平。

产品的品质用一致性、可靠性与耐久性评价。一致性、可靠性与耐久性的品质追求是实现机器技术性能的保障。实现一致性是提高可靠性的前提，提高可靠性才能体现耐久性的价值。

从可靠性方面来说，在对2009—2011年、2012—2014年、2015—2018年的国内推土机产品可靠性试验（定时截尾1 000h）进行综合统计分析，通过对比可见，2015—2018年统计的推土机多样本平均故障间隔时间观测值为859h，国内推土机产品的整体可靠性水平逐年提高。

从产品生产一致性来说，国内推土机厂家的技术水平在不断突破，研发样机性能甚至能与国外巨头产品不相上下，但批量产品的质量得不到保障，产品失效离散，产品的一致性水平得不到保证。

从耐久性方面来说，由于基础理论及基础研发能力不够，现阶段国内推土机产品的大修期寿命远远落后于国际产品。

虽然推土机产品技术水平不断提升，但产品质量进步缓慢。相比较而言，国内推土机产品质量与国外差距更加明显，提升的空间和迫切性更大，因此，质量控制必须向国外先进企业看齐。

2. 推土机产品可靠性数据统计与分析

通过采集20台推土机在1 000h现场跟踪可靠性试验数据，其中90～160马力（1马力=735.5W，下同）推土机选用6台；160～320马力推土机选用14台，具有广泛的代表性。对它们的失效发生时间、发生部位和发生次数按照失效类别、失效模式、失效所属系统等进行统计与分析。

统计结果表明：推土机在可靠性试验1 000h内，未发生致命失效和严重失效，一般失效次数占总失效次数的36.1%，轻微失效次数占总失效次数的63.9%。

按失效模式统计：泄漏性失效比例为52.4%，松脱性失效比例为23.8%，其他失效比例为14.3%，断裂性失效比例为9.5%。

按失效所属系统统计：液压系统失效比例为38.1%，电气系统失效比例为19.4%，其他失效比例为12.0%，动力系统、传动系统失效比例均为11.1%，行走系统失效比例为8.3%。

统计结果表明：推土机在可靠性试验1 000h内，液压系统引起的泄漏性失效占比较大；从失效分布来看，失效分布离散，产品一致性不高，导致产品质量问题依然突出。

3. 存在的质量问题及原因

（1）在线检测体系不完善。可靠性过程中松脱性失效出现频率较高，多数是由于主机生产线上的在线检测体系不完善，出厂检验工作做得不够，如对螺栓拧紧力矩检测线存在问题，导致其松脱时有发生。

（2）配套件质量较差。集中出现的液压件、密封件等配套产品的质量问题导致的主机泄漏失效占比较大，说明主机厂对外协件质量控制措施有待改进，国内配套厂家的产品生产一致性水平较为低下。

4. 提高推土机产品质量的建议

（1）完善可靠性评价体系。推土机可靠性的提高是需要通过零部件可靠性和系统可靠性来实现的。推土机企业大多缺乏完整的整机以及零部件可靠性验证手段或评价体系，应建立多样本整机可靠性评价体系，反映批量产品可靠性水平，建立完整科学的失效数据库。

（2）增加零部件检验手段。零部件缺少试验验证手段和遴选评价体系，推土机零部件产品问题主要应关注桥箱、液压系统等，如建立变速器、驱动桥的齿轮和轴的应力测试试验台，齿轮副啮合可靠性试验台，液压油缸、液压泵、液压阀可靠性试验台，以及发动机变速器匹配性能试验台等。

（3）加大研发投入。生产企业需要把握推土机未来发展方向，紧密围绕产品的核心技术，建立系统化的产品研发平台，专注产品质量提升和技术创新。

工程机械行业正在逐步向高端化、智能化定位发展，推土机作为典型的工程机械产品，其相对挖掘机等工程机械产品虽然在普适性上逐渐降低，但在特定工况的使用依然不可替代。改变企业命运的应该是产品的品质，企业要把控产品质量，是一个需要长远规划的系统性工程。企业需要建立产品评价体系，构建完整可靠性评价体系，从顶层设计产品之间差异性评价内容和方法，规划产品的发展趋势；需要建立核心部件的制造体系，实现产品的自主研发和质量自主提升；需要增加科研投入，提高产品技术水平。企业需要走在行业发展的前端、市场的前沿，突破国外产品技术的壁垒和桎梏，发展民族品牌。

（七）压路机产品质量状况分析

1. 压路机行业质量发展情况

国内压路机单纯从产品配置、参数选择上和国外著名压实机械生产厂家的产品相比毫不逊色，但新技术、新理念应用较少，压实质量也难以保证一致性。国外压实机械制造业比较发达，这和它的发展历史、经济状况以及制造业和相关产业的总体水平有关。表现在其产品具有技术先进、性能优越、外形美观、作业可靠等优点。全液压传动、全轮驱动是国外振动压路机的主导模式。铰接转向、蟹行机构、三级制动，无级调频、调幅，气力悬挂减振，静压传动与控制，压实度随机检测，轮胎自动调压与集中充气，振动压实动态特性仿真与分析，连续压实与自动控制，失效自诊断与控制，以及卫星定位遥控作业等技术被充分运用到压路机制造中。

压路机规格型号较多，质检中心针对主导机型、销量较大、用途较广的单钢轮机械振动压路机、全液压振动压路机、光轮压路机和轮胎压路机进行统计分析研究。分别统计了 2009—2011 年、2012—2014 年、2015—2018 年的压路机产品 400h 平均失效间隔时间可靠性试验数据，结果表明国内压路机产品的可靠性水平在逐步提高。

2. 压路机产品可靠性统计与分析

采集了 64 台压路机在 400h 现场跟踪可靠性试验数据，其中，3 ～ 14t 振动压路机 21 台，16 ～ 28t 振动压路机 36 台，光轮压路机 3 台，轮胎压路机 4 台，以上各型号的压路机均具有广泛的代表性。分别对其失效发生时间、发生部位和发生次数按照失效类别、失效模式、失效所属系统等进行统计。

按失效类别统计：一般失效为 31 次，占总失效次数的 48.4%；轻微失效为 33 次，占总失效次数的 51.6%。

按失效模式统计：松脱性失效比例为 40.4%，泄漏性失效比例为 36.5%，失调性失效比例为 9.6%，堵塞性失效、损伤性失效比例均为 3.8%，断裂性失效、退化性、其他性比例失效均为 1.9%。

按失效所属系统统计：动力系统、传动系统、其他系统失效比例均为 15.4%，液压系统失效比例为 11.6%，行走系统、操纵系统失效比例均为 11.5%，制动系统、电气系统失效比例均为 9.6%。

通过分析压路机可靠性试验数据，能够发现：

（1）按失效类别，轻微失效是发生次数最多的失效，不同厂家、不同类型的压路机会多次出现相同类型的失效，而且这种失效是可以有效降低的。多次的维修会给企业增加一定的成本，而这些失效是可以被有效避免的。

（2）松脱性与泄漏性失效仍是压路机失效模式中较多的失效，压路机减振性能和密封性能有待进一步提高。

3. 提高压路机产品质量的建议及发展方向

（1）提高压路机施工质量。压路机性能参数匹配与施工质量关系是压路机企业研究的重点，可根据压实材料的力学特性、压路机的性能参数，通过试验路段确定最优的压实工艺，以求得最佳压实效果和最高压实效率。

（2）低排放。为贯彻《中华人民共和国环境保护法》和《中华人民共和国大气污染防治法》等法律法规、改善环境质量、促进非道路移动机械污染防治技术进步，生态环境部制定了《非道路移动机械污染防治技术政策》。全国各地均开始划定禁止使用高排放非道路移动机械区域及并制定相应的管控条例，低排放环保型的压路机势必是今后行业发展的方向。

（3）再制造。低碳、环保、绿色制造被视为未来产业升级替代的发展方向，工程机械产业的再制造已经成为其产业链中的重要一环。据资料显示，工程机械再制造产品比新产品的制造节能 60%，平均有 55% 的部件都可以被再利用，制造过程中可以节省 80% 以上的能源消耗。不仅为客户提供降低产品全生命周期成本的方式，也有效支持了国家提倡的发展绿色循环经济的号召，因此，再制造也是压路机行业未来发展的重要方向。

（八）观光车产品质量状况分析

1. 观光车产品质量发展情况

观光车行业经过 2014—2016 年的快速发展，2017 年开始步入平稳发展期，总体来说，2018 年观光车行业延续了 2017 年的发展趋势，产销量保持较为平稳的态势。2018 年观光车生产企业集中度进一步提高，部分中小企业关停，企业数量减少，与此同时，企业更加注重观光车产品品质、安全性方面的提升。观光车产品也由单纯的价格竞争向品质、品牌竞争转变，产品质量逐步提升。

通过 2018 年的质量数据及行业调查分析来看，观光车产品质量与可靠性水平有所提升，分析主要有以下原因：一方面，国家颁布了相关的法规对观光车企业和产品有了更高的要求。法规不仅对产品有技术方面的要求，同时还对生产企业的生产条件、生产设备、检测设施也有要求，生产条件、检测设施达不到要求的企业被淘汰出局，这使得行业内企业的生产与检测条件不断提高，从而促进观光车产品质量与可靠性的提升。另一方面，用户对产品的安全性等要求也越来越高，质量好的品牌产品得到用户的认可，价格因素在选用观光车产品的影响越来越小。

2018 年，观光车行业的发展出现了一些新气象：①观光车开发过程中采用标准化、通用化、系列化设计开发，减少专用件开发，突破常规工艺，实现少投入、高产出。②锂电池在观光车上用得越来越多。锂电池具有重量轻、比容量大、循环使用寿命长等优点，采用锂电池的车辆整备质量更小，续驶里程更长，是轻量化设计的优选方案。③观光车设计更人性化，可满足驾驶人员和乘客对驾驶与乘坐舒适、安全方面的需求。④观光车的衍生产品（如电动消防车、电动巡逻车）在 2018 年有了很大发展，产销量及品质都有较大提升，逐步形成一定规模的产业。⑤通过轻量化的产品设计，有效提高观光车的续航里程，满足消费者对于观光车高性能的需求，观光车呈现轻量化发展趋势。⑥随着互联网浪潮的来袭，观光车也步入互联网时代，开始向互联智能方向演变，智能化已成为观光车行业产品升级的方向。

2. 观光车可靠性数据统计与分析

2018 年，质检中心选取了 58 台进行新产品定型试验的观光车（内燃观光车 11 台、蓄电池观光车 47 台）作为样本，对其可靠性试验结果进行统计，内燃观光车平均失效间隔时间约为 149h，蓄电池观光车平均失效间隔时间约为 135h。

通过对 58 台观光车（内燃、蓄电池）型式试验中所发生的 70 次失效情况进行统计：一般失效为 22 次，占总失效次数的 31.4%；轻微失效为 48 次，占总失效次数的 68.6%。

按失效模式统计：松脱性失效比例为 51.4%，退化性失效比例为 22.9%，其他失效比例为 18.6%，损伤性失效比例为 7.1%。

按失效所属系统统计：车体系统失效比例为 52.8%，电器系统失效比例为 28.6%，其他系统失效比例为 11.4%，传动系统、转向系统失效比例均为 2.9%，制动系统失效比例为 1.4%。

总的来看，观光车整体质量较 2017 年有一定提高，致命失效、严重失效均未发生，一般失效、轻微失效发生频率均有所下降。

随着观光车行业的发展，观光车行业标准体系逐步完善，观光车产品的使用逐步规范，国内观光车产品技术质量水平必将持续提高。

三、发展建议

40 年来，我国工程机械行业取得了又好又快地发展。而今，为实施“制造强国”的战略，加快从“制造大国”向“制造强国”转变的步伐，工程机械行业应以创新驱动为核心，夯实以企业为主体的创新平台，集聚培育高新技术人才队伍，提升产业竞争力；以质量优先为重点，增强产品可靠性、耐久性，发展绿色、智能、高端的工程机械产品；以强化基础为切入点，加强基础理论和核心技术研究，突破关键基础零部件、基础材料、基础工艺的瓶颈；以优化环境为目标，推动产品、制造、服务和全产业链的转型升级，打造具有国际竞争力的旗舰企业和产业集聚区；全行业从传统的价格竞争转变为以提高产品质量的稳定性和改善售后服务方式等方面的综合竞争上来，走差异化道路，提升我国工程机械产品的整体竞争能力和竞争质量。

〔撰稿人：国家工程机械质量监督检验中心刘智慧、席学斌、张益民、郑海宁、李跃、孙林伟、赵亮、黄海潮、范晓兰、李洪波〕

2018 年中国工程机械行业十大新闻

“2018 中国工程机械十大新闻”评审活动由中国工程机械工业协会主办、今日工程机械杂志社承办。该活动至今已成功举办 23 届（1996—2018 年），成为业内人士梳理和总结过去一年产业和市场发展脉络的重要渠道，是中国工程机械行业最为重要的年度事件之一。

1. 改革开放 40 周年，中国工程机械行业迈入高质量发展新阶段

改革开放 40 年来，蓬勃发展的中国经济和快速增长的中国市场为中国工程机械行业做大做强提供了宝贵的发展机遇。经过 40 年的发展，中国已成为工程机械产品品类最齐全，系列化、成套化优势突出，行业规模最大的国家，为国民经济建设提供了工程装备保障。

在改革开放的历史进程中，中国工程机械行业技术创新成果丰硕，40 年来，行业新技术、新结构、新工艺、新材料研发应用取得突破性成果。一大批代表最领先技术发展水平、能够替代进口的高端工程机械重大技术装备相继

下线，成为中国制造的崭新名片。同时，行业优秀企业乘“一带一路”东风，不断拓展海外业务，提升全球化服务能力，为沿线国家的基础设施建设提供了装备支持。

11 月 14 日，在国家博物馆举办的“伟大的变革——庆祝改革开放 40 周年大型展览”中，掘进机械行业的唯一代表——中国铁建重工自主研发并首次出口到欧洲发达地区、挑战极寒施工环境的“加丽娜”号盾构机模型，与“天宫号”空间实验室、“蛟龙号”载人潜水艇、“复兴号”动车组列车等一同呈现在观众面前，共同构筑了国之重器的中流砥柱，展示着中国制造的全新风采。

40 年改革开放，国之重器铸辉煌。在改革开放新的历史进程中，中国工程机械行业要不断突破发展瓶颈，提升发展质量，在自主创新中实现“三个转变”，真正实现工程机械制造强国之梦。

2. 工程机械再现高速增长，“基建补短板”为行业提供政策利好驱动

2018 年 1—12 月，全国城镇固定资产投资达到 63.563 6 万亿元，同比增长 5.9%，其中基础设施投资同比增长 3.8%。2018 年，在主机换新、基建投资加码和环保政策推动等多个因素叠加影响下，工程机械市场再现高速增长。据中国工程机械工业协会统计，2018 年主要企业营业收入增长超过 10%，九大类主要产品销量同比增长 25.5%，行业繁荣度恢复到历史高点。

2018 年 10 月 31 日，国务院办公厅下发《关于保持基础设施领域补短板力度的指导意见》，明确指出：补短板是深化供给侧结构性改革的重点任务，要聚焦铁路、公路、水运、机场、水利等重点领域短板，加快推进已纳入规划的重大项目。

2018 年 12 月 19—21 日，中央经济工作会议在北京召开，再次定调基建补短板。年终岁末，国家发改委共批复 8 个城市及地区的城市轨道与铁路建设规划（包含新增），总投资约 8 600 亿元。作为与基建投资紧密相关的工程机械行业，中央的稳投资政策无疑是支撑行业持续增长的重大利好因素。

3. 李克强视察三一集团，肯定工业互联网增强工程机械行业发展内生动力

2018 年 6 月 12 日，中共中央政治局常委、国务院总理李克强视察三一集团。他对企业打造工业云平台、使企业内部创客空间和外部创新资源紧密结合、用更低成本更高效率促进创新加速予以肯定。他说，要发展开放、共享、包容的工业互联网平台，以全新机制汇聚人才和创意，使大中小企业融通发展。

近年来，作为“中国制造 2025”战略计划的重点领域之一，工程机械行业在积极推进工业互联网建设。2018 年，徐工发布全新工业互联网品牌“汉云”，中联重科发布云谷工业互联网平台 ZValleyOS，三一重工持续多年投资工业互联网平台“树根互联”。工程机械领军企业布局数字化与工业互联网，基于物联网技术的设备应用与管理，对于工程机械产业价值链的意义超越以往，将大大增强工程机械行业发展的内生动力。

4. 国产核心零部件入围高端供应链，工业强基工程喜结硕果

2018 年，贯彻落实《中国制造 2025》重点任务，中国工程机械行业在工业强基工程领域喜结硕果。恒立液压、艾迪精密等本土核心零部件制造商在技术创新与产品可靠性上不断突破，其泵阀等核心液压产品入围全球高端品牌 20t 以上挖掘机配套供应体系，标志着国产核心零部件从后市场的替代产品走向前端市场。

11 月 27 日，由徐工集团和浙江大学共同发起、54 家企业和科研院所参加的高端工程机械及核心零部件产业技术创新战略联盟正式成立，成为国内首个核心零部件产业创新平台。联盟的成立为产业发展奠定了组织基础，将更好地推动工程机械产业的升级转型、提质增效，占据全球产业技术制高点。

放眼全球工程机械行业竞争格局，我国在高端工程机械关键技术及液压、传动、控制等核心零部件领域仍存在较大的发展空间，要成为真正的世界工程机械制造强国，必须实现对关键技术及核心零部件的真正掌控。

5. 助推工程机械高质量发展，国产重大技术装备研制取得新突破

2018 年，工程机械行业国产重大技术装备研制取得一系列巨大突破。4 月 2 日，我国最大吨位的挖掘机——总重 700t 的液压挖掘机在徐工集团下线。中国成为继德国、日本、美国之后，第四个具备 700 吨级以上液压挖掘机研制生产能力的国家。7 月 31 日，山河智能入围工业和信息化部“2018 年智能制造试点示范项目名单”，工程机械行业在智能制造领域所取得的成就再次受到国家认可。9 月 29 日，由中铁装备等单位联合研制的直径 15.8m 的国内最大直径泥水平衡盾构机“春风号”在郑州下线，标志着中国盾构的设计制造迈向高端化。

无论是产品大型化方面的突破，还是智能制造领域的创新，都展示了中国工程机械行业为摆脱规模化、同质化竞争所做的努力，业内企业正以智能制造作为产业发展的核心路线，进一步加快中国工程机械行业迈向高质量发展的步伐。

6. 深入实施创新驱动发展战略，工程机械创新成果斩获国家级荣誉

一年来，中国工程机械行业紧扣重要战略机遇新内涵，深入实施创新驱动发展战略，在高端、智能产品及关键配套件的核心技术研发、应用等方面取得突破，涌现出一大批科研成果。

中铁装备牵头申报的“异形全断面隧道掘进机设计制

造关键技术及应用”项目荣获2018年度国家科学技术进步奖二等奖，标志着我国异形全断面隧道掘进机核心技术从跟跑、并跑走向了引领。

在2018年度中国机械工业科学技术奖（由中国机械工业联合会和中国机械工程学会共同设立）获奖项目中，工程机械行业共有27项，其中：特等奖项目1项，一等奖项目2项，二等奖项目8项，三等奖项目16项。

由上海交通大学与其他6家单位联合报送的“海上大型绞吸疏浚装备的自主研发与产业化”项目荣获特等奖；由中铁工程装备集团有限公司与其他4家单位联合报送的“全断面岩石隧道掘进装备（TBM）自主设计制造关键技术及应用”和中联重科股份有限公司报送的“2 000t全地面起重机”项目荣获一等奖。

工程机械行业创新成果再度受到国家级与行业级的表彰，标志着全行业更加重视技术创新，且创新成果的含金量越来越高。作为装备制造业中的重要分支，工程机械行业正成为众多受表彰行业的杰出代表，为国民经济社会发展、保障和改善民生提供了强有力的科技支撑。

7. 全面强化环保意识，中国工程机械行业积极推进环保升级

2018年8月19日，生态环境部《非道路移动机械污染防治技术政策》发布，指出了“国四”升级的技术标准，再一次深入推进了标准的实施。中国工程机械工业协会为推进“国四”顺利实施积极努力，7月10日，在北京组织召开了非道路移动工程机械四阶段排放沟通交流会，通报了前期掌握四阶段排放政策情况。与会者对四阶段企业准备情况及存在问题、何时能够切换四阶段柴油机等问题进行了讨论与交流，协会汇总达成的共识，向国家环保有关部门进行了汇报反馈。

面临治理趋严和标准提升，中国工程机械行业全面强化环保意识，积极推进环保升级。2018年6月27日，由中国工程机械工业协会主办的工程机械行业水性涂料应用和焊接粉尘控制研讨交流现场会在昆山召开。会议为落实《大气污染防治法》等相关要求打下了坚实的基础，体现了工程机械行业的社会担当。

8. 发挥协会引领作用，推进中国工程机械行业绿色发展新征程

在全行业深入学习贯彻党的十九大精神、深入贯彻新发展理念、着力推进供给侧结构性改革，行业发展逐渐步入上升轨道的大好形势下，中国工程机械工业协会于2018年4月成功举办第十六届中国工程机械发展高层论坛。通过此次会议，行业同仁更加清楚地认识到：工程机械行业要以推动高质量发展为主线，推动行业发展质量变革、效率变革、动力变革；新驱动、强化基础，着力发展智能制造、绿色制造、高端制造；构建完善行业自律机制，规范企业全产业链协同发展。

此外，协会还高度重视团体标准的推广和应用效果，推动工程机械行业团体标准工作向前发展。由协会发布的5项工程机械团体标准入选工业和信息化部科技司的2018年团体标准应用示范项目。该5项团体标准涉及可靠性、管路布局规范工艺标准、安全标准和填补空白的产品标准，均符合绿色环保发展方向和国家提倡的绿色发展理念。

9. 助推工程机械租赁发展，高空作业平台市场高速扩张下存隐忧

2018年，高空作业平台市场继续保持高增长势头，销量增幅超过60%。伴随着行业的高速增长，租赁商数量激增，以高空作业平台为主的工程机械经营性租赁市场快速发展。租赁商的机队规模快速增长，但是中小机队规模租赁商占绝大多数，设备租金水平和毛利率水平均有所下降。

除吉尼、JLG、欧力胜、鼎力、星邦等众多专业品牌之外，具备工程机械综合型制造商背景的徐工、三一重工、中联重科、柳工、山东临工等企业也强势入局，对现有的品牌竞争格局造成一定冲击。

工程机械租赁可降低机械使用成本，提高资本收益，对社会来说可拉动投资，促进经济发展，但同时也拉低了用户获得设备的资金门槛，在推动行业高速扩张的同时也易造成重复投入，对市场的良性竞争构成冲击，不利于行业的可持续发展。行业应理性看待高速扩张，防范市场风险的发生。

10. 行业热度攀升，工程机械展集中展示行业发展成果

2018年11月27—30日，以“智造愿景，纵横大观”为主题的上海宝马展（bauma China 2018）成功举办。为期4天的展会盛况空前，各项数据刷新纪录：展示面积再创新高，突破33万m^2，较上届扩容10%；共汇聚38个国家和地区的3 350家参展企业，企业数量增长13%；云集212 500名专业观众，大幅增长25%。此次展会紧扣行业发展脉搏，从产品智能化、制造智能化、服务智能化和管理智能化等不同视角诠释了中国工程机械行业的新起点。

而于2018上海宝马展同期举行的BICES 2019合作商务酒会的成功落幕，也标志着中国工程机械工业协会在国内行业展会的主要工作正式从bauma China 2018全面进入BICES 2019北京时间。

〔供稿人：中国工程机械工业协会吕莹〕

2018 年工程机械行业“中国机械工业科学技术奖”获奖情况介绍

2018 年，在“中国机械工业科学技术奖”评审活动中，工程机械行业共有 30 多家行业企业独立或与相关高校联合报送了 54 项评审项目，涉及工程船舶、掘进机械、起重机械、环卫机械、挖掘机械、土方机械、路面机械、混凝土机械、工业车辆、高空作业机械、凿岩机械、配套件等多类产品及关键技术的应用和产业化，申报项目呈现出创新点多、技术含量高、社会效益和经济效益显著等特点。初审共推荐获奖项目 27 项，其中：特等奖项目 1 项、一等奖项目 2 项、二等奖项目 8 项、三等奖项目 16 项。

一、获奖情况

2018 年 9 月 19 日，中国机械工业科学技术奖管理委员会组织了项目终审会，对包括工程机械在内的 14 个专业评审组推荐的一等奖以上获奖项目进行了终审。最终确定工程机械行业推荐的 3 项终审项目中，由上海交通大学与其他 6 家单位联合报送的“海上大型绞吸疏浚装备的自主研发与产业化”项目荣获特等奖，位列机械行业 5 项特等奖项目第一名。由中铁工程装备集团有限公司与其他 4 家单位联合报送的“全断面岩石隧道掘进装备（TBM）自主设计制造关键技术及应用”项目和中联重科股份有限公司报送的“2 000t 全地面起重机”项目荣获一等奖，其中中铁工程装备集团有限公司项目位列机械行业一等奖项目第一名。2018 年度工程机械行业“中国机械工业科学技术奖”获奖项目见表 1。

表 1　2018 年度工程机械行业“中国机械工业科学技术奖”获奖项目

序号	评审号	项目名称	主要完成单位	获奖等级
1	1810028	海上大型绞吸疏浚装备的自主研发与产业化	上海交通大学、中交上海航道局有限公司、长江航道局、中交疏浚技术装备国家工程研究中心有限公司、中国船舶重工集团公司第七一一研究所、江苏科技大学、江苏海新船务重工有限公司	特等奖
2	1810030	全断面岩石隧道掘进装备（TBM）自主设计制造关键技术及应用	中铁工程装备集团有限公司、浙江大学、大连理工大学、山东大学、中铁隧道局集团有限公司	一等奖
3	1810034	2 000t 全地面起重机	中联重科股份有限公司	一等奖
4	1810038	遥操作履带式越野装运车及其关键技术	陆军研究院特种勤务研究所、泸州长起特种起重设备有限公司、河北交通职业技术学院	二等奖
5	1810018	基于露天矿业开采的大型智能关键设备技术研究及产业化	徐州徐工矿山机械有限公司	二等奖
6	1810006	QJSYT-094 硬岩土压双模式掘进机	北方重工集团有限公司	二等奖
7	1810016	大型举高消防车关键技术研究及产业化	徐工消防安全装备有限公司	二等奖
8	1810043	沥青纤维碎石同步封层车（系列）关键技术研究及应用	浙江美通筑路机械股份有限公司、长安大学	二等奖
9	1810015	面向随机多变负载的工程机械低噪高效关键技术及应用	徐州工程机械集团有限公司	二等奖
10	1810035	高水压高智能大直径盾构关键技术开发及应用	中铁隧道局集团有限公司、盾构及掘进技术国家重点实验室、河南科技大学、浙江大学	二等奖
11	1810053	集装箱港口无人堆场机械群远程控制技术及其应用研究	武汉港迪智能技术有限公司、武汉理工大学、深圳妈湾港务有限公司、招商局国际信息技术有限公司	二等奖
12	1810024	XTR 系列悬臂式隧道掘进机关键技术研究及应用	徐州徐工基础工程机械有限公司	三等奖
13	1810039	四向蓄电池平衡重式叉车关键技术及应用	宁波如意股份有限公司、陆军研究院特种勤务研究所、沈阳理工大学	三等奖
14	1810005	基于圆管带式输送的散料储运系统及成套装备	湖南科技大学、泰富重工制造有限公司、泰富国际工程有限公司	三等奖

（续）

序号	评审号	项目名称	主要完成单位	获奖等级
15	1810011	基于北美高端市场的振动压路机系列产品研发及其产业化	徐工集团工程机械股份有限公司道路机械分公司	三等奖
16	1810001	全系列大型内燃叉车技术研究及产业化	杭叉集团股份有限公司	三等奖
17	1810051	全液压自举升移动式高空制瓦车	河南卫华特种车辆有限公司	三等奖
18	1810021	洗扫车高压清洗及污水回收关键技术研究及应用	徐州徐工环境技术有限公司	三等奖
19	1810009	高端矿山型大吨位装载机产品研发	徐工集团工程机械股份有限公司科技分公司	三等奖
20	1810037	起重机负载敏感多路阀开发及其上车液压系统匹配应用	广西柳工机械股份有限公司	三等奖
21	1810031	基于智能控制的四向堆高车	诺力智能装备股份有限公司	三等奖
22	1810023	XR550D 超大型旋挖钻机研发及产业化	徐州徐工基础工程机械有限公司	三等奖
23	1810044	基于高效节能和智能化研究的中等马力平地机研究及产业化	国机重工集团常林有限公司、常州湖南大学机械装备研究院	三等奖
24	1810025	基于正向设计的液压挖掘机控制及节能技术研究与应用	徐州徐工挖掘机械有限公司	三等奖
25	1810042	NTE150 电动轮矿用自卸车	内蒙古北方重型汽车股份有限公司	三等奖
26	1810033	复杂冲击载荷下工程机械防倾翻控制关键技术及工程应用	中联重科股份有限公司	三等奖
27	1810029	环卫机械装备低噪节能气力系统关键技术研究及产业化	长沙中联重科环境产业有限公司	三等奖

二、部分获奖项目介绍

1. 海上大型绞吸疏浚装备的自主研发与产业化

该项目荣获特等奖，由上海交通大学、中交上海航道局有限公司、长江航道局、中交疏浚技术装备国家工程研究中心有限公司、中国船舶重工集团公司第七一一研究所、江苏科技大学、江苏海新船务重工有限公司联合研制。

海上大型绞吸疏浚装备主要用于远海岛礁大规模高效吹填造陆使用，在南海资源开发、“一带一路”港口建设中有重大需求。项目在多自由度顺应式重载精确定位技术、多参数自适应重型大挖深挖掘技术、多介质高浓度长距离连续输送技术、多系统集成优化总体设计技术和装备研制方面开展的研究工作取得了众多创新性的成果，共获得授权发明专利 34 项、实用新型专利 21 项、软件著作权 33 项，制修订国家标准 5 项，发表论文 112 篇。2005 年以来，该项目研制的 56 座绞吸疏浚装备在南海吹填造陆、“一带一路”国内外港口等国家重大战略任务和重大工程中发挥了重要作用，实现了我国大型绞吸疏浚装备从“被封锁”到“出口管制”的历史性跨越，创造了十分显著的经济效益和社会效益。经中国机械工程学会和中国机械工业联合会组织的成果鉴定，认为项目总体上达到了国际领先水平。

2. 全断面岩石隧道掘进装备（TBM）自主设计制造关键技术及应用

该项目荣获一等奖，由中铁工程装备集团有限公司、浙江大学、大连理工大学、山东大学、中铁隧道局集团有限公司联合研发。

2015 年自主研制出第一台 TBM，打破了国外技术垄断的同时，项目组在高性能刀盘刀具设计技术、前方灾害源超前预报技术、掌子面围岩实时识别感知技术上实现重大创新，解决了三大国际行业难题，由林忠钦、李培根、钟掘等 6 位院士组成专家组鉴定结论为：总体技术达到国际先进水平，其中刀盘刀具布置技术、超前聚焦测深型地质预报技术达到国际领先水平。

该研究应用于吉林引松（已成功贯通）、高黎贡山（施工中）等国内重大复杂工程，其中高黎贡山“彩云号”TBM 入选 2017 年十大国之重器。当前国产 TBM 已经全部替代了进口，在工程中表现出了优异的适应性、可靠性，并实现国产掘进装备出口到黎巴嫩、越南等国。

行业公认穿山越岭的硬岩掘进机难度远大于盾构机。项目整体具有较强的创新性、先进性、示范性；项目研发期间申请国家专利 56 项（其中授权发明专利 34 项、实用新型专利 22 项），发表学术论文 50 篇，出版专著 2 部，登记软件著作权 6 项，主持和参与制定国家标准 3 项。专利“一种开敞式全断面岩石掘进机”获得 2017 年度河南省专利奖特等奖（第一名）；最小直径硬岩掘进机获得 2017 年度中国好设计银奖；ϕ5 480mm 双护盾 TBM 研制获得中国铁路工程总公司科学技术奖。2017 年 12 月，中铁工程装备集团有限公司被工业和信息化部、中国工业经济联合会两部门共同认定为“制造业单项冠军示范企业”。

当前，中铁工程装备集团有限公司已形成 TBM 生产线 10 条，具备年产 50 余台（套）产品的能力。项目实施以来，带来显著的经济效益和社会效益。近三年新增经济收入 70.51 亿元，新增利润 6.87 亿元。2016 年，该科研成果两台全断面岩石隧道掘进机（TBM）成功出口并应用到黎巴嫩大贝鲁特引水工程，其中一台 TBM 于 2018 年 3 月实现顺利贯通，较预定工期提前了一年。

3. 2 000t 全地面起重机

该项目荣获一等奖，由中联重科股份有限公司自主研发。

该项目为当前全球最大起重能力的全地面起重机，项目主要完成四大技术创新：首创了等绳长的超起机构及控制技术，使起重性能比传统的超起技术提升 35%；首次研发出复合驱动的多桥组合底盘技术，解决了超大型全地面起重机满足道路行驶法规和施工场地重载转场行驶的问题；首次采用准椭圆形支腿结构和蜂窝状回转平台结构，解决了矩形支腿和回转平台结构局部应力过大、整体应力分布不均匀的问题；首创了起重机伸缩系统电磁抗扰等效评测技术，研发了汽车起重机 CAN 总线电磁抗扰等效测试平台及方法，解决了起重机伸缩总线抗干扰的难题。

项目经鉴定委员会鉴定认为：该产品设计合理、性能先进、使用安全、节能环保，整体技术处于国际先进水平，整机起重性能处于国际领先水平。

该项目获授权国家发明专利 31 项、实用新型专利 10 项，制修订国家标准 3 项，发表论文 10 篇。2015 年销售 1 台，销售额为 6 200 万元，利润为 1 939 万元，经济效益良好。

〔撰稿人：中国工程机械工业协会尹晓荔〕

中国工程机械工业年鉴2019

大事记

记载 2018 年工程机械行业的重大事件

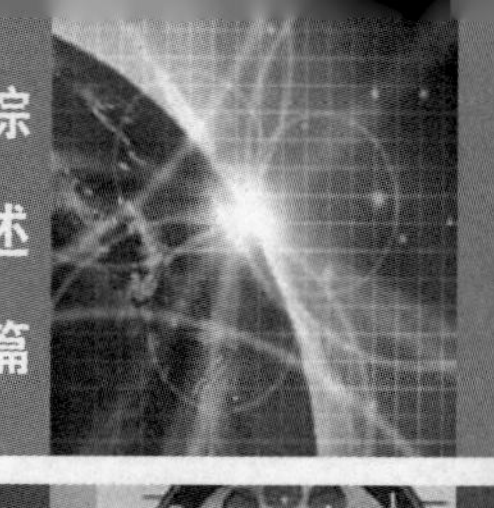

综述篇
大事记
改革开放40年
行业篇
企业篇
市场篇
调研篇
统计资料
标准篇

2018 年中国工程机械行业大事记

1 月

6 日 徐工集团首个直营海外区域备件中心在肯尼亚首都内罗毕正式启动运营。该中心是徐工集团在新体系下运营的第一家海外区域备件中心。徐工集团计划以该中心为样板，完善在亚太、中东、中亚、欧洲、美洲等区域备件网络布局，为全球的经销商和客户提供更为快捷和便利的备件服务与支持。

8 日 2017 年国家科学技术奖励大会在北京人民大会堂举行。上海金泰工程机械有限公司等 7 家单位共同完成的“超深等厚度水泥土搅拌墙成套施工装备与技术研发及应用”项目荣获2017年国家科技进步奖二等奖。该项目解决了复杂地质和城市敏感环境条件下深大地下空间开发面临的深层地下水控制难题，主要成果达到国际领先水平。

11 日 徐工消防装备产业制造基地项目奠基仪式在徐州举行。该项目是徐工也是徐州市的重大产业项目，规划用地面积约 22.7 万 m^2（340 亩），总投资近 25 亿元，将全面建成一个集消防车和高空作业平台两大产业的数字化、智能化和现代化的生产基地。项目建成达产后，可形成年产消防车等各类产品 16 000 台的生产能力，实现销售收入 30 亿元以上。

19 日 新加坡地铁汤申线 T209 标贯通仪式顺利举行。该项目采用中国中铁工程装备集团有限公司自主设计制造的两台泥水盾构机。T209 标项目是中铁工程装备集团有限公司泥水盾构机首次出口海外高端市场的项目，进一步提升了公司在新加坡地下空间开发市场的地位，增强周边市场的辐射效应，为公司进军海外高端市场奠定了坚实的基础。

22 日 柳工印度有限公司举办了业务发展 15 周年庆典暨柳工印度工厂建厂 10 周年庆典。这是柳工坚定不移地推进国际化战略，完成营销从以印度本地制造产品为主转向柳工所有产品线、制造从服务于印度区域市场逐渐发展为产品辐射全球新兴市场，打造的柳工全球标杆制造基地之一。其发展目标是努力实现在印度“再造一个柳工”。

26 日 由中国中铁工程装备集团有限公司自主设计制造的世界首台大断面马蹄形盾构机安全、顺利贯通蒙华铁路白城项目 3 056m 的黄土隧道，标志着我国大断面马蹄形盾构机整机技术已达到世界领先水平。此次也是国内铁路山岭软土隧道领域首次采用“异形盾构法”施工，为今后同类型地质条件隧道建设提供了生动范例，在我国铁路隧道施工技术与装备发展史上具有里程碑意义。

月内 中联重科与意大利 CIFA 在研发、生产、供应链方面深度协同融合又获重大成果——首台国产化 CSS3-Z1 湿喷机在湖南 CIFA 成功下线。该产品是融合享有行业顶级声誉的意大利 CIFA 湿喷机技术，结合中国隧道等实际施工工况后为国内终端市场量身定制的产品。这款产品将以其卓越的性能和极高的性价比以及及时、完善的售后服务成为广大客户的最佳选择。

月内 在工业和信息化部、国家开发银行联合组织开展的 2017 年工业强基工程重点产品、工艺“一条龙”应用计划工作中，山东临工以“高端液压件研发与产业化”项目参选，经过多轮专家评议、企业现场答辩和网上公示等环节，成功入选示范企业名单和示范项目名单。

月内 山推工程机械股份有限公司连续批量中标两个重量级央企“一带一路”成套设备采购项目：一是涵盖近 50 台铲土运输和路面设备的中亚国家公路改造项目；另一个是交通集团旗下某公司在东南亚国家承接的铁路项目，订单包括近百台山推土方设备。

月内 中国工程机械工业协会统计数据显示，三一重工实现挖掘机销售近 3 万台，超过 2011 年历史顶峰销量，已连续 7 年稳坐行业“头把交椅”。

月内 徐工液压件公司联合徐工研究院、徐工重型等兄弟单位以及各合作院校联合开发的国内首个集液压元件数据收集、研究、开发、应用于一体的产业互联网平台正式发布，实现液压元件从研发、制造至三包反馈和再制造的全生命周期数据管理与维护，进一步凸显出徐工在核心零部件行业的领先水平和综合实力。

月内 全新下线的中联重科最大动力车载泵K10528交付土耳其客户，用于土耳其某大桥建设项目。

2月

1日 由中国中铁工程装备集团有限公司联合中国中铁隧道局集团共同研制的刀盘开挖直径达 9.03m 的当前国内自主研制的最大直径"彩云号"敞开式硬岩掘进机在云南高黎贡山隧道始发掘进。这标志着我国大直径硬岩掘进机技术取得重大突破，占据了技术制高点。

3日 宁波地铁盾构法联络通道技术发布。该项技术在宁波地铁 3 号线鄞南区间成功应用，联络通道全长 17m，是国内贯通的首条盾构法联络通道，也是世界上首条采用盾构法施工的轨道交通联络通道。该项新技术的研发和应用是向地下工程全机械化、盾构工程全系统化迈进的关键一步，对推动包括交通、市政、水利隧道连接工程在内的整个地下工程发展都具有重要意义。

3日 徐工集团举行 230 台起重机出口"一带一路"沿线国家发车仪式。此次出口的起重设备总价值 4 亿元，发往欧洲、亚太、非洲的十多个国家，为"一带一路"建设贡献来自中国的徐工力量。

4日 中联重科华东分公司 2018 年大客户合作签约仪式在上海松江隆重举行。会上，中联重科与华东区域内 32 家行业标杆企业签署深度合作协议，签约总价值超 20 亿元，成为 2018 年以来华东区域最大订单。

5日 山东临工与阿里巴巴在杭州阿里巴巴总部签署合作协议，双方将在 1688 大企业采购、阿里云、物联网、大数据等方面展开全方位、深层次的合作，为客户创造更高的价值、提供更新的体验，并推动山东临工加快向"互联网＋制造"转型。

8日 中国工程机械工业协会发布第 27 号标准公告，确定《土方机械液压挖掘机多样本可靠性试验方法》（编号：T/CCMA 0056—2018）社团标准颁布实施。

8日 安徽合力股份有限公司与德国采埃孚集团暨采埃孚（中国）投资有限公司正式在合肥签订合资合同，双方共同投资设立采埃孚合力传动技术（合肥）有限公司。合资公司将致力于打造全球领先的工业车辆传动系统研发、工程、制造、装配、测试及销售基地，致力于成为中国领先、全球先进的物料搬运高端传动系统供应商。

8日 福建晋工机械有限公司与韩国现代建设机械株式会社全球战略合作协议签约仪式在晋江市举行。

8日 中国中铁工程装备集团有限公司自主设计制造的"中铁 257 号"土压平衡盾构机顺利贯通以色列特拉维夫轻轨红线项目 Carlibach 车站地下连续墙，完成了从 Galei Gil 始发井至 Carlibach 车站、全长 2 362.355m 的隧道掘进任务，这也是特拉维夫历史上首条盾构机掘进完成的隧道。

11日 由中国铁建重工集团有限公司自主研制的全智能型混凝土喷射机通过验收，标志着全球首台全智能型混凝土喷射机在铁建重工成功下线。该装备在世界上首次实现了对隧道喷射区域的 3D 扫描建模，具备自动定位、路径规划、智能喷射、自动修正、数据交互等功能，是全球首台具有自感知、自决策与自适应功能的全智能型混凝土喷射机，实现了单机无人化喷射作业，为实施隧道智能建造打下了坚实的基础。

22日 中国工程机械工业协会组织非道路移动工程机械四阶段排放沟通交流会。此次会议是为了更好地沟通交流，了解柴油机企业和工程机械企业在排放技术方面存在的问题，反馈行业企业的诉求，从而有效推动工程机械行业排放标准全面升级和未来的可持续发展。

26日 由中央电视台与工业和信息化部联合制作的纪录片《大国重器》（第二季）在央视二套开播。该片通过讲述中国装备的创新发展历程，集中展示了中国制造企业践行"品牌强国"之路所取得的丰硕成果。此次在第三集《通达天下》中收录了工程机械行业企业柳工、三一和铁建重工的重器产品。同时还集中展示了多个创造了"世界第一"的工程机械产品。在第七集《智造先锋》中则重点介绍了作为中国最大的工程机械制造商——徐工集团在智能制造领域取得的自主创新成就与突破。这是《大国重器》继第一季选录徐工、山推等企业后，再次续写工程机械行业的传奇。

27日 中国工程机械工业协会发布第 28 号标准公告，确定《场（厂）内电动消防车》（编号：T/CCMA 0057—2018）和《场（厂）内电动巡逻车》（编号：T/CCMA 0058—2018）社团标准颁布实施。

月内 经过专家评议、现场答辩和网上公示等环节，山东临工成功入选工业和信息化部第二批绿色制造示范名单，荣获"绿色工厂"称号。

月内 荣膺国家科技进步奖二等奖的徐工步履式挖掘机凭借强大的作业功能、过硬的质量以及优异的服务，成功斩获超亿元订单，一举创下徐工步履式挖掘机批量成交之最。

3月

2日 中国工程机械工业协会发布第 29 号标准公告，确定《工程机械产品销售代理合同签约操作指南》（编号：T/CCMA 0059—2018）社团标准颁布实施。

3日 徐工矿山装备批量出口发车仪式举行，总价值近2亿元的70台XDA40铰接式自卸车将奔赴中亚和南非。该产品打破了外资品牌对该领域核心技术的垄断，使徐工成为国内唯一一家可以批量生产40吨级铰接式自卸车并出口海外的企业。

7日 江苏徐工信息技术股份有限公司在全国中小企业股转中心正式挂牌，成为国内首家挂牌的工业互联网平台公司，标志着徐工信息正式驶入资本助力发展快车道。

12日 中国国机重工集团有限公司与伊朗交通基础设施建设开发公司正式签署德黑兰－哈马丹－萨南达季（T-H-S）铁路扩建项目合同。项目工期4年，项目金额53.49亿元。该项目是伊朗交通部3条重点优先铁路项目之一，项目建成后，将极大地缓解伊朗西部地区的交通运力问题，对伊朗社会和民生具有重大意义。

12日 中国出口最大吨级全地面起重机QAY650交接仪式在徐工举行。起重机是徐工的核心产品，具有全球竞争力，全地面起重机、越野起重机将是徐工进军欧美市场的主力军。此次出口最大吨位的全地面起重机，更加增强了徐工向世界贡献一个来自中国的世界级品牌的信心。

13日 由我国自主研发的出口海外的最大直径盾构机在中交天和机械设备制造有限公司下线。该设备用于中国在海外最大的盾构公路隧道项目——孟加拉国卡纳普里河底隧道工程。该盾构机刀盘直径达12.12m、长94m，重量超过2 200t，是南亚地区投入使用的最大直径盾构机。

14日 徐工集团与中国工商银行股份有限公司在南京签署战略合作协议。根据此协议，双方将在本外币信贷业务、中间业务、现金管理业务、国际业务、投资银行和金融租赁服务等方面展开全方位的合作。

19日 由铁建重工、中国铁建大桥局、宁夏华电灵武公司联合研制的国产首台穿越黄河供暖管道的大直径泥水平衡盾构机“初心号”刀盘顺利吊装下井，正式完成总装。

21日 中联重科3 200t履带式起重机成功助力我国自主三代核电“华龙一号”示范工程福清核电6号机组完成穹顶吊装。

26日 徐工集团与潍柴动力全面战略合作框架协议签约仪式在山东潍坊举行。此次签约，双方继续深化在重型载货汽车、起重机、挖掘机、装载机、压路机等领域的战略合作，围绕关键核心零部件、新能源、海外市场、信息资源共享等方面，通过产品和资本层面的深度合作，发挥资源效率，升级创新关键核心技术，打造世界一流产品，为我国工程机械行业的高质量发展做出新的更大贡献。

27日 由我国工程机械工业协会指导的“绿色循环计划”新闻发布会在北京举行。该活动旨在通过数据开放、技术改造等手段改善存量工程机械的排放和噪声等指标，向市场提供高品质的绿色循环产品。

30日 我国首台使用国产主轴承的再制造盾构机圆满完成合肥轨道交通3号线掘进任务。这是我国突破盾构机主轴承自主研制瓶颈技术后首次执行掘进任务，表明国产主轴承经受住了实践检验，对推动盾构机核心部件的国产化具有重大意义。

30日 由工业和信息化部主办的2017年国家技术创新示范企业全国工业和信息化系统科技工作座谈会在广东召开，中国中铁工程装备集团有限公司荣获“2017年国家技术创新示范企业”荣誉称号。

4月

2日 我国最大吨位的挖掘机——总重700t的液压挖掘机在徐工集团下线，我国成为继德国、日本、美国之后第四个具备700吨级以上液压挖掘机研制生产能力的国家。

3日 杭叉集团股份有限公司直销型全资子公司杭叉美国有限公司（HC Forklift America Corporation）在美国北卡罗来纳州夏洛特正式投入运营。杭叉美国有限公司的建立将在美国谋求更长远的发展规划，实现销售、研发、制造、服务完全同步一体化，最终成为真正的本土化企业。

10日 行业自营出口俄罗斯最大单260台起重机发车仪式在徐工举行。

19日 中国工程机械工业协会承接的北京市环境保护局关于“北京非道路机械低排放区研究”项目通过了专家组的验收。

20日 徐工“全球铲业英雄争霸赛”在哈萨克斯坦开赛，正式开启全球之旅。此次活动获得了哈萨克斯坦投资发展部的高度关注。

23日 由中国工程机械工业协会和我国机电产品进出口商会共同举办的中国工程机械品牌宣传活动新闻发布会在法国巴黎举行。此次活动扩大了中国工程机械行业的国际影响力，对于展示中国工程机械行业的实力和促进行业企业的国际化发展起到了积极的推进作用。

24日 中国工程机械工业协会常务副会长兼秘书长苏子孟作为当届洲际协会委员会工作会议（IAC Meeting）轮值主席国代表，出席并主持了本次会议。洲际协会委员会是由世界各洲工程机械制造与销售商行业协会或委员会自发联合组成的自愿性组织，成员包括中国工程机械工业协会、欧洲建筑设备委员会、美国制造商协会、日本建筑设备制造商协会、印度建筑设备制造商协会、韩国建筑设备制造商协会等，每年举办一次会议，旨在促进各洲（国）间工程机械行业的信息交流，对促进全球工程机械行业的健康、有序发展起到积极的引导作用。

24 日　国内首家隧道掘进机职业技能鉴定站落户中国中铁工程装备集团有限公司。这是国内首家被授予隧道掘进设备操作人员及维修人员职业技能鉴定和职业能力认定资质的鉴定站。

28 日　徐工土耳其公司及备件中心开业仪式在土耳其首都安卡拉举行。作为徐工集团开拓中高端市场的重要战略举措，徐工土耳其公司将充分发挥其辐射作用，完善徐工的国际化布局和服务网络。

5 月

8 日　2018 中国品牌战略发展论坛暨“三个转变”重要指示发表四周年郑州峰会在中国中铁工程装备集团有限公司举行。会议指出，中国品牌强国时代即将来临，大力发展品牌经济、建设品牌强国，对于推动我国经济发展跃上新水平具有重要意义。

16 日　潍柴动力与英国锡里斯动力控股有限公司（Ceres Power）在山东潍坊签署战略合作协议。双方将在固态氧化物燃料电池领域展开全面合作，引领全球新能源发展，携手实现新能源梦想。

18 日　徐工电商国内站螳螂网和国际站 Machmall 两大平台上线发布活动在江苏徐州举行。成立电商公司是徐工不断创新商业模式、开创更大海外成长空间和国际化新平台的战略行动，也是徐工顺应全球经济发展趋势、推进供给侧结构性改革、加速服务型制造转型发展的创新探索。

22 日　“红色有情　铁臂帮扶”2018 山东临工“红色情”精准扶贫行动在四川大凉山正式启动。这个由山东临工主导的精准扶贫项目，旨在推进红色革命老区、凉山彝区的经济发展和地区建设。山东临工率先打响扶贫攻坚战役，带动了中国工程机械行业践行社会责任的先河，是对社会无限的回馈与反哺。

23 日　国机重工（洛阳）有限公司自主研发制造的国内最大吨位非公路矿用自卸车下线。该型矿用自卸车标准承载达 93t，为当前国内最大吨位宽体非公路自卸车，是国机重工（洛阳）有限公司 2018 年最新研发的产品，主要应用于港口矿物转场或道路平坦施工区域短途运输作业。

28 日　以“‘益’路徐工情——全球道路机手关爱行”为主题的全球首个道路机手公益活动在北京成功召开。该活动是新时代的徐工、新时代的徐工人对全球道路机械操作手的一场公益善举，必将营造一个更优良、更健康、更可持续的产业发展新生态，为中国乃至全球交通事业高质量发展贡献力量。

29 日　第五届国际高空作业平台租赁峰会在北京召开。会议代表一致认为，协会、企业、租赁商、用户必须联合起来，自觉抵制不正当竞争行为，找到破解行业发展的难题，坚决抵制无原则的低价倾销，推动行业健康、稳定、可持续发展。

月内　我国首个国际掘进机创新研究中心在河南郑州成立。该研究中心是中国中铁高新工业股份有限公司与河南省签订战略合作协议共建成立的，研究中心将面向全球引进一流人才，推动交通发展。

月内　国内首台时速达到 75km/h 的高速轮式液压挖掘机 XE200WH 在徐工顺利下线。该产品的问世，标志着徐工在高速轮式液压挖掘机的研制方面有了重大突破。

6 月

12 日　中共中央政治局常委、国务院总理李克强视察三一集团。他对企业打造工业云平台，使企业内部创客空间和外部创新资源紧密结合，用更低成本、更高效率促进创新加速予以肯定。他说，要发展开放、共享、包容的工业互联网平台，以全新机制汇聚人才和创意，使大中小企业融通发展。

21 日　中国工程机械工业协会公布工程机械行业 2017 年度统计数据。数据显示，工程机械行业在经历了五年行业发展低潮期后，终于迎来了新的高速增长，全行业实现营业收入 5 403 亿元，同比增长 12.7%。

27 日　鉴于生态环境部已把工程机械行业涂装挥发性有机物 VOCs 作为重点治理的方面，工业和信息化部为此制定了《重点行业挥发性有机物削减行动计划》。中国工程机械工业协会在昆山三一重机产业园主办工程机械行业水性涂料应用和焊接粉尘控制研讨交流现场会。从行业长远发展和国家环保事业的需要出发，大力推动水性涂料的应用，降低挥发性有机物的排放，积极控制工程机械结构件焊接粉尘，保护工人身体健康，保障企业正常的生产经营。

7 月

5 日　《中国工程机械》杂志社发布“2018 年全球工程机械制造商 50 强及 PLUS50 强排行榜”。本届全球 50 强中有 12 家中国企业入榜。入榜中国企业数量与日本并列第一。其中，徐工集团（第六位）和三一重工（第八位）进入前十。

10日 中国工程机械工业协会在北京组织召开了非道路移动工程机械四阶段排放沟通交流会，通报了前期掌握四阶段排放政策情况。与会者对四阶段企业准备情况及存在的问题、何时能够切换四阶段柴油机等问题进行了讨论与交流，协会汇总达成的共识，向国家环保有关部门进行了汇报反馈。

11日 宇通集团·郑宇重工研制的国内首台纯电动矿用自卸车成功下线。该产品采用成熟的磷酸铁锂电池，具有高安全、循环寿命长和高功率密度的显著特点，非常适合矿区复杂工况对电池放电功率的需求。

13日 第十四届中国机械工业百强企业信息发布会在山东临沂召开。工程机械行业企业——徐工集团、三一集团、中联重科、广西玉柴等都位列前十名之中。

21日 国内首台（套）隧道智能化注浆装备在中国铁建重工集团有限公司研制成功。该设备在国内首次集上料、称重、制浆注浆、称重计量、控制系统等于一体，在施工中具备智能化程度高、作业效率高、施工质量好的性能优势。

31日 山河智能入围工业和信息化部“2018年智能制造试点示范项目名单”，工程机械行业在智能制造领域所取得的成就再次受到国家认可。

月内 由徐州重型机械有限公司提出的我国首个流动式起重机国际标准成功立项。该项目是首个我国主导制定的流动式起重机领域国际标准，也是徐工打破欧美垄断、提出和主导制定的首个产品技术类国际标准。

月内 中联重科研制全球最大内爬式动臂塔式起重机LH3350-120，其最大起重力矩为33 500kN·m，最大吊重能力为120t。它的出现将打破外资品牌超大型动臂塔式起重机在国内大型工程中的垄断，进一步提高中国品牌在全球塔式起重机领域的影响力和竞争力。

月内 徐州徐工挖掘机械有限公司全新研发的21t伸缩臂挖掘机下线。作为公司多年科技创新、智能制造融合的硕果，该产品填补了国内空白，可以实现20m超深坑土方作业，标志着公司向综合管廊、地铁施工设备迈出了坚实的一步。

月内 2018年全球起重机制造商10强榜单发布。徐工集团、中联重科和三一重工3家中国企业入选。

8月

8日 中联重科股份有限公司入选波士顿咨询公司（BCG）在北京发布的“2018年全球挑战者榜单”，成为行业内唯一上榜企业。

11日 首届中国工业车辆租赁高峰论坛在江苏昆山举行。本次会议的成功举办，为工业车辆行业租赁企业提供了极佳的实战与前瞻性思维交流平台，找到经营发展痛点，分享各自独到的经验，为工业车辆租赁业的健康发展注入持续动力，为构架未来全新、健康的租赁行业生态链发挥了积极的促进作用。

12日 浙江鼎力机械股份有限公司凭借出色的综合实力，荣获“中国主板上市公司价值百强”称号。作为中国高空作业平台领军企业和全球高空作业设备制造商10强，浙江鼎力自2015年在上海证券交易所成功上市以来，专攻主业，持续提升核心竞争力和创造力，经营业绩持续稳步提升。

16日 中国最大吨位装载机徐工LW1200KN批量出口澳大利亚。此次出口既丰富了徐工出口澳大利亚高端矿业市场的产品种类，也进一步彰显了徐工能够为海外矿业高端用户提供成套化设备解决方案的强大实力。

19日 由生态环境部组织制定的《非道路移动机械污染防治技术政策》发布。该政策是防治非道路移动机械污染大气环境、保障生态环境安全和人体健康、指导环境管理与科学治污、促进包括非道路移动工程机械污染防治技术的进步。

月内 我国矿车行业龙头企业北重集团北方股份成功研制出国内首台35吨级混合动力矿用车，标志着北方股份在产品动力多元化应用研究方面取得了突破性成果，填补了国内空白，同时也预示着我国成为世界上少有的掌握矿用车混合动力技术的国家。

月内 我国首台进军北美市场的徐工2m超大型铣刨机XM200抵达墨西哥，打破了欧美巨头对当地市场的垄断。

月内 玉柴重工成功研制出国内首台拥有自主知识产权的伐木机YCF35，打破了伐木机技术被国外垄断的局面。

月内 中国铁建重工集团有限公司经湖南省知识产权局择优推荐，并经国家知识产权局严格筛选，成功入选国家知识产权示范企业。

月内 “2018年全球起重机制造商10强榜单”重磅出炉。徐工、中联、三一3家中国企业入围，分别位列榜单第二名、第五名和第七名，充分展现了我国全球领先的起重机整体研发制造水平。

月内 国家应急管理部（原国家安全生产监督管理总局）发布公告：经审核，确定斗山工程机械（中国）有限公司等为安全生产标准化一级企业，并授予安全生产标准化一级企业称号。国家安全生产标准化一级企业的申请条件苛刻，对企业规模、设备设施数量、年销售额等均有严格限制，要求必须是该行业的龙头企业。斗山工程机械（中国）有限公司经过不懈的努力，至今已连续三届荣获该称号（每三年复评一次），是当前中国挖掘机生产行业中唯一获得该荣誉的外资品牌企业。

9月

11日 我国首个国家级盾构项目大赛在郑州开赛。此次大赛旨在培养和发现中国盾构行业技能人才，促进中国整个盾构人才的培养和水平提升。大赛前三名选手，经人力资源和社会保障部核准后，将被授予“全国技术能手”荣誉称号。

12日 中国极地研究中心与广西柳工机械股份有限公司举行战略合作签约仪式及“中国极地科考工程机械实验室”授牌仪式。自此，柳工成为国内唯一拥有“中国极地科考工程机械实验室”的工程机械制造企业。

12—14日 2018微挖峰会暨用户大会在河南郑州召开。本次峰会不仅为行业企业提供了极佳的实战与前瞻性思维交流平台，找到行业发展痛点，更为标杆用户提供了分享各自独到经营经验的场所，为微挖行业的健康发展注入了持续动力，为构架未来全新、健康的微挖市场生态链发挥积极的促进作用。

18日 山东临工在2018年度制造业创新大会上被授予“国家技术创新示范企业”称号。国家技术创新示范企业是工业和信息化部围绕企业核心竞争力、领先地位、创新能力、研发投入、行业带动作用、自主品牌等六大标准，评选认定技术创新能力强、创新业绩显著的行业龙头企业。

18日 中联重科工业互联网高科技公司——中科云谷与上海临港地区开发建设管理委员会、临港科技城举行签约仪式，正式宣布落户临港。中科云谷将以应用场景为核心，聚焦智能制造、智慧农业、智慧城市、产业金融等重点领域全面发力，为客户提供自主、领先的垂直领域工业互联网平台与解决方案，通过大数据分析和工业APP解决企业经营、政府监管、城市建设、农业种植、应急救灾等典型业务场景中的关键痛点，实现真正客户价值，助力客户重构与创新商业模式。

19日 经中国机械工业科学技术奖管理委员会终审，确定本年度中国工程机械行业获得中国机械工业科学技术奖的项目共27项，其中，特等奖1项、一等奖2项、二等奖8项、三等奖16项。由上海交通大学与其他6家单位联合报送的“海上大型绞吸疏浚装备的自主研发与产业化”项目位列机械行业5项特等奖项目第一名；由中国中铁工程装备集团有限公司与其他4家单位联合报送的“全断面岩石隧道掘进装备（TBM）自主设计制造关键技术及应用”位列机械行业一等奖项目第一名。

25日 三一重机有限公司第10万台小型挖掘机下线仪式在江苏昆山举行。第10万台小型挖掘机的下线不仅是小型挖掘机市场高速发展的一个重要体现，也体现出三一重机以产品质量为生命线的品牌理念已得到市场的普遍认可，是三一重机发展的一个里程碑，势必进一步推动行业的持续、快速、健康发展。

25日 三一印度公司迎来了新的里程碑——第一台本地生产的新款37m泵车在浦那工厂正式下线暨交付，将用于印度第一大城市——孟买的地铁施工项目。该款产品根据印度市场特点及客户需求进行了本地化适应性改进，可以满足印度几乎全部的房地产和路桥建设需求。

29日 由中国中铁工程装备集团有限公司等单位联合研制的直径15.8m的国内最大直径泥水平衡盾构机“春风号”在郑州下线，标志着我国盾构机的设计制造迈向高端化。

月内 徐州重型机械有限公司自主知识产权技术“多轴汽车起重机的随动转向控制系统及多轴汽车起重机”获得欧洲专利局授权。这项专利相继在俄罗斯、美国授权。欧洲专利局的授权标志着徐工底盘核心技术在世界主要高端市场上得到全面认可，为开拓海外市场做好了铺垫。

10月

8日 徐州徐工筑路机械有限公司入选工业和信息化部第三批制造业单项冠军示范企业名单。全国制造业单项冠军被誉为制造业皇冠上的明珠，在细分领域占领着行业制高点。

22—26日 由全国土方机械标准化技术委员会SAC/TC334和广西柳工机械股份有限公司共同承办的国际标准化组织ISO/TC127土方机械标委会2018年会在柳州召开。通过这次会议，进一步增强中国行业企业参与国际标准化的能力，不断提高标准水平，推动中国标准走向世界。

25日 中联重科股份有限公司高空作业机械产品发布会在长沙举办。在会上，行业内全国首条覆盖剪叉式高空作业平台生产全工序的智能化流水线——中联重科高空作业平台自动化生产线也正式对外亮相。进军高空作业机械领域是中联重科实施聚焦工程机械板块战略以来的重大进展，高空作业机械智能工厂的投产，更是中联重科布局智能制造的战略落地。

30日 中国工程机械工业协会发布第31号标准公告，确定《流动式起重机用力矩限制器》（编号：T/CCMA 0062—2018）社团标准颁布实施。

31日 在俄罗斯莫斯科举办的第二届中国机械工业（俄罗斯）品牌展上召开了中国工程机械服务俄罗斯建筑设备市场相关问题研讨会。会议指出，中国工程机械产品的技术和可靠性经受住了中国基础设施快速发展过程中对产品超强度、高负荷运行的市场考验，相信随着中俄经贸合作的稳步推进和提升，中国工程机械行业一定能够为俄罗斯经济和基础设施的发展提供优质的产品和满意的服务，助力中俄合作更上一个新台阶。

月内 由中国工程机械工业协会申报的“中国工程机械‘走出去’标准需求研究”荣获2018年度中国机械工业科学技术奖二等奖。项目总结了我国工程机械“走出去”所取得的成绩，反映了我国工程机械标准所发挥的重要支撑作用，并为今后更好地促进中国标准“走出去”、带动中国装备“走出去”提出了一些思路，对工程机械企业在“走出去”过程中具有一定的指导作用。

11月

2日 潍柴动力凭借“WOS质量管理模式”在第三届中国质量奖颁奖大会上荣获“中国质量奖”。潍柴动力坚持质量兴企、科技强企，实现了高质量下的高速增长。

5—10日 全球首个以进口为主题的国家级博览会——中国进口博览会在上海举行，130多个国家和地区的2 800多家企业参展。工程机械行业知名企业卡特彼勒、日立建机、利勃海尔、威克诺森、国机重工、林德叉车、永恒力等企业在博览会上亮相，展示工程机械风采。

7日 中国中铁工程装备集团有限公司自主研制的马蹄形盾构机应用项目在2018年度国际隧道协会（ITA）工程奖项上荣获国际隧道界最高奖“国际隧道协会2018年度技术创新项目奖”。此次获奖，标志着该隧道大断面马蹄形盾构工法获得国际隧道领域的肯定与认可，形成了具有我国自主知识产权的超大马蹄形盾构施工技术，为世界黄土及软弱地质地区隧道使用机械化作业提供了珍贵案例。

17日 国家级一类大赛“中联重科杯”筑路工职业技能大赛全国总决赛在湖南长沙中联重科望城工业园举行。本次大赛是国内筑路工领域顶级技能竞赛，汇集了来自22个省、市、自治区的82名职业组参赛选手，以及29所职业院校的87名学生组成的52支参赛队伍。

18日 徐工集团高端零部件产业基地在江苏沛县经济开发区开工。该项目规划产能12万t高端精密零部件，总投资15亿元，是徐工集团做大做强核心零部件产业、打造主机核心竞争力、完善产业价值链的一项战略举措。

26日 柳工举行建厂60周年庆祝大会，喜迎装载机40万台下线，举办了柳工6款新产品发布仪式。

27日 中联重科正式签署战略协议，宣布收购全球塔式起重机领先制造商德国威尔伯特（WILBERT）100%股权。此次签约，标志着中联重科塔式起重机业务在实现国内市场占有率第一后，高起点踏入欧洲高端塔式起重机市场，最终将实现中联重科全球塔式起重机业务的全档次覆盖。

27日 由徐工集团和浙江大学共同发起、54家企业和科研院所参加的高端工程机械及核心零部件产业技术创新战略联盟正式成立，成为国内首个核心零部件产业创新平台。联盟的成立为产业发展奠定了组织基础，将更好地推动工程机械产业的转型升级、提质增效，占据全球产业技术制高点。

27日 第九届中国国际工程机械、建材机械、矿山机械、工程车辆及设备博览会在上海新国际博览中心开幕。本届展会集中见证了全球工程机械企业所取得的新技术、新产品和新成果，通过会展平台及其一系列论坛、会议等重要活动，进一步促进中外制造企业和用户间的了解、交流和合作，从而进一步推动工程机械行业的创新与发展。

12月

1日 中国工程机械工业协会发布第32号标准公告，确定《塔式起重机防碰撞装置》（编号：T/CCMA 0061—2018）社团标准颁布实施。

1日 中国工程机械工业协会发布第33号标准公告，确定《盾构机操作、使用规范》（编号：T/CCMA 0063—2018）、《全断面隧道掘进机环境与职业健康安全》（编号：T/CCMA 0064—2018）和《全断面隧道掘进机检验与验收通用规范》（编号：T/CCMA 0065—2018）社团标准颁布实施。

9日 第五届中国工业大奖获奖名单正式发布。徐州工程机械集团有限公司、广西柳工机械股份有限公司和贵州詹阳动力重工有限公司荣列中国工业大奖表彰奖企业和项目奖榜单。

9日 中国铁建重工集团有限公司拥有完全自主知识产权的“国产首台常压换刀超大直径泥水平衡盾构

机”和“HPSZ2006 全智能型混凝土喷射机研制”两个项目在 2018 中国创新设计大会暨好设计颁奖仪式上荣获 2018 年度“好设计”银奖。

11 日　山河智能装备集团韩国子公司山河韩国株式会社进入实质运营阶段。这是山河智能落实“本地化”战略的一个重要决策。山河韩国株式会社将作为公司在韩国市场开拓的唯一指定销售和服务单位，为韩国提供更优质的产品和服务。

12 日　“中联重科杯”第五届全国吊装职业技能竞赛全国总决赛在湖南长沙的中联重科麓谷工业园隆重开幕。本届大赛有来自国内 23 家吊装企业的 92 名选手参与竞技比赛。

15 日　第九届中国沥青搅拌设备行业高峰会议在北京召开。会议旨在研讨沥青搅拌设备市场的变化和应对策略，为推进我国沥青搅拌设备行业持续稳步发展贡献出良好方案。会上，中国工程机械工业协会筑养路机械分会和中国沥青搅拌设备行业高峰会议成员单位共同向全国从事沥青搅拌设备生产制造企业和广大使用单位发出中国沥青搅拌设备高峰会倡议书，使行业瞄准国家战略方向，突破核心关键技术，形成健康、稳定、可持续发展的共赢局面。

19 日　持有上市公司山河智能 24.79% 股权的控股股东何清华与广州万力投资控股有限公司签署《股份转让框架协议》，将其所持有的 6 544.05 万股转让给广州万力及（或）其关联方，拟转让股票占公司总股本的 6.20%，同时将其所持有的山河智能 8% 股份所涉及的表决权、提案权也一并委托给广州万力及（或）其关联方。本次交易有效地将国有资本和民营资本相互融合，推动国有资本引导和带动公司实业产业的作用。

20 日　“庆祝机械工业改革开放 40 周年”座谈会在北京举行。中国工程机械工业协会常务副会长兼秘书长苏子孟作为重点行业代表出席会议并发表题为“改革开放 40 年工程机械行业回顾与展望”的主旨讲话。借改革开放 40 周年之契机，回顾和展望了我国工程机械行业取得的成绩与未来可期的发展空间。在本次庆祝系列活动中，徐工、柳工、詹阳重工、中铁装备、安叉集团等行业企业的征文获奖；徐工、中联重科等 11 家行业企业的 14 款产品被树选为机械工业改革开放 40 年“杰出产品”。

20 日　山东重工集团千台挖掘机战略产品发布仪式在山重建机举行。这标志着山重建机在产品研发、生产制造等方面又取得了新的突破，同时也为集团 2025—2030 年 3 ～ 5 万台的战略规划奠定了坚实的产品基础。

26 日　三一重工与兰州理工大学能源与动力工程学院在兰州理工大学签署战略合作协议。根据协议，双方将在创新人才培养、项目攻关、技术创新等方面开展更大范围、更高层次的合作，实现优势互补、共同发展。

27 日　中国中铁工程装备集团有限公司控股公司中铁电建重型装备制造公司与中国电建集团租赁有限公司签订了首台土压平衡盾构机销售合同。此次签约的“中铁 400 号”土压平衡盾构机将用于昆明地铁 5 号线 7 标项目施工。该设备是中铁电建首台面向中国电建系统销售的设备，也是中铁电建与电建租赁公司的首次牵手，双方顺利开创了新的合作模式，对双方持续深入合作具有深远的意义。

28 日　中铁隧道局设备检测中心杭州分中心正式揭牌成立，这是中铁隧道局继成都、石家庄、呼和浩特分中心建成后，为布局全国、服务行业的又一次重要部署。中铁隧道局设备检测中心是全球唯一一家具备 CNAS 认证资质的全断面隧道掘进机检测机构，设有中国工程机械工业协会、中国工程机械学会分别授权的全断面隧道掘进机状态监测与评估中心，在盾构机检测、机况评估与技术咨询方面拥有丰富的经验和技术。此次在杭州建立分中心，为杭州地铁盾构施工再添一道安全锁。

月内　由中国工程机械工业协会组织发布的 T/CCMA 0056—2018《土方机械液压挖掘机多样本可靠性试验方法》、T/CCMA 0055—2017《工程机械液压管路布局规范》、T/CCMA 0052—2017《塔式起重机固定基础设计规范》、T/CCMA 0053—2017《建筑起重机械多功能转角式行程限位器》、T/CCMA 0054—2017《工程机械动力换挡变速器可靠性台架试验方法》5 项团体标准入选工业和信息化部 2018 年团体标准应用示范项目。

月内　首单以工程机械作为核心行业并采用储架模式发行的资产证券化项目 —— 徐工租赁资产支持专项计划获得深圳证券交易所审议通过。该项目总规模 40 亿元，采取分期发行机制，获得了中诚信给予的 AAA 评级。

〔撰稿人：中国工程机械工业协会尹晓荔〕

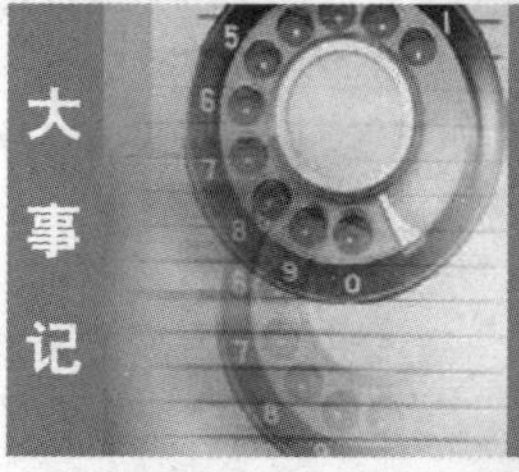

改革开放40年

介绍改革开放40年来工程机械行业取得的成就，部分企业改革与发展情况、取得的科研成果

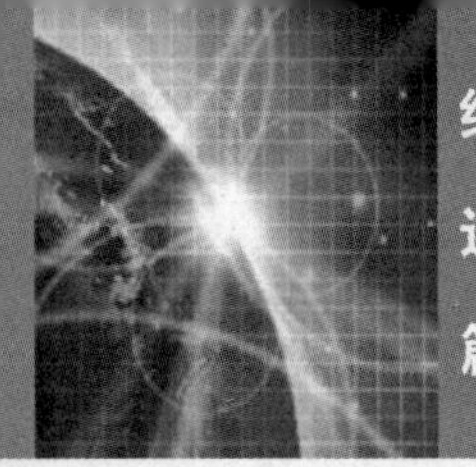

改革开放40年

新征程　向着伟大梦想前进

——改革开放 40 周年行业发展成就与展望

2018 年是我国改革开放 40 周年，40 年来，在工程机械行业同仁的共同努力下，在社会各界的关心帮助下，我国工程机械行业在跌宕起伏的历程中发展壮大，成为我国装备制造业的重要组成部分。

40 年来，我国工程机械行业高歌猛进，从改革开放之初到 20 世纪 90 年代初期的全面发展时期，国家计委统筹协调全行业的投资、布点，为工程机械企业遍布全国各地打下了基础。90 年代初期，我国工程机械行业步入快速发展时期，企业发展迅速，开始注重售后服务，纷纷搭建自己的销售渠道，代理商应运而生，这一时期，国内巨大的市场需求吸引了大量外国资本来华投资，同时带来了先进的技术、设备和管理经验，带动了行业发展。2003 年，全行业年销售额首破 1 000 亿元。从 2005 年开始，我国工程机械行业经过短暂调整，进入高速发展时期，一大批优秀企业朝着国际化、综合化、规模化的方向不断迈进。2007 年，我国工程机械销量超越美国、日本等国，位列全球第一。2009 年，行业销售量和销售收入均跃居世界首位，行业生产规模和生产能力大幅提升。当前，工程机械行业规模以上企业达 1 000 余家，其中外商独资和合资企业有 100 余家，我国已成为全球工程机械制造大国。

40 年来，工程机械的服务领域得到进一步拓展，在国民经济建设中的作用愈加重要，现已形成挖掘机械、铲土运输机械、起重机械、工业车辆、压实机械、混凝土机械、掘进机械、路面与养护机械、桩工机械、市政与环卫机械、混凝土制品机械、高空作业机械、装修机械、钢筋与预应力机械、凿岩机械、气动工具、军用工程机械、电梯与扶梯、工程机械配套件、其他专用工程机械二十大类、109 组、450 种基型、1 090 个系列、上万个型号的产品设备，我国已成为工程机械产品类别、品种最齐全的国家之一。在满足国民经济建设各项需要的同时，全行业不断加大科技研发和技术改造的力度，产品设计节能、环保、宜人，产品质量水平显著提高，可靠性、耐久性与国际先进水平的差距逐渐缩小，一大批产品被评为中国名牌产品。

随着我国经济发展维度更宽、层次更深，基础设施建设呈现的多样性、大型化、高效化、个性化趋势，刺激衍生工程机械行业新产品、新技术、新工艺不断创新和应用。2010 年，我国用于地下掘进的装备 —— 盾构机保有量仅为 300 台，并且其中近 80% 的设备是德国和日本的产品。2011 年以后，在我国轨道交通建设巨大市场需求的推动下，我国盾构机行业得以快速发展。经过连续 6 年每年 20% 左右的增长，我国一跃成为全球最大的全断面隧道掘进机生产国和最大的市场。至 2017 年，我国盾构机保有量已接近 2 000 台，其中约 80% 为国产设备。行业中涌现出中铁装备、铁建重工、中交天和、辽宁三三、上海隧道、北方重工、中船重装等一批自主盾构机品牌。我国盾构机逐渐从“中国组装”发展至“中国制造”，并向“中国智造”蜕变，成为城市轨道交通建设的强劲引擎。

40 年来，我国工程机械行业企业通过引进、消化、吸收到自主创新，在市场经济的浪潮中力争上游。通过并购、重组，激发竞争活力，强强联合，优势互补，实现了资源优化配置，产业集群优势显现。行业企业苦练内功，创新管理，科学发展，提质增效，法人治理结构逐步完善，企业管理趋向现代化、规范化、国际化、标准化，生产经营活力得到充分释放。以徐工、三一、中联重科、柳工、山东临工、中铁装备、铁建重工、国机重工、龙工、山推、厦工、合力、山河智能等为代表的自主知名品牌，在国内外市场占有率不断提升，国际化步伐加快，全球化服务的能力和水平大幅提高。以小松、斗山、日立建机、神钢、卡特彼勒、特雷克斯、马尼托瓦克、沃尔沃、现代等为代表的外商在华投资企业牢牢抓住国内市场机遇，成为我国工程机械行业的重要力量。

40 年来，工程机械重大技术装备取得了突飞猛进的发展。企业加快自主品牌高端产品开发速度，研发出能够全面替代进口的高附加值大吨位工程机械产品，打破了欧美对我国高端产品技术和市场的垄断。在我国从制造大国向制造强国、网络强国迈进的进程中，工程机械作为我国制造业的重要组成部分，成为最有可能率先实现突破、跻身国际最先进行列的领域之一。在全球工程机械企业 50 强中，当前我国已经拥有 12 席，位居世界第一。特别是近五年来，我国工程机械行业经受住市场的严峻考验，不畏艰辛、迎难而上，以跻身工程机械制造强国为目标，不断自主创新、变革突破，取得了傲人的成果，研发出一大批处于世界顶尖行列的产品及技术，如：徐工全球起重能力最大的 4 000 吨级大型履带式起重机，中联重科 101m 全球最长臂架泵车、D5200-240 全球最大上回转塔式起重机，安徽合力 46t 全球最大吨位叉车，三一重工全球首创的全液压平地机、世界最长钢质臂架混凝土泵车，山河智能全球首台 SWRC170 自行式全回转全套管钻机等。正如央视《大国重器》中所评价的那样：这一系列超级装备解决了世界级施工难题，在极端工况下展示着“中国制造”的实力与魅力，彰显我国工程机械制造水平和能力。这些强悍的基建神器，为各项重大工程项目施工锻造出了一支通达天下的超强战队。

40年来，在抗击罕见的雨雪冰冻、地震灾害过程中，工程机械行业表现出了胸怀全局、不畏艰险、精诚团结、勇于担当的精神品格。在国家、人民利益受危难之际，工程机械行业反应迅速、行动果断，提供装备支持和资金捐助，积极配合有关部门做好抢险救援工作。据不完全统计，仅在汶川地震抢险救灾中，全行业向灾区捐赠设备和现金共计2.8亿元，包括各种设备近700台，许多企业在第一时间派出救援队伍和设备开赴救灾第一线。工程机械行业企业如柳工、徐工、中联重科、厦工、山推、三一、山河智能、洛阳一拖、京城重工、惊天智能、神钢、卡特彼勒、小松、日立建机、詹阳、沃尔沃、JCB等，都在历次抢险救灾行动中表现出高度的社会责任感和良好的企业素质，受到政府和社会的一致好评。

长期以来，工程机械行业一直受到党中央、国务院的高度重视。2014年5月10日，习近平总书记在视察中铁装备盾构机总装车间时指出，要加快构建以企业为主体、市场为导向、产学研相结合的技术创新体系，加强创新人才队伍建设，搭建创新服务平台，推动科技和经济紧密结合，努力实现优势领域、共性技术、关键技术的重大突破，推动中国制造向中国创造转变、中国速度向中国质量转变、中国产品向中国品牌转变。十九大后，习近平总书记首次外出调研，到工程机械行业骨干企业徐工集团视察时指出，必须始终高度重视发展壮大实体经济，抓实体经济一定要抓好制造业。装备制造业是制造业的脊梁，要加大投入、加强研发、加快发展，努力占领世界制高点、掌控技术话语权，使我国成为现代装备制造业大国。他指出，创新是企业核心竞争力的源泉，很多核心技术是求不到、买不来的。落实党的十九大关于推动经济发展质量变革、效率变革、动力变革的重大决策，实现中国制造向中国创造转变、中国速度向中国质量转变、中国产品向中国品牌转变，必须有信心、有耐心、有定力地抓好自主创新。国有企业要成为深化供给侧结构性改革的生力军，瞄准国际标准提高发展水平，促进我国产业迈向全球价值链中高端。在充分肯定徐工发展成绩和发展思路的同时，习近平总书记勉励徐工集团着眼世界前沿，努力探索创新发展的好模式、好经验。

一切过往，皆为序章！新时代开启新征程，新征程承载新梦想！

踏上新征程，要实现工程机械强国梦，必须清醒地认识到：行业结构性产能过剩等长期积累的矛盾和问题还需要进一步解决；核心技术、关键零部件受制于人的局面亟待打破；企业科技研发投入、创新能力有待提高，产品国际竞争力不强；大国贸易关系紧张，单边主义和贸易保护主义抬头；企业要素成本高、利润率低，营商环境有待改善；行业稳中向好的局面仍需巩固等一系列问题。这对工程机械行业提出了新的要求：

（1）面对现实、保持定力，践行“创新、协调、绿色、开放、共享”五大发展理念。坚定不移地贯彻执行党中央、国务院对社会经济发展作出的战略部署，坚持稳中求进的工作总基调，以供给侧结构性改革为主线，牢牢把握高质量发展新要求，推动行业发展质量变革、效率变革、动力变革。全力以赴完成制造强国战略规划设计的目标任务。以“中国制造2025”为行动纲领，创新驱动、强化基础，大力发展智能制造、绿色制造、高端制造，持续推进产业升级，提升以工业化和信息化深度融合为核心自主创新能力。

（2）珍惜改革开放40年积累的宝贵经验，以全面对外开放的新格局倒逼更深层次的改革，充分挖掘改革开放的新优势，持续推进全行业的国际化进程，“走出去”与“引进来”相结合。积极参与推动共建“一带一路”，以公路、铁路、航运等基础设施建设项目为突破口，扩大国内产业的需求规模，推动国内库存有效盘活。当前，工程机械行业在“一带一路”沿线出口额占出口总额的42%，抓住共建“一带一路”带来的国际市场机遇，以资金链牵引产业链，以投资带动贸易，以工程带动企业和产品走出去，打破现有的以发达国家为主导的全球价值链布局，形成以中国品牌为核心的价值网络，也是助力国内企业转型升级的好时机。

（3）提升质量，标准先行。2015年6月5日，经国家标准化管理委员会发文确认，中国工程机械工业协会为团体标准第一批试点单位，同时给协会下达了任务并提出工作要求，团体标准成为标准体系重要组成部分。作为行业协会，要做好标准对产业质量的引领工作，以市场导向、技术进步与国际标准接轨为原则，建立和完善联系紧密、相互协调、层次分明、构成合理、相互支持、满足需求的工程机械标准体系，增强标准的适用性、有效性和前瞻性，突出重点和急需，为推动安全、环境保护、人机工程、节能节材、可持续性发展等重点领域标准的制定提供强有力的技术支撑，推动工程机械行业的技术进步和发展。发挥行业协会团体标准引领产业的作用，促进团体标准的宣贯应用，建立完善行业团体标准体系，积极参与国际标准对接、互认，为我国企业“走出去”解决技术壁垒，实现自由贸易提供技术依据。

40年改革开放，国之重器铸辉煌；40年承前启后，续写强国新篇章。今后，我国工程机械行业必将在自主创新中实现“三个转变”，必将在改革开放新的历史进程中由大变强！

〔供稿单位：中国工程机械工业协会〕

企业改革与发展成就

徐工集团：创新与坚守　看徐工制造如何迭代

2017年12月12日，党的十九大闭幕后，习近平总书记首次考察调研就来到徐工集团，充分肯定了徐工继承红色基因、探索发展道路、适应时代发展取得的成功经验和骄人业绩，高度赞许徐工是一个很重要、很成功地走自己道路的国有企业、现代化企业，殷切勉励徐工集团：有光荣的历史，一定有更加美好的未来。

改革开放40年，缘起于引进的中国制造，从单纯的制造转移，到模仿与替代，再到一定程度的自主创新，中国制造不断迭代，从制造转向创造、速度转向质量、产品转向品牌。

不断地坚守、不断迭代、不断创新，溯源于1943年八路军鲁南第八兵工厂、1989年作为全国集团化改革样板组建的徐工，是我国工程机械行业的奠基者、开创者和引领者，已成长为装备工业标志性品牌。秉承“担大任、行大道、成大器”的核心价值观，75载潜心专注，29年创新引领，徐工集团始终保持我国工程机械行业排头兵的地位。

从新中国第一台汽车起重机、第一台压路机在此诞生，时至今天，徐工集团在我国工程机械行业创造“六个之最”：历史最悠久，规模最大，主机产品线和关键零部件最齐全，创新能力最强，出口总量最大，国际化程度最高。

徐工集团专注主业，创新驱动，打造基于核心能力的整合式创新生态系统。回顾徐工创新发展之路，可以看到主线清晰，由国家战略与企业使命引领徐工集团“珠峰登顶”实现跨越式发展，“双核”核心技术能力与核心管理能力，“三支撑”信息化、市场化与开放创新平台的有质量、有效益、有规模、可持续“三有一可”的企业创新模式。

一、坚守，向全球价值链中高端跨越

2018年，为“神州第一挖”配套的700吨级超大吨位挖掘机液压缸产品成功下线，标志着徐工核心零部件正式进入了全球顶级大吨位挖掘机液压缸领域，不仅实现了自主研发挖掘机液压缸从400吨级到700吨级的全覆盖，更在超大吨位挖掘机液压缸核心技术上向前迈出了坚实的一步。

凭借坚守主业“珠峰登顶”的执着，徐工集团一次次打破核心零部件“封喉”高端制造的窘境。核心零部件的突破背后，是徐工人的坚守主业和不断创新。徐工集团创新系统中的“一条主线”：由国家战略与企业使命引领徐工集团“珠峰登顶”实现跨越式发展。

正是按照“珠峰登顶论”，徐工液压件公司历经40余年产业积淀，产品不仅遍及全国，更批量出口到美国、俄罗斯、日本等近20多个国家和地区，庞大的客户群遍及工程机械、港口机械、矿山隧道、煤矿油田、建材冶金、海工船舶、市政环卫、农用水利、军品设备等各行业，逐渐成长为肩负引领自主核心零部件产业发展的“隐形冠军”。

作为唯一一家连续数年跻身世界工程机械行业前十位的中国企业，当前排名全球第六位，徐工集团的战略目标是，跻身世界工程机械行业前五强、前三强，高质量打造成为世界一流企业——这也是徐工集团一直肩负着并脚踏实地践行的“珠峰登顶”使命意识：通过关键技术领域的自主创新和信息化时代的管理创新，实现装备制造业企业的创新升级与转型发展，推动我国制造业企业从量到质的根本性转型，打造大国重器，贯彻国家创新驱动发展战略，助力科技创新强国建设。

徐工集团董事长王民说：“中国装备正从中低端产品向高端产品迅速迈进，从国内市场向全球装备市场全面挺进，在激烈的竞争中拼出一条路。徐工人就是要在世界工程机械的最高峰上拼出自己的位置。”徐工人以独有的一根筋精神，苦心钻研，坚定突破，在艰难险阻中创新超越、历练成钢。这样一种精神奠定了我国工业的强大根基，挺起了我国成为工业制造强国的脊梁。

我国主导制定的国际标准只占同期国际标准制定总数的1%。国际标准制定项目获取困难，涉及面广，项目周期长，制定过程繁琐，对企业的技术能力和国内外标准研究能力都有着很高的要求。开展国际标准研究，不仅需要团队自身具有坚实的理论基础和技术积累，还需要强大的工作定力，更需要在国际标准制修订的每一个阶段将我国先进的技术、方法、流程等以标准化的语言表达出来并获得认可和支持，实为不易。

徐工集团作为行业的标杆和领头羊，历来重视标准制定和企业标准化工作。徐工集团多年来坚持国际标准研究和探索，2011年第一次派员以国际标准注册专家的身份参加ISO17599：2015《机械产品数字样机通用要求》国际标准制定，最终该标准于2015年年初顺利发布。在2013年的国际标准会议上，徐工集团向各国专家详细介绍了新提案内容，最终该提案获得美国、瑞典、日本等发达国家专家的认可，投票通过，成功立项。自2013年立项以来，项目团队经过近5年的不懈努力，终于实现标准发布。

2018年5月，由徐工牵头制定的国际标准ISO129-5：2018《技术产品文件　尺寸与公差标注　第5部分：金属构件尺寸标注》成功发布，成为徐工主持制定并成功发布的首个国际标准，表明徐工真正登上了国际标准制定的舞台。

从国际标准制定的门外汉，到当前徐工在研国际标准主持2项、参与2项。同时，在研国家标准38项、行业标准27项、团体标准11项，并形成了以技术标准为主体核心、以管理标准为支撑、以工作标准为保障的企业标准体系。在标准工作推进的同时，徐工推动高品质产品实现，以深厚的标准化能力真正助力徐工高质量发展。

二、变革，打造中国制造核心能力

工程机械"第一品牌"的塑造，离不开两大核心能力的打造——技术创新和管理创新。核心技术能力与核心管理能力的打造不断丰富着徐工产品与品牌的内核，为徐工注入了强劲动力。

1. 核心技术能力逐步形成"自主创新＋联合与协作创新"的独特道路

从传统单一的军工、农用设备发展到工程起重机械、铲土运输机械、混凝土机械、挖掘机械、道路机械、矿用工程机械等十四大门类产品，徐工走出了一条自主摸索、技术引进、自主创新的产业技术发展之路，并逐步形成"自主创新＋联合与协作创新"的独特道路。在这条道路上，徐工用最前沿的技术赢得了在国内工程机械领域绝对领先地位。

从引进、消化到自主创新，徐工一步一个清晰的脚印。徐工秉承"高端、高附加值、高可靠性、大吨位"的"三高一大"产品战略，在"技术领先、用不毁"产品理念的指导下，徐工各项科技、质量工作迈上了新台阶，创新能力和科技实力达到了新高度。

2018年，国家发展改革委办公厅发布全国1 300多家国家级企业技术中心2017—2018年评价结果，徐工集团以综合得分90.5分的成绩被评为优秀，居综合评价第46位，再次位列工程机械行业首位。

创新需要持续地专注和投入。多年来，无论全球经济如何波动，徐工集团始终着眼未来，每年投入的研发经费都稳定在销售收入的5%。从"十二五"开始，放眼全球创新资源和市场机会，徐工集团制定了全球研发中心发展规划，以各产业技术中心为研发主体，以江苏徐州工程机械研究院为技术研究平台，形成国家级技术中心三级研发体系。

2010年以来，徐工集团投入巨资建设实验室，包括液压、结构、传动、智能控制、材料、油品、整机、施工、制造工艺9个实验室和1个大型综合试验场，聚合着全球最先进的实验检测设备，平均每天有数百个工程装备的零部件、系统和主机接受各种不同的"体检"，通过分析、评估、优化改进，为高品质产品提供保障。2015年年初，徐工实验室获得了行业首个中国合格评定国家认可委员会（CNAS）的认可。同年，获批高端工程机械智能制造国家重点实验室。

徐工集团董事长王民也一直以"珠峰登顶"来激励全体徐工人，强调徐工现在已经上到了8 000m的高度，还有几百米就要冲上顶峰了，要以披荆斩棘、不畏艰险的意志，奋力登顶世界工程机械行业巅峰。从此，徐工集团确立了"珠峰登顶"的战略目标。

为实现这一战略目标，2014年，集团核心研发机构徐工研究院技术团队负责人组织带队，历时2个月拜访各事业部及分（子）公司和外部高校，共同探讨聚焦"最后10%技术难题"及"未来5～10年技术与产品"课题。最终通过内外部调研，将10%技术难题分为产品智能、绿色设计、可靠设计、工业设计四大方向。

2. 核心管理能力打造，从应变到求变，探索可持续发展之路

如果技术创新是提质，那么管理创新则是增效。伴随着国家经济发展、经济体制改革、技术进步，1999年之后，徐工集团管理能力在不断升级和变革中经历了从应变到求变的发展历程，为企业发展起到了非常重要的推动和支撑作用。

徐工集团始终坚持创新驱动不动摇，在战略上高度重视管理创新实践工作，通过营销管理、信息化管理、生产管理、质量管理、组织与人力资源管理等方面的创新，每年都在省级、国家级项目中脱颖而出，取得了瞩目的成绩，7次获得国家级企业管理现代化创新成果一等奖。

2018年，徐工对"十三五"战略规划进一步完善、调整、提高，研究主营收入、工程机械主业收入上规模，对标国际先进标杆提升质量、效益水平，全面升格新思维、新做法、新业绩，推动徐工实现有质量、有效益、有规模、可持续的"三有一可"高质量发展。

新修订的《徐工集团"十三五"战略规划纲要》提出，要探索工程科技，为全球工程建设和可持续发展提供解决方案，成为全球信赖、具有独特价值创造力的世界级企业。力争"十三五"末，全面推动以工程机械主业为核心的制造业发展，将工程机械与核心零部件打造成主导产业，着力打造重型载货汽车、环境产业和矿业机械，做实信息技术、军民融合、资源循环再利用、产融结合、服务型制造五大新产业，提前一年进入全球行业前五强、前三强。

新的规划布局打开了徐工发展的战略新空间。2018年以来，徐工集团新产业、新业态、新基地发展布局加速推进：徐工湖北环保科技股份有限公司成立；海外第一家直营区域备件中心——肯尼亚区域备件中心在肯尼亚首都内罗毕启运；徐工信息公司登陆新三板，成为国内首家挂牌的工业互联网平台公司；矿业机械产业基地、消防装备产业制造基地项目培土奠基。海外产业布局扎根，总投资3.5亿美元的巴西工厂取得巴西政府及军方第一大单，成为巴西工程机械主流品牌。新组建的跨境电商产业实现连续翻

番增长，开创更大的海外成长空间和国际化新平台。徐工已经拥有3 500多名外籍员工，形成五大海外制造基地、十大KD工厂全球布局，将加快实现国际化收入占比提升到50%的战略目标。

2018年8月，徐工集团入选国企改革“双百行动”，作为江苏6家企业之一，被纳入江苏省第一批混改试点企业名单。当前，旗下十几家新业务企业完成及正在推进混改，为打造世界级徐工注入新动能。徐工集团将加快酝酿形成务实管用的顶层激励机制，努力突破集团层面混改。

三、创新，“三支撑”助推徐工创新快速迭代

1. 信息化支撑价值链协同创新

2018年3月4日，《大国重器II：智造先锋》在央视财经频道播出，徐工集团作为传统产业智能制造先锋，其整洁的生产场地、巨擘擎天的产品群、高效运转的智能生产线等所展示的智能制造的无限魅力让人深深叹服。

历时10年的工艺积累、两年的研发制造、4个月的奋力建设，全球起重机行业首条大型结构件智能化焊接生产线已全线贯通、投入运行。历经10年，徐工在积累了大量预变形控制工艺数据的基础上，通过优化转台拼焊工艺、改进结构焊接工艺性、开展焊接和机加工智能生产线以及检测校型智能装备的研发设计等，解决了转台结构件智能化焊接率低、占用人员多、焊后校型反复翻转等问题，实现转台智能化焊接率72%，自动检测和校形。起弧焊接全序自动化、响应迅速动作快、生产节拍均衡的智能化焊接，保障了生产效率，提高了生产质量。

定位于行业智能制造样板工厂的大吨位装载机智能化制造基地，作为国内唯一实现大吨位专利装载机研发和智能制造的企业，也是亚洲面积最大的单体联合厂房，其核心就是“数字化、网络化、智能化”，实现了产品全生命周期设计、生产、物流、销售和服务5个环节的智能化制造。

自1985年起至今，徐工经历了1985年的破冰起步、1998年的快速发展、2008年的整体提升、2012年的两化融合、2014年的产业化突破、2016年的互联网+融合行动、2018年的数字化转型7个主要阶段。徐工集团不断开拓以智能化和互联网化为代表的高端制造业“无人区”，以打造“技术领先、用不毁”的智能化产品为目标，推动“产业多样化、产品智能化、制造服务化”变革发展，真正打造具有徐工特色的智能制造新模式。

2018年，徐工正式开启了跨越式高质量发展的新时代，结合智能制造、工业互联网给制造业转型升级所带来的新机遇，重新启动并修订《“十三五”信息化战略规划》。根据《中国制造2025》的文件指南，徐工在新修订的“十三五”信息化战略规划中对智能制造工作进行了进一步细致的梳理，具体涵盖数字化研发、智能工厂、智能供应链和数字化营销服务里面的4项工程、共计19项具体工作任务。

当前，徐工智能制造正以徐工重型为标杆进行试点，并快速将成熟的模式和经验向铲运机械、挖掘机等公司复制推广，通过“点-线-面”的方式全力推动公司的智能制造上水平、上台阶。

2. 市场化支撑快速满足用户需求

在面向市场的经营活动中，根据外部发展环境以及内部发展要求，徐工在新常态下不断推动市场经营体系创新，保障了公司经营效益的持续增长。

西藏巨龙铜矿是当前亚洲最大的超高原铜矿，矿区海拔5 000～5 500m，寒冷干燥，高原高寒的恶劣环境使施工装备面临着巨大挑战。过去像这种大型露天矿的设备基本依赖进口，现在徐工矿山解决方案能够提供成套化的挖掘、载运以及辅助装备，让巨龙铜矿有了更多的选择。徐工向巨龙铜矿提供了70t以上的大型矿用挖掘机12台、矿用自卸车8台以及大型起重机3台，产品完全经受住了世界屋脊的极限挑战。

西藏巨龙铜业有限公司执行董事万昊鹏表示，“巨龙铜业这些年见证了徐工矿业机械在5 500m海拔这一极限工况下的优越性能，见证了徐工人风雪无阻、攻坚克难的开拓精神，更见证了大国重器在世界矿业制高点的锐意拼搏和历史跨越”。

徐工集团董事长王民强调：“作为工程机械制造企业，要增强服务意识，并深知我们为客户提供的不仅是具有领先优势的产品、技术，而是满足多样化需求的整体解决方案。我们必须持续为客户创造价值，帮助客户走向成功。”

深入践行“探索工程科技，为全球工程建设和可持续发展能提供解决方案”的品牌使命，徐工将39个产业、69个品种的产品进行梳理提炼，向客户提供吊装、土石方工程、道路筑养护、矿业设备、混凝土装备、隧道与地下空间、高空消防装备和专用车辆、桥梁铁路、环卫工程、成套液压传动系统、智能制造综合集成、工程机械融资和设备租赁、装配式建筑成套化十三大解决方案。

徐工集团不仅以客户需求为核心，推进制造业服务化转型，而且以全生命周期服务全价值链，拓展可持续的发展源泉，提出一站式解决方案、全方位暖心服务。

2014年，徐工金融服务事业部成立，将融资租赁、经营租赁及资产管理进行整合，突出金融服务与制造主业的产业融合，不仅有利于减少用户前期的资金投入，还避免了买断方式造成设备闲置，适应了央企客户要求“轻资产”的新需求，使金融服务助力徐工集团登顶的战略目标实现了实质性进展。

在徐州奥体中心、苏州地铁4号线、南京青奥会场馆、上海迪士尼乐园等项目建设中，都通过这样的创新运营，形成了工程机械融资租赁与经营租赁成套化解决方案。融资租赁业务在“服务主业、融资支持”的导向下，累计已为4.6万名客户、410余家经销商、约7.5万台徐工主机产品提供服务，累计投放资金600亿元，对徐工主机产品内销贡献率达到25%，有效助推了主机产品行业领先地位的保持，支持了新兴板块的强力崛起。

3. 开放创新平台支撑创新资源整合

如何将全球创新资源为我所用，是建设世界级企业的根本。立足中国、布局全球的创新人才队伍建设与不断完善的激励机制，是徐工集团构建企业核心能力的关键要素。

当前，徐工集团已在巴西、德国、美国、印度等地建立了全球协同研发平台，初步建立起能够支撑整个徐工国际化拓展的研发和技术平台，显著提高了在相应关键零部件与产品领域的研发能力。这不仅聚集吸引国际创新资源，整合全球资源，而且通过“互联网+”手段，举行绿色创新大赛，发布公开课题，扩大范围吸引创新者。

伴随着“工业 4.0”浪潮席卷全球，如今在科技创新领域也正发生着一场巨大的变革——由过去凭借一己之力独自研发逐渐转变为开放式研发。

徐工集团不仅联合阿里巴巴率先搭建起我国首个工业云平台——徐工工业云，而且将“‘徐工杯’绿色创新设计大赛”搭载在徐工工业云平台之上，嫁接工业互联网思维，尝试技术众筹模式。

2016 年 7 月 15 日，徐工“XCMG-Cloud”技术众筹平台正式上线，面向全球广泛征集解决方案，以期通过徐工云平台向全球融智，设计开发出一款体积更小、噪声更低、效率更高的道路清扫车用新型风机，力求大幅降低道路清扫车的作业能耗及噪声。

项目发布后，很快吸引了包括清华大学、西安交通大学、大连理工大学等多所高校、海内外社会研发机构和个人的高度关注，大赛共吸引来自德国、巴西、韩国等国及中国大陆、港澳台等地区的 720 名选手报名参赛，提交作品 285 组。

通过“徐工工业云”平台，全球的参赛者能够实现及时在线互动互通，更为广大青年学子搭建了一个畅游云端、共享工业设计盛宴的全球高端平台，真正实现了基于“云技术”的全球开放共享，让世界变成一个巨大的“实验室”。

不忘产业报国初心，徐工集团正加速技术创新、国际化战略步伐，发力智能制造，推进制造之路转型升级高质量发展，力争 2019 年进入全球工程机械前五强，2024 年跻身全球行业前三强，实现珠峰登顶，打造具有全球竞争力的世界一流企业。

〔供稿单位：徐州工程机械集团有限公司〕

广西柳工：改革创新促发展　砥砺奋进铸辉煌

柳工于 1958 年从上海搬迁到柳州，改革开放初期，柳工以装载机技术、品质和服务领先，深深地铸就了中国客户首选的第一品牌。改革开放后，我国倡导发展市场经济。柳工在市场经济中的步伐从蹒跚到矫健，改革开放 40 年来，柳工的发展取得了巨大成就。

在改革开放的大潮中，柳工人开创了工程机械行业的多个先河：成功消化吸收了从卡特彼勒引进的装载机技术，自主开发了全球装载机行业的永久经典产品 ZL50C，创造了单一型号装载机全球销售超过 15 万台以上的奇迹。1993 年，柳工成为工程机械行业和广西的第一家上市公司，20 多年来一直成为资本市场受人尊重的企业；1995 年，柳工与德国 ZF 集团合资成立了传动部件公司。与此同时，柳工在行业率先建设了覆盖全国的经销商体系，成为同行效仿的榜样……这些行业开创性的工作，为柳工在新世纪的发展奠定了坚实的基础。

一、主要改革举措

1. 科学绘就战略蓝图，奠定稳固发展基础

按照企业发展的宏伟蓝图，公司进行了有序的部署，积极推进战略落地，以管控体系为切入点，持续完善集团流程制度和管控体系，形成一套符合柳工集团管理特点的内控和风险管理体系，打造了业务协同、资源共享的支持服务平台，实现了柳工集团由“资产管理”向“产业经营一体化”的转变，为柳工未来的战略扩张和跨越发展奠定了基础。

2. 坚持走国际化道路，打造世界级企业

一是较早提出国际化战略发展目标。柳工是我国工程机械行业率先提出国际化战略的企业之一。

二是不断完善海外营销网络。全面建设和发展自营的国际市场代理商网络，对重点市场深耕细作，对国际市场全面出击，努力推进新市场和大客户的开发。

三是建立优质的品牌形象，开拓海外市场。一方面在业内慢慢积累柳工的好口碑。另一方面，与国际著名的咨询公司进行策划，在全球范围内实行统一的品牌策略和企业形象。

四是培养适应装备制造业企业跨国经营的国际化人才。着重培养一大批具有宽广的国际化视野和强烈的创新意识，熟悉掌握本专业的国际化知识、国际惯例，有较强的跨文化沟通能力，并在开展国际性业务中体现出较高职业素养的国际化人才。

3. 以资本运作为手段，拓展主机产业版图

柳工通过合资合作、兼并重组、战略性投资等资本运作手段，进行了大刀阔斧的改革，不断拓展主机产业版图，有效实现集团公司战略布局和经营规模的跨越式成长。

一是以积极并购作为扩张手段。通过收购和整合快速进入新的产业，缩短成长期，实现产业布局的完善和制造版图调整。通过大规模的并购，柳工在短短几年内实现了资源的完美整合，制造基地也由西南拓展到了华东、华北，形成三足鼎立之势。

二是加大向海内外进军的步伐。先后投资设立常州柳工、印度柳工，印度工厂是柳工真正意义上的第一个海外制造工厂。随后相继投资设立了北美、拉美、欧洲、俄罗斯、中东、东南亚、南非等子公司，实现了国际营销网络从零

散式布点到区域化管理的转变。

三是与相关领域强者合资合作。通过与配套件领域的强者合资合作，提升柳工集团对关键零部件的开发和制造配套能力。先后与LYC公司合资在扬州成立江苏海普瑞斯轴承有限公司，与杭州新都奥兰汽车空调有限公司共同出资组建广西柳工奥兰空调有限公司，与美国康明斯公司合资设立发动机生产基地。同时，为了做大做强核心零部件产业，公司在2014年通过资产重组，对核心零部件业务进行整合，成立广西中源机械有限公司，进一步提高关键零部件的技术含量和配套能力。实力雄厚的零部件制造，为柳工产品在激烈的市场竞争中胜出提供了强有力的支撑。

4. 以技术创新为源动力，提升企业核心竞争力

柳工从不断模仿创新、技术引进创新过渡到自主创新，形成了“生产一代、研制一代、储备一代”的新产品研究开发模式，为企业发展提供了不竭动力。

一是坚持创新发展模式，打造国际化的研发平台。公司坚持产品开发与共性技术研究并重，坚持自主开发为主、多种合作开发为辅的创新发展模式，构筑起柳工强大的国际化研发平台。当前，公司拥有国家级技术中心、国家土方机械工程技术研究中心、院士工作站和博士后工作站等科技创新平台，建成覆盖中国、英国、波兰、印度的22个产品研究院（所）、12个技术共享平台和7个国内高校产学研合作机构。

二是客户导向，绿色引领，切实推进产品、技术创新。柳工在产品研发过程中充分考虑客户的需求，注重以人为本和绿色环保，针对不同国家和地区的强制标准，快速推出满足不同市场需求和法规要求的产品，积极致力于环境友好型产品的开发。公司每年将销售收入3%以上的资金作为研发经费，开展新产品、新技术、新工艺研发项目百余项。每年推出整机类新产品30余个，申请专利权、软件著作权等知识产权上百项，产品技术质量水平始终保持在行业前列。

5. 持续推进党建工作创新，增强企业凝聚力

一是加强党组织建设。深入开展“两学一做”、科学发展观活动、创先争优和党的群众路线教育实践活动等，从研发、质量、人力资源等方面整体提升组织的战略执行力和组织效率。

二是加强党建质量管理建设。以推进党建质量管理体系为抓手，大力推进党建标准化建设，完成党建系统质量管理体系平台建设。

三是加强党建品牌建设。持续开展党员“公开承诺”“攻关活动”“红旗责任区”“星级党员评选”等党建品牌建设活动，党组织的战斗堡垒作用进一步增强。

四是坚持海外党组织建设。2012年成立了波兰党支部，并先后在中东、南非、亚太、欧洲、拉美、北美等8个海外子公司建立了党小组。创新利用网络平台组织驻外党员开展政治理论学习和经营业务两项学习活动，极大地提升了拓展海外事业的战斗力。

6. 传承发展优秀企业文化，树立全球文化品牌形象

一是构建科学规范的企业文化体系。全面梳理、继承和创新，明确使命、愿景、核心价值观，并发布企业文化系列手册。建立起覆盖全员的企业文化建设组织机构、宣贯培训制度、文化测评体系、文化绩效考评制度。

二是牢牢把握理念文化的关键内核。紧紧把握“理念文化”这个最基本、最重要的内核，坚持推动思想观念和经营理念与时俱进、持续发展。

三是积极推动海外跨文化建设。公司在全球实施统一的视觉识别标识，传播一致的核心文化理念，并组建文化建设机构，组织开展跨文化交流活动。先后对柳工印度、柳工北美等7家海外子公司近300位外籍员工进行系统跨文化调查，帮助海外子公司开展管理优化。

二、改革取得的成就

1. 国际化战略全面扩张

数年来，公司拓步海外，海外业务年销售额超过公司总收入的30%，已成为中国行业内国际化程度最高的企业。如今，公司拥有覆盖130多个国家和地区的268家经销商，与柳工9家海外营销型子公司、7个海外配件中心一同构成了强大的海外营销服务体系。同时，公司还在波兰、印度和英国建成研发中心，并在波兰、印度、巴西和阿根廷建立了海外制造基地。随着国际化业务向纵深发展，柳工海外资产占比已达到12.5%。

2. 经营规模实现跨越发展

柳工在坚持做强产业的同时，也注重充分发挥资本的力量，利用兼并重组、战略性投资等手段实现资本规模效益最大化。2008—2012年，收购安徽蚌埠起重机企业100%股权成立安徽柳工，成功将起重机“嵌”到产品链上；收购柳州欧维姆股份公司69.5%的股权，及时填补预应力锚具的空白；收购上海鸿得利重工股份公司51%的股权，使混凝土机械板块业务步入了全新的发展阶段；通过增资控股上海金泰51%的股权，收购首钢矿业公司下属子公司首钢重汽42%的股份，使柳工集团快速进入桩工机械和重型矿用汽车行业；收购波兰HSW工程机械业务，实现了柳工首次海外并购，为柳工打入欧洲市场奠定坚实的基础；与芬兰美卓矿机合资成立柳工美卓，共同拉开国内生产移动破碎筛分设备的序幕。

3. 企业创新能力进一步激发

柳工依托现代化管理理念，将信息化技术作为实现流程创新的工具，建立了先进的信息化平台——柳工PLM系统，对产品数据及研发流程进行规范管理，实现了产品数据的远程共享；结合Top-Down三维设计方法，形成异地协同产品开发环境，实现设计过程的有效协同，大大提高产品设计的准确性及设计效率；引进先进的CAE软件与技术，构建企业CAE平台，并在产品研发中深化应用，提高了产品研发的质量。

4. 党建工作硕果累累

公司充分发挥党在企业的政治核心和引领作用。多年来，柳工股份有限公司被授予“全国文明单位”称号，

柳工集团党委被授予“全国创先争优先进基层党组织”称号。

5. 企业文化入脑入心

通过全员上下的广泛访谈、研讨，系统梳理各种企业文化资源，在继承的基础上加以创新，最终形成柳工企业文化的科学体系，并展开影响深远的企业文化落地工程。

三、企业存在的问题

1. 业务分布广，竞争力不强，风险管控难

当前柳工集团业务行业分布比较复杂，按照行业分类，牵涉工程机械、预应力、混凝土机械等近 10 个行业；子公司的性质也呈现多元化的特点，既有上市公司、独资企业，又有控股企业和参股企业；合作伙伴范围较广，外资企业、大型国企、民营企业以及上市公司均有涉及；子公司的规模也参差不齐，规模从年销售收入数百万元到 100 亿元以上不等；地域分布广，子公司的业务分布在中国和全球 130 余个国家，存在财务资源分散、人力资源分散、各种合作关系复杂、竞争优势难以建立、资源难以协同等问题，这种复杂性和多元性给柳工集团的管理带来很大的难度。

2. 公司治理和管控体系较为薄弱，对子公司管控力不足

在经济新常态和集团高速发展的背景下，原有对子公司的管控制度相对滞后，亟待完善。由于集团产业多元化发展，子公司所属行业类型较为分散，因此需要在大管控框架下进一步细化不同的监管要求，重新规划子公司法人治理框架。

3. 激励机制落后，人力资源尚不能支撑集团战略的需求

柳工现有人员比例构成不合理，关键人才不足，集团亟需解决人力资源瓶颈，围绕能力提升补充核心人才。当前的激励体系难以支持柳工国内和国际竞争力的可持续发展。

〔供稿单位：广西柳工集团有限公司〕

詹阳重工：风雨 40 年　军民融合谱新章

半个多世纪以来，我国工程机械行业经历了从无到有、再到蒸蒸日上的峥嵘历程。改革开放以后，国产品牌挖掘机经历了从自力更生到 20 世纪 90 年代合资大潮导致国产品牌近乎消失、最后打破外资垄断的发展历程，赢得了划时代的突破与成就。在这波澜壮阔的历史进程中，贵州詹阳动力重工有限公司（简称詹阳重工）坚持技术创新，通过军民融合，在激烈的市场竞争中走出了一条属于自己的发展之路。

詹阳重工原名贵阳矿山机器厂（简称贵矿），始建于 1936 年，1953 年移交一机部第三工业局，改名为贵阳矿山机器厂。1950—1961 年，工厂一边生产一些军用产品，一边为满足国家经济建设需要生产卷扬机、犁扬机、破碎机、球磨机等矿山产品。1962—1971 年，贵矿根据经济建设需要，在一机部的统筹安排下，开始设计试制工程机械，于 1964 年试制 0.3m^3 机械式轮式挖掘机获得成功并批量投产，中国第一台机械式轮胎挖掘机在贵矿诞生。命名型号为 W301 的机械式挖掘机开始列装部队并进入民用市场。1969—1990 年，在一机部安排下，贵矿承担了以法国永勃公司 H90 轮式挖掘机为原型研制 W4-60 型轮式液压挖掘机的任务。当时国内液压件行业正处于起步阶段，很多零部件在国内基本上是空白。历时 5 年，1974 年 8 月 10 日通过了产品鉴定会，通过了定型，命名为 74 式轮胎挖掘机，民用型号为 W4-60 轮式挖掘机。至此，我国第一台轮式液压挖掘机在贵矿诞生。之后 74 式轮式挖掘机不断完善改进，一直到 20 世纪 90 年代末都是解放军某部队的定点列装产品。民用型号 W4-60 型轮胎式挖掘机也一度占据我国轮式挖掘机市场的半壁江山，在 20 世纪 90 年代初，国内市场占有率曾达到 45%。W4-60 轮式挖掘机于 1981 年获得我国工程机械行业第一块银质奖牌和国家质量管理奖。

十一届三中全会以后，为加快发展我国挖掘机产业，建设部于 20 世纪 80 年代初决定全系列引进德国利勃海尔挖掘机技术，由国内 4 个挖掘机厂分别承担引进任务，贵矿承担的是 R/A912 型号挖掘机，通过引进、消化、提高，进行国产化改良，于 1985 年设计生产出具有自主知识产权的 WY125 履带式和 WLY100 轮胎式液压挖掘机，其中 WLY100 轮胎式液压挖掘机是当时亚洲最大的轮胎液压挖掘机。这两个产品于 1990 年获得贵州省科技进步奖二等奖，1991 年获得国家科技进步奖三等奖。贵矿“强力”商标被评为“中国建筑机械十大驰名商标。”

进入 20 世纪 90 年代，随着我国市场经济的快速发展，国外二手挖掘机大量涌入国内，民族品牌挖掘机厂家遭受了沉重打击。贵矿凭借着轮式挖掘机的市场优势，坚持走军民融合的道路，首创“自筹资金、自行研制、自担风险、部队参与”的“三自一参与 —— 贵阳模式”，研制出世界上时速最快的轮胎液压挖掘机和轮式多用途工程车并成功列装部队，扛起了民族品牌的大旗。

进入 21 世纪，我国经济建设高速发展，促进了挖掘机行业的快速发展，本土品牌生产企业在经历了低谷之后开始快速崛起。而贵矿作为一个具有 40 多年挖掘机生产历史的企业，虽然取得了长足的发展，但由于机制上的原因，加之所处贵州的经济地理环境的影响，与沿海地区企业相比差距还是很大，改制重组势在必行。2005 年，贵矿与新加坡科技动力公司合资成立了贵州詹阳动力重工有限公司（詹阳重工）。新公司根据国内外挖掘机行业的发展趋势和自身优势，确立了走国际化经营和

差异化发展的路子，坚持新产品开发和技术创新不动摇。合资10年，公司各项经济指标连续保持年均20%以上的增长速度，产品由单一的轮式挖掘机为主扩展到全系列履带式和轮式挖掘机及特种高速、抢险工程机械，形成了具有鲜明詹阳重工特色和高科技含量的产品体系，部分产品达到国际先进水平，多项技术获得国家专利，多个产品获得国家、省、市科技奖项。与此同时，公司军民融合发展更加深入，继高速挖掘机之后，开发出了具有国际先进水平的高速轮式多用途工程车和履带式全地形车系列产品，先后列装部队，为我国国防现代化建设做出了积极的贡献。公司收获了高新技术企业、创新型企业、全国机械行业先进集体、全国五一劳动奖状等多项荣誉。

2016年，为适应新的经济形势，詹阳重工再次改制，新加坡科技动力公司退出了所占股份，公司成为由贵州产业投资集团和贵阳市控股的全国有企业。公司确立了改革发展的总体方向，即紧随“中国制造2025”步伐，把握国家“一带一路”倡议和实施新一轮西部大开发战略的大好机遇，按照贵州省领导“一年有变化、两年大变化、三年上台阶”指示精神，围绕制造业未来发展方向，以军民深度融合、深化国企改革和智能制造转型为抓手，深入实施创新驱动和差异化发展战略，加快转型升级步伐，通过建立自己独特的品牌及价值定位，力争在“十三五”末期打造成“精、特、优、专”的高端工程装备“智造”企业。

在这一方针指引下，詹阳重工开始了新的征程。公司积极响应国家军民融合战略，当选贵州省军民融合产业联盟理事长单位，并依托军工技术，进军应急产业，以詹阳重工为龙头企业的贵阳小河国家级经济技术开发区获得了国家第一批应急装备专业示范基地称号，公司成为国家应急产业重点联系企业，公司的履带式全地形车等产品进入消防、武警、西藏应急基地等系统。公司与中国极地研究中心合作开发的极地型全地形车参加了我国第32次、33次、34次南极科考任务，在担负雪地运送、冰盖科考、应急救援等科考任务中表现出卓越的性能，发挥了不可替代的作用，获得广泛赞誉，实现了大型国产科考运输装备“零”的突破，被誉为“大国重器”。该产品获得中国机械工业科学技术奖一等奖、中国好设计银奖、国家优秀专利奖及多项部队的奖项等。

詹阳重工80余年的发展历程就是一部军民融合发展史，特别是改革开放40年，詹阳人秉承军民融合发展理念，从筚路蓝缕到世界领先，一路奔跑，不断超越：从研发生产军用、矿山产品，到填补国内挖掘机领域的空白，再到首创“自筹资金、自行研制、自担风险、部队参与”的“三自一参与——贵阳模式”，研制出世界上时速最快的轮胎液压挖掘机；21世纪，创新研制出世界上时速最快的多用途工程车、世界先进水平的履带式全地形车。我国首台自主研制的“大国重器”全地形极地车成功问世，终结了我国极地科考无国产大型运输装备的历史，见证了詹阳重工在工程装备领域多年来厚积薄发的实力。从国防建设到应急救援，从城建交通到农田水利，从冰封雪原到戈壁沙漠，詹阳重工承载着振兴民族工业的重托，扎根贵州，服务全球。

展望未来，詹阳重工将跟随“中国制造2025”发展的步伐，紧抓国家不断开创新时代军民融合深度发展新局面的历史机遇，开创全要素、多领域、高效益的军民深度融合发展格局，开发机动能力更强、功能更全和信息化、智能化程度更高的新一代高端智能装备，致力于成为军民融合产业发展的引领者、大数据+工业深度融合的实践者、高端智能装备研发制造的推进者，努力打造世界级的“精、特、优、专”的高端装备“智”造企业，创建我国工程机械行业“百年老店”，推动从制造大国到制造强国的跨越发展，为全球建设贡献“詹阳力量”。

〔供稿单位：贵州詹阳动力重工有限公司〕

中铁装备：一往无前的追梦人

2018年5月8日，在河南郑州中铁工程装备集团有限公司（简称中铁装备）总装车间，2018中国品牌战略发展论坛暨“三个转变”重要指示发表四周年郑州峰会隆重举行。论坛期间，我国首个国际掘进机创新研究中心举行了盛大的揭牌仪式。研究中心的成立，将全面引领世界掘进机技术的前沿发展，加快世界掘进机技术中心由欧美向中国转移的进程。

时光回溯到2001年，在河南新乡，一场和国外厂商原本普通的采购谈判却变得异常艰难。作为供货商的外方态度十分强硬，坚持要把一台旧盾构机按照新盾构机出售，并且对配件进行加价100%售卖，谈判一下子陷入僵局，当他们提出再次商谈时，外方代表已不告而别。

在施工现场，由于国外品牌盾构机设计不合理导致工期严重滞后的情况比比皆是，项目损失惨重。“大国重器”掌握不到自己手里，就没有话语权，他们暗下决心，一定要造中国人自己的盾构机！

而后，就是这样一群中铁人，他们将事业和盾构机相连，在前进的道路上，填补着一项项技术空白，创造着一个个行业奇迹，推动着一场地下空间时代的变革。

截至2018年6月，中铁装备盾构机/TBM订单累计达到765台，出厂623台，出厂的产品已累计安全顺利掘进超过1 200km，盾构机产品市场占有率连续6年国内第一。2017年，中铁装备的盾构机产量居世界第一。

伴随着城市地铁建设的蓬勃兴起，中铁人紧紧抓住国家振兴装备制造业的契机，成功入围国家“863”计划，开启了中铁盾构机研发的征程。

盾构机是由机、电、液、气、传感于一体的大型自动化掘进设备，被誉为工程机械之王，零部件达 2 万多个，而公司最初的研发团队仅有 18 人。

电气工程师蒲晓波说，机械部分通过一个一个的解体进行现场实测，就能把它克服了，最难的还是控制系统，因为控制系统是看不见摸不着的，它的控制点达到 2 000 点以上，无从下手，只有深入现场，蹲在设备上面看它各个状态是怎么运行的。

他们将工程现场作为科研试验场，为了掌握第一手资料，在武汉长江水下 60m，他们冒着生命危险带压进舱，进入盾构机施工的生命禁区；有时为了监测更多实验数据，他们紧跟盾构机掘进的步伐，从雪域高原到深海隧道，从冰封北疆到酷暑南国，从国内到国外，哪里有盾构机施工，哪里就有他们的身影。

五年间，他们的足迹遍布了国内外 100 多个盾构机施工项目，监测的实验数据资料铺满了整整一间会议室。2004 年，首台自主研发的刀盘、刀具成功应用于上海地铁。2007 年，成功研制出具有自主知识产权、国内直径最大、控制点数最多、功能最齐全的盾构控制系统模拟检测试验平台，成功突破了盾构关键技术瓶颈，从而结束了我国盾构机整机进口的历史。

2008 年，在天津地铁营和区间（营口道站—和平路站），中国中铁 1 号盾构机破土而出，成功穿越海河、瓷房子、渤海大楼、张学良故居，地表沉降控制在 3mm 以内，施工效果超越了同区间的国外盾构机。

2009 年 12 月 23 日，中铁隧道装备制造有限公司在郑州创立，拉开了盾构机产业化的序幕。新公司、新事业、新产品总是和新挑战相伴而生。市场对国产盾构机的质疑和不信任，丝毫不能动摇中铁人坚韧不拔的意志和一往无前的精神。他们一边优化产品设计，一边积极开拓市场。

在成都、深圳、南宁，在业主指定施工方一定要采购国外品牌盾构机的时候，他们先后 50 多次往返，200 多人次参与其中，与各方进行技术交流和商务会谈。在与国际知名品牌盾构机同台竞技中，他们坚信“狭路相逢——勇者胜、诚者胜、智者胜”，他们把服务作为亮剑产品的关键和根本，把化解客户的烦恼当成是工作的快乐和追求。

就是这样对事业的无比忠诚，他们正一步步实现着自己朴素的心愿和伟大的中国盾构梦——振兴民族工业，打造民族品牌。国产盾构机的蓬勃兴起，挺起了中国工程机械的脊梁；国产盾构机的高速发展，加速了中国地铁时代的来临。

中铁装备的发展同样得到了党和国家领导人的关怀和鼓励。2014 年 5 月 10 日，习近平总书记视察了公司郑州盾构机总装车间。他指出，装备制造业是一个国家制造业的脊梁。要加快构建以企业为主体，以市场为导向，“产、学、研”相结合的技术创新体系，加强创新人才队伍建设，搭建创新服务平台，推动科技和经济紧密结合，努力实现优势领域共性技术、关键技术的重大突破，推动实现“三个转变”，抢占世界掘进机技术制高点，为我国装备制造业的振兴与发展做出贡献。

在“三个转变”重要思想的指引下，中铁装备持续发力，国内最大断面硬岩掘进机面世、国内首台硬岩泥水顶管机诞生、国内首批双护盾掘进机 TBM 问世、世界最小直径硬岩掘进机 TBM 首战告捷、世界首台马蹄形盾构机下线、国产最大直径硬岩掘进机 TBM、国产最大直径泥水平衡盾构机成功应用……中铁装备一系列新产品的问世，不断刷新自己创造的一项项纪录，推动了我国工程建设乃至世界工程建设领域的重大变革。

2013 年，中铁装备结合市场需求，研制成功当时世界上最大断面的矩形盾构式顶管机，并成功应用于郑州市中州大道下穿隧道工程，开启了国内城市隧道建设新模式，被业界誉为“治堵利器”。作为一个样本典范，它吸引了国内外十余个城市的市政公司前来参观考察。新加坡业主一眼就看中了它，开创了国产矩形盾构式顶管机出口海外的先河。在 2016 年的德国慕尼黑宝马展上，引起国际同行侧目的也是它。

2018 年 1 月 26 日，在蒙华铁路白城隧道项目，马蹄形盾构机“蒙华号”顺利贯通，标志着我国马蹄形盾构工法首次应用于山岭铁路软土隧道验证成功。马蹄形盾构机是中铁装备专门为蒙华铁路白城隧道量身设计的，较传统施工工法同等地质条件下提高工效 3 倍以上。同时，在马蹄形盾构机里专门设置了咖啡厅，让工人在工作的时候也能喝上一杯浓香的咖啡。

2017 年 10 月 26 日，中铁装备自主设计研发的 15.03m 泥水平衡盾构机正式下线，设备将应用于汕头海湾隧道项目。这也是迄今为止我国自主设计制造的最大直径的泥水平衡盾构机。它的成功下线，打破了国外品牌多年来一统全球超大直径盾构机的局面。

中铁装备紧跟国家“一带一路”倡议，产品现已出口到 16 个国家和地区，成为我国装备制造业“走出去”最为闪亮的创新名片之一。

2013 年，中铁装备收购了国际掘进机制造知名企业德国维尔特硬岩掘进机知识产权、品牌使用权和相关业务。这次收购的成功，标志着我国在硬岩掘进机领域已拥有了世界隧道掘进设备的核心技术和知名品牌，开启了中铁装备国际化的新征程，实现着从“装备中国”到“装备世界”的梦想，为全球建设贡献着中国力量。

2018 年 3 月 2 日，应用于黎巴嫩大贝鲁特供水项目的世界最小直径的硬岩 TBM 实现全线洞穿，项目由意大利 CMC 公司进行施工，标志着我国掘进机企业成功立足于国际市场。

回首创业历程，一路走来，数行脚印。可以说，每一个脚印都镌刻着中铁人创业的艰辛和汗水，也交织着他们挑战自我胜利之后的喜悦，更凝结着他们的信念、责任和勇气。展望未来，他们将继续发扬盾构精神，一路勇往直前。

〔供稿单位：中铁工程装备集团有限公司〕

安叉集团：改革开放者进　自主创新者强

改革开放 40 年，中国快速发展，引起全球瞩目；60 年发展历程，合力砥砺奋进，始终屹立不倒，经济指标屡创新高。合力连续 27 年位列中国叉车行业第一，现跻身世界七强，改革开放、自主创新是取得一系列成就的强大内生动力。

安徽合力始建于 1958 年，前身是合肥矿机厂新厂，通过“七五”技改，于 1988 年完成向专业叉车生产厂的转变，更名为合肥叉车总厂；1992 年，合肥叉车总厂、合肥铸锻厂等成员单位组建安徽叉车集团公司；1993 年，核心企业合肥叉车总厂进行股份制改造，设立安徽合力股份有限公司并于 1996 年在上海证券交易所上市；2004 年，占地面积 100 万 m^2（1 500 亩）的安徽省“861”重点项目合力工业园开工建设，揭开合力“退城进园、二次创业”的序幕；2008 年，安徽叉车集团进行国有独资公司改制，正式更名为安徽叉车集团有限责任公司；2012 年，安徽叉车集团组建合泰融资公司，进军融资租赁领域；2014 年，股份公司在法国北部加莱设立合力欧洲中心，迈出公司国际化第一步；2017 年，股份公司投资设立安徽合力工业车辆再制造有限公司。一组数字可以反映出合力发展的速度：1990 年合力的产值规模是几千万元，2000 年前后达到 10 亿元，如今已经迈入百亿元大关。

创业难，守业难，开拓发展难上加难。自诞生以来，合力走过了风风雨雨，从生产起重机械的中型企业发展到现在以工业车辆、重装车辆、工程机械和关键零部件为主要产品，产业链齐全的大型企业。企业所走的每一步路都是合力人脚踏实地干出来的，所做的每一个决策都是合力人智慧的结晶。

改革促进了发展，没有改革，就没有发展，这是近 40 年来被反复证明的一个道理。合力处于一个完全自由竞争的行业领域，要发展就必须走改革创新的路子，虽然改革面临的矛盾很多，需要破解的难题也很复杂，但合力始终勇于摸着石头过河，坚持按照既定的改革路线不动摇，坚持改革目标不放松。2008 年，面对复杂严峻的经济形势，合力对营销模式进行变革，采取“35+65”的股权营销模式，大获成功；2009 年，受金融危机影响，全球经济下滑，公司于同年 5 月引入精益生产方式，开始了集团范围内的生产经营方式变革；2010 年，公司进行 ERP 系统全面换代升级，实施了第五次管理革命；2012 年，公司导入卓越绩效管理模式；2014 年，公司积极探索具有合力特色的 HOS（HELI Operation System）管理理念，探索建立合力特色的运营管理体系；2018 年，公司尝试实行职业经理人制度。经历数次改革，合力克服了重重阻力，化解了种种矛盾，破解了个个难题，始终坚定地走着改革之路。

创新是合力自我超越的动力，从技术引进到迈入自主创新阶段，着力点是人的创新力，关键在于营造人人创新、持续改善的氛围，加强企业管理，提升全体员工素质。员工每月提交改善提案是考核的硬性指标，每年举行 QC 改善提案发布会；成立大师工作室，用名师带团队；与高校合作，持续推进产学研项目合作，加强对员工的教育培训。合力把创新作为不可推卸的企业责任，以观念创新创造机遇，以机制创新激发活力，以管理创新提高效率，以产品创新增加效益，通过持续不断地改善，超越过去、超越传统、超越对手、超越自我，确保合力常青。当前，安徽叉车集团是国家创新型企业、国家火炬计划重点高新技术企业，企业技术中心是全国首批、叉车行业最早的国家级企业技术中心，并连续多年被评为省优秀企业技术中心。公司不断加快 K、H 和 G 系列产品升级换代，推进智能物流，混合动力、LNG、CNG 等新能源叉车市场化步伐；在传统工艺领域推广应用 3D 打印、智能制造、信息集成等技术，着力打造智能项目；加快产业结构和业务模式创新，持续扩大配件、维修、再制造、整机及融资租赁等新兴业务规模，推进职能、制度和流程优化，合力始终以创新求发展、促发展。

在经济全球化的大背景下，如果没有世界眼光、全球思维，要在国际竞争中站稳脚跟是不可能的。正因为有了开放思维，才有了国际视野，正是靠着改革开放，合力成功开启了新的壮阔征程，开创了新的前进道路，开辟了新的发展空间。1991 年成为安徽首批具有进出口自营权的企业之后，合力出口保持了高速发展的态势，经济增长逐年加快，企业发展步入快车道。合力产品越来越多地“走出去”，进入国际市场。与此同时，国际资本、先进技术与管理等要素也源源不断地进入合力，助推合力经济转型升级，为公司经济发展注入强大活力。公司早期从日本引进国际先进的叉车制造技术，从而掌握了发展先机，引入精益生产并持续推进，导入并实施卓越绩效管理模式。通过对先进技术及管理经验的引进及顺利吸收，促使公司逐步成长为国内先进的叉车企业。

只有让经济全球化的正面效应更多地释放出来，才能共享改革开放的红利。合力将继续敞开大门搞建设，在总结经验的基础上，规划新的发展蓝图，巩固并扩大出口规模，加快全球市场谋点布局，创新合作模式，实现“强强联合”。经过 60 年的发展，合力完全有能力化挑战为机遇，化压力为动力，同舟共济，共克时艰。“六十年磨一剑”，合力将继续一步一个脚印，不断将企业做深做实，实现“世界五强 百年合力”的企业愿景。

〔供稿单位：安徽叉车集团有限责任公司〕

杰 出 产 品

詹阳重工履带式全地形车

履带式全地形车是贵州詹阳动力重工有限公司推出的一款全路面、全天候、全地形、水陆两栖的特种工程装备，在雪地、沙漠、沼泽、山地、丛林、滩涂、戈壁、水域等各种复杂地形环境下具有极强的越野通过性，承载能力大，同时具有水中浮渡能力，是国防建设、公共安全风险防控与应急抢险救灾和极地科考的理想装备。

履带式全地形车最高行驶速度为60km/h，越野行驶速度为25km/h，水中行进速度为5km/h，最大续航里程为500km，适应温度为-41～46℃。整车为双车体结构，采用模块化设计理念，前后车可分离，连接方便，后车箱可作为通用平台配挂不同设备，为不同领域服务。当前已成熟车型有人员运输车、卫生急救车、加油车、净水车、运水车、消防救援车、工程抢险车、物探钻机车，能够完成恶劣环境下的边防巡逻、抢险救援、极地科考、地质勘探等各种任务。

2015年12月，詹阳重工的全地形南极车首次登陆南极，参加我国南极科考队第32次科学考察，主要承担冰盖探路、人员和物质运输、科考保障等任务。全地形车乘坐舒适，性能可靠，行驶通过性能优越，一举成为我国南极科考队员出行的首选装备，也是当前我国南极使用的唯一国产大型运输装备，具有瞩目的社会影响力。

2013年，公司先后为贵阳市公安消防支队、毕节市公安消防支队提供1台全地形车，填补了复杂地形救援的空白，有效保障了人民的生命财产安全。2015年12月，全地形运兵车参加武警交通第四支队在新疆塔城举行的抗雪除冰救援保障。2016—2017年，参加我国南极科考队第33、34次科学考察。

2010年以来，履带式全地形系列车已列装部队近200台，有效解决了边防巡逻、边防哨所冬季补给、运输部队开冰道等边防官兵长期面临的地域和极端气候条件下的诸多问题，为部队完成多样化军事任务创造了有利条件。

履带式全地形车服务于国家重大战略需求，研发水平处于世界先进行列，获得2013年度国家科技支撑计划项目和省市重大科技专项支持，属国内首创。当前拥有授权专利20项，获得中国机械工业科学技术奖一等奖、中国好设计银奖、中国优秀专利奖、贵阳市科技进步奖一等奖等。

履带全地形车在我国工程装备领域属于创新产品，在国防建设、应急救援、消防安全、极地科考、地质勘探等众多领域具有重要的应用价值，能为国家提供重要的装备支撑，市场需求极大，具有广阔的产业前景。

〔供稿单位：贵州詹阳动力重工有限公司〕

山推 DE17 系列智能遥控推土机

山推工程机械股份有限公司研制的国内首创的 DE17 无线遥控静压驱动智能遥控推土机，主要适用于对人身体健康和生命威胁较大的高危恶劣工作环境，如高温、恶臭、危化等环境。产品具有遥控距离远、安全、高效等特点。DE17R 是 DE17 系列中的一款环卫型推土机，遥控与在机驾驶操作可选，最大无线遥控距离可达 1 000m。

该产品通过人机分离的作业方式，让操作者远离危险恶劣的作业环境，保护作业人员的身心健康；遥控驾驶采用推土机仿真驾驶的方式，完全模拟推土机在机驾驶，同时配置多角度大屏显示，让遥控驾驶如在机驾驶一样简单、轻松。主要特点如下：

（1）动力系统。采用潍柴电控发动机，动力强劲，低油耗，满足国家非道路机械三阶段排放。

（2）遥控系统。临场感遥控操作室模拟推土机驾驶设计，驾驶环境真实、操作更舒适、简单。远程无线视频监控技术对推土机周边的环境和铲刀的推土量实时监控，显示屏显示的内容和操作人员坐在驾驶室里的视野相同，方便操作人员更快地熟悉遥控操作环境，更好地完成作业要求；具有自动怠速及自动恢复功能，更节能。配有推土机安全自主防御系统，使推土机在遥控作业的情况下保证推土机及周边人和物的安全。采用国际工程机械专用远程数据传输系统，数据更可靠，速度更高，系统更安全。采用专业防爆摄像头，耐腐蚀性好，防爆、防尘、防雨；镜头自带雨刷清洁功能，可在雨天和灰尘等环境下工作，整体防护等级 IP68。

（3）液压系统。采用电控静压驱动传动系统，自动适应负载变化，在不同工作负载下提供最佳的推土速度。智能匹配技术，获得最高工作效率和最合理的燃油经济性；驾驶综合燃油消耗可降低 10% ～ 15%。推土机专用进口电控手柄控制，让操纵灵活轻便，舒适性更强，工作效率更高。工作装置为电控先导控制，控制更舒适，操作更精准。

（4）工况适应能力。静压传动系统，可无级调速、带载转向、原地转向、灵活机动适应多种工况。底盘系统接地长度长，离地间隙大，行驶平稳，通过性良好；配置环卫铲，容量大。牵引架与刮泥板一体化设计，可牵引、踩踏。刮泥板加强设计，强度更高，刮泥效果更好。

（5）易维护性。结构件继承山推成熟产品的优良品质。电气线束采用无缝波纹管、分线器分线，防护等级高。采用进口核心电气液压元件，质量稳定可靠，可靠性极高。静压传动系统结构紧凑，体积小，重量轻，易于维护。采用模块化结构，各部件方便拆卸，维修成本低。

山推遥控推土机已经实现了产品系列化，兼具多个功率段推土机，同时从便捷式遥控到仿真驾驶遥控均可根据用户需求定制开发。从系统配置与应用工况均与国际化接轨，不仅注重施工的效率，更注重施工过程的安全性。通过临场感的设计提高遥控作业的操控性；通过智能控制减轻劳动作业强度，从而提高作业效率；通过设计自主安全防御系统保障作业的安全性。其灵活的选项配置及多功率段的选择可满足不同用户、不同工况的配置需求。

DE17R 环卫型遥控推土机于 2015 年年底用于上海老港垃圾处置有限公司，主要应用于垃圾填埋，让驾驶者远离垃圾恶臭的侵害。DE17 遥控推土机主要用于恶劣、危险的工况环境，如抢险救援、裂变有毒等场合。2016 年，DE17 获评慧聪网 CMIIC 2016 品牌盛会“匠工精品”。2017 年，DE17R 被列为“中国工业首台重大技术装备示范项目”。

〔供稿单位：山推工程机械股份有限公司〕

内蒙古北方股份 NTE260 电动轮矿用自卸车

NTE260 电动轮矿用自卸车是内蒙古北方重型汽车股份有限公司自主研发、拥有完全自主知识产权的电传动矿用自卸车。该车载重 236t，符合市场上主流电动轮需求定位，填补了国家在这一吨位领域的空白。该车适用于大型露天矿物料运输工作，运输效率极高，单耗低，设备可靠性高。与国内外同类产品相比，该车在坡道启动防溜技术、重载下坡恒速控制技术、防滑控制技术、燃油经济性等方面具有领先优势，在售价上低于国外同类产品，在备件供应和售后服务方面拥有国外产品难以比拟的优势。

整车技术优势：车辆装配有实时监测动力系统，一旦运行中出现故障，车辆将自动报警。整车预留多个数据接口，以便系统诊断和数据远程传输。

◇交流驱动技术效率高，无刷、无接触器免维护。

◇极大的电缓行功率有效缩短制动距离，无需机械制动，减少制动磨损。

◇具有坡道启动防溜技术，仅需控制加速踏板就可实现车辆坡道起步。

◇具有重载下坡恒速控制技术，自动调整缓行制动力，保证车辆恒速行驶。

◇采用高架线的方式对其提供外部电能的输入，减少柴油消耗。

◇具有防滑控制技术，根据路面情况、自动控制驱动牵引力，防止车辆打滑及失去转向，减少轮胎磨损。

◇具有远程诊断控制技术，故障全球会诊，快速诊断，软件快速升级，运行参数尽在掌控之中。

◇具有无负载启动技术，独特的液压设计，减小启动时发动机的负荷，延长使用寿命。

◇整车可在 2 400m 高海拔地区保持额定功率输出不变，可在 -45～50℃的环境下正常运行并具有自我诊断功能。

◇车辆装配有实时监测动力系统，一旦运行中出现故障，车辆将自动报警。

◇整车预留多个数据接口，以便系统诊断和数据远程传输。

该车上市后就得到客户的认可，产品销往缅甸、纳米比亚及西藏等地区用户，市场反应良好。产品生命周期使用成本明显低于同类产品。

〔供稿单位：内蒙古北方重型汽车股份有限公司〕

杭叉集团 XF 系列节能环保型内燃叉车

杭叉集团股份有限公司在国家科技支撑计划的支持下，依托国家认定企业技术中心、国家认可实验室的支撑，围绕高端叉车的机电液集成设计制造进行技术攻关，在效率、能耗、性能上取得重大突破，实现了高端国产叉车的自主设计制造。

XF 系列节能环保型内燃平衡重叉车是继 H 系列、R 系列之后，融合杭叉 30 余年叉车制造经验和最新的叉车技术完全自主创新研发的具有更高技术含量的第三代内燃平衡重叉车主导产品。该系列产品在全面提升整车可靠性、安全性、外观、工作效率、易维护等基本性能的同时，将整车节能、环保、操作舒适性作为开发重点，采用全新的 3S 整车设计理念，通过 10 余项关键技术的研发，全面提升了公司主导产品整车及零部件的核心技术。XF 系列节能环保型内燃叉车是物流仓储成件货物和散装物料的装卸、堆垛、短距离搬运中必不可少的装备，产品广泛应用于车站、仓库、港口、码头、机场、国家重大工程等领域，打破了国外大公司的垄断。

产品主要特点：

节能：发明集成型内燃平衡重叉车动态信号负荷传感液压转向系统、新型叉车高效节能灯光系统，系统节能 12%，门架起升速度提高 20%。

环保：采用发动机缸内燃烧净化技术和闭环控制三元催化技术，使整车排放达到欧Ⅲ和 EPA Ⅲ排放标准；基于 CAN 的 OBD 车载诊断系统（电控发动机），对发动机运行状态进行全面实时监控，保证发动机始终工作在最佳状态，尤其是保证尾气排放始终在允许范围内。

舒适：基于 NVH 分析的振动噪声控制，采用复合型发动机减振器和全浮式传动，大幅改善了整车振动；电液比例液压控制系统大幅度提高工作装置的控制精度，同时实现多路阀的集成手柄或拇指手柄操作，操作舒适性大幅提高；发明四液压缸全自由起升系统，改善门架视野。

可靠：发明全新浮动式铝合金液力传动变速器，大幅改善了散热能力、整车振动；采用湿式制动系统，使用寿命长，实现全免维护，制动更为安全可靠；发明组合型铝质管带式散热结构，解决了长期困扰叉车行业的“开锅停机”难题，高负荷连续工作效率提升了 3 倍。

安全：发明操作安全控制系统，当操作人员离开座椅时，行驶动力被切断，所有门架动作被停止，确保操作人员的绝对安全。

2014 年 12 月 26 日，中国机械工业联合会在杭州组织并主持召开了“大举力密度高效率叉车关键技术研究及应用”科技成果鉴定会。鉴定委员会评价得出：项目完成了 A、R、XF 等系列叉车的设计优化研发并成功应用。该产品已应用于大型港口、机场、国家重大工程等领域，实现了机械化装卸、堆垛和短距搬运。鉴定委员会认为，该项目技术难度大，特色鲜明，整体技术达到国际先进水平。

XF 系列节能环保型内燃叉车整车技术指标及可靠性、舒适性、排放能耗指标完全符合预期，达到国内领先和国际先进水平。经国家工程机械质量监督检验中心试验检测，产品完全达到国际领先企业的标杆产品的技术参数，在起升速度、爬坡度、垂直全身振动加速度等指标上甚至超过国际领先品牌的同类产品。产品的能效水平、振动加速度和噪声水平在国内外同类型叉车中具有强大的技术优势。

产品相关技术先后获得 2016 年度浙江省科学技术进步奖一等奖、2017 年中国机械工业科学技术奖一等奖、高等学校科学研究优秀成果科技进步奖一等奖（社会力量奖），获得国家授权发明专利 14 项、美国专利 1 项，制定国家标准 6 项、行业标准 5 项，打破国际高端叉车技术壁垒。

〔供稿单位：杭叉集团股份有限公司〕

徐工 XGC88000 履带起重机

徐工 XGC88000 履带起重机是徐工集团重大项目，是国家“十二五”期间“千吨级超大履带起重机关键技术研究及应用”“863”课题的核心目标产品，是徐工积累多年研发技术及制造工艺、重磅推出的一款集多项专利与核心技术于一身的超强起重装备。该机最大起重量 3 600t，最大起重力矩 880 000kN·m，远远超过当前市场上任何一种履带起重机，其在整机布置、结构形式、动力匹配、控制技术上都有全新的设计和突破。徐工 XGC88000 综合比较了国际上超大吨位履带起重机技术特点，借鉴了国际制造商在超大吨位履带起重机的优点，继承了徐工 1 000t、2 000t 产品的技术经验及成熟配套件，满足核电、石化等国家大型工程建设项目的需求。XGC88000 履带起重机履带底盘轨距宽度、履带宽度及长度、四轮一带规格、台车支重轮规格、臂架规格、各部件重量和刚度均高于同吨级产品，可实现整机更大的起重力矩。

XGC88000 创下 8 项国际领先技术，拥有 80 多项国家专利，主要特点如下：

（1）起重能力强：最大起重力矩 880 000kN·m，全线突破国际履带式起重机行业 6 万吨米级的技术局限，是当前全球起重装备产业研制的整体式履带起重机设备中能力最大的机型，也是全球第一个成功实现销售的 4 000 吨级履带起重机产品。

（2）工况覆盖全：该机配有重型主臂工况、轻型臂工况、塔式副臂工况、专用副臂工况、臂头单滑轮等 5 种工况，特别适用于核电、石化、火电、煤化等大型工程项目中一些高、大、重、远的框架、穹顶、罐体等的吊装设备。

（3）运输效率优：整机采用模块化设计，最大单件重量不超过 65t，最大单件的运输尺寸小于 12m×3.5m×3.4m，完全符合公路运输法则。

（4）经济适用性高：大型履带起重机的使用频率往往不高，徐工 XGC88000 解决了国内外同行业一直未能攻破的技术难题，在国际上首次实现变形功能，实现一车两用，通过增加少量部件，即可组合变形为一台 2 000 吨级履带起重机产品，整机产品利用率更高，是用户收益最大化。

2013 年 7 月 5 日，徐工 4 000 吨级履带起重机 XGC88000 在中国石化集团烟台万华圆满完成了首次吊装，一举将超大型装置的安装工期由过去的平均半年缩短为 2 ～ 3 天，创造了全球起重能力最大、工况覆盖最全、安全可靠性更强、运输效率最优、经济适用性最高 5 项纪录，成就了“世界第一吊”的美名。

宁夏银川神华宁煤 400 万 t/a 煤炭间接液化项目为国家重大煤化工示范项目，其中费托合成反应器为该项目油品合成装置关键设备之一，其安装方式为两台为一组，4 台为一列，对称布置，空间布置紧凑，吊装难度极大。在不到 4 个月的时间内，XGC88000 顺利完成了 8 个反应器的吊装，极大地缩短了施工工期，得到了施工方与业主的充分肯定。

2014 年，该产品荣获中国机械工业科学技术奖一等奖。2015 年，荣获国家科学技术进步奖二等奖、江苏省科学技术奖一等奖。

〔供稿单位：徐工集团〕

徐工液压件具备耐高压及抗冲击技术的矿用挖掘机液压缸

徐州徐工液压件有限公司研制的具备耐高压及抗冲击技术的矿用挖掘机液压缸主要用于大型矿山设备，作为设备的执行机构实现主机动作需求。该系列液压缸具有多项关键技术：①提出了适合高速及连续运动的密封技术，具有低摩擦、高承载、耐高温的性能，保证液压缸在高速运动下连续作业的能力，延长了使用寿命。②提出了具备自动对中作用的浮动式缓冲技术，解决液压缸高速运动时机械撞击的问题，提升液压缸抗冲击的能力，提高使用可靠性。③提出了双金属复合的滑动面处理技术，有效减小配合间隙，调高了密封件耐高压、抗冲击的能力，延长了密封件使用寿命。④提出了双螺距双螺纹 + 左右互旋双重防松技术，实现小扭矩防松，同时提升了活塞的防松效果和液压缸抗冲击的能力。⑤提出了挖掘机液压缸的各项性能指标及测试方法，首次形成挖掘机液压缸的技术标准。研发出满足主机实际工况、可靠性和安全性优异、具备耐高压及抗冲击技术，兼具突出的经济性的矿用挖掘机液压缸产品。

该系列液压缸凭借其独特的设计及优越的性价比受到广大用户的普遍欢迎。该产品的成功开发，不仅极大地支

撑了徐工大型矿用挖掘机的发展，在海外市场的批量销售一举打破了日本KYB、德国科玛在高端液压缸国际市场上的垄断地位。

当前，公司产品已成功配套徐工XE1200、XE2000、XE3000、XE4000、XE7000等液压挖掘机，澳大利亚力拓公司EX3600、EX2500、PC4000等液压挖掘机。

该系列产品通过了中国机械工业联合会组织的鉴定，主要技术达到国内同类产品领先水平。产品获得2017年中国工程机械产业最佳零部件产品奖、2018年江苏省机械行业优秀品牌奖。

〔供稿单位：徐州徐工液压件有限公司〕

徐工筑路机械GR3505平地机

徐州徐工筑路机械有限公司研制的GR3505平地机主要用于煤矿、铁矿、有色金属矿等各类露天矿山。该机采用重负荷刮平方式，在矿区所有工作面进行道路成型/重修、路面保养、岩石清理、路肩刮扫、裂土、摊平物料等工作，能适应矿山破碎岩石冲击、极限高低温、24h不间断工作等极端工况，提供矿山平滑、清洁的行驶路面，保障设备和人身安全，并有效减少设备轮胎磨损及燃油消耗成本，降低矿区运输循环时间，是露天矿山最大化生产效率、最小化生产成本不可缺少的产品。

该平地机是在一个支承于前后桥上的弓形架下装一把带转盘的长刮刀的机械，转盘带着刮刀可以向左右回转，也可以左右升降，刮刀还能侧伸。当刮刀转到与机械纵轴成一定角度并下降刮刀着地时，随着机械的前进，刮刀铲起一层土，并沿着刮刀侧移，集料于一侧。

该平地机特点：电控双手柄操纵，状态集成检测及诊断，集中加注和取样，一键操作技术，铲刀浮动，抗冲击保护工作装置，带闭锁离合器的液力变矩器，驾驶室增压密封。

徐工大型矿山平地机关键技术和综合性能已与卡特彼勒处于同等水平，部分性能优于卡特彼勒。当前，GR3505平地机打破了卡特彼勒在国内外知名露天矿山的垄断。GR3505平地机由中国机械工业联合会鉴定为国际领先水平，获得2018年中国工程机械年度产品“应用贡献金奖”。

〔供稿单位：徐州徐工筑路机械有限公司〕

柳工CLG870H轮式装载机

广西柳工机械股份有限公司开发的新一代7吨级大型装载机CLG870H，主要聚焦于沙、石、煤炭等各类散料作业工况，为用户提供一款价格适中，性能优异的生产利器。通过先进的技术应用及优异的整机匹配技术，实现了以最低的燃油消耗带来更强的作业能力及作业效率。其使用维护成本更低，给用户带来更大的投资收益以及更短的投资回报期。自2017年正式上市以来，深受用户喜爱，市场占有率接近50%。

产品特点：

（1）先进的电控发动机，基于载荷谱优化发动机特性，专利技术“驼峰曲线”的应用，使得动力强劲、抗负荷能力更强、油耗更低。

（2）先进的全自动变速 +FNR 控制系统（专利技术），实现全自动换挡，大幅降低操作强度，提高作业效率；通过先导手柄上的 FNR 功能键实现“前进 - 空挡 - 后退”切换，操控更轻松便捷。

（3）行业领先的柴变悬置技术，司机座椅处的振动加速度综合值降低 70%，驾驶室的振动加速度值降低 40%，大幅提高驾驶体验，更舒适。

（4）基于先进的设计及制造工艺，实现驾驶室全密封微增压功能，有效阻止外部粉尘进入，保持驾驶环境清洁，噪声更低；各种按键、操纵杆、仪表等布置更符合人机工程，保障司机健康。

（5）国内首创的单层横置式散热器（专利技术）。散热性能提升 5%，工作环境温度可达 50℃。

（6）节能高效的定变量液压系统，契合装载机挖掘和铲装过程对力和速度的迥异要求，整机表现出力量大、效率高、能耗低等特点。

（7）先进的柳工龙腾智能管家系统，可通过计算机、手机 APP 等实现远程管理，实时了解整机运行情况，包括整机位置、作业时间、燃油消耗、驾驶行为、故障报警、服务提醒等等。

柳工通过 60 年的不断钻研和创新，在土石方机械领域有着独到的造诣，取得了众多的荣誉及认可，CLG870H 装载机获得中国工程机械年度产品 TOP50（2018）金口碑奖。

〔供稿单位：广西柳工机械股份有限公司〕

中联重科 101m 超长臂架碳纤维泵车

101m 超长臂架碳纤维泵车是由中联重科股份有限公司开发的一款具有世界泵车最长臂架长度的战略产品。该泵车能实现最大泵送混凝土布料高度达到 101m，能轻松覆盖 30 层以下建筑的混凝土浇筑施工，改变了 30 层建筑需要反复变换混凝土浇注方式的低效作业方式，对 95% 的高层建筑实现“一泵到底”，大大提高建筑施工领域的整体工作效率，实现了高层建筑的混凝土泵车全自动泵送的绿色施工，降低了单位能耗。

101m超长臂架碳纤维泵车是基于标准公路底盘的世界最长七节臂泵车，集新材料应用、电液控制技术、臂架设计技术、工艺研究等前沿技术于一体，臂架长度行业第一，整机性能居世界领先地位。作为混凝土机械领域的一款具有划时代意义的产品，其首创的碳纤维复合材料臂架结构技术使整车结构的轻量化技术达到国际领先；所采用的七节臂折叠技术使整车长度在超长臂架泵车中车长最短、臂架结构最优、布料范围最大；整车采用七桥通用底盘，轴荷分布合理，机动灵活，适应性强。该泵车成功在碳纤维复合材料臂架设计与制造、臂架运动控制、泵车振动抑制、泵车安全控制取得技术性突破。产品多项关键技术实现创新性突破，完成“轻量化超长臂架包络空间内的挠性变形研究”等10个关键研究，突破“开发超长碳纤维（低密度、多关节）臂架振动控制技术”等7个技术难点，取得“碳纤维复合材料臂架、其生产方法及包括其的混凝土泵车”等发明授权专利33项，其中发明专利22项、实用新型专利10项、外观专利1项。

101m超长臂架碳纤维泵车与其他泵车标杆产品相比，具有整车重量最轻、整车长度最小的优势，同时集仿生学的非常“6+1”的七节臂折叠技术、主动减振技术、整机稳定安全控制技术、柔性泵送以及全功率智能匹配节能技术于一身，使其实用性、通用性和安全可靠性均居于世界领先水平。产品开发过程中研制的多关节、长臂架、轻量化结构技术等多项关键技术填补了行业空白，引领了行业超长臂架发展潮流。长臂架泵车因其在施工中可以大幅扩大布料范围、提高布料效率、降低单位能耗、减轻劳动强度，因此是未来泵车的重要发展方向。该泵车的成功研制和推出，树立起全球超长臂架泵车的新标杆，标志着我国工程机械制造水平已经达到世界新高度，引领未来全球工程机械发展的方向和潮流。

2012年9月28日，101m超长臂架碳纤维泵车获得“世界最长臂架泵车”吉尼斯纪录。2012年10月30日，101m超长臂架碳纤维泵车搭载的碳纤维复合材料臂架技术获得中国机械工业科学技术奖一等奖。

〔供稿单位：中联重科股份有限公司〕

中联重科超大型塔式起重机

超大型起重设备在大型模块化施工中不可或缺。移动式起重机起升高度和工作幅度均有限，而超大型塔式起重机可随建筑增高、工作幅度大，是大型高耸建筑施工的最佳选择。超大型塔式起重机研制的关键是重载条件下实现超大工作幅度、超大起升高度和安全作业，其技术长期被国外垄断，国内重点工程所需塔式起重机主要依赖进口。国外产品也无法完全满足一些超大型桥梁、场馆等建设施工要求。该项目依托“十一五”国家科技支撑计划，突破了超大型塔式起重机技术瓶颈，形成了成套技术，主要创新内容如下：

（1）超长重载臂架设计及控制技术：修正超高强钢桁架的等效缺陷模型，获得了770MPa级变截面臂架计算长度系数，突破超高强钢桁架稳定性精确分析及设计技术；发明了异形对接式臂架结构，解决了传统结构超长重载臂架承载能力不足的行业难题；首创大惯量臂架回转变形辨识及实时控制技术，有效抑制了回转时臂架的侧向变形，消除了侧向失稳风险。

（2）重载超大容绳量卷扬系统设计及控制技术：揭示了钢丝绳缠绕磨损机理，提出了基于磨损控制的卷筒三维导向优化设计方法，发明了双L并联重载卷扬机构，首创了基于力、运动、图像等信息智能诊断的起升卷扬安全控制系统，突破了狭窄空间内重载超大容绳量卷扬系统设计及控制技术。

（3）超大型塔式起重机安全作业技术：发明了拒止力可控的臂架后倾柔性拒止技术，消除了动臂后倾风险；首创了自动平衡多面多缸同步顶升技术，确保了超大型塔式起重机的安全顶升；发明了销轴自动装拆系统，实现高空装拆的安全高效。

通过上述创新，使我国超大型塔式起重机核心技术跃居国际领先水平，形成了超大型塔式起重机成套技术，开发了两大系列、13款产品，包括世界上起重力矩最大（52 000kN·m）的上回转塔式起重机、世界上首台能实现“双两百（将240t吊重提升210m）”的起重机、世界上臂架最长的塔式起重机（臂长110.68m，2012年8月28

日获吉尼斯世界纪录）。

该项目产品满足了国家经济建设的重大需求，促进了我国建筑施工技术的变革和建筑业的发展。在马鞍山长江大桥工程中与国际同行共同竞标，成功中标并使工期缩短1/3；在武汉鹦鹉洲长江大桥工程中，由于其超强的起重能力，大桥设计方案得以改进，节约国家投资7.2亿元。系列产品还广泛应用于上海国际金融中心、虹桥交通枢纽等大型建筑工程，打破了国外垄断，并批量出口印度、伊朗、阿拉伯联合酋长国等十余个国家。

项目获发明专利授权6项、实用新型专利37项，修订国家标准4项，发表论文7篇，系列产品多次被同行专家鉴定为国际领先水平，2013年获得国家科学技术进步奖二等奖。

〔供稿单位：中联重科股份有限公司〕

中铁装备全断面岩石隧道掘进机（TBM）

随着我国国民经济建设的高速发展，我国的铁路、水利、水电、国防建设等领域隧道和地下工程建设进入一个黄金时期。根据国家发展规划，未来10年，我国拟采用全断面岩石隧道掘进机（TBM）开挖的隧道超过2万km，占全球市场80%以上，约需TBM 600台以上。TBM作为隧道施工的重型高端装备，以其安全、高效、优质等显著优势得到广泛的应用，成为我国隧道开挖领域的优先选择和发展方向。

相比于传统盾构机，TBM主要应用于高岩石强度、大埋深、长距离山岭隧道施工，岩石抗压强度100MPa以上，埋深超过2 000m，长距离独头掘进距离＞15km。以往的TBM在施工过程中存在破岩难、预探难、感知难的国际行业难题。对此，中铁工程装备集团有限公司历经10余年产学研用联合攻关，突破了TBM设计制造多项关键技术，实现了TBM自主研发及其产业化生产。设备具有如下特点：

（1）发明了高性能TBM刀盘刀具长距离抗损止裂设计技术，开发了滚刀刀圈新材料和耐磨增韧工艺，提出刀群随机型、米字型协同进化布置设计方法，形成了高性能刀盘刀具自主设计制造体系，解决了破岩难的国际难题。

（2）研发了TBM复杂环境下前方灾害源高精度探测技术，构建了TBM掘进的远－中－近集成超前探测体系，实现了断层破碎带等不良地质与灾害的准确成像、识别与精细刻画，解决了预探难的国际难题。

（3）开发了国际首个多源大数据融合的TBM云平台，发明了锚杆钻机随钻监测和渣片智能识别系统，首次实现掌子面岩石状态的精确感知，为智能掘进提供决策依据，解决了感知难的国际难题。

与国内外同类产品对比，自主研发的TBM解决了国内外TBM在施工过程中普遍存在破岩难、预探难、感知难的国际行业难题。项目发明的高性能TBM刀盘刀具长距离抗损止裂设计技术，实现了刀圈平均寿命379m³/把（相似围岩国外刀圈寿命316m³/把），实现了刀盘连续掘进17.5km无严重裂纹（相似围岩国外刀盘掘进9km局部多处开裂），研制了与TBM集成搭载的自动化震源装置，定位误差＜7%（国际同类水平为＞20%），提出的基于全波反演与逆时偏移成像的跨孔雷达精细探测方法与技术，分辨率达厘米级，实现了断层破碎带等不良地质与灾害的准确成像、识别与精细刻画。

中国机械工业联合会成果鉴定指出：所研究的全断面岩石隧道掘进装备（TBM）具有完全自主知识产权，总体技术达到国际先进水平，其中刀盘刀具布置技术、超前聚焦测深型地质预报技术达到国际领先水平。

自2015年成功设计制造我国首台具有自主知识产权的8m级TBM“永吉号”以来，仅用3年时间相继研制出3.5～9m直径系列的多台全断面岩石掘进机，成功应用于黎巴嫩大贝鲁特供水项目、大瑞铁路高黎贡山隧道项目等多个国内外重大工程，多次刷新进尺纪录。获得国内外用户的高度认可和一致好评。当前国产 TBM 已经全部替代了进口，并且在工程中表现出了优异的适应性。

项目成果完成的国产首台 8m 级 TBM（中铁 188 号，φ8 030mm）成功应用于吉林引松供水工程。中铁 188 号于 2015 年 5 月 30 日在工地现场正式始发掘进，于 2015 年 8 月顺利完成 3km 工业性试验和性能考核，在施工过程中穿越长达 7.9km 的浅埋灰岩岩溶区、断层破碎带及浅埋富水沟谷带，创造单月掘进 1 318.7m 的敞开式岩石隧道掘进机全国纪录，并于 2018 年 1 月 22 日实现贯通，较预计工期提前 9 个月。

项目获得授权发明专利 20 项，制定国家标准 3 项（涵盖国内所有已发布全断面掘进机标准），发表学术论文 14 篇，授权软件著作权 2 项。2017 年，公司被认定为“制造业单项冠军示范企业”，荣膺“央企十大国之重器”和“中国好设计”银奖，获得 2017 年度河南省专利特等奖。

〔供稿单位：中铁工程装备集团有限公司〕

铁建重工 ZYS113 全智能三臂凿岩台车

我国是名副其实的隧道超级大国，然而我国的隧道施工水平与国外差距显著。国内隧道 95% 以上采用钻爆法施工，而其中最普遍的是采用人工风钻凿岩机施工，存在人员需求多、劳动强度高、施工效率低、安全性低、质量差等问题。即使少数采用全液压凿岩台车进行施工，仍存在地质风险高、施工精度低、质量控制差等一系列难题，尤其是面向川藏铁路等一批国家重大重难工程建设，世界尚无装备能满足施工需求。针对上述难题，铁建重工新疆公司联合铁建重工、中南大学历时多年技术攻关，突破核心技术，研制出具有数字化控制、多重感知、自主分析决策能力的三臂凿岩台车并实现产业化，作为隧道智能建造的核心装备，其推动了隧道建设方式向动态优化设计、自主精准施工、质量在线评价的重大转变。

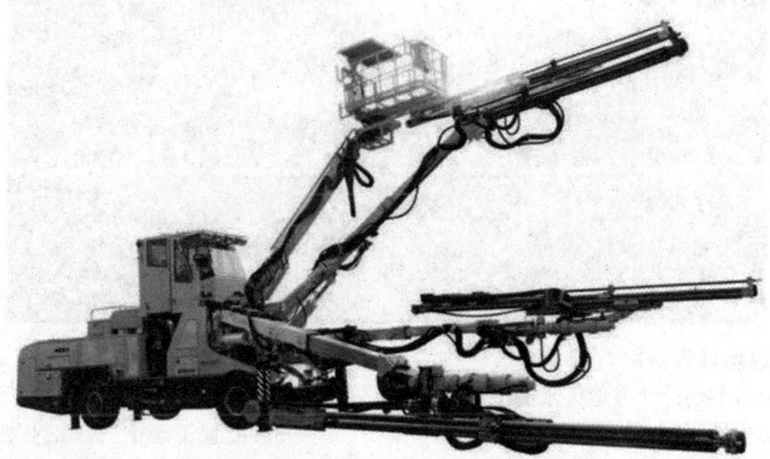

主要创新成果包括：

（1）突破了三臂凿岩台车整体集成技术：凿岩台车集机械、液压、电气、控制等多学科技术于一体，主要通过钻凿炮眼、装药爆破达到开挖目的。通过多自由度臂架关键技术、长距离高冲击推进技术、空间受限下的铰接式转向系统设计技术、电液控制系统技术等关键技术突破，形成了三臂凿岩台车整体集成技术。

（2）提出了多源信息融合的围岩智能分级技术：首次提出了基于钻进参数和掌子面地质素描的围岩特征参数获取方法，通过大数据驱动的深度学习，构建基于智能型凿岩台车的智能分级系统，实现对前方围岩亚级与稳定性自动判定与智能分级，颠覆了传统人工经验为主的围岩分级方式，极大地提高了施工安全，解决了工程围岩亚分级和隧道动态设计难题。

（3）提出了隧道三维空间整机快速自主定位技术：研究机载三维扫描仪坐标系转换关系和坐标校验方法，建立末端臂架标靶的位姿变换模型，实现了基于机载扫描仪和导向激光的快速自主定位技术，典型定位精度≤ 1cm，定位时间≤ 5min，解决了隧道施工装备三维空间定位的难题。

（4）突破了大惯量柔性臂架高精度控制技术：针对大惯量柔性臂架定位误差大且不易控制的问题，研究柔性臂架运动学模型、挠度误差模型、参数最优匹配方法，建立臂架高精度测量技术与误差补偿算法，实现臂架末端位姿精确控制，典型定位精度≤ 5cm，比现有技术水平提高 50% 以上，突破了隧道精准施工的技术瓶颈。

（5）突破了隧道三维扫描与轮廓重建技术：研发隧道三维扫描与轮廓重建技术，优化点云密度和扫描速度，点云间距≤ 3cm，扫描时间≤ 45s；研究点云数据处理与三维重建技术，建立超欠挖、挤压变形的实时识别与测量方法，识别精度≤ 15mm，实现了隧道施工质量的在线评价，提高了施工装备对外界环境的感知能力，颠覆了以往依靠目视判断和人工填报的评价方式。

项目获授权专利 18 项，其中发明专利 7 项。由丁荣军院士任组长的科技成果评价专家组一致认为：该项目技术难度大，创新性强，总体技术达到国际领先水平。项目成果已在郑万高铁、玉磨铁路等重点工程成功应用，促进了我国隧道建造技术的进步，推动了我国从隧道建设大国向隧道建设强国的转变。

〔供稿单位：中国铁建重工集团有限公司〕

辽宁三三小直径双模式双护盾盾构机

小直径双模式双护盾盾构机其综合效率和安全性非常高，现已广泛应用于铁路、公路隧道、城市轨道交通、城市下穿隧道、海底隧道、城市排水管道、油气管道、城市管廊、煤巷道施工、国防工程等领域。

该产品与国内外同类比较属于世界首例，是全球最小直径双模式双护盾盾构机。该台小直径双模式双护盾盾构机在辽宁三三工业有限公司的胜利下线，标志着我国隧道掘进机制造技术已经领先于国际水平。相对于市场用量较大的土压平衡盾构机，适用于综合管廊系统等的小直径双模双护盾盾构机方兴未艾。

当前，该项产品已成功打入标准苛刻、要求严格的北美市场。我国水资源分布不均，北方地区水资源严重短缺，西南方水资源则比较丰富，进行跨流域调水非常必要，而引水工程不可避免遇到引水隧洞施工工程问题，选择小直径双模式双护盾 TBM 施工是其最佳手段之一。在今后的一段时期，我国调水工程涉及的隧洞累计长度将超过 80km，小直径双模式双护盾盾构机在水利水电工程方面具有广阔的市场前景。

该小直径双模式双护盾盾构机攻克了多项复杂的技术难关：

（1）实现了土压和硬岩双模式切换，相对于常见的土压和泥水之间的切换，土压和硬岩之间切换难度更高，可以适应更为复杂的地层。

（2）双护盾设计构造，既有撑紧盾，又有伸缩盾，可以同步进行拼装和掘进，工作效率大幅度提高。双护盾适用于混合地层施工，可用于硬岩、软岩，其地质适应性非常广泛。双护盾式同样具有全圆护盾，使其在采取必要措施的情况下，能安全穿越软土、砂土地层甚至断层破碎带，使掘进与安装管片可以同时进行，加快施工进度。伸缩护盾形式是双护盾的独有的技术特点，是实现软硬岩作业两种工作模式转换的关键。

（3）配置了辽宁三三工业独有的发明专利技术——盾构机快速卸载装置，大大提高了管片运输效率。

（4）全球最小直径，外径仅有 3.3m，内部空间更加狭窄，在保证既定功能的基础上，对设备布局的紧凑性和合理性提出了严苛的要求。

（5）小直径双模式双护盾盾构机在中 - 厚埋深、中 - 高围岩强度、地层稳定性基本良好的隧道中能发挥较好的掘进性能，并能适应长隧道中难以避免的各种不良地质地段，适应地层范围广。因有全圆护盾的保护，护盾外即为拼装好的衬砌环，掘进、出碴、衬砌及控制均在护盾与衬砌保护下进行，能保证施工人员及设备的安全。

（6）适用于断层破碎带、高地应力岩爆、涌水、富水高水压、煤系瓦斯、松散岩类孔隙水、碎屑岩类裂隙孔隙水、基岩裂隙水及冻结层水等环境的地层中施工。由于双模式双护盾对地层的适用性较强，能满足隧道中遇到的各种地质情况，因此是今后地下隧道施工的主要发展方向之一。

〔供稿单位：辽宁三三工业有限公司〕

行业篇

从生产发展、市场及销售、产品进出口、科技成果及新产品等方面，阐述工程机械各分行业2018年的发展状况

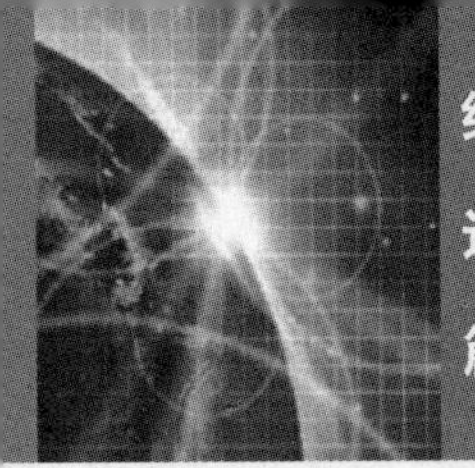

行业篇

挖掘机械

一、生产发展情况

2018 年是我国改革开放 40 周年，在 40 年波澜壮阔的背景下，伴随着我国经济的飞速增长和基础设施建设水平的提升，我国工程机械行业特别是挖掘机械行业也经历了从无到有、从弱到强的发展过程。20 世纪 90 年代初，大量外资挖掘机械企业纷纷进入我国，国内挖掘机械市场体系也在这一时期基本形成。2002—2011 年，我国挖掘机械行业经历跨越式发展的黄金十年。2012—2016 年，将近 4 年的下行调整使得行业重新认识市场规律并实现落后产能出清和结构优化。2016 年下半年开始，在多个因素叠加影响下，挖掘机械行业再度迎来上升期，行业实现超预期高速增长，2017 年挖掘机械销量 140 303 台，同比增长 99.5%，涨幅创历史新高。

中国工程机械工业协会挖掘机械分会调研数据表明：截至 2018 年年底，在我国投资规划生产挖掘机械的企业约 35 家，相比 2011 年高峰期下降约 50%，但比 2017 年企业数量略有增加，其中规模主机制造企业近 20 家，规划设计产能约 40 万台。行业规模代理商、经销商超过 1 000 家。2018 年，纳入分会统计的 25 家主机制造企业共计销售超过 500 种不同型号和规格的挖掘机械产品，单台整机重量 1 ～ 300t，总销量 203 420 台（含出口）。同期销量创历史新高，在 2017 年高基数基础上实现 45.0% 的高增长。2018 年我国挖掘机械行业整体概况见表 1。

表 1　2018 年我国挖掘机械行业整体概况

主机制造企业数量	约 35 家
规模主机制造企业数量	近 20 家
行业规划设计产能	约 40 万台
2018 年挖掘机械总销量	203 420 台（含出口）
2018 年挖掘机械销量同比增长	45.0%
2018 年最大制造商	三一重机有限公司
2018 年挖掘机械制造商市场销量前 10 位（含出口）	三一重机有限公司 卡特彼勒（中国）投资有限公司 徐州徐工挖掘机械有限公司 斗山工程机械（中国）有限公司 广西柳工机械股份有限公司 山东临工工程机械有限公司 小松（中国）投资有限公司 日立建机（中国）有限公司 现代（江苏）工程机械有限公司 沃尔沃建筑设备投资（中国）有限公司
2018 年前十位主机企业市场占有率	85.1%

注：数据来源于中国工程机械工业协会挖掘机械分会。

二、市场与销售

1. 整体情况

受益于主机换新、库存周期、基础设施建设加码、房地产投资稳健、“三去一降一补”贯彻落实、环保政策、二手机出清、市场信心恢复等因素叠加影响，挖掘机械行业自 2016 年下半年进入增长期，2018 年挖掘机械市场需求继续保持增长态势，此轮增长周期已经两年有余。受到 2017 年特别是 2017 年下半年高基数效应影响，2018 年 4 月起各月销量涨幅呈逐月下滑态势。2018 年挖掘机械销量 203 420 台，创历史新高。2016—2018 年我国挖掘机械市场销量及增长情况见图 1。

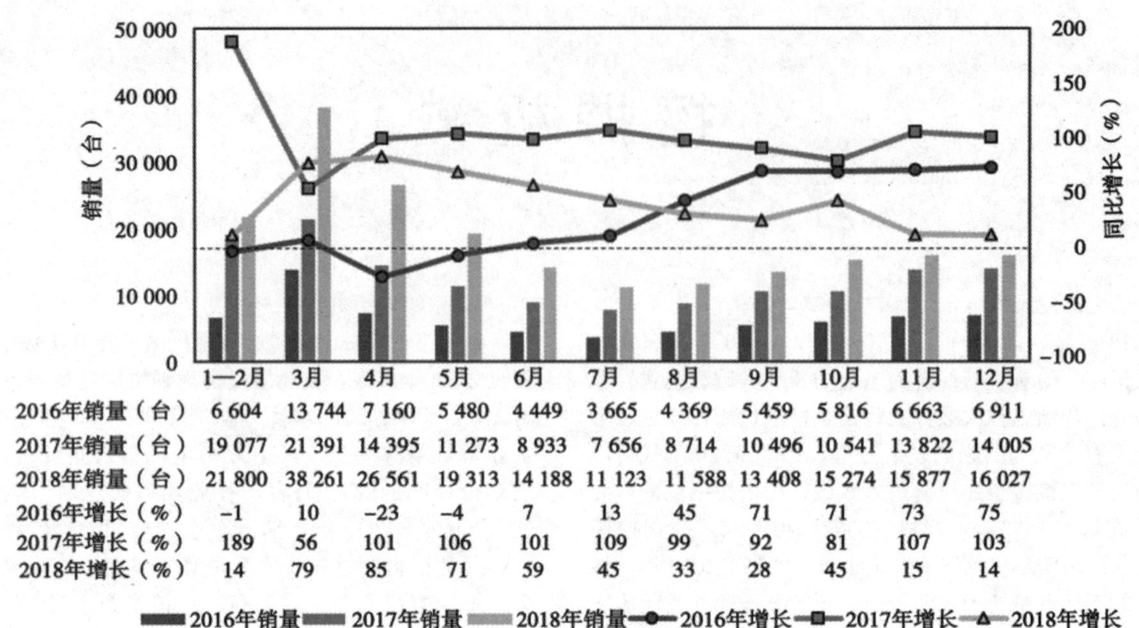

图 1　2016—2018 年我国挖掘机械市场销量及增长情况

注：数据来源于中国工程机械工业协会挖掘机械分会。

2. 市场格局

2018 年，我国挖掘机械市场国产品牌销量 114 325 台，市场占有率为 56.2%。日系、欧美和韩系品牌销量分别为 30 846 台、34 828 台和 23 421 台，市场占有率分别为 15.2%、17.1% 和 11.5%。2018 年我国挖掘机械市场品牌格局见图 2。

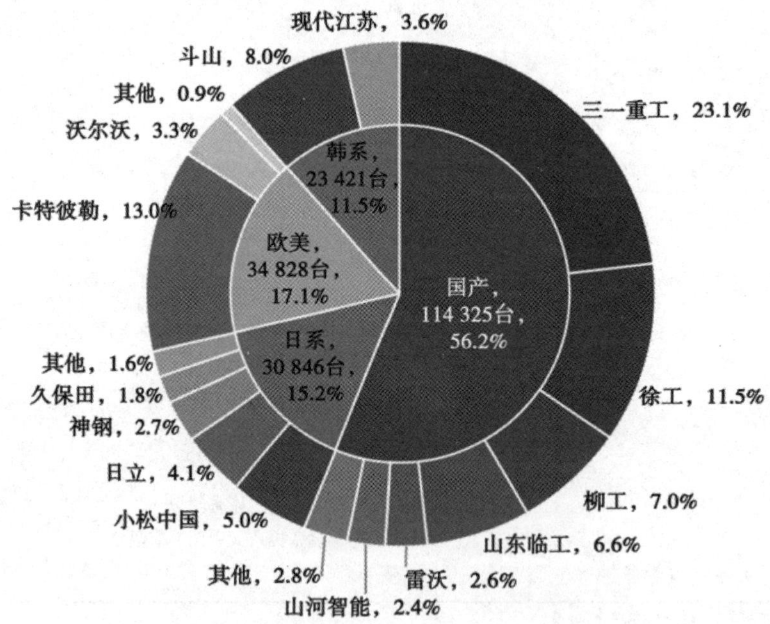

图 2　2018 年我国挖掘机械市场品牌格局

注：数据来源于中国工程机械工业协会挖掘机械分会。

3. 国内市场情况

（1）市场概况。2018 年纳入分会统计的 25 家主机制造企业在国内挖掘机械市场（国内市场统计范畴不含港澳台地区，下同）销量 184 190 台，同比增长 41.1%。销售产品总重量 296.57 万 t，同比增长 43.7%。

回顾近三年挖掘机械市场变化情况，2017 年行业持续高速增长，受 2017 年特别是 2017 年下半年高基数效应影响，2018 年挖掘机械销量各月涨幅整体呈逐月下滑态势。通过与典型年份的对比发现，2018 年 5—12 月，国内挖掘机械各月销量均创历史新高，2018 年销量已超过 2011 年历史峰值销量。2016—2018 年国内挖掘机械市场销量及增长情况见图 3。

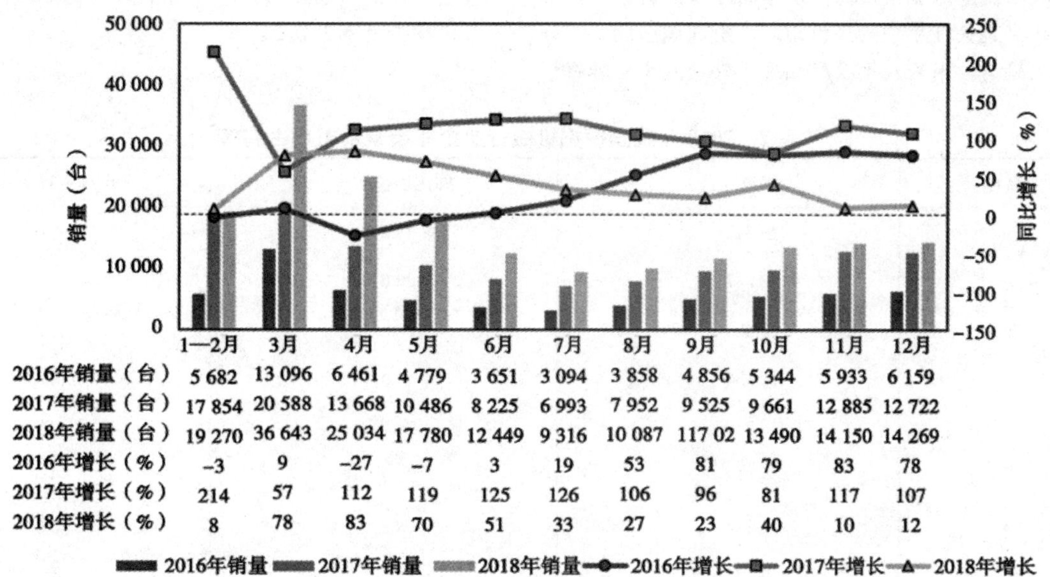

	1—2月	3月	4月	5月	6月	7月	8月	9月	10月	11月	12月
2016年销量（台）	5 682	13 096	6 461	4 779	3 651	3 094	3 858	4 856	5 344	5 933	6 159
2017年销量（台）	17 854	20 588	13 668	10 486	8 225	6 993	7 952	9 525	9 661	12 885	12 722
2018年销量（台）	19 270	36 643	25 034	17 780	12 449	9 316	10 087	117 02	13 490	14 150	14 269
2016年增长（%）	−3	9	−27	−7	3	19	53	81	79	83	78
2017年增长（%）	214	57	112	119	125	126	106	96	81	117	107
2018年增长（%）	8	78	83	70	51	33	27	23	40	10	12

图 3　2016—2018 年国内挖掘机械市场销量及增长情况

注：数据来源于中国工程机械工业协会挖掘机械分会。

2018 年纳入分会统计的 25 家主机制造企业销售轮胎式挖掘机 1 980 台，仅占总销量的 1.1%。对于地广人稀或有一定移动性要求的施工场景，采用履带式挖掘机需要搭配一台拖车，而轮胎式挖掘机可独立施工，有效提高施工效率并降低成本。随着施工自动化程度的提高，未来轮胎式挖掘机有望得到更多的应用。行业企业也应重视轮胎式挖掘机市场，提高产品技术水平，满足新时代市场对轮胎式挖掘机性能、可靠性、安全、环保和服务等方面的要求，实现我国轮胎式挖掘机市场技术和服务的全面升级。2006—2018 年国内轮胎式挖掘机销量及占比情况见图 4。

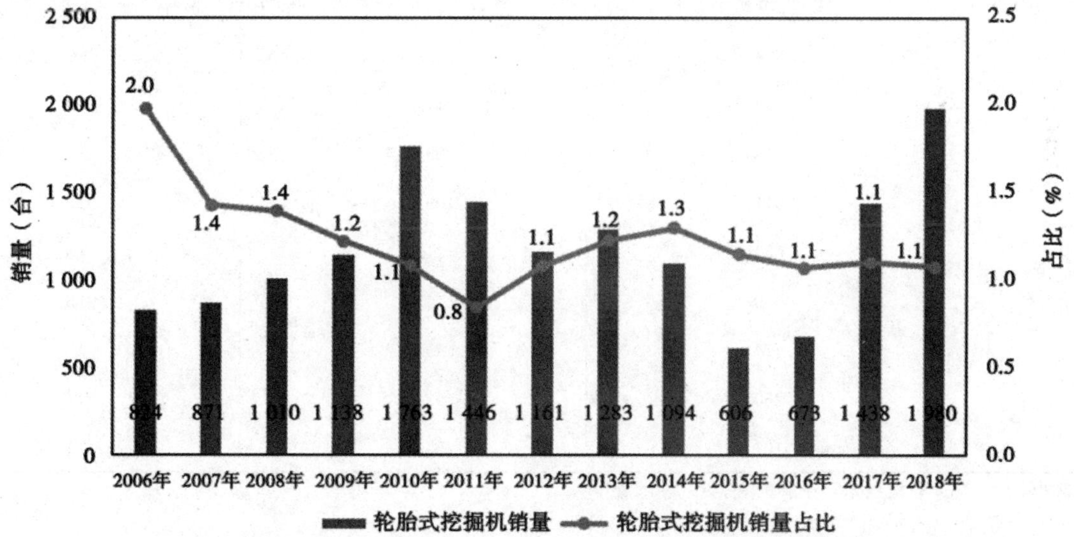

图 4　2006—2018 年国内轮胎式挖掘机销量及占比情况

注：数据来源于中国工程机械工业协会挖掘机械分会。

（2）企业销量。2018 年，国内挖掘机械市场销量前三位企业为三一重工、徐工和卡特彼勒，市场占有率均超过 10%。基于对市场的信心和产品库存上的充分准备，三一重工、徐工、柳工、山东临工等国产品牌市场占有率增长明显。从各企业销量及市场占有率情况分析，挖掘机械市场“强者恒强”的态势进一步凸显，龙头企业竞争优势进一步强化。

从产品平均重量看，三一重工、徐工、柳工等国内领先的挖掘机械企业的产品平均重量虽与卡特彼勒、小松、日立等外资品牌存在一些差距，但得益于近年来技术水平、产品质量和市场服务等实力的不断提升，国产品牌与国际品牌差距正在缩小，并逐步打入大型挖掘机市场。在国内小型挖掘机、微型挖掘机市场需求不断增长的背景下，外资品牌也越来越关注小型挖掘机市场，形成国产向上、外资向下的大趋势，未来几年国产品牌与外资龙头品牌将展开全方位的市场竞争。2018 年我国挖掘机械行业企业销量及市场占有率见表 2。

表 2　2018 年我国挖掘机械行业企业销量及市场占有率

企业名称	销量（台）	同比增长（%）	市场占有率（%）
三一重工	40 543	48.2	22.0
徐工	22 287	68.6	12.1
卡特彼勒	20 303	22.3	11.0
斗山	15 630	44.0	8.5
山东临工	13 219	96.7	7.2
柳工	12 728	78.4	6.9
小松中国	10 224	8.2	5.6
日立	8 134	1.9	4.4
现代江苏	7 234	80.3	3.9
沃尔沃	6 614	36.9	3.6
雷沃	5 308	58.6	2.9
神钢	5 050	11.8	2.7
久保田	3 567	2.4	1.9
山河智能	3 369	38.8	1.8
住友建机	2 207	24.9	1.2
山重建机	1 884	62.7	1.0
玉柴	1 694	17.4	0.9
洋马	1 146	38.7	0.6
约翰迪尔	1 011	109.8	0.5
卡特重工	634	-31.8	0.3
力士德	579	-14.0	0.3
厦工机械	474	-49.3	0.3
利勃海尔	250	52.4	0.1
詹阳重工	101	-55.7	0.1

注：数据来源于中国工程机械工业协会挖掘机械分会。

（3）产品结构。不同规格挖掘机械使用领域有所不同，大型挖掘机、中型挖掘机主要应用于矿山、基础设施建设等领域；小型挖掘机主要应用在城市道路建设、农村建设、园林建设等领域，实现替代人工。由于应用领域的差别，大型挖掘机、中型挖掘机受投资和经济周期影响大，而小型挖掘机受投资影响相对较小。2016 年下半年开始的市场复苏受多个因素叠加驱动，其中投资增长为重要因素之一。因此，在此轮的市场复苏行情中，中型挖掘机、大型挖掘机市场复苏更为显著，市场占比也有所提高。但长期来看，随着国内城镇化水平提高和“机器代人”需求的不断增长，小型挖掘机的市场占比仍有上升潜力。

2018 年，大型挖掘机、中型挖掘机、小型挖掘机销量分别为 31 297 台、56 011 台和 116 112 台，市场占比分别为 15.4%、27.5% 和 57.1%。其中微型挖掘机（指整机质量小于 6t 的小型挖掘机械）销量为 36 686 台，市场占比为 18.0%。2018 年我国挖掘机械市场产品结构见图 5。

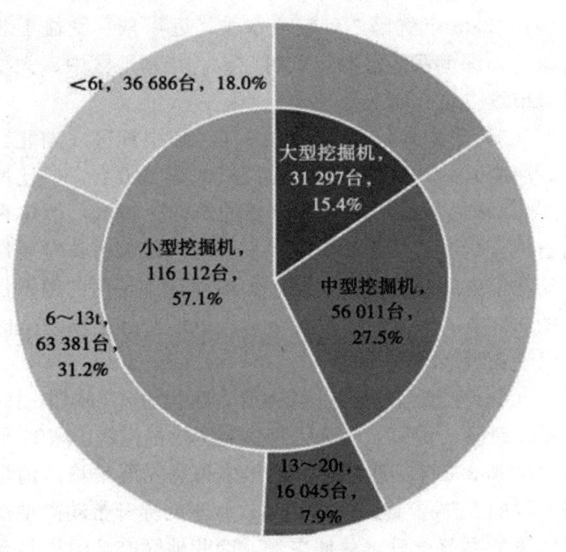

图5 2018年我国挖掘机械市场产品结构

注：数据来源于中国工程机械工业协会挖掘机械分会。

（4）市场集中度。国内挖掘机械行业市场集中度呈“V形”变化，随着我国挖掘机械市场的逐步开发和发展，市场竞争企业逐渐增加，市场集中度不断下滑。在2008年4万亿元投资的拉动下，大量资本投资挖掘机械市场，主机厂商规模的急剧增加以及“低首付、零首付”等激进销售模式的实施，导致市场秩序恶化，市场集中度持续下滑。2012年后，行业在销量下滑中完成“去产能”和企业转型与兼并重组，市场集中度稳中有升，行业龙头企业也实现库存清理、资金回笼和资产负债表修复，为新一轮市场增长积蓄力量。2016年开始的增长行情中，龙头企业凭借技术优势、优异的供应链体系、快速的市场反应能力和完善的销售及服务网络迅速占领市场，行业市场集中度大幅升高，2018年国内挖掘机械市场集中度CR8达到77.7%。2006—2018年国内挖掘机械行业市场集中度变化见图6。

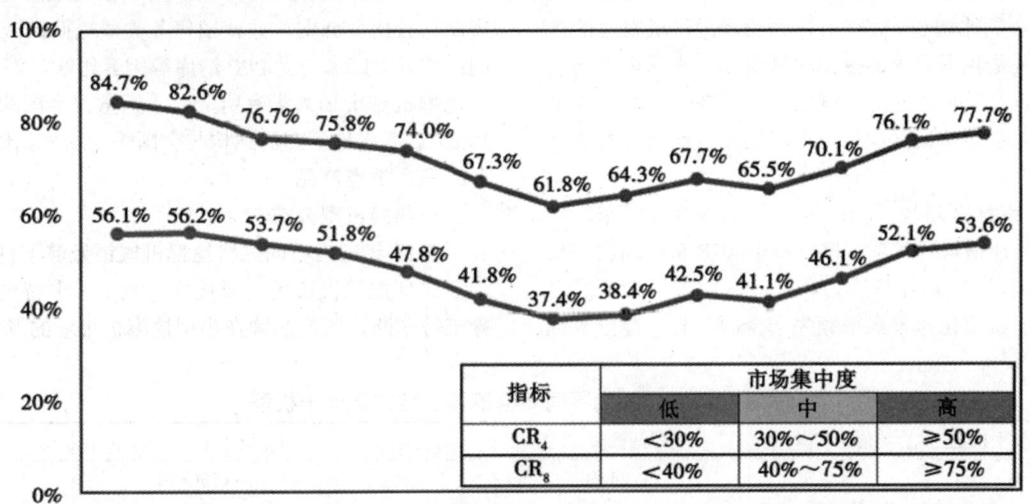

指标	市场集中度		
	低	中	高
CR_4	<30%	30%～50%	≥50%
CR_8	<40%	40%～75%	≥75%

图6 2006—2018年国内挖掘机械行业市场集中度变化

注：数据来源于中国工程机械工业协会挖掘机械分会。

4. 市场保有量

保有量计算方法为：从起始年开始的累计销量，再加上起始年上一年份的部分产品，考虑折旧，一般把这个数值固定为起始年上一年份销量的50%左右。根据挖掘机械分会统计数据和估算方法，到2018年年底，国内挖掘机械6年保有量约83.6万台，8年保有量约123.2万台，10年保有量约152.6万台。2018年国内挖掘机械保有量见表3。

根据行业共识，挖掘机械使用寿命在8年左右，设备的开工情况、二手机市场规范程度和环保政策等都会对设备更新进度和市场保有量规模产生影响。近两年的市场复苏带动保有量的增长，并将扩大挖掘机械增量市场规模，带动新机销售。

表3 2018年国内挖掘机械保有量

产品类别	6年保有量（万台）	8年保有量（万台）	10年保有量（万台）
大型挖掘机	12.2	19.2	23.9
中型挖掘机	22.6	38.8	52.7
小型挖掘机	48.8	65.2	76.0
合计	83.6	123.2	152.6

注：数据来源于中国工程机械工业协会挖掘机械分会。

5. 区域市场分析

2018年，国内市场销量前五位省份为山东、江苏、河南、四川和安徽，销量分别为15 198台、14 198台、12 869台、12 592台和11 251台。同比涨幅前五位省份为天津、甘肃、山东、广东和山西，涨幅分别为212%、81%、71%、71%和71%。

（1）东北地区市场。2018年，东北地区（黑龙江、辽宁、吉林）共计销售各类型挖掘机械4 793台，同比增长14.1%。2012—2016年，东北地区固定资产投资增幅明显下滑，挖掘机械市场也出现萎缩。2017年，东北地区的经济和投资回暖带来挖掘机械销量的回升。在产品结构方面，东北地区6～20t小型挖掘机比例明显超过全国平均水平。

（2）华北地区市场。2018年，华北地区（北京、天津、河北、山西、内蒙古）共计销售各类型挖掘机械18 942台，同比增长52.5%。受钢铁、水泥和煤炭等行业去产能影响，2012—2016年，华北市场不断萎缩，且大型挖掘机比例明显下降。在此轮复苏中，华北地区市场占全国的比例已经恢复至10.3%，大型挖掘机市场也得到修复。

（3）华东地区市场。2018年，华东地区（上海、山东、江苏、安徽、江西、浙江、福建）共计销售各类型挖掘机械59 517台，同比增长45.9%。作为我国经济最发达的区域，华东地区是我国最大的挖掘机械市场，占国内市场销量的32.3%。华东地区也是城镇化水平较高的地区，大量城市建设需求带动该地区微型挖掘机销量占比明显高于全国平均水平。

（4）华南地区市场。2018年，华南地区（广东、广西、海南）共计销售各类型挖掘机械16 078台，同比增长52.2%。作为我国最具经济活力和开放发展最早的地区之一，华南地区城镇化建设水平领先于全国，其小型挖掘机比例在2006年就已达到较高水平。近年来，受益于北部湾新区、深港澳经济圈等项目建设，华南地区中、大型挖掘机市场占比有所上升。

（5）华中地区市场。2018年，华中地区（湖北、湖南、河南）共计销售各类型挖掘机械31 610台，同比增长48.4%。作为挖掘机械行业重要的产业聚集区，近年来湖南省挖掘机械市场也得到蓬勃发展，中原城市群发展规划带动河南省的基础设施建设。2018年华中地区的销量占全国的17.2%，成为国内重要市场，市场产品格局与全国整体水平相近。

（6）西北地区市场。2018年，西北地区（陕西、甘肃、宁夏、新疆、青海）共计销售各类型挖掘机械17 795台，同比增长39.6%。西北地区近年来市场发展平稳，销量达到全国的9.7%。该地区城镇建设水平的提升带动微型挖掘机销量的显著上升。总体来看，西北地区产品结构与全国平均水平相似。

（7）西南地区市场。2018年，西南地区（重庆、四川、贵州、云南、西藏）共计销售各类型挖掘机械35 455台，同比增长24.2%。受PPP清库等因素影响，2018年西南地区挖掘机械市场需求有所降低，销量占全国的比例下滑至19.2%。西南地区产品结构与全国平均水平相似。

三、重点产品

1. 热门机型分布

2018年国内不同规格挖掘机械销量前十机型如表4所示。大型挖掘机市场主要被三一重工、卡特彼勒、小松、徐工等垄断，国产品牌在小型挖掘机市场的竞争力更强。

表4　2018年国内不同规格挖掘机械销量前十机型

大型挖掘机前十机型	企业名称	中型挖掘机前十机型	企业名称	小型挖掘机前十机型	企业名称
SY485H	三一重工	SY245H	三一重工	SY75C-10	三一重工
336D2	卡特彼勒	SY215C-9	三一重工	SY55C-10	三一重工
SY365H	三一重工	XE200D	徐工	XE60D	徐工
PC360-8	小松中国	R215VS	现代江苏	SY60C	三一重工
330D2L	卡特彼勒	SY195C-9	三一重工	DX55-9C	斗山
SY305C-10	三一重工	DX215-9C	斗山	XE75D	徐工
XE470D	徐工	320GC	卡特彼勒	305.5E2	卡特彼勒
EC480DL	沃尔沃	XE215D	徐工	E660F	山东临工
XE370D	徐工	E6210F	山东临工	E680F	山东临工
349D2L	卡特彼勒	320	卡特彼勒	313D2GC	卡特彼勒

注：数据来源于中国工程机械工业协会挖掘机械分会。

2. 行业经营发展

2018年，与市场增长相伴随的是行业企业营收和利润的快速增长。以部分上市公司为例，三一重工全年业绩预增182%～202%，其中挖掘机械版块在2018年上半年实现营业收入115.6亿元，同比增长62.6%，毛利率达到40.8%，同比提高3.8个百分点。柳工全年净利预增116%～159%，工程机械版块在2018年上半年实现营业收入95.5亿元，同比增长67.0%，毛利率达到22.2%。行业重要核心零部件制造商恒立液压前三季净利增长160%，艾迪精密全年业绩预增约62%。市场回暖使企业的经营风险和负债情况不断好转。

四、产品对外贸易情况

1. 出口概况

2018年，纳入分会统计的25家主机制造企业共出口挖掘机械19 100台，同比增长97.5%，出口量占总销量的9.4%，同比增加2.5个百分点。三一重工和卡特彼勒位居出口量前两位，出口量远超其他企业。国产品牌中，三一重工、山河智能、柳工、徐工等企业国际化取得良好进展。2018 年我国挖掘机械企业出口情况见表 5。

表 5　2018 年我国挖掘机械企业出口情况

企业	出口量(台)	同比增长（%）	占企业总销量的比例（%）
三一重工	6 392	67.3	13.6
卡特彼勒	6 156	222.3	23.3
山河智能	1 562	115.7	31.7
柳工	1 542	47.6	10.8
徐工	1 130	71.5	4.8
斗山	557		3.4
神钢	384	2.4	7.1
约翰迪尔	288		22.2
山东临工	247	-15.4	1.8
利勃海尔	206	-10.8	45.2
山重建机	145	28.3	7.1
力士德	142	100.0	19.7
詹阳重工	130	-13.3	56.3
卡特重工	91	28.2	12.6
玉柴	78	5.4	4.4
厦工机械	46	-65.7	8.8
日立	4	33.3	

注：数据来源于中国工程机械工业协会挖掘机械分会。

2. 出口产品结构

从产品结构看，出口市场呈现出与国内完全不同的特点。2018 年，大型挖掘机、中型挖掘机、小型挖掘机分别实现出口 3 731 台、8 560 台和 6 809 台，市场占比分别为 19.53%、44.82% 和 35.65%。其中微型挖掘机出口 3 092 台，市场占比 16.2%。2018 年，国内品牌出口 11 505 台，占出口总量的 60.2%，其中大型挖掘机 1 259 台、中型挖掘机 5 722 台、小型挖掘机 4 524 台。随着国产品牌产品品质、服务等方面的综合提升，出口产品结构已经从早期的小型挖掘机为主转变为不同产品全面布局。但应该注意的是，国产品牌大型挖掘机的国际认同度与外资品牌相比还有一定的差距。

3. 进出口对比

通过对挖掘机械进出口数据整理分析发现，2008—2011 年，我国为挖掘机械净进口国，年净进口量数万台。随着国内挖掘机械市场的不断扩大，带动外资企业在国内建厂生产以及国产品牌的发展壮大。自 2012 年起，我国挖掘机械市场基本实现进出口平衡。2008 年至 2018 年 3 月我国挖掘机械行业进出口情况见图 7。

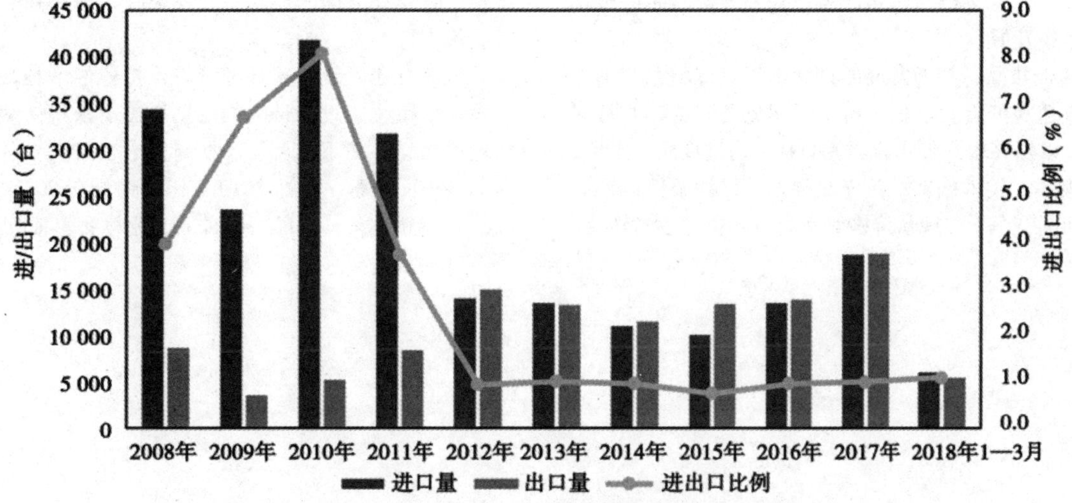

图 7　2008 年至 2018 年 3 月我国挖掘机械行业进出口情况

注：数据来源于中国工程机械工业协会。

五、市场展望

挖掘机械市场发展高度依赖于宏观经济，并集中体现在基础设施建设、房地产投资、城镇化建设、矿山开发等经济领域活动的影响。同时，保有量的变化也影响新机的市场需求。受宏观政治、经济周期影响，挖掘机械行业也呈现出明显的周期性。产品换新、环保政策、机器换人以及挖掘机械对其他工程机械的功能替代等也是影响挖掘机械市场表现的核心要素。行业发展趋势也受到市场预期、货币政策及消费信心等因素的影响。

站在深刻变革、深刻调整、深刻变化的新起点，面对新思想、新理念和新竞争不断加剧的新时代，行业企业需要新思路、新布局、新思考，坚定信念，继承和发扬改革开放精神，把握新时代的要求，尊重市场运行规律，正视产业瓶颈和风险，守正出新，砥砺前行，方能打赢转型升级攻坚战，实现我国挖掘机械产业的高质量可持续发展。

1. 坚持生态共赢，打造高质量发展体系

我国挖掘机械行业的核心技术水平与市场规模并不匹配，部分核心零部件依赖进口。在行业发展的新起点下，行业企业应充分发挥竞合关系，打造覆盖主机装备和关键配套件的产业协同创新体系，带动全产业链水平的提升，构建世界级先进的挖掘机械产业集群。

行业企业应脱离单纯的制造环节，通过从制造业向制造服务业转型，整合制造和服务，以服务带动品牌差异化和产品及业务的创新，实现价值链延伸，推动行业向高价值量领域转型。

面对以人工智能为代表的全球新一轮科技变革，落实创新驱动发展模式，积极推动互联网、大数据、人工智能和挖掘机械行业的深度融合，实现挖掘机械产品的全制造周期管理和全生命周期服务。

积极发展经营性租赁，实现对产品全生命周期更好的控制，通过规模化效应实现自动化管理，降低用户的运营成本，进而降低整个行业的风险。加强金融行业对行业的支撑作用，密切产融结合关系，实现互利互惠，促进经营性租赁的健康发展。

倡导竞合共赢、共同发展的理念。不以市场占有率为单一目标，避免低首付、低总价、长期免费试用等非常规销售手段，以提高用户使用收益为目标，通过性能、质量、便利性、服务、技术创新、新产品导入、付款条件、售后服务等全面的竞争，实现从价格竞争到差异化竞争的转变。通过行业企业群策群力，共同提升用户端的价值，实现全生态的共赢。

2. 建立国际化战略，走向国际市场新蓝海

“一带一路”建设的不断深化和相关合作国家基础设施建设规模的不断提高为我国挖掘机械企业提供了出口良机。当前我国挖掘机械出口量仅占海外市场总规模的不足2%，出口市场扩张潜力巨大。在国际化战略中，国内企业既要注重对“一带一路”沿线国家的投资，也要加强在北美、欧洲等成熟市场的参与度，同时要积极关注近年来发展迅速的印度市场和以印度尼西亚、泰国等为代表的东南亚市场。在“走出去”的进程中，行业企业应加强合作，处理好竞合关系，避免同质化竞争，共同开发广阔的海外市场。

3. 加快产业升级，布局国Ⅳ排放标准

根据《非道路移动机械及其装用的柴油机污染物排放控制技术要求》（征求意见稿）规划，自2020年1月1日起，凡不满足四阶段标准要求的非道路移动机械及其装用的柴油机不得生产、进口、销售和投入使用。四阶段要求对企业研发、生产水平提出全新要求，行业企业应加速转型升级，加强技术研发与储备，使产品满足新时代对挖掘机械工作效率和排放标准的新要求。积极支持政府在环保方面的巨大努力，以高度的社会责任感落实环境保护的相关要求，把创新、协调、绿色、开发、共享的发展理念落实到构建行业新体系、推动行业稳定健康发展的轨道上来。

4. 加强二手机管理，规范二手机市场

高污染、高排放的二手机在市场上的流通导致严重的环境污染，随着工程机械非道路国三排放标准实施，对工程机械在环保方面的要求逐步提高，制造商、经销商和用户应加强合作，逐步淘汰落后的二手设备，提升行业的环保水平。行业内应建立设备登记制度和二手设备淘汰机制，坚持节能减排、绿色发展，通过行政和市场手段更加有效地规范二手机市场，引导新机市场与二手机市场的协调平稳发展。同时，建议国家相关部门加大对违规行为的治理力度，限制高排放二手机的进口，明确对挖掘机械安全、能耗、环保等方面的要求，并在税收、换新补贴等方面给予政策支持。

未来几年，我国宏观经济将保持稳健增长，基础设施建设、城镇化建设等带来的挖掘机械需求将持续增加，但房地产市场存在下滑可能，换新需求也将大幅降低。综合考虑各方面因素，预计2019年国内销量在20万台左右。

〔供稿单位：中国工程机械工业协会挖掘机械分会〕

铲土运输机械

一、行业发展概况

2018 年是贯彻落实党的十九大精神开局之年，是改革开放 40 周年，是决胜全面建成小康社会、实施“十三五”规划承上启下的关键一年。我国经济正在由高速增长阶段转向高质量发展阶段，我国宏观经济形势具有以下几个特点：一是经济增速保持在合理区间，就业状况平稳；二是固定资产投资增速回落，但前景谨慎乐观；三是居民消费成为经济增长稳定器，回落趋势隐现；四是出口保持平稳；五是宽货币、紧信用的融资环境进一步加强；六是减税或将成为积极财政政策的优先方向。

2018 年，铲土运输机械行业保持了持续健康发展的局面，这一成绩的取得主要得益于以下几方面：第一，国家持续稳定的固定资产投资是工程机械总体需求的基本保障；第二，行业转型升级和高质量发展取得初步成果，新技术、新产品扩大了市场覆盖面；第三，产品更新换代周期带来更新需求；第四，环保政策高压态势持续，进一步限制高排放老旧设备使用，带来新机销售需求；第五，“一带一路”建设进一步发挥作用，出口增长较高；第六，更安全、更高效、更环保的新型施工工法的推广应用带来需求；第七，小城镇和农村基础设施补短板需求旺盛。

二、市场及销售情况

2018 年铲土运输机械行业主要产品销售情况见表 1。

表 1　2018 年铲土运输机械行业主要产品销售情况

产品名称	销量		出口量	
	累计（台）	同比增长（%）	累计（台）	同比增长（%）
装载机	118 811	21.72	23 260	18.92
推土机	7 604	33.24	2 176	32.12
平地机	5 261	15.70	3 197	27.73

（一）装载机

2018 年纳入中国工程机械工业协会铲土运输机械分会统计的 24 家装载机生产企业（安徽合力、国机常林、斗山、国机洛阳、卡特、凯斯、雷沃、力士德、利勃海尔、临工、柳工、龙工、山东一能、卡特青州、日立、三一、山推、沃尔沃、厦工、厦装、小松、徐工、约翰迪尔、现代山东）共销售各类装载机 118 811 台，比上年增长 21.72%。2012—2018 年装载机销量及增长情况见图 1。2017—2018 年装载机销量及增长情况见图 2。2016—2018 年装载机产品销售结构对比见表 2。

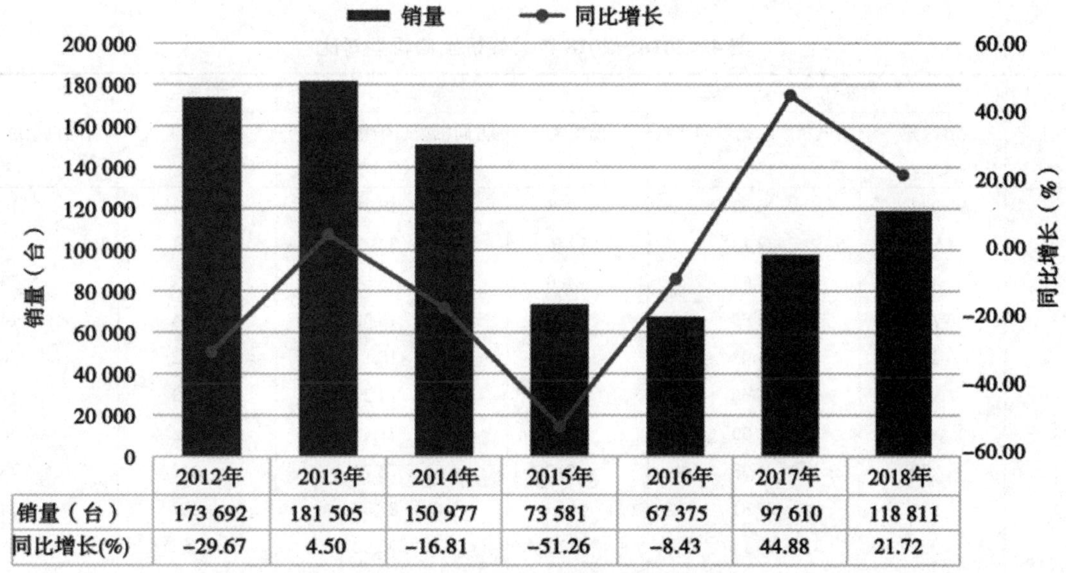

	2012年	2013年	2014年	2015年	2016年	2017年	2018年
销量（台）	173 692	181 505	150 977	73 581	67 375	97 610	118 811
同比增长(%)	−29.67	4.50	−16.81	−51.26	−8.43	44.88	21.72

图 1　2012—2018 年装载机销量及增长情况

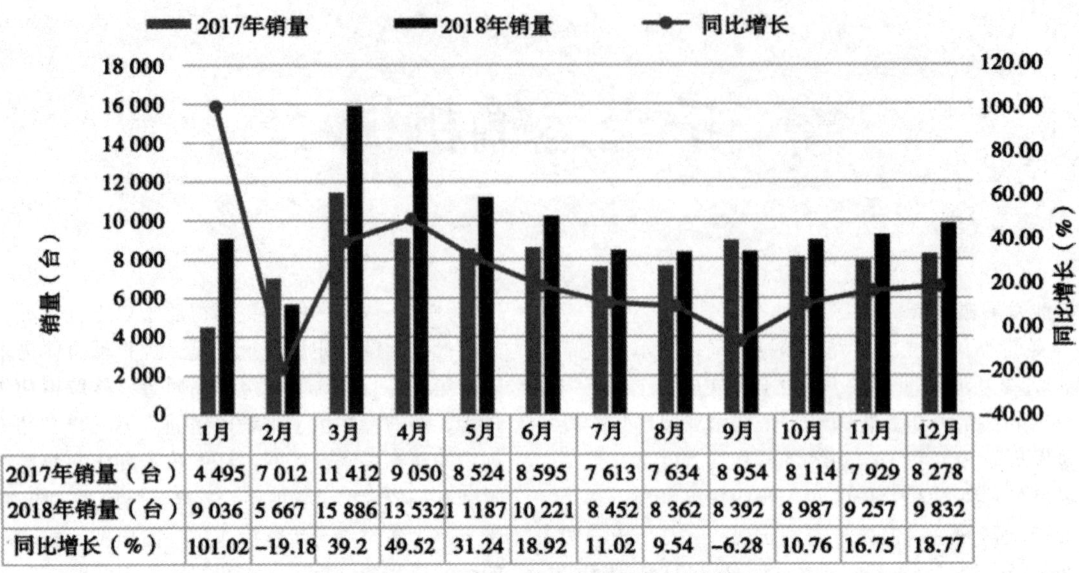

	1月	2月	3月	4月	5月	6月	7月	8月	9月	10月	11月	12月
2017年销量（台）	4 495	7 012	11 412	9 050	8 524	8 595	7 613	7 634	8 954	8 114	7 929	8 278
2018年销量（台）	9 036	5 667	15 886	13 532	11 187	10 221	8 452	8 362	8 392	8 987	9 257	9 832
同比增长（%）	101.02	-19.18	39.2	49.52	31.24	18.92	11.02	9.54	-6.28	10.76	16.75	18.77

图 2　2017—2018 年装载机销量及增长情况

表 2　2016—2018 年装载机产品销售结构对比

年份	3t 以下装载机		3t 装载机		5t 装载机	
	销量（台）	占比（%）	销量（台）	占比（%）	销量（台）	占比（%）
2016	6 440	9.56	14 486	21.50	42 388	62.91
2017	8 152	8.35	20 969	21.48	61 455	62.96
2018	11 059	9.31	21 848	18.39	78 285	65.89

2018 年，我国累计出口各类型装载机 23 260 台，占总销量的 19.58%，比上年增长 18.92%。装载机出口机型仍以 5t 及 3t 为主，分别出口 11 034 台和 7 734 台，合计出口量占总出口量的 80.69%。此外，挖掘装载机、7t 装载机（ZL70）、大型装载机、8t 装载机（ZL80）出口量分别增长 181.92%、89.80%、58.45%、52.94%。2016—2018 年装载机出口情况对比见表 3。2016—2018 年装载机出口机型对比见表 4。2012—2018 年装载机出口量及增长情况见图 3。

表 3　2016—2018 年装载机出口情况对比

年份	出口量（台）	同比增长（%）	出口量占总销量的比重（%）
2016	14 126	-11.55	20.97
2017	19 559	38.46	20.04
2018	23 260	18.92	19.58

表 4　2016—2018 年装载机出口机型对比

机型	2016 年		2017 年		2018 年	
	出口量（台）	占同机型总销量的比重（%）	出口量（台）	占同机型总销量的比重（%）	出口量（台）	占同机型总销量的比重（%）
＜ZL30	1 066	16.55	1 286	15.78	1 582	14.31
ZL30	4 705	32.48	6 746	32.17	7 734	35.40
ZL40	429	62.63	480	56.54	535	73.19
ZL50	6 762	15.95	9 523	15.50	11 034	14.09
ZL60	423	21.08	673	16.11	862	20.96
ZL70	55	55.56	49	14.29	93	17.42
ZL80	34	40.00	34	31.48	52	38.24
大型装载机	70	61.95	219	73.74	347	78.68
滑移装载机	231	37.81	278	37.57	257	34.08
挖掘装载机	351	76.14	271	52.22	764	83.96
总计	14 126	20.97	19 559	20.04	23 260	19.58

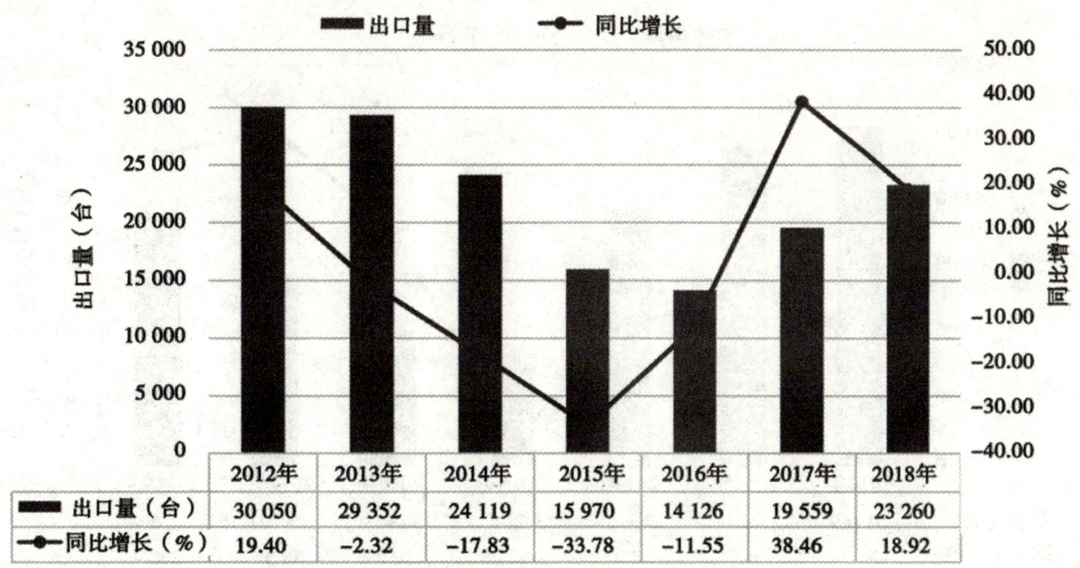

图 3　2012—2018 年装载机出口量及增长情况

2018 年，国内市场装载机累计销售 95 551 台，比上年增长 22.42%，增速较 2017 年放缓。在各地区销售分布中，山东省仍以 7 065 台的销量稳居榜首，其后依次是河南（5 494 台）、河北（5 224 台）、江苏（4 453 台）。2017—2018 年装载机按地区销售情况见表 5。

表 5　2017—2018 年装载机按地区销售情况

地区	2017 年销量（台）	2018 年销量（台）	同比增长（%）	地区	2017 年销量（台）	2018 年销量（台）	同比增长（%）
山东	4 799	7 065	47.22	贵州	2 323	2 971	27.89
河南	3 975	5 494	38.21	新疆	2 459	2 931	19.19
河北	3 895	5 224	34.12	江西	2 135	2 879	34.85
江苏	3 493	4 453	27.48	辽宁	2 275	2 396	5.32
山西	2 634	4 334	64.54	甘肃	2 369	2 343	-1.10
广东	3 214	4 205	30.83	重庆	2 151	2 195	2.05
陕西	3 105	3 991	28.53	西藏	1 546	2 052	32.73
安徽	2 818	3 926	39.32	宁夏	1 909	1 822	-4.56
福建	2 659	3 870	45.54	黑龙江	1 725	1 629	-5.57
内蒙古	2 673	3 769	41.00	青海	1 474	1 488	0.95
四川	2 988	3 757	25.74	吉林	1 770	1 451	-18.02
湖北	2 531	3 652	44.29	北京	1 749	1 411	-19.33
云南	3 595	3 535	-1.67	天津	1 532	1 350	-11.88
浙江	2 537	3 315	30.67	海南	1 268	978	-22.87
广西	2 772	3 245	17.06	上海	1 423	769	-45.96
湖南	2 170	3 024	39.35				

（二）推土机

2018 年纳入中国工程机械工业协会铲土运输机械分会统计的 10 家推土机生产企业（大地、国机洛阳、卡特彼勒、柳工、彭浦、厦工、山工机械、山推、宣工、移山）共销售各类推土机 7 604 台，比上年增长 33.24%。2012—2018 年推土机销量及增长情况见图 4。2017—2018 年推土机销量及增长情况见图 5。2017—2018 年推土机产品销售结构对比见表 6。

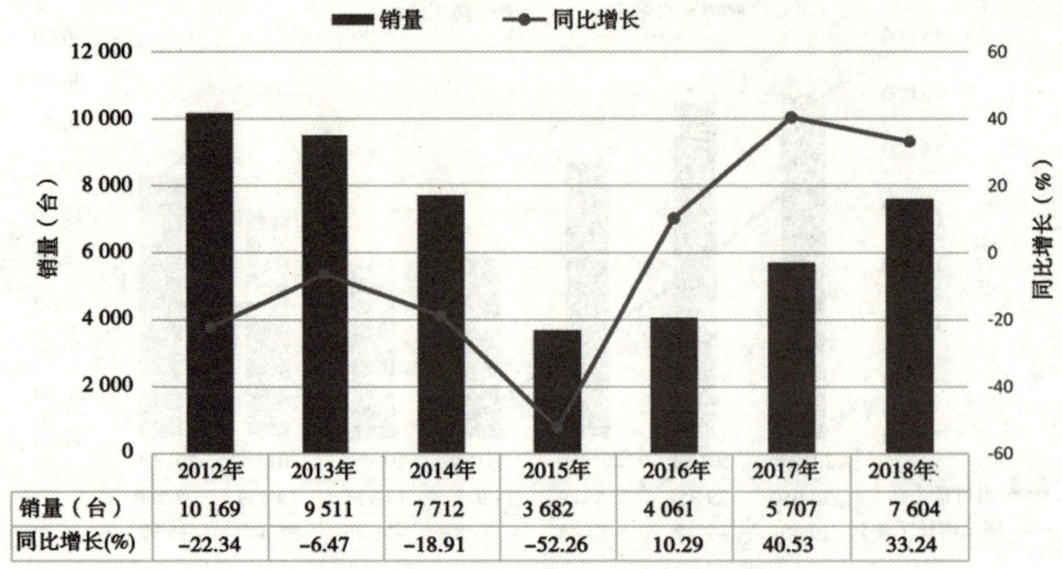

	2012年	2013年	2014年	2015年	2016年	2017年	2018年
销量（台）	10 169	9 511	7 712	3 682	4 061	5 707	7 604
同比增长(%)	-22.34	-6.47	-18.91	-52.26	10.29	40.53	33.24

图 4　2012—2018 年推土机销量及增长情况

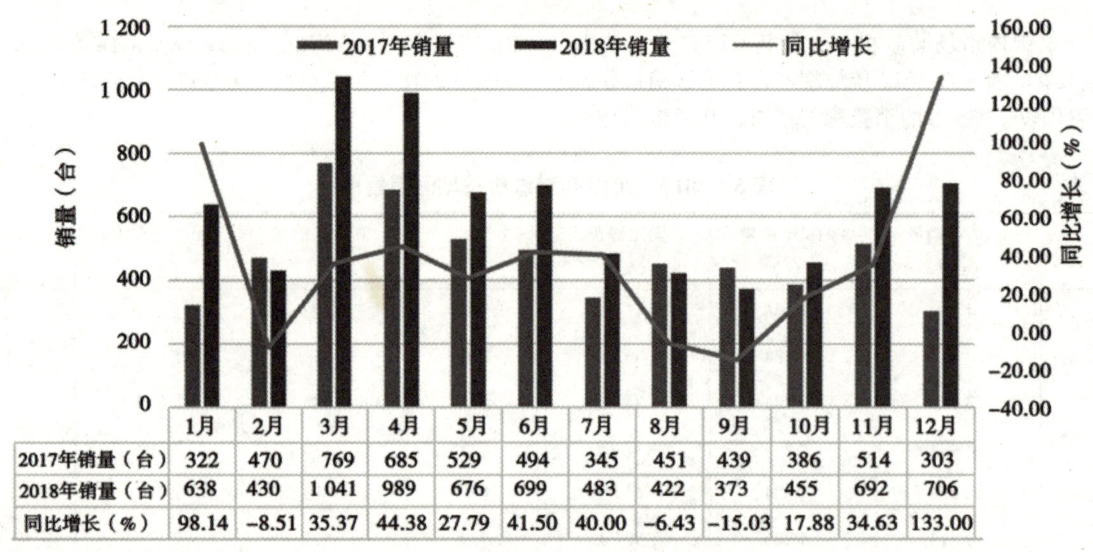

	1月	2月	3月	4月	5月	6月	7月	8月	9月	10月	11月	12月
2017年销量（台）	322	470	769	685	529	494	345	451	439	386	514	303
2018年销量（台）	638	430	1 041	989	676	699	483	422	373	455	692	706
同比增长（%）	98.14	-8.51	35.37	44.38	27.79	41.50	40.00	-6.43	-15.03	17.88	34.63	133.00

图 5　2017—2018 年推土机销量及增长情况

表 6　2017—2018 年推土机产品销售结构对比

机型（马力）	2017 年		2018 年		2018 年销量同比增长（%）
	销量（台）	占总销量的比重（%）	销量（台）	占总销量的比重（%）	
＜ 100	40	0.70	45	0.59	12.50
100 ～ 119	20	0.35	32	0.42	60.00
120 ～ 139	138	2.42	158	2.08	14.49
140 ～ 159	23	0.40	17	0.22	-26.09
160 ～ 179	3 790	66.41	5 330	70.09	40.63
180 ～ 229	1 075	18.84	1 271	16.71	18.23
230 ～ 319	195	3.42	304	4.00	55.90
320 ～ 399	413	7.24	433	5.69	4.84
≥ 400	13	0.23	14	0.18	7.69
总计	5 707	100.00	7 604	100.00	33.24

注：1 马力 =735.5W。

2018 年，我国累计出口各类型推土机 2 176 台，占总销量的 28.62%，比上年增长 32.12%。2016—2018 年推土机出口情况见表 7。2012—2018 年推土机出口量及增长情况见图 6。

表 7　2016—2018 年推土机出口情况

年份	出口量（台）	同比增长（%）	出口量占总销量的比重（%）
2016	857	-30.04	21.13
2017	1 647	92.18	28.86
2018	2 176	32.12	28.62

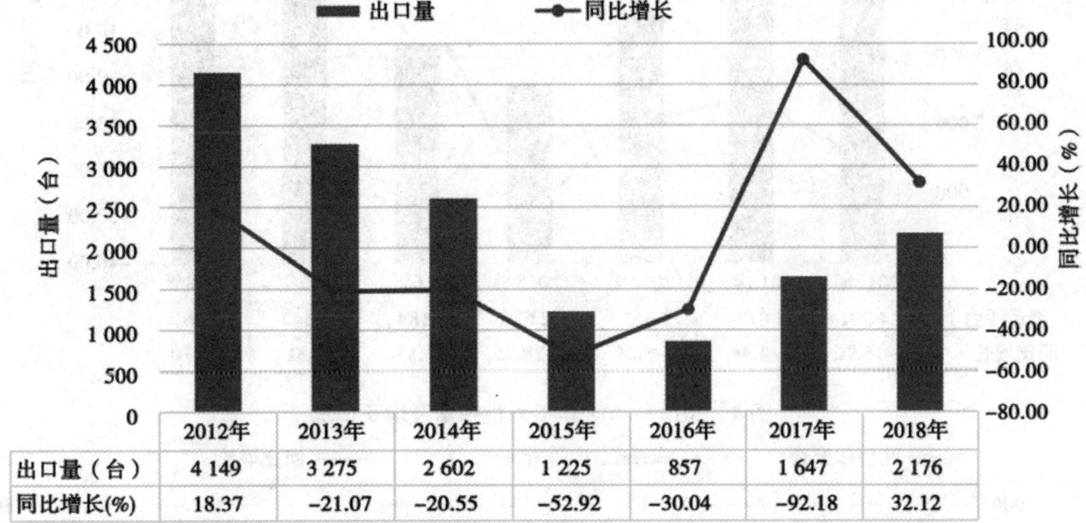

	2012年	2013年	2014年	2015年	2016年	2017年	2018年
出口量（台）	4 149	3 275	2 602	1 225	857	1 647	2 176
同比增长(%)	18.37	-21.07	-20.55	-52.92	-30.04	-92.18	32.12

图 6　2012—2018 年推土机出口量及增长情况

2018 年，国内市场推土机累计销售 5 428 台，比上年增长 33.69%。安徽、湖北、江苏分列 2018 年地区销售前三位，其次为浙江和山东。天津、浙江和江苏为增长较快的地区，同比增长超过 100%。销量不足 50 台的地区有甘肃、西藏、重庆、吉林和海南。2018 年推土机按地区销售情况见表 8。

表 8　2018 年推土机按地区销售情况

地区	2017 年销量（台）	2018 年销量（台）	同比增长（%）	地区	2017 年销量（台）	2018 年销量（台）	同比增长（%）
北京	121	126	4.13	广西	169	264	56.21
天津	40	164	310.00	湖南	131	178	35.88
河北	116	157	35.34	湖北	362	563	55.52
山西	105	141	34.29	河南	192	258	34.38
内蒙古	138	124	-10.14	海南	41	18	-56.10
黑龙江	141	65	-53.90	四川	125	120	-4.00
辽宁	88	70	-20.45	云南	102	120	17.65
吉林	45	28	-37.78	贵州	96	79	-17.71
上海	55	55	0.00	重庆	65	38	-41.54
江苏	201	456	126.87	西藏	40	41	2.50
山东	245	293	19.59	陕西	89	72	-19.10
安徽	412	683	65.78	宁夏	75	79	5.33
浙江	178	359	101.69	甘肃	60	44	-26.67
江西	168	249	48.21	新疆	133	89	-33.08
福建	111	59	-46.85	青海	46	67	45.65
广东	171	245	43.27				

（三）平地机

2018 年纳入中国工程机械工业协会铲土运输机械分会统计的全国 11 家主要平地机生产企业（常林、成工、鼎盛重工、国机洛阳、卡特彼勒、柳工、三一、山工机械、山推、厦工、徐工道路）共销售各类平地机 5 261 台，比上年增长 15.70%。2012—2018 年平地机销量及增长情况见图 7。2017—2018 年平地机销量及增长情况见图 8。2017—2018 年平地机产品销售结构对比见表 9。

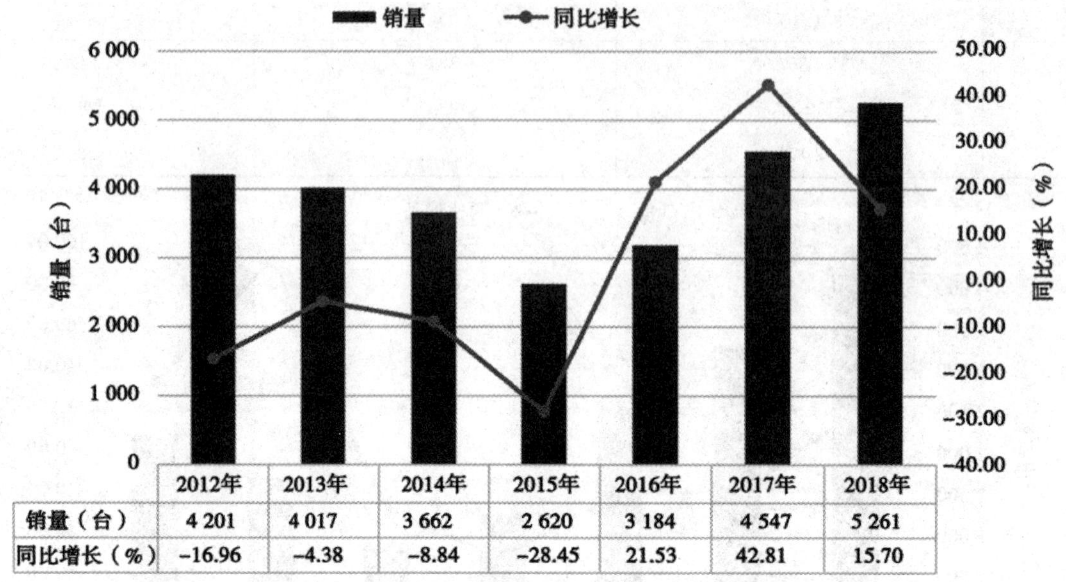

图 7　2012—2018 年平地机销量及增长情况

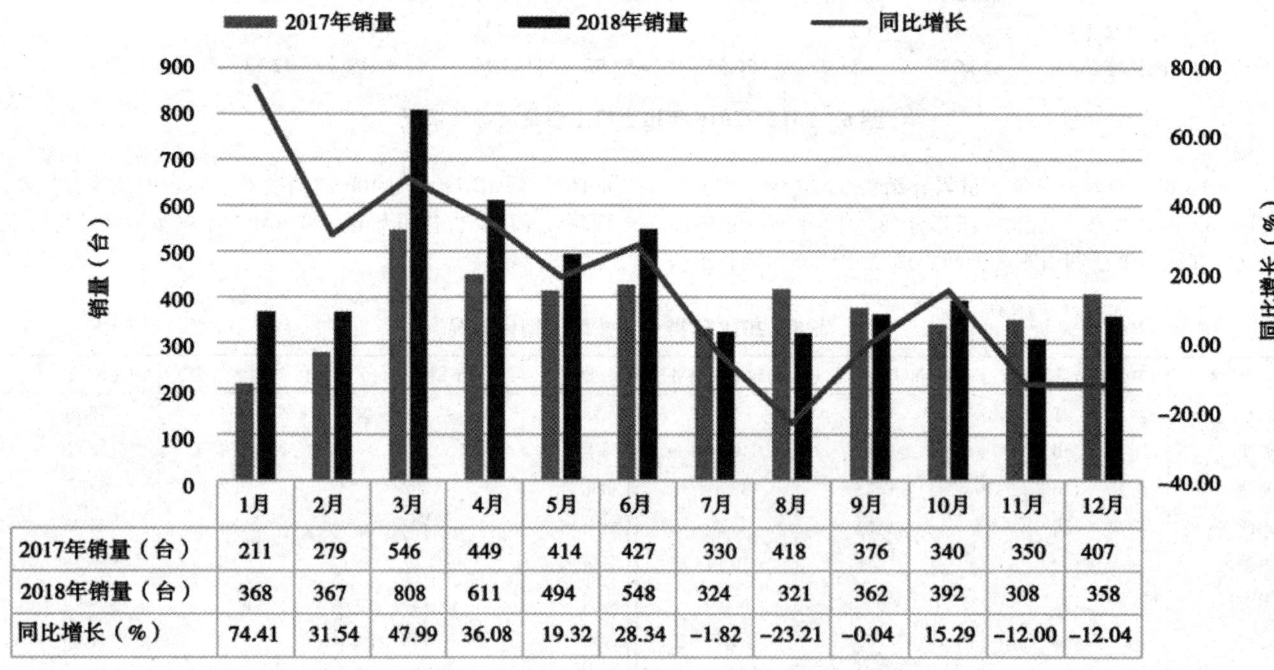

图 8　2017—2018 年平地机销量及增长情况

表 9　2017—2018 年平地机产品销售结构对比

机型（马力）	2017 年		2018 年		2018 年销量同比增长（%）
	销量（台）	占总销量的比重（%）	销量（台）	占总销量的比重（%）	
＜130	384	8.45	593	11.27	54.43
130 ～ 159	378	8.31	377	7.17	-0.26

（续）

机型（马力）	2017 年		2018 年		2018 年销量同比增长（%）
	销量（台）	占总销量的比重（%）	销量（台）	占总销量的比重（%）	
160 ~ 179	1 019	22.41	1 196	22.73	17.37
180 ~ 189	1 061	23.33	1 155	21.95	8.86
190 ~ 199	385	8.47	695	13.21	80.52
200 ~ 209	607	13.35	541	10.28	-10.87
210 ~ 219	475	10.45	464	8.82	-2.32
220 ~ 249	219	4.82	221	4.20	0.91
250 ~ 299	4	0.09	19	0.36	375.00
≥ 300	15	0.33			

2018 年，我国累计出口各类型平地机 3 197 台，占总销量的 60.77%，比上年增长 27.73%。2016—2018 年平地机出口情况见表 10。2017—2018 年平地机出口机型对比见表 11。2012—2018 年平地机出口量及增长情况见图 9。

表 10　2016—2018 年平地机出口情况

年份	出口量（台）	出口量同比增长（%）	出口量占总销量的比重（%）
2016	1 855	17.33	58.26
2017	2 503	34.93	55.05
2018	3 197	27.73	60.77

表 11　2017—2018 年平地机出口机型对比

机型（马力）	2017 年		2018 年		2018 年出口量同比增长（%）
	出口量（台）	占同机型总销量的比重（%）	出口量（台）	占同机型总销量的比重（%）	
＜ 130	383	15.30	593	18.55	54.83
130 ~ 159	378	15.10	367	11.48	-2.91
160 ~ 179	390	15.58	604	18.89	54.87
180 ~ 189	431	17.22	520	16.27	20.65
190 ~ 199	161	6.43	343	10.73	113.04
200 ~ 209	303	12.11	303	9.48	0.00
210 ~ 219	285	11.39	301	9.42	5.61
220 ~ 249	153	6.11	147	4.60	-3.92
250 ~ 299	4	0.16	19	0.59	375.00
≥ 300	15	0.60			
总计	2 503	100.00	3 197	100.00	27.73

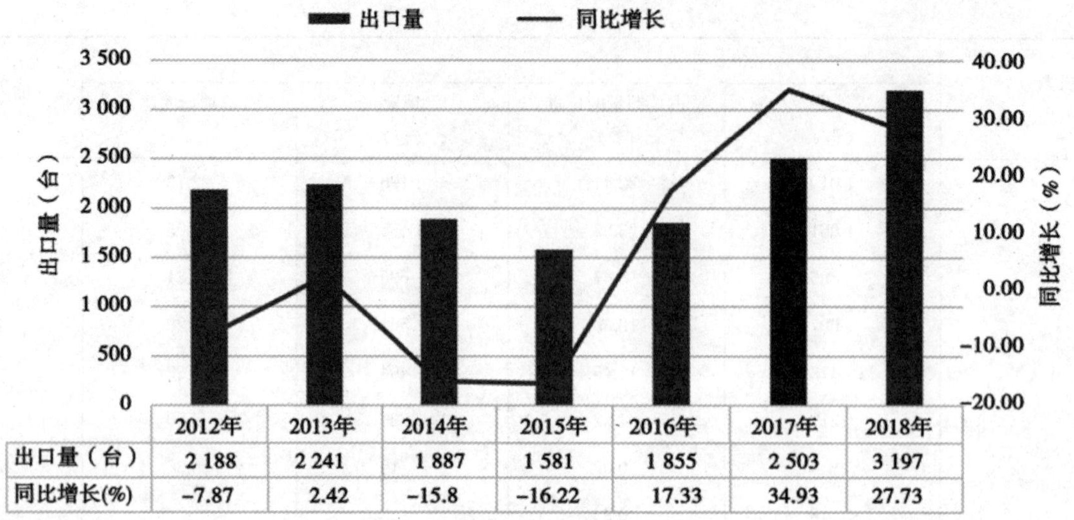

图 9　2012—2018 年平地机出口量及增长情况

2018 年，国内市场平地机累计销售 2 064 台，比上年增长 0.98%。2017—2018 年平地机按地区销售情况见表 12。

表 12　2017—2018 年平地机按地区销售情况

地区	2017 年销量（台）	2018 年销量（台）	同比增长（%）	地区	2017 年销量（台）	2018 年销量（台）	同比增长（%）
陕西	106	155	46.23	湖北	45	51	13.33
江苏	152	143	-5.92	黑龙江	72	47	-34.72
河南	152	141	-7.24	云南	61	47	-22.95
山东	140	139	-0.71	贵州	28	42	50.00
新疆	261	131	-49.81	宁夏	39	42	7.69
河北	103	104	0.97	浙江	23	41	78.26
内蒙古	97	97	0.00	湖南	40	40	0.00
安徽	114	95	-16.67	广西	43	37	-13.95
甘肃	83	87	4.82	辽宁	21	35	66.67
青海	25	79	216.00	天津	30	32	6.67
西藏	29	65	124.14	江西	43	30	-30.23
山西	44	64	45.45	上海	14	26	85.71
北京	51	63	23.53	重庆	31	26	-16.13
四川	42	60	42.86	吉林	30	21	-30.00
福建	52	54	3.85	海南	15	17	13.33
广东	43	53	23.26				

三、推动行业发展的动力因素

1. 持续稳定的经济投资带动稳定增长

2018 年，我国固定资产投资围绕“发挥投资对优化供给结构的关键性作用”的思路，着力扩大有效投资，激活民间投资，继续扩大推广 PPP 投资模式，支持企业技术改造，健全房地产市场长效机制，促进固定资产投资提质增效。我国工程机械销售额与固定资产投资呈正相关的关系，2018 年上半年我国固定资产投资增速为 6%，尽管增速较缓，但增长趋势依旧。另外，国家“保基建促投资”的发展基调，为工程机械行业带来实实在在的销量提升。

2. 更新换代周期

当前，工程机械行业各产品均已进入更新换代周期。

据统计，全国有250万台左右的老旧工程机械将被淘汰。其中，属于国一及以下排放标准的老旧机器有140多万台，属于国二排放标准的机器有100万台左右，这些老旧设备量占国内工程机械市场保有量超过1/3。也就是说，正常情况下，未来国内将有250万台左右的国一、国二的老旧工程机械设备面临淘汰。从中长期看，加快淘汰高排放非道路移动机械会明显带动设备更新市场需求。

3. 环保政策推动产品升级换代

全国范围的环保督察、排放标准升级时间缩短以及地方政府对超排工程机械的新管控措施等不断加码，说明了政府对环保的重视。未来环保监管将成常态化，也是我国经济转向高质量发展的必然趋势，这对工程机械市场的可持续发展带来积极影响，带来市场长期健康繁荣发展。挖掘机、装载机、推土机等高污染排放的非道路移动机械成为重要的治理对象，多地发布了禁止使用高排放非道路移动机械区域的公告。北京、天津、重庆、河北、河南、山东、山西、惠州、东莞、武汉、成都、哈尔滨、西安等地出台规定后，划定区域内禁止使用高排放非道路移动机械。生态环境部发布了《非道路移动机械污染防治技术政策》，明确第四阶段排放实施时间定于2020年。

4. 由高速增长向高质量发展的必然要求

工程机械行业在连续两年中高速增长的基础上，将进入稳定、平稳发展的时期，工程机械行业将由高速发展转为高质量发展。从发展规律来看，工程机械行业的周期性发展是一个由不平衡到平衡、由低水平平衡到高水平平衡的发展过程，发达国家的工程机械行业发展过程也是螺旋式上升的过程，量积累到一定阶段，必须转向质的提升。铲土运输机械行业要顺应发展规律，进一步提升产品质量和水平，提升企业经济效益，保持可持续的发展，这本身也是培育增长新动能。

四、行业发展建议

1. 积极开展铲土运输机械行业质量提升行动

以坚持质量第一位价值导向，实质推动我国铲土运输机械专业研究与开发不断进步。质量提升的主要目标：主导产品质量达到国内领先水平，优势产品质量达到国内或国际领先水平；加强产品质量把控，严格进行产品的检验检测；企业必须建立完善运行质量体系；将技术创新贯穿于产品科研、生产、管理、销售、增长模式及市场结构等全过程，进一步加强技术创新平台建设。提出质量提升的主要目标：用标准领跑；遏制低价销售、低价中标；发挥行业协会和骨干厂家质量提升的带头作用；部分产品建立质量分级制度，全面提升工程机械质量。当前由行业科研院所、检测机构、大学和骨干厂家组成攻关团队进行装载机、推土机等工程机械可靠性质量提升的研究与推广。

2. 重视风险防控

工程机械作为传统行业，设备价值量大，普遍采用信用销售模式，建议企业在借鉴大数据风控的基础上，重视对自身风控模式进行改造升级，构建完善的数据风控体系，让风控运行与数据形成一种有机联系，可以实时掌握风险变化。通过对风险数据智能化、多维度识别与分析，能够更加合理地分配资源，制定及时、有效的风控措施，提升企业的风险管控效率。

3. 重视节能环保产品的开发和应用

当前，德国、法国、荷兰、英国、印度等国家已经制定了传统燃油车的退出时间表，而我国相关部门对排放的要求和发展趋势已经十分明朗。与汽车相比，一台小型挖掘机相当于50多台家用车的废气排放量，燃油土方机械被电力驱动产品取而代之是未来土方机械产品的发展方向。随着技术的进步、绿色环保低排放和智能控制水平的提高，高质量、高可靠性，人机工程和高舒适性，仍将是铲土运输机械产品的发展方向。

4. 重视国际化和“走出去”

“一带一路”倡议的深入推进，继续带动铲土运输机械产品“走出去”。在加大产品出口、不断扩大国际市场份额的同时，通过与具有品牌、技术和市场优势的国外企业进行合作，设立海外研发中心，合作生产等来提升产品科技附加值；针对“一带一路”沿线国家基础设施建设项目，提供更好的工程机械产品和服务，开展工程机械职业培训，加快产品落地；加强企业间横向联合，抱团出海，建立共用的海外营销服务体系及配件供应中心，实现海外资源的有效利用，避免重复投资。

〔供稿单位：中国工程机械工业协会铲土运输机械分会〕

工程起重机

我国的工程起重机主要指流动式起重机，产品包括汽车起重机、全地面起重机、履带式起重机、随车起重机、越野轮胎起重机和轮胎起重机等。工程起重机行业受经济运行周期和国家建设投资力度的影响较大，市场表现有影响力大、美誉度高、安全要求严苛等特点，属技术、资金密集型产业，制造企业进入门槛较高。

一、生产发展情况

2018年的行业数据显示，自2017年第三季度以来，各项经济指标回弹，总体趋势向好，行业重新回到上升通道，行业集中度较上一轮市场周期更高。

近年来，在我国投资生产的工程起重机企业约40家，纳入中国工程机械工业协会工程起重机分会统计的生产企业28家，行业规模代理商、经销商超过300家。

2018年，工程起重机行业实现营业收入3 804 220万元，同比增长61.7%；营业成本为3 209 017万元，同比增长54.7%；利润总额达255 074万元。

从2018年工程起重机行业的主要经济指标看，营业收入和利润总额实现较大幅度增长，企业效益改善明显，行业结构调整和供给侧结构性改革取得较大成绩。但从其营销费用、管理费用、应收账款等指标看，仍然维持较高增幅，也表明工程起重机企业在管理、销售效率和风险控制等方面仍有提升和改善的空间。2018年工程起重机主要生产企业经济指标见表1。

表1 2018年工程起重机主要生产企业经济指标

企业名称	营业收入（万元）	营业成本（万元）	销量（台）	从业人数（人）
徐工重型	1 515 368	1 187 788	15 562	5 260
三一重起	944 145	901 313	7 991	2 320
中联重科	900 085	736 410	7 764	1 637
三一帕尔菲格	41 978	34 642	2 097	352
徐工随车	165 699	137 255	8 516	690
安徽柳工	67 276	57 988	1 129	523
福田雷萨	64 792	68 006	1 310	379

二、产品销售情况

2018年，我国工程起重机市场共销售各类型工程起重机48 398台，同比增长47.0%。其中，国内市场销售44 367台，同比增长54.2%；出口4 031台，同比增长3.3%。在市场稳健发展的同时，行业企业集中度和产品集中度更高。

综合来看，2018年我国工程起重机市场表现最好的是汽车起重机，在工程起重机中占比66.3%，全地面起重机、履带起重机、随车起重机都有较大幅度上升，仍处于下滑区间的是轮胎起重机。工程机械行业整体进入稳健发展的阶段，伴随着国内外工程机械市场的复苏，工程起重机行业也有望实现更好的销售业绩。2017—2018年工程起重机各类产品销售情况见表2。

表2 2017—2018年工程起重机各类产品销售情况

产品名称	销量（台）		同比增长（%）	产品品种占比（%）	
	2018年	2017年		2018年	2017年
汽车起重机	32 072	20 301	58.0	66.3	61.7
全地面起重机	206	133	54.9	0.4	0.4
履带起重机及强夯机	1 878	1 461	28.5	3.9	4.4
随车起重机	14 084	10 773	30.7	29.1	32.7
轮胎起重机	158	251	-37.1	0.3	0.8
合计	48 398	32 919	47.0	100.0	100.0

1.汽车起重机

从2018年销售数据来看，正常销售的23个型号产品中，55t以下产品占汽车起重机销量的90.2%，尤其是20～25t的产品，累计销量所占比例为67.4%。更小吨位产品以8t、12t和16t表现较为突出，销量所占比例均接近于4%，50t产品的销量占比达到6.5%；60～95t产品销量占比8.1%；100 t以上大吨位产品市场销售份额仅为1.7%。2018年汽车起重机月度销售情况见表3。

表3 2018年汽车起重机月度销售情况

月份	销量（台）	同比增长（%）
1	2 060	166.1
2	1 530	21.6
3	3 652	109.8
4	3 111	71.5

（续）

月份	销量（台）	同比增长（%）
5	3 014	71.9
6	3 178	52.1
7	2 904	62.3
8	2 677	61.6
9	2 435	40.8
10	2 320	41.8
11	2 631	28.2
12	2 560	27.5
合计	32 072	58.0

2. 全地面起重机

2018 年，全地面起重机 14 种机型累计销售 206 台，同比增长近 55%。其中销量较大的是 220t、350t 和 150t 的产品，分别实现销量 53 台、40 台和 31 台。我国企业生产制造能力水平提高，市场需求也在发生变化，为全地面起重机营造了有利的发展环境。

3. 履带起重机

2018 年，履带起重机 29 个型号产品销售 1 828 台，同比增长 35.3%；4 月销量最高，为 188 台，比同期增长 59.3%；1 月同比增速最高，增长 127.3%。

行业主要企业新开发的产品技术含量高、吨位覆盖宽，100t 及以下的产品销售最为火爆，占市场 73.1% 的份额；55t 和 70t 产品销售比例高达 37.0% 和 16.4%，市场对小吨位的履带起重机产品需求强劲；100t、180t、650t 等产品也都实现了不同批量的销售。因国内工程市场需求轮动、热点频出，使产品差异化程度进一步加深，如风电安装、基础工程施工需求较为旺盛。

4. 随车起重机

2018 年，随车起重机累计销售 14 084 台，同比增长 30.7%。其中整机销售 5 085 台，同比增长 29%；随车起重机上车销售为 8 999 台，同比增长 30%。其中，8t 以上产品所占市场份额最大，为 71.3%，3.2t 以下吨位和中间吨位的产品市场占有率分别为 12.4% 和 16.3%。

5. 轮胎起重机

2018 年，轮胎起重机 10 种机型销售 158 台，同比下降 37.1%。按型号看，55t 和 75t 产品销量最多，分别销售 47 台、31 台，10t 和 35t 产品销量分别为 21 台和 24 台。轮胎起重机有向大小两个重量级发展的趋势。

三、产品出口情况

2018 年，工程起重机行业累计出口总量为 4 031 台，同比增长 3.3%。出口产品仍以汽车起重机为主，所占比例高达 52.7%，随车起重机出口所占比重为 29.1%。

综合来看，2018 年工程起重机行业出口市场要弱于国内市场表现，并且出口市场的差异化进一步凸显，履带起重机出口量增幅较大，为 27.7%。更具性价比的产品和技术含量高的中大吨位产品将是未来工程起重机出口市场的主力军。2015—2018 年工程起重机出口情况见表 4。

表 4　2015—2018 年工程起重机出口情况

产品名称	出口量（台）			
	2015 年	2016 年	2017 年	2018 年
汽车起重机和全路面起重机	2 086	1 591	2 200	2 125
随车起重机	473	670	1 058	1 173
履带起重机	452	295	498	636
轮胎起重机	107	167	146	97
合计	3 118	2 723	3 902	4 031

四、新技术、新产品及质量情况

工程起重机产品具有高安全性、高可靠性的特点，在技术提升和响应市场需求方面有很大的发展空间。行业企业知难而上，自主加大研制力度，群力攻关新技术、新结构、新工艺、新材料和新工法，取得非常显著的成就。

在超高强钢臂架设计及制造基础共性关键技术、大型结构件焊接精加工技术、高强管材焊接工艺方法、超大结构件设计及优化、力矩限制器精度研究、整机安全控制系统开发设计等方面都有较大的进步；攻克了 U 形臂成形工艺、椭圆形吊臂成形工艺、单缸自动伸缩插销技术以及焊接加工工艺等难题，使我国工程起重机行业的整体技术水平接近并部分达到国际先进水平；首创了超起装置技术，解决了大型全地面起重机起重性能随臂长增加衰减过快的难题，改善了起重臂受力状况，提高了起重性能。我国工程起重机经过多年的技术积累，产品设计和整机制造采用了设计计算、分析和仿真、试验验证等多种技术手段，广泛应用了计算机仿真设计、1 000MPa 高强钢、椭圆臂架加工工艺、焊接机器人等新技术、新材料、新工艺等，并建立了比较完善的质量保证体系，促进了整机产品在外观、作业性能、可靠性、人机工程等质量方面的持续提升。

随着智能制造装备、新工艺在行业内的逐步应用，以及起重机企业对零部件供应商的质量要求日益提高，近年来工程起重机产品的质量日益提高，从整机故障分类来看，液压系统故障仍是起重机主要发生的故障。近几年起重机智能化水平大幅提高，配备的电子安全部件较多，电子、电气系统故障率偏高问题亟待解决。

五、年度获奖产品及企业特色活动情况

2018 年中国工程机械年度产品 TOP50 评选出来的工程起重机产品代表了 2018 年度工程起重机的最高技术和应用水平。2018 年工程起重机行业“中国工程机械年度产品 TOP50”获奖产品见表 5。

表 5　2018 年工程起重机行业“中国工程机械年度产品 TOP50”获奖产品

获奖名称	企业名称	产品名称	产品特点
金手指奖	徐工重型	XCA60_E 型全地面起重机	该机采用三桥六节臂极致化设计，首创互联网 + 智能操控技术，采用多目标整机优化、大载荷单横臂独立悬架技术，上车总线控制吊重行驶，起重性能好，是通过欧洲 WVTA 型式认证的重型 N3 类全地面起重机
应用贡献金奖	中联重科	ZCC9800W 型履带起重机	多变径组合臂架，臂架最长 178m，刷新行业超长臂组合纪录，可满足 160m 高 2.2MW 风机、140m 高 3MW 风机吊装。年度内完成多项大型风机吊装工程的施工
应用贡献金奖	三一重起	SCC6500A 型履带起重机	增强臂与双泵合流技术，实现同吨位风电最长臂 165m+12m 吊装，全面覆盖 150m 以下 2.5MW 风机吊装。年内完成印度首台 140m、国内首台 150m 风机吊装，创造 650 吨级履带起重机风机吊装新高度

2018 年，工程起重机行业部分企业特色活动如下：

1. 徐工集团徐州重型机械有限公司

（1）超级移动起重机创新工程项目摘得中国工业领域最高奖项 —— 中国工业大奖。

（2）6 款工程起重机产品惊艳亮相上海宝马展（bauma China 2018），XCA1600 全地面起重机、XGC11000 风电履带起重机、XCA180 全地面起重机、XGC220T 伸缩臂起重机、XCR70 越野轮胎起重机、XCS45 正面起重机获得行业内一致好评。

（3）2 000 吨级履带起重机 XGC28000 在广西顺利完成国内首批“华龙一号”示范项目 —— 防城港核电厂反应堆厂房的穹顶吊装工作。

（4）联合央广媒体、中国工程机械、第一工程机械网等媒体平台以及全国和地方的吊装联盟、协会、学会，共同发起守护吊装安全 • 工程起重机“吊装安全日”公益行动。

（5）大型结构件智能化焊接生产线全线贯通并投入运行。

（6）260 台徐工起重机发往中亚区域国家，创出口中亚最大单纪录；140m 高的超级全地面起重机 XCA1600 正式完成交付；第二台全球最大 4 000 吨级履带起重机成功销售。

2. 安徽柳工起重机有限公司

（1）连续 10 年上榜中国工程起重机品牌关注度十强，蝉联最受关注起重机品牌前四强。

（2）自主设计、研发制造的 TC1300C7 起重机、TC800C5 智能化汽车起重机成功下线。TC1300C7 起重机被安徽省科学技术厅认定为 2018 年安徽省科技重大专项奖；60 周年纪念版 TC750C5 汽车起重机亮相央视《挑战不可能》演播厅，展现了产品优良的操控性能和可靠性。

（3）荣获 CMIIC 2018 暨品牌盛会“明星产品奖”、第二届中国工业设计展览会产品设计奖。

（4）举办业内获赞的巾帼吊装大比拼，为优秀的女性机手提供学习和竞技的平台。

（5）举办“十年逾山越海，服务至真至诚”2018 柳工起重机服务万里行活动，“安柳金手指”服务技能大比武成为此次活动的一大亮点。

（6）推出国内首家标准化的起重机专营形象店。

3. 三一汽车起重机械有限公司

（1）超高风电吊装之 650t 履带起重机荣获浙江省制造精品影响力大奖。

（2）SAC1000S 全地面起重机荣获湖南省首台（套）重大技术装备认定及奖励。

（3）超大吨位起重机设计技术荣获 2018 年湖南省专利一等奖及 2018 年第 20 届中国专利优秀奖。

（4）在上海宝马展上，“数字三一，智造未来”工程起重机闪亮登场，SAC2200T、SAC1300T 全地面起重机，STC550T6 汽车起重机，SRC900C 轮胎起重机，SCC4000A、SCC1000A、SCC800TB 履带起重机特色鲜明，引发业内关注。

（5）SCC6500A 起重机完成 2.5MW 风机 150m 吊装新高度，创造了我国风电里程碑事件；推出 SCC4000A 履带起重机臂架正扳起技术，刷新了正向起臂臂长的行业纪录；SCC250TB 起重机成功下线，为行业首款五节臂 25 吨级履带伸缩臂起重机；首台多功能履带起重机 SCC900HD 可同时满足吊装、抓斗、打桩等多种作业施工需求；SAC1300T 起重机成功下线，为国内首款 130 吨级机械单发全地面起重机；SAC2200T 起重机成功下线，为国内首款起升高度超过 110m 的 220 吨级全地面起重机。

（6）向市场推出首批 22 台专业检测车，为用户提供现场设备服务，升级行业服务新模式。

4. 中联重科股份有限公司工程起重机分公司

（1）2 000t 全地面起重机项目荣获 2018 年度中国机械工业科学技术奖一等奖。

（2）QUY650 履带起重机获评长沙市智能制造首台（套）产品政府最高奖。

（3）ZCC5000 履带起重机获“湖南省首台（套）重大技术装备”认定。

（4）大吨位起重机知识产权化项目通过湖南省知识产权局立项，获政府资助。

（5）在上海宝马展上，以“智能制造，共建美好世界”为主题，携首台智能吊装机器人 ZTC1300V 五桥汽车起重机、强悍性能与机动灵活并重的 ZAT4000V 六桥全地面起重机、风电超高 ZCC9800W 履带起重机及 ZRT850 越野轮胎起重机等 4.0 精品联袂亮相。

（6）全年开发项目完成 26 项，完成 9 个主要 4.0 产品的阶段性升级；完成全新 20t 五节臂、80t 六节臂汽车起重机以及 ZCC8800、ZCC3800 等新产品上市。

〔供稿单位：中国工程机械工业协会工程起重机分会〕

工业车辆

2018 年，我国工业车辆行业延续了 2016 年、2017 年增长的态势，再次实现高速增长。2018 年参与中国工程机械工业协会工业车辆分会统计的企业销售机动工业车辆 597 152 台，比上年增长 20.21%。我国工业车辆产销量连续第十年保持全球第一的地位。

一、生产发展情况

根据中国工程机械工业协会工业车辆分会统计，2018 年工业车辆产品分类及主要生产企业见表 1。

表 1　2018 年工业车辆产品分类及主要生产企业

产品分类	企业名称
内燃叉车	安徽叉车集团有限责任公司、杭叉集团股份有限公司、大连叉车有限责任公司、诺力智能装备股份有限公司、宁波如意股份有限公司、龙工（上海）叉车有限公司、广西柳工机械股份有限公司、安徽江淮银联重型工程机械有限公司、山东沃林重工机械有限公司、江苏靖江叉车有限公司、杭州友高精密机械有限公司、浙江中力机械有限公司、中联重科安徽工业车辆有限公司、浙江吉鑫祥叉车制造有限公司、三一集团（三一港口机械有限公司）、林德（中国）叉车有限公司、上海海斯特叉车制造有限公司、斗山工程机械（中国）有限公司、现代重工（中国）投资有限公司、丰田产业车辆（上海）有限公司、台励福机器设备（青岛）有限公司、凯傲宝骊（江苏）叉车有限公司、卡哥特科（上海）贸易有限公司、伟轮叉车（东莞）有限公司、永恒力叉车（上海）有限公司、优嘉力叉车（安徽）有限公司、青岛克拉克物流机械有限公司、三菱重工叉车（大连）有限公司、科朗叉车（上海）商贸有限公司、海斯特美科斯叉车（浙江）有限公司等
电动叉车（包括电动平衡重乘驾式叉车、电动乘驾式仓储叉车、电动步行式仓储叉车）	安徽叉车集团有限责任公司、杭叉集团股份有限公司、大连叉车有限责任公司、诺力智能装备股份有限公司、宁波如意股份有限公司、龙工（上海）叉车有限公司、广西柳工机械股份有限公司、无锡大隆电工机械厂、安徽江淮银联重型工程机械有限公司、江苏靖江叉车有限公司、杭州友高精密机械有限公司、无锡汇丰机器有限公司、浙江中力机械有限公司、中联重科安徽工业车辆有限公司、浙江吉鑫祥叉车制造有限公司、宁波海迈克动力科技有限公司、浙江加力仓储设备股份有限公司、杭州昱透实业有限公司、湖北宏力液压科技有限公司、湖北金茂机械科技有限公司、韶关比亚迪实业有限公司、林德（中国）叉车有限公司、上海海斯特叉车制造有限公司、上海力至优叉车制造有限公司、斗山工程机械（中国）有限公司、丰田产业车辆（上海）有限公司、台励福机器设备（青岛）有限公司、凯傲宝骊（江苏）叉车有限公司、伟轮叉车（东莞）有限公司、永恒力叉车（上海）有限公司、优嘉力叉车（安徽）有限公司、青岛克拉克物流机械有限公司、科朗叉车（上海）商贸有限公司、海斯特美科斯叉车（浙江）有限公司等
轻小型搬运车辆（包括手动叉车）	杭叉集团股份有限公司、广西柳工机械股份有限公司、诺力智能装备股份有限公司、宁波如意股份有限公司、浙江中力机械有限公司、浙江美科斯叉车有限公司、中联重科安徽工业车辆有限公司、湖北金茂机械科技有限公司、湖北宏力液压科技有限公司等

根据世界工业车辆统计协会规定，工业车辆分为机动工业车辆和非机动工业车辆，机动工业车辆又分为五大类，即第Ⅰ类电动平衡重乘驾式叉车、第Ⅱ类电动乘驾式仓储叉车、第Ⅲ类电动步行式仓储叉车、第Ⅳ类内燃平衡重式叉车（实心轮胎）、第Ⅴ类内燃平衡重式叉车（充气轮胎）。

2017—2018 年机动工业车辆主要产品产销存见表 2。2016—2018 年部分重点企业主要经济指标见表 3。

表 2　2017—2018 年机动工业车辆主要产品产销存

产品名称	产量（台）		销量（台）		库存量（台）	
	2017 年	2018 年	2017 年	2018 年	2017 年	2018 年
电动平衡重乘驾式叉车	54 457	63 643	52 946	63 054	1 271	1 402
电动乘驾式仓储叉车	11 186	13 609	10 247	12 088	56	113
电动步行式仓储叉车	157 239	215 088	140 458	205 954	2 658	3 860
内燃平衡重式叉车	308 712	318 389	293 087	316 056	6 708	9 455

表 3　2016—2018 年部分重点企业主要经济指标

企业名称	年份	工业总产值（万元）	产品销售收入（万元）	利润总额（万元）	从业人员平均人数（人）	工资总额（万元）	资产合计（万元）
安徽叉车集团有限责任公司	2016	701 568	1 241 104	65 292	8 081	59 293	819 050
	2017	959 488	871 458	75 644	7 891	72 197	981 677
	2018	1 036 882	976 505	100 828	9 400	90 843	1 071 384
杭叉集团股份有限公司	2016	782 874	803 583	60 454	2 569	20 753	499 452
	2017	1 017 095	1 054 025	70 891	2 742	23 806	581 002
	2018	1 208 176	1 252 999	76 048	3 030	28 241	612 588
大连叉车有限责任公司	2016	19 039	17 542	11	564	1 840	44 268
	2017	25 999	21 569	-3	510	1 948	41 209
	2018	24 002	20 276	-266	461	1 964	46 010
诺力智能装备股份有限公司	2016	107 253	107 030	13 540	975	7 578	184 498
	2017	132 844	134 401	14 512	975	8 527	188 944
	2018	148 034	151 038	15 669	1 550	13 422	217 827
宁波如意股份有限公司	2016	85 256	77 577	13 785	1 017	9 540	44 720
	2017	92 888	87 519	14 564	1 046	11 156	57 204
	2018	97 916	95 854	10 488	1 109	9 675	65 791

二、产品销售情况

2018 年，工业车辆行业国内和出口两个市场继续呈现出超预期的增长，客户需求进一步释放，实现近年来少有的高增长，机动工业车辆总销量距 60 万台大关仅一步之遥。2018 年参加工业车辆分会统计的企业机动工业车辆销量 597 152 台，比上年增长 20.21%；非机动工业车辆销量 1 597 977 台，比上年下降 0.08%。2018 年机动工业车辆各月销售情况见表 4。

表 4　2018 年机动工业车辆各月销售情况表　　（单位：台）

月份	Ⅰ类	Ⅱ类	Ⅲ类	Ⅳ类 + Ⅴ类	Ⅰ～Ⅲ类	Ⅰ + Ⅳ + Ⅴ类	Ⅰ～Ⅴ类
	电动平衡重乘驾式叉车	电动乘驾式仓储叉车	电动步行式仓储叉车	内燃平衡重式叉车（实心、充气轮胎）	电动叉车	平衡重式叉车	工业车辆
1	5 089	879	14 226	24 622	20 194	29 711	44 816
2	2 934	535	8 586	15 182	12 055	18 116	27 237
3	5 248	1 193	17 816	41 121	24 257	46 369	65 378
4	5 524	888	17 785	35 005	24 197	40 529	59 202
5	5 942	1 063	20 301	32 107	27 306	38 049	59 413
6	5 306	965	17 914	27 346	24 185	32 652	51 531
7	5 268	1 084	17 826	25 902	24 178	31 170	50 080
8	5 720	1 392	19 564	24 850	26 676	30 570	51 526
9	5 519	1 583	18 577	25 102	25 679	30 621	50 781
10	5 353	1 748	17 407	23 711	24 508	29 064	48 219
11	5 627	1 009	18 074	22 752	24 710	28 379	47 462
12	5 524	-251	17 878	18 356	23 151	23 880	41 507
合计	63 054	12 088	205 954	316 056	281 096	379 110	597 152

1. 内燃叉车销售情况

2018 年，内燃平衡重乘驾式叉车销量 316 056 台，比上年增长 7.84%。其中柴油叉车销量 297 120 台，其余为汽油叉车（含双燃料）。2018 年内燃叉车各月销售情况见图 1。

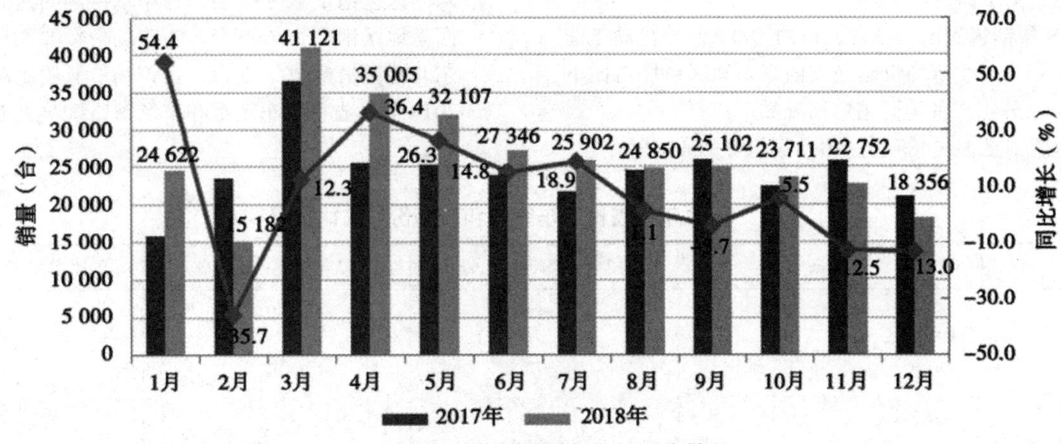

图 1　2018 年内燃叉车各月销售情况

按销量排在前十位的企业是：安徽叉车集团有限责任公司、杭叉集团股份有限公司、龙工（上海）叉车有限公司、台励福机器设备（青岛）有限公司、三菱重工叉车（大连）有限公司、广西柳工机械股份有限公司、安徽江淮银联重型工程机械有限公司、丰田产业车辆（上海）有限公司、凯傲宝骊（江苏）叉车有限公司、浙江吉鑫祥叉车制造有限公司。

排名前五位的企业销量为 254 547 台（含贴牌），占内燃平衡重乘驾式叉车销量的 78.82%；排名前十位的企业销量为 293 361 台（含贴牌），占内燃平衡重乘驾式叉车销量的 90.84%。

2. 电动叉车销售情况

2018 年，电动叉车（包括电动平衡重乘驾式叉车和各类电动仓储叉车）销量 281 096 台，比上年增长 38.03%。2018 年电动叉车各月销售情况见图 2。

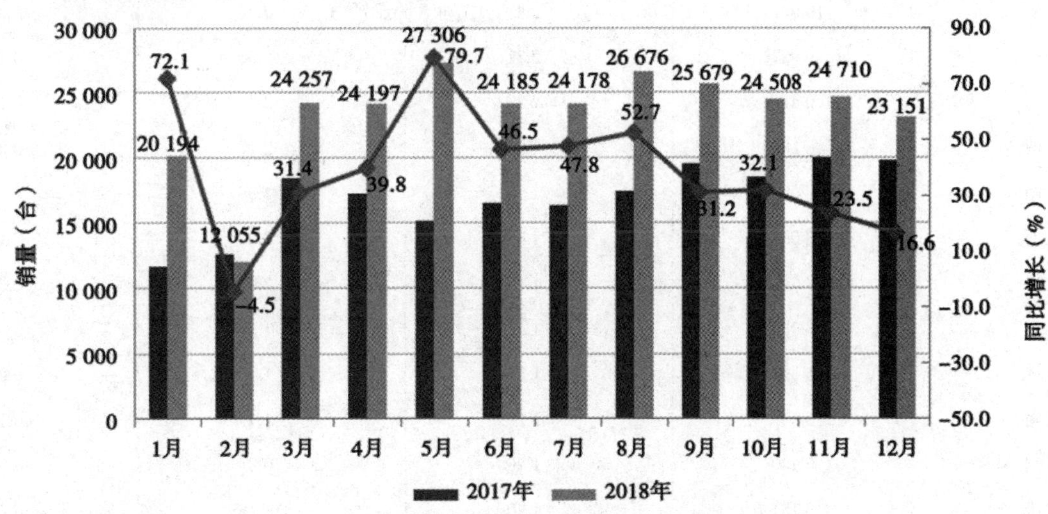

图 2　2018 年电动叉车各月销售情况

（1）电动平衡重乘驾式叉车。2018 年，电动平衡重乘驾式叉车销量 63 054 台，比上年增长 19.09%。

按销量排在前六位的企业是：杭叉集团股份有限公司、安徽叉车集团有限责任公司、林德（中国）叉车有限公司、比亚迪股份有限公司、丰田产业车辆（上海）有限公司、浙江中力机械有限公司。排名前三位企业的销量为 34 145 台（含贴牌），占电动平衡重乘驾式叉车销量的 53.24%；排名前六位企业的销量为 45 867 台（含贴牌），占电动平衡重乘驾式叉车销量的 71.51%。

（2）电动仓储叉车（包括电动乘驾式仓储叉车、电动步行式仓储叉车等）。2018 年，电动仓储叉车销量 218 042 台，比上年增长 44.68%。

按销量排在前六位的企业是：浙江中力机械有限公司、诺力智能装备股份有限公司、林德（中国）叉车有限公司、安徽叉车集团有限责任公司、宁波如意股份有限公司、杭叉集团股份有限公司。排名前三位企业的销量为 133 667

台（含贴牌），占电动仓储叉车销量的 53.95%；排名前六位企业的销量为 212 490 台（含贴牌），占电动仓储叉车销量的 85.76%。

3. 各地区叉车销售情况

从 2018 年销售到国内各省、市的 430 229 台机动工业车辆的流向看，以往市场份额最大的华东地区市场占比下降了 1.69 个百分点。各地区销售情况如下：

华东地区销量 198 485 台，占市场份额的 46.13%；

华南地区销量 73 019 台，占市场份额的 16.97%；

华中地区销量 45 044 台，占市场份额的 10.47%；

华北地区销量 46 528 台，占市场份额的 10.81%；

西北地区销量 20 182 台，占市场份额的 4.69%；

西南地区销量 26 652 台，占市场份额的 6.19%；

东北地区销量 20 319 台，占市场份额的 4.72%。

2018 年各省份叉车销量和市场占比情况见表 5。

表 5　2018 年各省份叉车销量和市场份额占比情况

序号	地区	销量（台）	2018 年市场占比（%）	2017 年市场占比（%）	同比增加（百分点）
1	广东	62 429	14.51	12.25	2.26
2	江苏	55 614	12.93	12.21	0.72
3	浙江	46 978	10.92	10.26	0.66
4	山东	37 700	8.76	9.00	−0.24
5	上海	28 485	6.62	7.07	−0.45
6	河北	17 608	4.09	3.98	0.11
7	安徽	16 184	3.76	4.02	−0.26
8	河南	15 660	3.64	3.43	0.21
9	福建	13 524	3.14	3.29	−0.15
10	北京	11 391	2.65	2.78	−0.13
11	湖北	11 363	2.64	2.58	0.06
12	辽宁	10 007	2.33	2.34	−0.01
13	湖南	9 927	2.31	2.50	−0.19
14	四川	9 471	2.20	2.34	−0.14
15	广西	8 181	1.90	2.17	−0.27
16	江西	8 094	1.88	1.96	−0.08
17	陕西	8 063	1.87	2.00	−0.13
18	天津	7 546	1.75	2.03	−0.28
19	山西	6 038	1.40	1.39	0.01
20	吉林	5 698	1.32	1.30	0.02
21	云南	5 559	1.29	1.44	−0.15
22	贵州	5 439	1.26	0.87	0.39
23	重庆	5 181	1.20	1.48	−0.28
24	新疆	4 946	1.15	1.43	−0.28
25	黑龙江	4 614	1.07	1.36	−0.29
26	内蒙古	3 945	0.92	1.13	−0.21
27	甘肃	3 164	0.74	0.96	−0.22
28	海南	2 409	0.56	1.00	−0.44
29	宁夏	2 291	0.53	0.63	−0.10
30	青海	1 718	0.40	0.44	−0.04
31	西藏	1 002	0.23	0.33	−0.10

4. 轻小型搬运车辆销售情况

2018 年，工业车辆分会会员单位报告的非机动工业车辆销量 1 597 977 台（不含贴牌，贴牌 85 155 台），比上年下降 0.08%。

5. 固定平台搬运车销售情况

2018 年，固定平台搬运车销量 562 台，比上年增长 17.08%。

6. 牵引车销售情况

2018 年，牵引车销量 1 669 台（电动牵引车为 1 298 台、内燃牵引车为 371 台），比上年增长 1.83%。

按销量排在前五位的企业是：江苏靖江叉车有限公司、宁波如意股份有限公司、浙江中力机械有限公司、林德（中国）叉车有限公司、丰田产业车辆（上海）有限公司。排名前三位的企业销量为 1 058 台（含贴牌），占牵引车销量的 63.39%；排名前五位的企业销量为 1 399 台（含贴牌），占牵引车销量的 80.23%。

7.AGV 叉车销售情况

2018 年，AGV 叉车销量 115 台，比上年增长 173.81%。其中，电动平衡重乘驾式叉车 42 台、电动乘驾式仓储叉车 14 台、电动步行式仓储叉车 59 台，均为国内销售。

8. 锂电池及氢燃料叉车销售情况

2018 年，锂电池叉车（1 ～ 3 类）销量 26 181 台，比上年增长 201.59%。其中：电动平衡重乘驾式叉车销量 6 434 台，比上年增长 73.94%；电动乘驾式仓储叉车销量 670 台，比上年增长 636.26%；电动步行式仓储叉车销量 19 077 台，比上年增长 290.04%。锂电池叉车国内销量 11 868 台，出口量 14 313 台。

2018 年氢燃料叉车（4 ～ 5 类）销量为 0 台。

三、出口情况

根据工业车辆分会 2018 年采录汇总报告的销量数据统计：2018 年我国出口机动工业车辆 166 923 台，比上年增长 32.77%。其中：电动叉车出口 107 681 台，比上年增长 45.90%；内燃叉车（含集装箱叉车）出口 59 242 台，比上年增长 14.10%。2018 年机动工业车辆各月出口情况见表 6。

表 6　2018 年机动工业车辆各月出口情况

月份	1	2	3	4	5	6
出口量（台）	12 476	8 160	14 600	13 943	16 480	13 961
月份	7	8	9	10	11	12
出口量（台）	16 172	14 790	14 647	14 156	13 941	13 597

在出口的机动工业车辆中，电动叉车出口量占比为 64.51%，内燃叉车出口量占比为 35.49%。电动叉车的出口占比与上年同期相比上升了 5.81 个百分点。2017—2018 年机动工业车辆出口情况见表 7。

表 7　2017—2018 年机动工业车辆出口情况

年份	出口量合计（台）	电动叉车		内燃叉车	
		出口量（台）	占比（%）	出口量（台）	占比（%）
2017	125 725	73 806	58.70	51 919	41.30
2018	166 923	107 681	64.51	59 242	35.49

2018 年，我国共向 174 个国家和地区出口机动工业车辆，遍布世界五大洲，其中亚洲、欧洲、美洲是我国机动工业车辆产品的传统出口市场。2018 年出口到亚洲的机动工业车辆为 45 666 台，比上年增长 15.65%；出口到欧洲的机动工业车辆为 69 300 台，比上年增长 63.04%；出口到美洲的机动工业车辆为 34 183 台，比上年增长 13.92%。2018 年机动工业车辆出口各洲情况见表 8。

表 8　2018 年机动工业车辆出口各洲情况

地区	电动平衡重乘驾式叉车		电动乘驾式仓储叉车		电动步行式仓储叉车		内燃平衡重式叉车		机动工业车辆	
	出口量（台）	同比增长（%）	出口量（台）	同比增长（%）	出口量（台）	同比增长（%）	出口量（台）	同比增长（%）	出口量（台）	同比增长（%）
欧洲	4 146	37.60	438	80.99	47 519	81.54	17 197	31.54	69 300	63.04
美洲	2 122	26.76	1 110	13.96	19 620	27.11	11 331	-4.97	34 183	13.92
亚洲	4 751	30.45	928	-2.42	20 644	21.09	19 343	8.38	45 666	15.65
非洲	779	56.74	85	77.08	1 044	19.86	6 272	14.75	8 180	18.86
大洋洲	805	35.29	275	20.09	3 415	41.64	5 099	41.29	9 594	40.18
合计	12 603	33.78	2 836	16.04	92 242	48.92	59 242	14.10	166 923	32.77

在出口的机动工业车辆中，电动叉车出口至欧洲和亚洲的占比分别为 48.39% 和 24.45%；内燃叉车出口至亚洲和欧洲的占比分别为 32.65% 和 29.03%。2018 年电动叉车及内燃叉车出口各洲的情况见表 9。

表9　2018年电动及内燃叉车出口各洲的情况

地区	电动叉车		内燃叉车	
	出口量（台）	占比（%）	出口量（台）	占比（%）
欧洲	52 103	48.39	17 197	29.02
美洲	22 852	21.22	11 331	19.13
亚洲	26 323	24.45	19 343	32.65
非洲	1 908	1.77	6 272	10.59
大洋洲	4 495	4.17	5 099	8.61
合计	107 681	100.00	59 242	100.00

按国别统计，2018年机动工业车辆出口量在3 000台以上的国家（地区）共19个，列前五位的分别是美国、德国、澳大利亚、法国和中国香港。2018年机动工业车辆出口去向前15位的国家（地区）见表10。2018年机动工业车辆出口增速及降速较快的前十位国家见表11。

表10　2018年机动工业车辆出口去向前15位的国家（地区）

序号	电动叉车		内燃叉车		机动工业车辆	
	国家（地区）	出口量（台）	国家（地区）	出口量（台）	国家（地区）	出口量（台）
1	美国	16 220	澳大利亚	4 582	美国	19 387
2	德国	16 156	美国	3 167	德国	17 703
3	中国香港	5 809	印度尼西亚	2 834	澳大利亚	8 449
4	法国	5 345	俄罗斯	2 635	法国	6 627
5	荷兰	5 167	南非	2 508	中国香港	6 372
6	韩国	4 111	波兰	2 432	俄罗斯	6 250
7	澳大利亚	3 867	英国	2 173	波兰	5 547
8	西班牙	3 802	土耳其	2 071	荷兰	5 538
9	俄罗斯	3 615	阿根廷	2 035	英国	4 691
10	波兰	3 115	泰国	2 005	印度尼西亚	4 514
11	比利时	2 762	巴西	1 909	泰国	4 376
12	英国	2 518	马来西亚	1 676	西班牙	4 321
13	泰国	2 371	印度	1 569	韩国	4 244
14	以色列	1 812	德国	1 547	土耳其	3 652
15	意大利	1 707	越南	1 484	巴西	3 514

表11　2018年机动工业车辆出口增速及降速前十位国家

序号	出口增速较快				出口降速较快			
	国家	2017年出口量（台）	2018年出口量（台）	同比增长（%）	国家	2017年出口量（台）	2018年出口量（台）	同比增长（%）
1	荷兰	1 538	5 538	260.08	伊朗	659	234	-64.49
2	德国	6 450	17 703	174.47	柬埔寨	499	282	-43.49
3	比利时	1 785	3 262	82.75	阿根廷	4 919	3 423	-30.41
4	加拿大	1 104	1 821	64.95	孟加拉国	404	282	-30.20
5	印度	1 903	3 115	63.69	瑞典	2 085	1 578	-24.32
6	意大利	1 470	2 326	58.23	沙特阿拉伯	1 115	893	-19.91
7	西班牙	2 865	4 321	50.82	阿尔及利亚	1 817	1 567	-13.76
8	澳大利亚	5 936	8 449	42.33	保加利亚	620	567	-8.55
9	波兰	3 928	5 547	41.22	土耳其	3 793	3 652	-3.72
10	印度尼西亚	3 230	4 514	39.75	乌克兰	972	940	-3.29

四、科研成果及新产品

2018 年工业车辆行业部分企业科技成果及新产品完成情况见表 12。

表 12　2018 年工业车辆行业部分企业科技成果及新产品完成情况

序号	企业名称	项目名称	获奖类别	获奖等级	批准机关（机构）
1	安徽叉车集团有限责任公司	前移式叉车	第二十届中国外观设计	优秀奖	国家知识产权局
		G 系列 10t 电动平衡重式叉车	中国工业车辆创新奖	银奖	《起重运输机械》杂志
2	杭叉集团股份有限公司	A 系列 1 ～ 5t 高性能蓄电池平衡重式叉车	中国工业车辆创新奖（整车类）	金奖	《起重运输机械》杂志
		中国工程机械“走出去”标准需求研究	中国机械工业科学技术奖	二等奖	中国机械工业联合会
		智能高位拣选车关键技术与装备	科技进步奖	二等奖	中国物流与采购联合会
		全系列大型内燃叉车技术研究及产业化	中国机械工业科学技术奖	三等奖	中国机械工业联合会
		窄巷道高举升 AGV	中国物流技术装备金智奖		中国交通运输协会物流技术装备专业委员会
3	韶关比亚迪实业有限公司	5t 平衡重叉车	物流技术创新奖		中国物流与采购联合会物流装备专业委员会
4	宁波如意股份有限公司	浙江省企业技术中心	省级	优秀级	浙江省经济和信息化委员会
5	诺力智能装备股份有限公司	基于智能控制的四向堆高车研究	中国机械工业科学技术奖	三等奖	中国机械工业联合会、中国机械工程学会
		基于智能控制的四向堆高车研究	浙江省科学技术奖	三等奖	浙江省科学技术厅
		一种工业车辆升降机构的控制装置及控制方法	浙江省专利	优秀奖	浙江省科学技术厅
		PTE15 电动搬运车	2018 年浙江省优秀工业新产品	二等奖	浙江省经济和信息化厅、浙江省财政厅
6	南京威孚金宁有限公司	电控 VE 泵	江苏农机行业改革开放四十年杰出产品奖		江苏省农业机械工业协会
		满足非道路三阶段排放标准柴油机用电控喷射系统项目	中国机械工业科学技术奖	三等奖	中国机械工业联合会

五、2018 年行业特点及未来发展趋势

2018 年，全球机动工业车辆继续保持各洲普涨的现象，总销量再次创历史新高，超过 148 万台。欧盟、美国等主要市场继续保持活跃的市场需求，领跑世界的中国市场呈现出超预期的增长，已经连续十年占据世界最大工业车辆制造国和销售市场的位置。

从 2018 年下半年市场情况看，2019 年将面对国内外复杂多变的市场环境，经过连续两年多的高增长，市场迎来调整在所难免。业内企业要坚定信心，国内依然是最大的市场，国内产品的国际竞争力在不断提升，生产能力和效率处于历史最好的阶段；无论整机还是配套技术在不断进步和完善；产品从经济型向价值型提升之路已经展开；新的销售和服务模式正在接受市场和用户的检验。

未来一段时间，电动叉车、新能源叉车、仓储叉车依然是市场的热点所在；借助互联网、信息化技术，无人驾驶、远程监控、诊断、管理等将满足用户多方位需求；自动化、智能化方向得到高度关注，智能制造、智慧物流需要服务全面、专业、优质、高效、具有先进技术系统集成能力的合作伙伴，业内有能力的企业将继续从产品供应商向整体解决方案服务商转化。新的利润增长点将随着行业从“增量时代”逐渐迈入“存量时代”而出现一些新的变化，“设备更新”“由买转租”和“服务升级”是重要路径，提前布局非常重要；增强品牌意识，夯实技术基础，着眼于产业升级和细分行业的需求，集中全行业的力量，努力实现工业车辆的整体提升。

〔撰稿人：中国工程机械工业协会工业车辆分会张洁〕

筑养路机械

一、行业发展情况

筑养路机械是公路交通建设领域对路面施工和养护机械的通称。品种多、批量小是筑养路机械的显著特点。从功能与作业用途看，涵盖了沥青混合料搅拌设备、沥青混合料厂拌热再生设备、沥青加工处理设备、稳定土厂拌设备、稳定土路拌机、平地机、粉料撒布车（机）、压路机、摊铺机、沥青洒布车、沥青碎石同步封层车、路面综合检测车、稀浆封层车、路面综合养护车、路面裂缝修补设备、沥青路面就地热再生设备、就地冷再生机、铣刨机、道路绿化综合养护车、路面标线划线车、路锥收放车、隧道清洗车、护栏清洗车、打桩拔桩机、道路除冰雪设备、桥梁检测车、防撞缓冲车、辅助设备及配套工具等。中国工程机械工业协会筑养路机械分会从事全国筑养路机械行业的活动，延续了交通系统筑养路机械行业 30 多年的活动历史，见证了我国筑养路机械从无到有、从落后到可以替代进口的历史发展历程。随着公路建设的发展，新的施工方法对综合性、自动化、智能化的要求，衍生出了许多新的设备品种，不适应的品种或型号被逐渐淘汰。在激烈的市场竞争环境下，设备研发制造企业不断更替。为反映 2018 年筑养路机械行业的生产发展情况，对筑养路机械分会开展活动较多的几个主要产品种类进行介绍。

1. 沥青混合料搅拌设备

受公路工程施工规范等因素的影响，市场上的沥青混合料搅拌设备主要是强制间歇式搅拌设备。原来必须进口的高端设备，当前完全可以自主生产，西方发达国家的生产厂家几乎全部在中国设厂，实现中国本土化生产。2018 年，全国生产沥青混合料搅拌设备的生产厂家有 100 多家，但可以稳定地、小批量生产，并提供良好服务的企业不到 1/3，年产量 30 台以上的企业有 20 多家。

中国工程机械工业协会于 2018 年 11 月 19 日发布了《沥青混合料搅拌设备　环保排放限值》《沥青混合料搅拌设备　安全标识》和《沥青混合料搅拌设备　专用振动筛》3 项团体标准，填补了在环保排放等方面现有相关标准的不足，为沥青搅拌设备的高端制造给出了指引。从结构和性能上看，沥青混合料搅拌设备主要是向环保、低排放与节能的方向发展。全封闭或半封闭式、厂房式的外形结构、负压式拟制粉尘外溢的设计、附加除尘及沥青烟气处理系统、采用先进的燃烧系统等，都是环保性能提升的表现。从功能上看，主要是厂拌热再生和温拌功能的增加。一般都采用高架式再生加热滚筒、垂直溜槽，并有向原生再生“整体式”发展的趋势。远程故障诊断处理系统是后服务市场比较先进的配置。

2. 稳定土厂拌设备

稳定土的厂拌处理是高等级公路建设中的规范要求。按搅拌形式可分为 4 种：单级连续式搅拌、双级连续式搅拌、振动式单级连续搅拌和间歇式搅拌。结构类型有固定式、模块式、移动式、带行走装置的移动式等。按照《公路路面基层施工技术细则》的最新规定，市场对路面施工质量的要求越来越高，基层施工质量得到充分重视，施工工艺也更加严格。所以，对稳定土厂拌设备也有了新的要求，双级连续式搅拌、振动式单级连续搅拌和间歇式搅拌等是近两年市场的主要需求。

2018 年，随着国家对环境保护的重视，环保型厂拌设备应运而生。稳定土厂拌设备的污染排放主要表现在粉尘和噪声方面。新出厂的设备一般都采用水泥筒仓加装脉冲清灰式布袋除尘器、主楼加装除尘装置以及整体封闭式拌合站等，封闭板材用隔声降噪材料。通过除尘系统收集到的粉尘进行回收再利用，既保护了环境又节省了粉料。

2018 年应用最多的是 600 型（600t/h）设备，但 800 型和 1000 型的设备增长率明显较高，这两种规格的设备约占市场总量的 20%。当前，稳定土厂拌设备的生产厂家较多，主要生产基地在山东潍坊地区，全国市场 60% 以上的供应出自山东。

3. 粉料撒布车（机）

粉料撒布车是路基稳定层施工和就地冷再生作业中对水泥、石灰、矿粉、粉煤灰等粉料进行撒布作业的专用设备。由于施工质量要求的提高、环保要求的升级和人工成本的增加，原来使用人工撒布的作业方式已经全部由专用设备取代，而且设备的自动化程度不断提高。专用设备设定的撒布均匀度不受车速变化影响，稳定的动态称量技术是先进车型的标配。上料和出料过程都采用了专用的除尘装置，减少了环境污染，节省了粉料，大大改善了操作人员的工作环境。2018 年市场需求最多的是 18m^3 粉料罐规格的车型。行业标准《道路施工与养护机械设备 粉料撒布机 / 车》已通过审查，发布实施后，将对粉料撒布车的发展进行规范。

4. 沥青洒布车、沥青碎石同步封层车、稀浆封层车

沥青洒布车、沥青碎石同步封层车和稀浆封层车是路面施工与养护中不可缺少的专用装备。沥青碎石同步封层车是近年来根据施工技术要求而发展起来的新机种，把沥青洒布和石屑撒布作业合而为一，保障了撒布后石屑与沥青粘结的温度要求。其最新的性能升级是增加了纤维切割

及撒布功能、把橡胶沥青封层与纤维封层技术相融合，进一步增强了设备的综合性能。纤维沥青碎石封层是为沥青路面养护罩面和增加应力吸收层而开发的技术。在纤维封层核心设备的基础上，同时洒（撒）布沥青粘结料和玻璃纤维，然后撒布碎石，经碾压后形成表面磨耗层或者缓冲中间层。它具有良好的应力吸收和分散能力，并具有超强的防水功能。由于加入了大量的短切纤维，沥青中弥散型分布的纤维能够起到应力消散的作用，使路面的高温稳定性和阻裂能力得到极大的提升。这种独特的结构有效增强了路面的防水排水功能，减少反射裂缝，从而减缓路面疲劳或延长路面使用寿命。因此，近年来同步封层工艺得到广泛应用。普通同步封层车的碎石分料大多为板式结构，碎石撒布均匀性不好，路面平整性较差。当前，各大厂家纷纷研发螺旋分料和滚筒式布料，以改善碎石撒布精度。高精度碎石撒布工艺也是市场需求的发展趋向。

2018 年，沥青洒布车市场以中小型为主，控制方面以智能控制、物联网数字化施工为发展方向，这方面的功能已逐步完善和趋于稳定。沥青洒布车的最新技术进步是在原洒布车的基础上，增加罐中悬浊液搅拌和含砂混合液的喷洒功能，使沥青洒布车具有含砂雾封层的能力。秦皇岛市思嘉特专用汽车制造有限公司最新推出两款小型含沙雾封层设备，每小时可施工 15 000 ～ 20 000m^2。现已形成独立车载式、自行式和底盘式等各种形式。

稀浆封层车主要用于公路路面预防性养护的微表处和稀浆封层作业，可处理轻微裂纹、车辙、路面轻度松散、乏油等病害，延长路面使用寿命，具有提高路面的防水性、防滑、耐磨性及开放交通时间短等特点。

20 世纪 90 年代，我国开始研制稀浆封层车产品，徐工集团引进德国技术，生产 RF80 型稀浆封层机；中交西安筑路机械有限公司在引进美国 HD10 型稀浆封层机的基础上，开发设计生产了拥有自主知识产权的 MS9、MS12、NS9 等系列稀浆封层车。经过近 20 年的技术发展，我国已经具备并形成了可生产制造全系列稀浆封层车产品的能力。稀浆封层车的最新发展是增加了同步纤维磨耗层封层作业的功能，可进行道路的稀浆封层、改性稀浆封层、纤维稀浆封层、微表处、纤维微表处和加粘纤维微表处等作业。中交西安筑路机械有限公司、徐工集团、秦皇岛市思嘉特专用汽车制造有限公司、河南省高远公路养护技术有限公司、浙江美通筑路机械股份有限公司和西安达刚路面机械股份有限公司等企业在这些方面有长足的研发。在技术方面，以提高智能化控制和人性化操作、优化配比精度和搅拌摊铺性能、环保节能、功能多样化为主。

5. 路面综合养护车、沥青路面就地热再生设备

路面综合养护车和沥青路面就地热再生设备是路面小修、中修到大修的常用设备，其关键技术是对旧沥青路面的加热技术。加热方法有红外辐射加热、热气循环式传导加热和微波辐射加热等，当前有发展到几种方式复合加热的趋势。大型就地再生机组对加热效果的要求更高，既要提高加热效率，又要使被加热的路面沥青不至于过热而失去再生性能。江苏集萃道路工程技术与装备研究所有限公司最新研制的微波热风复合式加热技术在这方面有所突破。

6. 路面综合检测车

路面综合检测车包括路况快速检测车、路面弯沉检测设备、横向力系数测试设备等。在公路养护管理工作中，通过道路检测获得路况数据是判断路网中路面使用状况、损坏程度、编制道路养护和改建计划的依据。根据 JTG H20—2018《公路技术状况评定标准》，公路技术状况评定包括路基、路面、桥隧结构和沿线设施四部分内容。其中，路面技术状况评定包括路面损坏状况指数（PCI）、路面行驶质量指数（RQI）、路面车辙深度指数（RDI）、路面跳车指数（PBI）、路面磨耗指数（PWI）、路面抗滑性能指数（SRI）和路面结构强度指数（PSSI）7 项内容。

多功能道路测试车是一套模块化的数据采集平台，它是以专用改装车辆为载体，集成图像采集技术、高精度激光测距技术、雷达探测技术、计算机技术、图像自动识别技术等为一体的道路检测装备。主要用于在车辆正常行驶状态下同步快速检测路面损坏状况、平整度、车辙、构造深度、浅层病害、地理位置、前方景观成像、几何线形等路况指标。依功能划分，当前主要有标准版检测车、扩展版检测车、综合检测车、农村公路路况检测车，以及多功能路况快速巡查车几种检测装备。2018 年最新研发的综合检测车是在标准版的基础上增加 52 通道探地雷达系统，集成了高效大密度的数据采集和清晰直观成像探测技术，可实现道路上、中、下层面的数据采集、定位、数据处理和形成报告等完整的流程。具有世界领先的三维阵列雷达数据通道数量和三维成像精度、与标准检测车实现无缝对接、路表病害与内部结构病害实现一体化综合检测等特点。最大检测速度可达 80km/h，车辙检测宽度 3.5m，破损检测宽度 3.8m，裂缝检测宽度小于 1mm，雷达探测深度 3m。

路面施工与养护设备品种繁多，随着施工工艺、工程养护材料和现代工业制造技术尤其是电子控制技术的飞速发展，筑养路机械的自动化、智能化升级翻新改造以及衍生品层出不穷，一机多能的综合性程度越来越高，解决特殊问题的专用装备向高精尖方向发展，适应不同工况的新设备种类如雨后春笋般出现。例如，在公路养护安全防护方面，路锥全自动收放车、防撞感知预警系统装置、防撞缓冲车、隧道巡检清洁与应急指挥机器人系统等产品逐渐被市场认可和使用。2018 年筑养路机械主要产品和主要研发生产企业见表 1。

表 1　2018 年筑养路机械主要产品和主要研发生产企业

产品名称	主要研发生产企业
沥青混合料搅拌设备	中交西安筑路机械有限公司、廊坊德基机械科技有限公司、辽阳筑路机械有限公司、福建铁拓机械有限公司、南方路面机械有限公司、徐州徐工养护机械有限公司、三一重工股份有限公司、安迈工程设备（上海）有限公司、北京加隆工程机械有限公司、泰安岳首拌合站设备有限公司、南阳市亚龙筑路机械制造有限公司、廊坊玛连尼－法亚机械有限公司、无锡雪桃集团有限公司、无锡锡通工程机械有限公司、南阳市辽原筑路机械有限公司、吉林省公路机械有限公司、江阴市鑫海公路机械材料有限公司、山东贝特重工股份有限公司、福建泉成筑路机械有限公司、无锡市恒达筑路机械有限公司、无锡环球工程机械有限公司、南阳市沧田工程机械有限公司、郎溪县恒云工程机械有限公司、吉林市原进筑路机械有限责任公司、无锡市华庄道桥机械厂有限公司、徐州翔凯重工科技有限公司、无锡华通公路机械科技有限公司、美通重机有限公司、山推建友机械股份有限公司、江苏路通筑路机械有限公司、江苏意玛筑路机械科技有限公司、江苏林泰阁工程设备有限公司、日工（上海）工程机械有限公司等
稳定土厂拌设备	潍坊市贝特工程机械有限公司、潍坊市路通机械电子有限公司、徐州徐工养护机械有限公司、泰安岳首拌合站设备有限公司、山东方圆集团有限公司、山东圆友重工科技有限公司、南阳市亚龙筑路机械制造有限公司、福建南方路面机械有限公司、南阳市辽原筑路机械有限公司、青州市华光工程自动化设备有限公司、山东路达机械有限公司、山东祥坤重工机械有限公司、安丘市大昌机械有限公司、安丘市汇通电控设备厂、潍坊东联重工机械有限公司、山东天宇建设机械股份有限公司、辽阳筑路机械有限公司、北京加隆工程机械有限公司、南阳市博达重工机械制造有限公司、郑州鹏龙机械制造有限公司、郑州市鑫宇机械制造有限公司、郑州汇富机械设备有限公司、湖南润通机械制造有限公司、福建信达机械有限公司等
粉料撒布车（机）	山东陆达机械设备有限公司、西安达刚路面机械股份有限公司、徐州徐工养护机械有限公司、浙江美通筑路机械股份有限公司、山东东岳专用汽车制造有限公司等
沥青洒布车	浙江美通筑路机械股份有限公司、徐州徐工养护机械有限公司、河南省高远公路养护技术有限公司、西安达刚路面机械股份有限公司、北京欧亚机械设备股份有限公司、秦皇岛市思嘉特专用汽车制造有限公司、湖北程力专用汽车有限公司、江苏鸿昌特种车辆有限公司、杭州市政机械制造有限公司、随州市力神专用汽车有限公司、郑州红宇专用汽车有限责任公司、梁山广通专用车制造有限公司、湖北成龙威专用汽车有限公司等
沥青碎石同步封层车	西安达刚路面机械股份有限公司、浙江美通筑路机械股份有限公司、北京欧亚机械设备股份有限公司、河南省高远公路养护技术有限公司、徐州徐工养护机械有限公司、中交西安筑路机械有限公司、秦皇岛市思嘉特专用汽车制造有限公司、山东嘉成路面机械有限公司、新乡市骏华专用汽车车辆有限公司、湖北程力专用汽车有限公司、梁山广通专用车制造有限公司、郑州红宇专用汽车有限责任公司等
路面综合检测车	中公高科养护科技有限公司、河南省高远公路养护技术有限公司等
稀浆封层车	中交西安筑路机械有限公司、秦皇岛市思嘉特专用汽车制造有限公司、浙江美通筑路机械股份有限公司、河南省高远公路养护技术有限公司、徐州徐工养护机械有限公司、西安达刚路面机械股份有限公司、新乡市骏华专用汽车车辆有限公司、山东东岳专用汽车制造有限公司等
路面综合养护车	浙江美通筑路机械股份有限公司、英达热再生有限公司、徐州徐工养护机械有限公司、河南省高远公路养护技术有限公司、鞍山森远路桥股份有限公司、山东友一机械科技有限公司、中山市易路美道路养护科技有限公司、西安达刚路面机械股份有限公司、山东东岳专用汽车制造有限公司、南京路洁通机械有限公司等
路面裂缝修补设备	鞍山森远路桥股份有限公司、中山市易路美道路养护科技有限公司、山东友一机械科技有限公司、科来福（无锡）路面养护设备有限公司等
沥青路面就地热再生设备	英达热再生有限公司、鞍山森远路桥股份有限公司、江苏集萃道路工程技术与装备研究所有限公司、江苏澳新科技有限公司等
路面冷再生机	维特根、徐工集团道路机械事业部、徐州恒诺机械科技有限公司、西安海迈重工机械有限公司等
道路绿化综合养护车	鞍山森远路桥股份有限公司、江苏集萃道路工程技术与装备研究所有限公司、中山市易路美道路养护科技有限公司、辽宁天信专用汽车制造有限公司、英达热再生有限公司等
路面标线划线车	天途路业集团有限公司、沈阳北方交通重工集团有限公司、沈阳现代交通设施有限公司等
路锥收放车	河南省高远公路养护技术有限公司、博尔莫（天津）科技发展有限公司、英达热再生有限公司、北京隆恩智慧科技有限公司、北京申信通智能交通科技有限公司等
隧道清洗车	秦皇岛市思嘉特专用汽车制造有限公司、湖南恒润高科股份有限公司、河南远东大方道路养护设备有限公司、北京泽通顺达机械有限公司等
护栏清洗车	英达热再生有限公司、北京隆恩智慧科技有限公司、北京泽通顺达机械有限公司等
打桩拔桩机	鞍山森远路桥股份有限公司、南京金长江交通设施有限公司、重庆宏工工程机械有限责任公司、南京松旺工程机械有限公司等

（续）

产品名称	主要研发生产企业
道路除冰雪设备	鞍山森远路桥股份有限公司、浙江美通筑路机械股份有限公司、河南省高远公路养护技术有限公司、秦皇岛思嘉特专用汽车制造有限公司、吉林省北欧重型机械股份有限公司、英达热再生有限公司、山东欧亚专用车辆有限公司、长沙中联重科环境产业有限公司、辽宁天信专用汽车制造有限公司、沈阳德恒机械制造有限公司、凯斯工程机械（上海）有限公司、天津浩物朗驰汽车贸易有限公司、哈尔滨中诚科技发展有限公司、南京路洁通机械有限公司等
桥梁检测车	徐州徐工随车起重机有限公司、郑州宇通重工有限公司、杭州专用汽车有限公司等
防撞缓冲车	徐州徐工随车起重机有限公司、河南省高远公路养护技术有限公司、深圳市正道公路工程有限公司、英达热再生有限公司等

二、市场销售情况

在工程机械行业中，筑养路机械率先于 2016 年年初开始复苏，生产逐步活跃，销量增长率由负转正，并于 2017 年达到又一个历史高峰。2018 年伊始，在土方机械、起重运输等工程机械继续高歌猛进的时候，筑养路机械的生产销售开始逐步回落，有的品种还出现了较大幅度的全年负增长。受益于国家持续稳定的基本建设投资增长、供给侧结构性改革成效显现、环保要求升级对市场的倒逼以及“一带一路”倡议落地见效而推动的出口增长等因素，筑养路机械行业的生产降温和销量下降幅度比 2011 年的情况要温和一些。

筑养路机械的生产发展与公路建设的发展情况息息相关。2018 年，我国新增高速公路 6 000km，至年底，高速公路已达到 14.26 万 km，全国公路通车里程达到 485 万 km，新改建农村公路 31.8 万 km，农村公路总里程达 405 万 km，铺面公路几乎全部纳入了养护范围。随着我国公路规划网的逐步建成，公路养护任务将会越来越繁重，对养护设备的需求将是长期的。在 2018 年 12 月召开的全国交通工作会议上，交通运输部发布了 2019 年公路、水运交通将要完成 1.8 万亿元的投资规划，新建农村公路 20 万 km，一大批公路交通建设计划将要实施。同时大量的旧路改扩建、中大修任务非常繁重。这些都为筑养路机械的生产和发展提供了坚实的需求预期。

1. 沥青混合料搅拌设备

2018 年，沥青混合料搅拌设备市场销量出现了较大幅度的下降。1000 型以上的大型设备全年销量为 730 台，比上年减少了 293 台，下降幅度接近 29%；出口比上年下降约 33%。原因是各地环评收紧，项目审批放缓，造成需求下降；2017 年市场销售过于火爆，大量 PPP 项目上马，透支了下一年的部分销量。2017—2018 年行业骨干企业沥青混合料搅拌设备销售情况见表 2。

表 2　2017—2018 年行业骨干企业沥青混合料搅拌设备销售情况

规格型号	2017 年销量（台）		2018 年销量（台）		2018 年比上年增长（%）	
	总销量	出口	总销量	出口	总销量	出口
1000	117	67	85	51	-27.4	-23.9
2000	189	76	177	50	-6.3	-34.2
3000	275	20	169	11	-38.5	-45.0
4000	376	10	244	2	-35.1	-80.0
5000	66	0	55	2	-16.7	
合计	1 023	173	730	116	-28.6	-32.9

2. 其他路面施工与养护设备

2018 年，稳定土厂拌设备市场销量约 1 700 台，规格以 600t/h 生产能力的设备为主。潍坊市贝特工程机械有限公司、潍坊市路通机械电子有限公司、徐州徐工养护机械有限公司、泰安岳首拌合站设备有限公司的合计销量占市场总量的 60% 以上。粉料撒布车以山东陆达机械设备有限公司、西安达刚路面机械股份有限公司、徐州徐工养护机械有限公司为主要供应商，3 家企业的合计销量占总销量的 70% 以上。2018 年几种路面施工与养护设备销量见表 3。

表 3　2018 年几种路面施工与养护设备销量

产品名称	销量（台）	备注
粉料撒布车	150	含非底盘式撒布机
沥青洒布车	450	
沥青碎石同步封层车	350	
稀浆封层车	100	
路面综合养护车	300	含非底盘式

三、科研成果及新产品

2018 年，为适应环保形势的要求，适应市场不断变化的实际需求，提高企业核心竞争力，筑养路机械行业各主要研发生产企业先后推出了许多新产品或功能升级的新一代技术，不断向高端制造方向前进。

1. 德基机械推出 DGR 系列环保型整体式再生沥青混合料搅拌设备

2018 年 3 月，廊坊德基机械科技有限公司通过对沥青混合料搅拌设备在使用过程中的主要污染源的产生原因进行分析，自主研发成功了 DGR 系列环保型整体式再生沥青混合料搅拌设备。产品采用整体式设计理念，对各功能进行优化，使设备结构趋于紧凑。

主要技术特点：采用 RAP 粗、细料分开的形式，解决了 RAP 再生过程中的老化、粘结等诸多问题，同时实现了冷、热组合再生功能；大容积拌锅保证了在延长搅拌时间和大比例添加 RAP 时生产率不变；再生滚筒自清理设计，解决了滚筒清理困难的问题；除尘、噪声防护、沥青烟气处理等装置采取了新的针对性设计。

2. 铁拓机械推出 TSEC5030 型逆流式沥青厂拌热再生成套设备

2018 年 4 月，福建铁拓机械有限公司自主研制成功了 TSEC5030 型逆流式沥青厂拌热再生成套设备并推向市场，该型设备已形成系列化生产。该产品是集节能环保、温拌、再生于一身的新型设备，在原有的沥青再生一体设备基础上进行了大幅技术创新和升级。设备再生滚筒采用逆流式加热方式，并搭配国内首创立式热风炉膛和 7500 型超大容量搅拌缸。

主要技术特点：搅拌缸放置在再生主机上方，采用 7500 型拌缸，配备 4 台减速机同步驱动，搅拌效率高；再生主机采用 3000 型逆流加热方式的再生滚筒，热效率高，减少燃料消耗；热风炉采用国内首创立式轻型炉膛，结构紧凑，减少设备长度和占地面积，同时保证设备使用时热交换空间更加充足，引入低温尾气与燃烧器热烟混合可有效控制加热介质温度；多管沥青发泡装置满足不同沥青含量配比发泡要求。

3. 泰安岳首推出全新一代快搬式沥青混合料搅拌设备

2018 年 1 月，泰安岳首拌合站设备有限公司在原沥青搅拌设备基础上进行模块化改组设计，成功推出了 MLBH 系列快搬式设备，解决了设备安装周期长、吊装费用高、现场摆放布线复杂、安装质量不高、搬迁困难等问题，使整个设备形成了配料模块、喂料输送模块、烘干除尘模块、提升模块、主楼各层功能模块、操作室、粉料仓、沥青输送模块、导热油加热系统模块等有机相连的一体结构。各功能模块气路、电路、油路集成安装；模块间的气路采用软连接，电路采用航空快插接头，沥青管路采用伸缩管连接；配料模块创造性地把配料机、环保棚、除尘烟道、输送机（折叠运输）进行集成化设计；整机预留热再生接口。实现了产品快运、快装、快调、快拆、快搬的设计理念，7～10 天即可完成安装、调试。

主要技术特点：模块化设计、集成化安装、免基础、特制板销联接；转场成本低，节省大量安装费用；各功能模块间实现快速可靠联接；整机出厂前进行全面试装，安装质量高且可靠；主楼通风设计使主楼温度保持在设定范围内；配置系统的粉尘、沥青烟、噪声控制；全外包设计，美观大方；性能稳定的操作控制系统，自主研发，易于扩展升级。

4. 中交西筑研发成功 R4000 型环保智能再生一体机

2018 年 10 月，中交西安筑路机械有限公司成功推出了 R4000 型环保智能再生一体机。该机从整机入手，对原生再生进行了融合设计，配备全面升级的再生系统、全新适配的环保系统和无缝集成的智能控制系统。生产能力为 280 ～ 320t/h，回收料添加比例可达 50%，通过整体优化设计，燃油消耗率降低到 6kg/t 以内，烟尘排放控制在 20mg/m^3 以下。

5. 中交西筑研发成功 SG4000Q 快搬型环保沥青搅拌设备

2018 年 12 月，中交西安筑路机械有限公司成功推出了 SG4000Q 快搬型环保沥青搅拌设备。该设备采用高度预装式模块化结构设计，具有快搬、快装、全环保特点，适用于高速公路施工等需要多次搬迁的项目。该设备生产能力为 280 ～ 320t/h，燃油消耗率≤ 6kg/t，烟尘排放≤ 20mg/m^3。

6. 中交西筑研发成功 TBS420 型沥青碎石同步封层车

2018 年 11 月，中交西安筑路机械有限公司成功推出了 TBS420 型沥青碎石同步封层车。该车总结了中外相关同步封层车在作业过程中的特点，结合国内原料、施工工艺等具体情况，更适合于国情需求，操作人员经过简单培训即可上机操作。具备明显的差异化特点：电脑总线控制系统响应快速、安全可靠、易于升级；副喷洒管与布料槽同步伸缩，提高了沥青与碎石的施工同步性；喷洒管自动调高功能可有效保证沥青油膜的均匀性；沥青与导热油双通道喷洒机构设计易加热、易清洗；布料槽伸缩机构，可无级调节工作宽度；链条式带式输送机不打滑、不跑偏，可输送高温预裹附石料。

7. 中交西筑研发成功 MS12e 型稀浆封层车

2018 年 11 月，中交西安筑路机械有限公司成功推出了 MS12e 型稀浆封层车。产品特点：一体化设计的车架结构，外观耳目一新，结构刚性好；高置式尾部平台，操作视野佳；底盘配置分动系统，实现高速行驶和低速作业完美匹配，施工效率高；创新研发“大滚子链”链式带式输送机，彻底解决带打滑对混合料级配的影响；全液压驱动，采用电比例“闭环”控制技术，确保“油石比”恒定，级配控制更精确；发动机采用 CAN 总线控制，控制操作更智能；实现施工参数界面输入，程序推荐，简化工地标定工作；车载影像监控系统、骨料缺料等报警系统确保人机安全；直流电驱蠕动泵输送计量添加剂，精度高，耐腐蚀。

8. 徐工道路机械事业部研发成功 RP1855 型摊铺机

2018 年，徐工道路机械事业部成功推出了 RP1855 型摊铺机。该机是针对超宽超厚施工工艺而开发的一款超大型综合摊铺机，可广泛应用于高等级公路基层稳定土和面层沥青混合料的摊铺作业，尤其适用于大厚度稳定土及大宽度沥青的一次摊铺成型。该产品配备316kW超大功率发动机，动力充沛，采用新一代高性能电加热双振捣机械加长熨平板，具有优秀的抗扭转变形能力及稳定可靠的作业质量。其特殊设计的连接方式大大提升了拼装效率，通过机身高度快速调整技术、超高压输分料技术、端伸缩技术等，该机不仅具备超强的作业能力，更能最大限度地满足各种极限工况的施工要求。

9. 贝特重工推出JBZ500型间歇式稳定土厂拌设备

2018年，山东贝特重工有限公司为了满足公路施工规范对高等级公路水稳层材料的严格要求，研发成功了新一代间歇式稳定土厂拌设备。该设备每个料斗、水泥、水、添加剂等全部采用电子秤单独计量的方式以保证计量精度，搅拌机采用7t大容量的双卧轴搅拌锅，可调的搅拌时间保证了生产率的要求。间歇式稳定土厂拌设备计量误差小，精度高，比连续式设备的计量精度要高得多。经在湖北土武线（土关垭—武当山）全线施工及河南乾坤路桥等工地实际使用证明，拌出的稳定土质量明显优于所有类型的连续拌合机生产出的拌合料。

10. 徐工随车公司推出QJS18F型桥梁检测车

2018年1月，徐州徐工随车起重机有限公司推出了18m桁架式桥梁检测车。该车具备的整机轻量化技术、桁架式产品主臂变幅技术、长大工作平台实时称重技术、桥梁检测车物联网技术、桁架式桥梁检测车原地展车技术、多轮垂直升降式自行走机构等，均为国内行业首创。在轻量化、运行成本、多工况适应性、安全性、信息化、施工便捷性、可维修性等方面实现了全方位的性能提升。

主要技术特点：桁架式主臂变幅技术，可提升对于高隔声墙桥梁的作业适应性；长大工作平台实时称重技术，可实时计算、监测长达18m桁架式工作平台的负载，并结合控制手段，确保人员作业及设备运行安全；桥梁检测车物联网信息化技术，可帮助使用者更加科学、准确地运营管理；原地展车技术，提升了平台内人员物资输送及产品养护维修的便捷性；多轮垂直升降式自行走机构，对地压力分布更为均匀，降低对施工路面的损坏。

11. 山东陆达推出MT5255TFS型全自动粉料撒布车

2018年1月，山东陆达机械设备有限公司通过自主研发，成功推出了MT5255TFS型全自动粉料撒布车。该车采用德国博世力士乐控制系统和液压传动系统，以车载控制器为核心运算单元，通过驾驶舱中的液晶显示屏设置撒铺量，操作人员只需要输入撒铺的重量与宽度，系统会自动计算相关参数进行撒铺工作。撒铺量在每平方米1～50kg任意调节，撒铺宽度为0.25～2.5m，以0.25m为单位任意调节。粉料罐整体动态计量系统是其关键技术，整机设计已获得6项专利授权；对上料系统和撒布过程都采取了独立的除尘措施，减少了施工污染，节约粉料；操作系统简单易学，易于操作。

12. 河南高远推出GYHDS-80B型激光多普勒动态弯沉检测设备

2018年，河南省高远公路养护技术有限公司在多年从事公路养护作业的基础上，研发成功GYHDS-80B型激光多普勒动态弯沉检测设备。该设备是基于路面变形速度的高速弯沉测量方法研发的动态弯沉快速无损检测设备，适用于高速公路、普通公路和城市公路的路面结构强度检测。

该设备可以在不封闭道路交通条件下，自动快速实现路面动态弯沉检测，快速准确地获得路面动态弯沉数据，为衡量路面整体承载能力、路面结构强度提供决策数据，为道路质量全面评价提供可靠的依据，提高道路建设和养护的针对性、科学性和有效性，对延长道路的使用寿命具有重要的作用。

GYHDS-80B型激光多普勒动态弯沉检测设备是在原有产品技术基础上进行升级，2018年新推出的第二代产品。较原设备在检测速度、精度及数据采集分析能力等方面都有显著提高。检测时速为0～120km/h，距离测量精度为±0.1%，动态弯沉测量分辨率为0.01mm，信号采样频率为300Hz，数据采集方式为基于TCP/IP协议多通道同步数据实时采集，GPS定位精度为±1.25m，荷载方式为可变荷载，满足不同道路检测需求。

13. 河南高远推出GYCSE-Ⅲ型道路结构连续性检测仪

2018年，河南省高远公路养护技术有限公司研发的GYCSE-Ⅲ型道路结构连续性检测仪是在原有技术基础上进行升级的第三代产品。该产品在检测速度、精度及数据采集分析能力等方面都有显著提高。检测速度为40km/h，距离测量精度为±0.1%，声音信号采样频率为22.1kHz、44kHz，AD转换精度为16位，GPS定位精度为±1.25m，滤波方式为全频采样，自定义带通滤波。

道路结构连续性检测仪是根据空洞声效应并结合电子信息技术，对道路早期结构病害检测的新型无损检测设备。该设备通过车辆牵引运行，特制的激励轮持续敲击待测半刚性基层沥青路面或水泥路面表面产生机械振动，通过专用声音采集装置对激励声音信号进行采集，并由声电转换装置转换为电子信息。该电子信息随方位信息一同载入计算机数据处理软件系统，由软件系统对路面结构不连续性特征带的相关参量进行分析，得出检测路段的不连续性声效特征曲线及基准线，并结合距离采集模板数据判断不连续性区域的位置及不连续性程度。该产品适用于半刚性基层沥青路面、水泥混凝土路面等早期结构性病害检测。

14. 河南高远研发成功GYTP4000型MOH材料半柔性路面摊铺机

2018年，河南省高远公路养护技术有限公司承担的国家科技支撑计划项目再结成果，将GYTP4000型MOH材料半柔性路面摊铺机成功推向市场。MOH是有机水硬性复合材料的缩写，GYTP4000型MOH材料半柔性路面摊铺机是国内外首套常温拌合、摊铺一体化大型施工机械。在专用底盘上配置各种功能模块，完成现场供料、配料、搅拌等功能，配料系统以骨料为基准，把各种物料（沥青、水、水泥、纤维）按设计比例输送至搅拌器，搅拌均匀的混合料输送至摊铺熨平装置完成摊铺；整机控制系统采用机电液融合控制技术，完成各系统的协调控制及作业参数的监控、记录及传输；底盘行驶系统具有超低速稳定行走性能，可满足大厚度摊铺作业时的低速行走要求；专用供料车通过供料系统向整机各物料仓不间断供料，实现连续摊铺；整机采取液压驱动、后驾驶操作方式，极大地降低了纵向接缝施工难度。

该机由于可连续摊铺，避免了横向接缝，减少了材料浪费，提高了作业功效和质量；常温施工降低了能源消耗及施工成本，减少了施工过程中产生的有害物质。该机可广泛应用于高速公路、国（省）道和市政道路等路面建设与养护。

15. 河南高远推出 HGY5141YH 型路面养护救援车

2018 年，河南省高远公路养护技术有限公司研发成功了 HGY5141YH 型路面养护救援车。

该车配置了小型折臂吊、液压发电机、超低速变速行走系统、货箱后卸、作业显示屏以及前部、中部、后部液压电气输出接口等功能，带有先进的集成式动力液压系统等，采用机电液融合控制技术及液压负载敏感技术，可以给多种养护机械提供换装接口和动力。配合各种养护机械，能够完成多种养护作业，如：高压水清洗、路灯维修、除雪撒盐、牵引拖曳、照明警示、抢险指挥、路面灌缝、坑槽修复等日常养护作业，也可为公路养护中的工具、物资运输、养护机械提供动力及救援服务。

16. 秦皇岛思嘉特研发成功 SMC-12000 超粘纤维磨耗封层车

2018 年，秦皇岛市思嘉特专用汽车制造有限公司成功推出 SMC-12000 超粘纤维磨耗封层车。该车采用机、电、液一体化系统模式，配置人机界面智能化操作系统，实现工作流程的智能化操作；触摸屏控制界面形象直观，功能设置全面，用户可方便地将混合料配比参数输入触摸屏，一键触摸启动，设备即可以严格按照设定的配比进行作业；系统运行过程降低了操作手的操作难度，只需把注意力集中在摊铺箱中混合料的正反转切换和摊铺车速的控制以及各种物料的运行状态上。

17. 浙江美通研发成功 LMT5253TYHB 型保温储料式路面养护车

2018 年，浙江美通筑路机械股份有限公司为沥青路面的日常养护机械作业推出了 LMT5253TYHB 型保温储料式路面养护车。该车集沥青混合料保温储运、沥青粘层喷洒、灌缝等多种功能于一体，可随车携带切割、破碎、压实等辅助机具，具有液压动力接口和电源接口，用于为其他工作装置提供动力。

主要技术特点：直接应用搅拌站沥青混合料，保证级配和油石比；全新升级保温料仓、嵌入式导热油加热系统、大功率柴油燃烧器、U 型导热油盘管，换热面积增大，外覆 100mm 保温棉，加热保温性能进一步提高；配备电加热装置，可外接市电加热导热油，对仓内物料进行保温，驻车加热或余料过夜时可有效节约能源；保温料仓顶部配备液压启闭仓门，装料方便，既可由沥青搅拌站装料，也可用装载机上料；独有变螺距螺旋输出沥青混合料，有效降低工作负载，国内首创双端马达驱动，输出扭矩大，解决了常见的螺旋堵转情形，可靠性大大提高；螺旋叶片采用瑞典 Hardox（悍达）高强度耐磨钢制造，使用寿命大大延长；可选装摆动出料槽装置，摆动角度达 ±90°，摆动半径为 350mm，方便施工，布料灵活；沥青罐采用导热油加热，管路具备自吸加油、排空、加热及保温功能，可喷洒乳化沥青或热沥青作为粘层；可选装灌缝胶热熔釜，用于路面裂缝填补；配备附属机具提升装置，可随车携带切割、破碎、压实机具，节约人力，可向外输出液压动力和电力，驱动其他工具。

18. 浙江美通研发成功 LMT5251TCX 型多功能道路综合除雪车

2018 年，浙江美通筑路机械股份有限公司成功推出了 LMT5251TCX 型智能型多功能道路综合除雪车。

该车采用按功能分类单元模块集成式设计，具备推雪、扫雪、融雪剂撒布、融雪剂预湿撒布、融雪液撒布、压实雪及融雪积冰清除等功能，并且具备撒布宽度、撒布量、预湿盐水比例数据设置输入修改功能。配置的预湿式撒布机可以直接节省 30% 以上的融雪剂，并可提高融雪效率 5 ～ 10 倍以上。在车辆前部设置的通用挂架可以互换挂载安装除雪铲、除雪刷等不同专用装置；热熔水箱（热融釜）可以直接将清水注入水箱内并加热，将颗粒融雪剂填入热融水箱内部的搅拌机内，通过搅拌直接生产出饱和盐水或液态融雪液，节省购置热融釜生产盐水设备的成本；螺旋破冰机安装在车辆中下部，适用于清除路面经过车辆压实的积雪和所形成的冰层；破冰齿与路面始终保持一定的间隙，避免损伤路面。该装置还具备避障能力，当遇到路面突出物时可自动抬升，越过障碍物后自动回位继续作业。车辆尾部配备了后吹扫装置，当破冰机将路面冰雪剥离后，飞溅起来的冰屑会重新落回路面上，由该装置的清扫滚刷清扫干净，扫起的冰屑由高压风机的气流通过出风口吹离路面，从而实现了破冰、清扫与吹送一次完成的除冰模式，不需要进行二次清扫作业，提高了除雪效率，也节省了人力、物力。

19. 天路重工研发成功 TRA 系列实时监测高速液压夯实机

2018 年，山东天路重工科技有限公司研发成功冲击能量 60kJ 的高速液压冲击夯实机，并形成了 20 ～ 60kJ 的系列产品。

TRA 系列高速液压夯实机是专为压实填充物及软地基处理设计的，可以快速安装于相应的装载机或挖掘机上，具有良好的机动性、可控制性和高效性，是一种独特的夯实设备。在桥头压实中，能达到压路机难以达到的效果，有效解决桥头跳车现象。在旧路加宽中的边沿压实效果很好，解决了新旧路基沉降不均匀等质量通病。该产品采用双作用液压加力、多重缓冲保护、冲击势能精确设定的设计方案。高蓄能多回路液压集成系统解决了高频率工作状态下系统过热的问题；大流量补油双蓄能器、双回路高速液压缸和多回路液压集成阀，可确保锤体在任何位置都能以自由落体的形式下落，以达到更大的打击能量，可使锤重一定的条件下对地层深度的影响最大；夯板的设计行程大，可避免机体与夯板的碰撞，确保装载机与夯实机夯实时的随动。

20. 天路重工研发成功 YCT32 型冲击压路机

2018 年，山东天路重工科技有限公司成功推出了 YCT32 型冲击压路机。该机符合国Ⅲ排放标准，节能环保。与牵引主机连接的缓冲单元具有多重缓冲结构。三棱的结构特点使其具有压实力大、影响深度深、施工效率高的优势，可满足高等级公路、高速铁路、水库大坝、机场、港口等大型工程的基础压实需要和旧路升级改造中的路面破碎作业。其压实效果是同吨位静碾的 10 倍、同等吨位振动压路机的 3 ～ 4 倍，尤其适合于湿陷性黄土的基础压实以及高等级公路成型路基的补强压实作业。

经中国机械工业科学技术奖评审委员会和中国机械工业科学技术奖管理委员会批准，由徐州徐工养护机械有限公司完成的“沥青洒布车生产过程中调试检测方法与控制方法”项目获得 2018 年度中国机械工业科学技术奖一等奖。由浙江美通筑路机械股份有限公司和长安大学共同申报的“沥青纤维碎石同步封层车（系列）关键技术研究及应用”项目获得 2018 年度中国机械工业科学技术奖二等奖。

〔供稿单位：中国工程机械工业协会筑养路机械分会〕

凿岩机械与气动工具

一、生产发展情况

2018 年，凿岩机械与气动工具行业生产经营处于回升期，在工程机械领域所占比重比较小。在国家政策的支持和市场推动下，特别是我国新建铁路、高速公路、水利建设等基础设施投资的力度在不断加大，煤炭、矿山的供给侧结构性改革初见成效并进一步平稳回升，借助于“一带一路”的机遇等，部分企业通过近几年学习、消化、创新，锤炼内功，产品技术水平不断升级，具备国内先进水平或达到国际领先水平的产品已进入市场，一批享有一定知名度的品牌在市场的呼唤下异军突起，市场细分后的产品体系应运而生。

在 bauma China 2018 中国国际工程机械、建材机械、矿山机械、工程车辆及设备博览会（上海宝马展）上，国内已有多家企业生产的单臂、双臂、多臂全液压凿岩钻车一体机凿岩设备进行展示亮相，吸引业内人的眼球。这也充分印证了液压凿岩机、全液压凿岩钻车一体机凿岩设备不仅已步入国内高端施工市场，而且也反映了凿岩机械行业今后的发展方向。交通基础设施建设及采矿业的平稳发展增长，促进行业发展并呈现出新契机，发展势态好，成绩可喜。

近年来，凿岩钻车产品得到了快速发展。露天钻车（潜孔式或顶锤式）、井下掘进钻车，单臂、多臂以及根据施工现场环境不同需要而生产的气动、液压（电动）动力方式的产品应有尽有，产品的“特”与“新”特征明显增强。尽管产品市场细分后市场需求量还比较小，但从中可以看到，一些企业针对市场变化采取应对措施，从而加速了企业的转型和企业应对市场变化在新产品技术研发过程中的应变速度。诸如工程施工钻车、井下掘进钻车（金属矿、煤矿钻车）、冶金行业打炉结机（开炉机）钻车，适应岩层破坏严重等地质条件下的采矿和隧道开挖中的锚杆支护工作钻车、工程锚杆钻车、光伏电场多功能光伏钻机、多功能防爆液压钻机、高速公路护栏钻机、水井钻机、竖井钻机等众多性能产品，在市场细分中大显身手，较好地满足了不同施工条件的需要。凿岩钻车产品的快速发展迫使液压凿岩机全面跟进，市场需求也逐步有所体现，但其毕竟是技术含量高的产品，行业还在紧锣密鼓地进行推进。在加快液压凿岩机技术研发过程中，整个行业在加强自主创新、大力发展自主品牌上不断加大投入。

在国家环保政策逐年加压的环境下，企业加速开发高效、节能、环保的产品，这既是机遇，更是挑战。事实上，行业企业也在不断加大对液压钻车机械的研发投入，国家、地方也有相应的政策支持。抢占市场先机，力争在国内、国际竞争中处于优势地位，为用户提供科技含量高、节能、低耗、低噪、高效的绿色环保产品，这是我国凿岩机械行业未来发展的大势所趋，也是整个凿岩机械行业持续、健康、稳定发展的必由之路。

我国气动工具行业发展整体是比较好的，多以中小型企业为主，生产具有一定规模。其特点是注重节能高效，外观精美、小巧玲珑，使用寿命长，安全性高，价格适宜，产品品种多，投入少，转型快，产品整体质量业已跻身国际市场。船舶、汽车制造产业处于技术升级并形成巨量规模的阶段，大飞机制造产业也初具雏形，这为气动工具产品提供了一定的市场。气动工具产品将注重人机工程学科知识的运用，在设计上将重精美和高性能作为技术研发和创新升级的主攻方向。智能化气动工具产品和液压工具的研发是国内各生产厂家争夺市场的焦点，国内少数企业已开始涉足这个领域。定扭矩、数控化、液压化、组合化在互联网时代对常规的纯机械类气动工具产品赋予更新、更高、更先进的要求。人性化、智能化的理念不仅融入产品的设计中，还融入每个零件、每一道工序之中。组合化气动工具已经不仅简单到一个产品，而是可以组成为一种设备。组合式气动工具可以是多头定扭形式，也可以是集合，具有整体的工作站的功能。研制这种设备并在市场上占有一席之地的企业，一定是这个行业真正的领跑者，坚持做精、做强、做大，必将带来的是行业和企业的可持续性发展。

我国凿岩机械与气动工具产品分类及主要生产企业见表 1。

表 1　我国凿岩机械与气动工具产品分类及主要生产企业

产品分类		主要生产企业名称
凿岩机械气动工具质量技术监督检测		天水凿岩机械气动工具研究所、长沙矿冶研究院有限责任公司、浙江衢州市质量技术监督检测中心
凿岩机械	气腿式凿岩机	天水风动机械股份有限公司、浙江衢州煤矿机械总厂股份有限公司、沈阳风动工具厂有限公司、洛阳风动工具有限公司、浙江红五环机械有限公司、宜春风动工具有限公司、湘潭风动机械有限公司、天水风动机械配件有限公司
	手持式凿岩机	天水风动机械股份有限公司、沈阳风动工具厂有限公司、浙江衢州煤矿机械总厂股份有限公司、浙江红五环机械有限公司、湘潭风动机械有限公司、天水风动机械配件有限公司
	内燃、电动凿岩机	洛阳风动工具有限公司、宜春风动工具有限公司
	凿岩钻架	天水风动机械股份有限公司、南京工程机械厂有限公司、湖北首开机械有限公司、青岛前哨精密机械有限责任公司
	凿岩钻车	天水风动机械股份有限公司、南京工程机械厂有限公司、浙江红五环机械有限公司、湖北首开机械有限公司、张家口市北方穿越钻具制造有限公司、青岛前哨精密机械有限责任公司
	液压凿岩机	天水风动机械股份有限公司、桂林桂冶机械股份有限公司、中船重工中南装备有限责任公司、浙江红五环机械有限公司
	冲击器	天水风动机械股份有限公司、宣化苏普曼钻潜机械有限公司、洛阳风动工具有限公司、南京工程机械厂有限公司
	其他	烟台市石油机械有限公司、黄石市黄风机械有限公司、浙江衢州煤矿机械总厂股份有限公司
气动工具	回转类产品	青岛前哨精密机械有限责任公司、天水风动机械股份有限公司、上海骏马气动工具有限公司、上海气动工具厂、宁波鄞州甬盾风动工具制造有限公司、镇江丹凤机械有限公司、上海迅驰气动工具制造有限公司、天津市柏益风动工具有限公司、徐州三刃风动工具有限公司、上海民生电器有限公司、山东春龙风动机械有限公司、山东同力达智能机械有限公司、烟台市石油机械有限公司、杭州萧山风动工具有限责任公司、镇江玛维克工具制造有限公司
	冲击类产品	天水风动机械股份有限公司、宁波鄞州甬盾风动工具制造有限公司、青岛前哨精密机械有限责任公司、山东中车同力达智能机械有限公司、义乌市风动工具有限公司、上海气动工具厂、徐州三刃风动工具有限公司、宜春风动工具有限公司、杭州风动工具制造有限公司、山东春龙风动机械有限公司、天水风动机械配件有限公司、南京工程机械厂有限公司、浙江红五环掘进机械股份有限公司、上海骏马气动工具有限公司、通化市风动工具有限责任公司

二、主要指标完成情况

根据中国工程机械工业协会凿岩机械与气动工具分会统计，2018 年，19 家企业完成工业总产值 110 930 万元，比上年下降 2.27%，其中新产品产值 35 796 万元，比上年增长 43.10%。完成工业销售产值 107 258 万元，比上年下降 9.64%，其中出口交货值 12 182 万元，比上年增长 41.19%；实现营业收入 116 090 万元，比上年增长 5.13%；实现利润总额 4 640 万元，比上年增加 2 942 万元。

2018 年，凿岩机械产量 40.90 万台（套），比上年下降 19.13%；销量 43.32 万台，比上年下降 6.04%；年底库存 5.93 万台（套），比上年下降 31.01%。2018 年，气动工具产量 58.90 万台（套），比上年增长 23.67%；销量 57.49 万台（套），比上年增长 21.99%；年底库存 8.40 万台（套），比上年下降 12.74%。

2018 年凿岩机械与气动工具行业主要生产企业经济指标完成情况见表 2。2017—2018 年凿岩机械与气动工具行业主要产品产销存对比情况见表 3。2018 年凿岩机械与气动工具行业主要企业产销存情况见表 4。2016—2018 年凿岩机械与气动工具行业产品出口情况见表 5。

表 2　2018 年凿岩机械与气动工具行业主要生产企业经济指标完成情况

序号	单位名称	工业总产值（万元）	总资产（万元）	主营业务收入（万元）	利润总额（万元）
1	天水风动机械股份有限公司	13 076	42 573	9 533	-1 484
2	南京工程机械厂有限公司	1 384	16 734	1 609	-278
3	沈阳风动工具厂有限公司	157	1 162	323	-29
4	浙江衢州煤矿机械总厂股份有限公司	11 494	18 792	12 198	595
5	青岛前哨精密机械有限责任公司	11 428	44 158	15 237	4 442
6	洛阳风动工具有限公司	8 744	15 352	9 501	220
7	上海气动工具厂	741	1 681	2 009	31
8	义乌市风动工具有限责任公司	371	350	408	10
9	烟台市石油机械有限公司	2 486	2 983	2 403	5
10	镇江丹凤机械有限公司	188	560	156	-9
11	山东中车同力达智能机械有限公司	25 290	35 996	25 290	189
12	天水风动机械配件有限公司	360	797	364	53
13	山东春龙风动机械有限公司	4 520	10 006	3 621	77
14	宁波市鄞州甬盾风动工具制造有限公司	2 601	1 247	2 627	41
15	湖北首开机械有限公司	5 500	7 023	4 990	154
16	浙江红五环掘进机械股份有限公司	11 050	18 120	15 791	-38
17	上海骏马气动工具有限公司	4 550	4 200	4 200	600
18	通化市风动工具有限责任公司	120	1 091	126	-26
19	桂林桂冶机械股份有限公司	6 870	54 564	5 704	87

表 3　2017—2018 年凿岩机械与气动工具行业主要产品产销存对比情况

产品名称	单位	2018 年			2017 年产量	2018 年产量同比增长（%）	2017 年销量	2018 年销量同比增长（%）
		产量	销量	年末库存				
一、凿岩机械	台	409 006	433 240	59 333	505 780	−19.13	461 090	−6.04
1. 凿岩机	台	84 717	83 629	12 056	75 280	12.54	81 107	3.11
（1）气动凿岩机	台	81 331	78 852	9 358	68 390	18.92	74 727	5.52
①手持式	台	16 970	16 325	1 937	14 189	19.60	14 566	12.08
②气腿式	台	33 198	31 263	4 539	27 637	20.12	31 127	0.44
③向上式	台	600	512	159	530	13.21	549	-6.74
④导轨式	台	463	545	88	563	−17.76	487	11.91
⑤气腿	台	30 100	30 207	2 635	25 471	18.17	27 998	7.89
（2）内燃凿岩机	台	2 734	4 393	1 946	6 105	−55.22	5 795	−24.19
（3）电动凿岩机	台	652	384	752	785	−16.94	585	−34.36
2. 凿岩钻车、钻架	台	6 330	5 886	538	15 740	−59.78	13 741	−57.16
3. 气动绞车	台	242	197	58	192	26.04	192	2.60
4. 冲击器	台	150	150	237	200	−25.00	200	−25.00
5. 气马达	台	6459	8 716	525	5 157	25.25	5 596	55.75

（续）

产品名称	单位	2018 年			2017 年产量	2018 年产量同比增长（%）	2017 年销量	2018 年销量同比增长（%）
		产量	销量	年末库存				
6. 其他	台	311 108	334 662	45 919	409 211	-23.97	360 254	-7.10
二、气动工具	台	589 011	574 868	83 974	476 288	23.67	471 246	21.99
1. 回转类产品	台	163 123	153 358	39 801	164 885	-1.07	160 190	-4.26
（1）气钻	台	13 551	14 723	1 483	18 021	-24.80	16 322	-9.80
（2）气砂轮	台	66 098	59 805	10 938	65 322	1.19	66 058	-9.47
（3）气扳机	台	83 474	78 830	27 380	81 542	2.37	77 810	1.31
2. 冲击类产品	台	98 017	99 144	16 700	72 067	36.01	73 919	34.13
（1）气镐	台	79 352	81 737	13 946	58 910	34.70	59 261	37.93
（2）气铲	台	16 293	15 007	2 250	10 824	50.53	12 304	21.97
（3）捣固机	台	2 372	2 400	504	2 333	1.67	2 354	1.95
3. 其他	台	327 871	322 366	27 473	239 336	36.99	237 137	35.94
三、配件	t	256	284	592	213	20.29	262	8.29

表 4　2018 年凿岩机械与气动工具行业主要企业产销存情况

产品名称	生产企业名称	单位	产品入库量	销量	其中：出口	年末库存量
凿岩机	总计	台	84 717	83 629	4 013	12 056
1. 气动凿岩机	合计	台	81 331	78 852	402	9 358
（1）气腿式	小计	台	33 198	31 263	230	4 539
	天水风动机械股份有限公司	台	31 434	28 619	206	1 891
	浙江衢州煤矿机械总厂股份有限公司	台	781	982	24	775
	洛阳风动工具有限公司	台				248
	沈阳风动工具厂有限公司	台	682	1 373		1 519
	南京工程机械厂有限公司	台	100	68		100
	桂林桂冶机械股份有限公司	台	201	221		6
（2）手持式	小计	台	16 970	16 325	138	1 937
	天水风动机械股份有限公司	台	1 516	1 641	138	501
	浙江衢州煤矿机械总厂股份有限公司	台				304
	浙江红五环掘进机械股份有限公司	台	15 454	14 684		1 132
（3）导轨式	小计	台	463	545		88
	天水风动机械股份有限公司	台	463	545		88
（4）向上式	小计	台	600	512		159
	天水风动机械股份有限公司	台	600	512		159
（5）气腿	小计	台	30 100	30 207	34	2 635
	天水风动机械股份有限公司	台	28 961	28 944	26	895
	浙江衢州煤矿机械总厂股份有限公司	台	1 139	1 263	8	1 740
2. 内燃凿岩机	合计	台	2 734	4 393	3 611	1 946
	洛阳风动工具有限公司	台	2 734	4 393	3 611	1 946
3. 电动凿岩机	合计	台	652	384		752
	洛阳风动工具有限公司	台	652	384		752

（续）

产品名称	生产企业名称	单位	产品入库量	销量	其中：出口	年末库存量
凿岩钻车、钻架	合计	台	6 330	5 886	31	538
	天水风动机械股份有限公司	台	165	169		59
	湖北首开机械有限公司	台	2 784	2 510	31	274
	浙江红五环掘进机械股份有限公司	台	3 326	3 156		188
	南京工程机械厂有限公司	台	49	44		17
	桂林桂冶机械股份有限公司	台	6	7		
冲击器	合计	台	150	150		237
	天水风动机械股份有限公司	台	150	150		227
	洛阳风动工具有限公司	台				10
气动绞车	合计	台	242	197	42	58
	烟台市石油机械有限公司	台	242	197	42	58
气动马达	合计	台	6 459	8 716		525
	天水风动机械股份有限公司	台	138	156		55
	烟台市石油机械有限公司	台	6 321	8 560		470
气镐	合计	台	79 352	81 737	1	13 946
	天水风动机械股份有限公司	台	3 297	4 902	1	321
	南京工程机械厂有限公司	台	2 045	3 166		2 964
	宁波鄞州甬盾风动工具制造有限公司	台	43 800	42 594		2 324
	通化市风动工具有限责任公司	台	650	715		255
	浙江红五环掘进机械股份有限公司	台	14 720	15 520		1 082
	义乌市风动工具有限责任公司	台	14 840	14 840		7 000
气铲	合计	台	16 293	15 007	5 945	2 250
	天水风动机械股份有限公司	台	300	431		36
	上海气动工具厂	台	1 357	1 345	300	135
	山东中车同力达智能机械有限公司	台	4 900	4 500		400
	青岛前哨精密机械有限责任公司	台	1 131	1 074	445	4
	宁波鄞州甬盾风动工具制造有限公司	台	1 880	1 847		544
	通化市风动工具有限责任公司	台	725	810		131
	上海骏马气动工具有限公司	台	6 000	5 000	5 200	1 000
气钻	合计	台	13 551	14 723		1 483
	天水风动机械股份有限公司	台	1 410	1 340		713
	青岛前哨精密机械有限责任公司	台	12 141	13 383		770
气扳机	合计	台	83 474	78 830	2 200	27 380
	天水风动机械股份有限公司	台	1 156	1 213		2 076
	山东中车同力达智能机械有限公司	台	19 720	18 110		1 610
	青岛前哨精密机械有限责任公司	台	8 938	9 527		3 100
	山东春龙风动机械有限公司	台	51 660	48 480		20 094
	上海骏马气动工具有限公司	台	2 000	1 500	2 200	500
气砂轮	合计	台	66 098	59 805	14 400	10 938
	天水风动机械股份有限公司	台	4 750	4 400		2 836
	上海气动工具厂	台	11 352	11 491		208

（续）

产品名称	生产企业名称	单位	产品入库量	销量	其中：出口	年末库存量
	镇江丹凤机械有限公司	台	4 318	4 510		1 631
	山东中车同力达智能机械有限公司	台	39 810	34 150		5 660
	青岛前哨精密机械有限责任公司	台	5 868	5 254		603
	上海骏马气动工具有限公司	台			14 400	
捣固机	合计	台	2 372	2 400	2 200	504
	天水风动机械股份有限公司	台	360	403		-30
	宁波鄞州甬盾风动工具制造有限公司	台	1 150	1 194		390
	上海气动工具厂	台	862	803		144
	上海骏马气动工具有限公司	台			2 200	
其他采掘设备	合计	台	311 108	334 662	6 708	45 919
	天水风动机械股份有限公司	台	240	84		220
	烟台市石油机械有限公司	台	1 803	1824		377
	浙江衢州煤矿机械总厂股份有限公司	台	308 958	332 657	6 553	45 215
	洛阳风动工具有限公司	台			139	90
	湖北首开机械有限公司	台	70	56	12	14
	桂林桂冶机械股份有限公司	台	37	41	4	3
其他风动工具产品	合计	台	327 871	322 366	8 957	27 473
	上海气动工具厂	台	1 059	1 067	600	161
	镇江丹凤机械有限公司	台	14 698	14 698		
	宁波鄞州甬盾风动工具制造有限公司	台	268 540	261 371		18 468
	山东春龙风动机械有限公司	台	260	433		194
	上海骏马气动工具有限公司	台	22 800	22 100	7 500	2 400
	青岛前哨精密机械有限责任公司	台	20 514	22 697	857	6 250
配件	合计	t	256	284		592
	天水风动机械股份有限公司	t	175	221		449
	浙江衢州煤矿机械总厂股份有限公司	t	17			
	天水风动机械配件有限公司	t	24	28		5
	洛阳风动工具有限公司	t	40	35		137
	通化市风动工具有限责任公司	只	620	1 150		525

表5　2016—2018年凿岩机械与气动工具行业产品出口情况

产品名称	2016年			2017年			2018年		
	出口量（台）	出口额（万美元）	占比（%）	出口量（台）	出口额（万美元）	占比（%）	出口量（台）	出口额（万美元）	占比（%）
凿岩机械	11 821	634.4	58.48	8 312	622.7	52.34	4 290	255.8	39.64
气动工具	46 754	316.5	29.17	43 285	279.0	23.45	3 3503	147.4	22.84
配件及其他		134.0	12.35		288.0	24.21		242.1	37.52
合计		1 084.9	100.00		1189.7	100.00		645.3	100.00

〔供稿单位：中国工程机械工业协会凿岩机械与气动工具分会〕

桩工机械

一、行业总体概况

2018 年，桩工机械行业在 2017 年主要机种同比翻番的基础上，又实现了较高的增长。其中，主力产品旋挖钻机的总销量达到 5 000 台的历史新高位，地连墙液压抓斗的销量也逼近 200 台，作为高端装备的双轮铣槽机销量增长 130.4%，达到 49 台，而且国产品牌开始主导国内市场。桩工机械行业的销售额已经跨越 200 亿元大关，其中高端产品所占份额开始逐步加大。行业的集中度进一步提升，主力产品的市场占有率继续向头部企业集中。同时，一批兼具市场运维能力和产品开发能力的中小型企业坚持走差异化竞争路线，在一些特殊产品领域也获得了显著的进步。

推动行业在 2017 年快速反弹后继续保持高增长的因素，部分同 2017 年基本相同或相似。第一，历经数年的基础设施领域的累积投入及 PPP 投融资模式带动大量工程上马，市场需求在 2018 年度继续释放。第二，部分服役期限届满的设备或性能相对落后及使用状态较差的早期设备陆续退出市场，给新机销售腾出了市场空间。第三，部分新晋的或运作良好的大型租赁公司对新机进行大宗批量采购，用于租赁经营，在新机销售中占有一定比例。第四，经过前几年行业低迷时期的不断努力以及 2017 年销售的拉动，各主要主机制造企业的库存基本出清，为产能释放及新机销售创造了条件。第五，国家“一带一路”倡议的逐步落地实施，提振了桩工机械产品在海外市场销量。市场及行业内部供需两侧的上述变化，为桩工机械行业各生产企业去库存、有效发挥产能、提升规模、改善经营质量等提供了有利的时间和空间。

除上述推动因素之外，2018 年的市场因素还有如下特点：第一，在我国的外部环境发生巨大变化、存在高度不确定性的背景下，基建投资的逆周期调节在熨平增长波动方面的作用越发重要，由中央财政撬动的各地方基建投资更是达到了前所未有的高强度。第二，PPP 经过清理后的再启动，不仅在投资项目的数量上为行业创造了很大的市场空间，也为资金的供给提供了保障。

2018 年行业存在的问题有一部分是 2017 年的延续，也有一些新问题，具体表现在以下几个方面：第一，行业大部分企业的经营状况随市场周期的起伏而大幅波动这一状况还没有根本性的改观，企业内生性发展动力仍显不足。此轮增长使行业站到了历史新高，其推动的最主要因素依然是市场需求的增长、各主要企业对市场及客户的强力拉动以及这两者形成的互相叠加效应。第二，供应链体系的能力虽已基本恢复，但关键基础零部件依然是制约行业高质量增长的瓶颈。国产供应链的质量状况依然是主机产品质量稳定性和高可靠性的软肋。第三，高增量新设备的投入，在一定程度上导致下游终端市场供给相对过剩。施工单价下降，工程资金到位不足，造成终端施工企业回款困难等状况，反过来又困扰着行业企业在产品销售价格、成交条件、应收账款回收等诸多方面的大幅改善。行业企业在经营质量的改善、经营风险的有效管控等方面依然存在诸多难题。在宏观高杠杆率未得到明显下降这一边际条件下的基建逆周期调节催生出来的海量工程项目，存在资金在源头上的“紧缺”以及在各端流动过程中的“失血”，对高增长下的企业现金流控制提出了极大的挑战。第四，行业的市场集中度得到进一步提升，但整体供给过剩状况依然严重。围绕市场占有率，以各种所谓“营销创新”为基本手段的白热化竞争，有可能透支未来的市场，人为地加大周期性波动的幅度，威胁行业持续稳健发展以及行业生态链的恢复、改善和提升。

行业各主要企业在产品布局、市场运作方式、重点经营环节的着力等方面显示出各自的差异化特征，主要表现如下：第一，在市场运作和重点经营环节上，部分企业通过高强度的研发投入以及制造的智能化改造等，强化自身竞争优势，努力提升主力产品的品牌影响力，表现在主力产品的市场竞争中占据明显的优势。而部分企业则主动采取更加稳健的经营策略，将经营风险防范置于更加重要的位置，也已呈现良好的态势。第二，在产品布局调整方面，呈现出越来越显著的差异化特征。部分企业继续着力于在行业领域内的产品多元化发展，促进了诸如双轮铣槽机这类高端桩工机械产品的技术进步，同时也已初步形成了批量化的市场应用。行业领域外的产品多元化发展，使一部分产品已经超出了桩工机械行业的范畴，形成了跨行业的多元化经营格局。而部分企业则更加聚焦于主力产品，在产品升级换代、系列多元化、个性化产品开发、基础技术研究、产品质量和可靠性提升、制造的智能化改造等方面加大投入，也获得很好的市场回报。总之，各主要企业依据各自对行业的理解和判断、企业自身的特点和经营特长以及阶段性经营需求，展现出差异化的经营方略。

在后市场方面，2018 年在 2017 年的基础上继续呈现出如下变化：第一，在主要区域市场，又陆续出现一批具有规模的专业化租赁公司，所经营的设备已不仅局限在二手机，而更多的是以新机作为主要的经营媒介。同时，部分具有资金实力及经营能力的既有租赁企业开始将租赁业务延伸至多个市场区域。第二，后市场的经营主体进一步向区域性或跨区域规模化经营集中。二手机交易、二手机维修与再制造、基础工程施工等后市场业务单元进一步向纵深发展，并在区域市场上显示出较强的综合竞争优势。

在市场客户端，一方面，一批具有较大规模的专业化施工公司或客户联盟在区域市场的影响力进一步提升，同时也有部分经营不善或采用激进扩张模式的公司陆续退出市场。另一方面，随着基建投资重点领域以及区域的变化，机种的需求也在逐步发生变化，部分诸如双轮铣槽机的新型高端桩工机械产品开始形成批量，吸引了部分公司转型至该领域。

2018 年桩工机械行业主要产品分类及主要经营企业见表 1。

表 1　2018 年桩工机械行业主要产品分类及主要经营企业

产品类别	主要生产企业
旋挖钻机	北京三一智造科技有限公司、北京中车重工机械有限公司、上海中联重科桩工机械有限公司、上海金泰工程机械有限公司、山河智能装备股份有限公司、徐州徐工基础工程机械有限公司、德国宝峨（天津）机械工程有限公司、恒天九五重工有限公司、郑宇重工股份有限公司、郑州富岛机械设备有限公司、江苏泰信机械科技有限公司、玉柴重工（常州）有限公司、高邮市恒辉机械有限公司、徐州海润科技机械有限公司
长螺旋钻孔机	山东卓力桩机有限公司、郑州勘察机械有限公司、浙江振中工程机械有限公司、上海振中工程机械有限公司、威海市海泰起重机械有限公司、瑞安八达工程机械有限公司、河北新河华泰桩工机械公司、河北双兴桩机有限公司、郑州富岛机械设备有限公司、郑州三力机械有限公司、辽宁建华重工有限公司
地下连续墙液压抓斗	上海金泰工程机械有限公司、徐州徐工基础工程机械有限公司、德国宝峨（天津）机械工程有限公司、山河智能装备股份有限公司、北京三一智造科技有限公司、上海中联重科桩工机械有限公司、北京中车重工机械有限公司、辽宁抚挖重工机械股份有限公司、上海工程机械厂有限公司
多轴钻孔机	上海工程机械厂有限公司、上海金泰工程机械有限公司、山河智能装备股份有限公司、浙江振中工程机械有限公司、山东卓力桩机有限公司
桩架	上海工程机械厂有限公司、上海金泰工程机械有限公司、山河智能装备股份有限公司、浙江中锐重工科技股份有限公司、浙江振中工程机械有限公司、上海振中机械制造有限公司、瑞安八达工程机械有限公司、山东卓力桩机有限公司、恒天九五重工有限公司、郑州勘察机械有限公司
桩锤（柴油锤、液压冲击锤、振动锤）	上海振中机械制造有限公司、上海工程机械厂有限公司、浙江振中工程机械有限公司、广东力源液压机械有限公司、浙江永安机械有限公司、瑞安八达工程机械有限公司、江苏东达工程机械有限公司、东台市巨力机械制造有限公司
静压桩机	山河智能装备股份有限公司、广东力源液压机械有限公司、恒天九五重工有限公司
地基加固：振冲器	江阴市振冲机械制造有限公司、北京振冲工程股份有限公司
工程钻机	上海金泰工程机械有限公司、郑州勘察机械有限公司、张家港市神通工业有限公司
全套管钻孔机（全回转全套管钻孔机、摆动式全套管钻孔机）	徐州盾安重工机械制造有限公司、徐州景安重工机械制造有限公司、郑州宇通重工股份有限公司、北京中车重工机械有限公司、上海工程机械厂有限公司、国土资源部勘探技术研究所、北京嘉友心诚工贸有限公司
双轮铣槽机	德国宝峨（天津）机械工程有限公司、徐州徐工基础工程机械有限公司、上海金泰工程机械有限公司、上海中联重科桩工机械有限公司
TRD 工法成槽机	上海工程机械厂有限公司、辽宁抚挖重工机械股份有限公司

二、产品销售情况

2018 年桩工机械主要产品销售情况见表 2。

表 2　2018 年桩工机械主要产品销售情况

产品种类	2017 年销量（台）	2018 年销量（台）	同比增长（%）
旋挖钻机	3 657	5 040	37.8
液压抓斗	129	189	46.5
桩架	410	400	−2.5
长螺旋钻机	283	178	−37.1
多轴钻机	109	188	72.5
桩锤	892	1 019	14.2
静压桩机	252	513	103.6
TRD 工法成槽机	1	1	0.0
双轮铣槽机	23	49	130.4

注：旋挖钻机的销量含国内新机销量、国内二手机再销售量、海外市场销量。

（一）国内销售情况

1. 旋挖钻机

2018 年，旋挖钻机的销量在 2017 年实现翻番的基础上增长 37.8%，达到 5 040 台。销售额超过 160 亿元，继续占据桩工机械产品首位，占行业销售额的 80%。

2018 年，旋挖钻机主要企业的销量继续扩大。同时，该细分市场的行业集中度进一步提高。销量排名前八位的企业是：北京三一智造科技有限公司、徐州徐工基础工程机械有限公司、上海中联重科桩工机械有限公司、山河智能装备股份有限公司、北京中车重工机械有限公司、恒天九五重工有限公司、上海金泰工程机械有限公司、宝峨机械设备（上海）有限公司。前八位企业销量合计 4 795 台，占总销量的 95%，行业的集中度已基本稳定在比较高的水准。8 家旋挖钻机主要企业中，销量呈现出较大的梯级现象：排名第一的北京三一智造科技有限公司销量首次突破 1 500 台，达到 1 519 台；排名第二的徐州徐工基础工程机械有限公司销量 1 436 台。排名前两位的企业销量合计占 8 家企业销量之和的 61.6%，占旋挖钻机总销量的 58.6%。排名前四位的企业销量合计 4 213 台，占旋挖钻机总销量的 83.6%，旋挖钻机的市场占有率进一步向头部企业集中。

2. 地下连续墙成槽机和铣槽机

2018 年，地下连续墙液压抓斗销量 189 台，比上年增长 46.5%，主要得益于城市轨道交通建设、城市地下空间开发、水利等工程的带动。由于该领域专业化、小众化的特点，销量仍然相对有限。但近两年的销量增速维持在近 50% 的高位，显示出城市内部基础设施建设领域增长的强劲势头。上海金泰工程机械有限公司继续保持销量领先，首次达到 100 台；徐州徐工基础工程机械有限公司的销量增长 89%，达到 34 台，反映出该公司在此细分产品上的投入加大；德国宝峨（天津）机械工程有限公司的销量则保持稳定增长，显示出该公司的品牌效应及稳健的经营风格。

随着城市地铁线数量的增多、地铁上马城市的增加，地铁车站的深度不断加大，地层复杂性及施工难度日益显现，城市中心区域地连墙工程对周边紧邻既有建筑或既有线路的敏感度增大，双轮铣槽机的优势日益显著。此外，以长三角和珠三角为典型的区域市场，由于工程需求的拉动，以及部分具有较高施工能力及经济实力的施工公司的介入，双轮铣槽机的销量得以显著提升。2018 年，双轮铣槽机的销量 49 台，比上年增长 130.4%。其中，最为突出的表现是徐州徐工基础工程机械有限公司的销量从 2017 年的 5 台猛增至 2018 年的 21 台。加之上海金泰工程机械有限公司销售 6 台，国产品牌双轮铣槽机的销量首次实现逆转，市场占有率达到 63.3%。这从侧面体现出国内品牌头部企业在高端产品上的综合投入在显著增加。

3. 桩架、长螺旋钻孔机、多轴钻机、桩锤

同 2017 年相比，2018 年这类产品的销量呈现出分化态势。桩架的销量同比下降 2.5%，长螺旋钻机销量同比下降 37.1%。其中有部分市场份额被其他机种替代的原因，也反映出该类产品在技术进步以及产品适应性提升等方面相对滞后。2018 年，多轴钻机的销量达 188 台，同比增长 72.5%，体现了该领域应用及其扩展性的增长态势。各类桩锤的销量首次突破 1 000 台，达到 1 019 台，同比增长 14.2%。其中，液压振动锤和液压冲击锤的增长尤为突出。

（二）国外销售情况

2018 年，除少数产品的出口占比显著增长之外，桩工机械行业多数产品的出口增长势头乏力。2018 年，旋挖钻机出口 543 台，比上年下降 5.1%，出口占比为 10.8%，比上年的 19% 明显下降。这说明国内市场的增长强劲，反衬出口占比的降低；海外市场区域的拓展以及市场深耕仍需加强；同时也应正确理解海外市场和国内市场的特征差异。柴油锤和振动锤分别出口 101 台和 213 台，出口占比分别为 41.4% 和 27.5%，都有显著增长。除了海外市场需求增长的原因之外，与该类产品的企业在技术进步以及产品升级等方面的努力也密不可分。

整体而言，桩工机械行业市场仍然以国内为主，海外销售尤其是针对海外终端用户的销售占比依然不高。这既凸显海外市场的开拓与深耕不足，也预示着行业市场增长及市场多元化发展的巨大潜力。

三、科研成果与新产品

在行业主力产品旋挖钻机研发方面，各主要企业在 2018 年相继推出了新产品或新一代升级产品。产品系列化丰富程度越来越高，大型或特大型旋挖钻机继续成为市场热点，各主要企业重点开发该类产品；个别头部企业已开始根据不同市场、不同应用以及不同客户，逐步形成更具针对性的差异化系列产品；个性化的产品开发也已逐步开始尝试；零部件的深度研究与开发、现代设计手段的应用、试验检测手段以及体系的搭建，标志着产品及技术的开发开始向更加深入的领域探索；智能化技术已开始逐步得到应用；个别头部企业已开始着手智能化工厂的改造，从生产、管理、物流等方面进行了数字化改造。这些都为提升产品可靠性、个性化的量产能力、生产效率等提供了坚实的基础。

2018 年，桩工机械其他类产品的技术进步也取得了长足的进展。国产双轮铣槽机、新型全回转全套管钻机、超大型双动力头强力多功能钻机等产品已逐步形成系列化，并具备了批量生产和销售的能力。

2018年部分企业新产品开发及主要科研成果分述如下。

1. 北京三一智造科技有限公司

2018 年，北京三一智造科技有限公司共推出 9 款旋挖钻机新品，公布了最新的旋挖钻机发展战略规划，即将旋挖钻机细分为 C10、E10、H10 和 W10 四大系列，分别面向土石方、租赁市场、硬岩施工和国际环保市场，产品定位更加明晰，为客户提供全面和完善的施工设备。2018 年研发的 SR520R 旋挖钻机开赴深圳“深中通道”施工。该款产品是公司深入挖掘客户需求、采用定制化模式研发设计而成的一款集入岩、大孔、深桩等于一体的大型旋挖钻机，其施工能力优异，性能突出。

2018年，公司共申报专利100项，其中，发明专利25项、实用新型专利60项、外观设计专利15项。截至2018年年底，公司共申请专利 773 项，已获授权专利 652 项，其中，发明专利 210 项、实用新型专利 427 项；获“中国优秀专利奖”“双十奖励”。公司还多次获得北京市科学技术进步奖、中国自主创新杰出贡献奖等，被评为国家火炬计划重点高新技术企业、科技研究开发机构等。

主要科研成果：①第五代旋挖钻杆技术的推广和应用。随着旋挖钻机机型的不断增大，且面临越来越多的入岩工况施工，钻杆技术需要寻求突破，才能与施工需要相互匹配。通过创新和技术升级，第五代旋挖钻杆实现了性能和寿命的大幅提升，如钢管材料升级、结构改进、钻杆焊接工艺提升等。②三一易维讯手机 APP 的推广应用。2018 年发布全新 APP，实现旋挖钻机施工状况、地理位置、油耗等信息的实时显示，让客户实现远程监控。同时，还开发论坛版块、网上商城、服务召请等实用功能，以满足客户多样化需求。

2018年，三一集团提出“数字化·国际化”的奋斗目标，具体部署了数字化建设的各项安排，北京三一南口工厂是三一集团重点建设的智能化样板工厂，从生产、管理、物流等方面进行了数字化改造。主要内容如下：①北京三一智造体系架构包括现场设备层、产线控制层、三现数据及设备互联操作层、制造运营管理层以及ERP、PLM企业层。②通过工厂数据自主采集、分析、判断等，利用仿真及多媒体技术，实境扩增展示设计与制造过程，解决产品设计和产品制造之间的“鸿沟”，实现产品生命周期中的设计、计划、工艺、制造、质量、物流等各个模块的智能协同，构建高效节能、绿色环保、环境舒适的灯塔工厂。③生产过程智能管理。生产过程一体化管理，实时的生产进度、工位忙闲智能展现，自动计算物料需求、自动下达采购、自动配送，可视化自动排程，灵活适应多样化的生产需求，有效地配置和利用有限资源，提高生产效率。④智能智造总控制中心。从传统制造过渡到智能制造，需要经过互联互通、信息透明、持续优化等阶段。通过三一智能制造中控平台，制造设备数据能够互联互通，实现生产单元的无人化和智能化。⑤互联互通。改变传统的制造模式，做到虚拟世界与物理世界深度融合，虚实精准映射，互相促进，车间各岗位、各设备都融于整个信息化系统，以数据有序流动为特征，以高效高质生产为核心，人、机、料、法、环、测各环节深度融合，使管理者做到“看得见、说得清、做得到”。⑥数据应用。利用采集数据、设备互联系统，实时获取设备数据，AI分析各阶段设备状态，获取开机率、作业率等生产效率指标以及辅料消耗、人工等成本指标，不断优化改善，提升设备产能，降低能耗。

2. 徐州徐工基础工程机械有限公司

2018年公司开发新产品情况：

（1）XR800E旋挖钻机。公司开发了全球最大吨位XR800E旋挖钻机，并成功参加2018年上海宝马展。该产品是为了满足跨江、跨海等大型桥梁超深、超大直径、硬岩地层桩基础施工而设计。在直径3～4.6m、深度150m的超深桩孔施工工程中，具有成孔速度快、成桩质量高、移动便捷、安全环保等优势，产品打破了传统旋挖主机结构形式，底盘、回转平台、主卷扬、配重等采用模块化设计，注重超大吨位产品拆装运输便捷性；采用徐工自制超大吨位旋挖钻机专用底盘；上置销轴连接式单排绳主卷扬；应用双速比动力头多挡位控制技术、组合式钻桅设计及钻杆带杆预警保护系统；整机安全高效、节能环保、操作舒适。

（2）全新一代E系列旋挖钻机产品。全新一代E系列旋挖钻机产品的动力头扭矩为80～800kN·m，共十余款产品，可满足国内外中高端客户桩基础施工需求。E系列旋挖钻机采用“稳定、高效、智能、多能舒适”的E平台技术，提高了产品的性能和效率。其中，XR240E旋挖钻机的综合施工效率提升显著；XR400E年销量超百台，成为行业大吨位产品的销量冠军；XR130E出口到美国、澳大利亚、俄罗斯、印度等国家和地区。

（3）新一代E系列地下连续墙液压抓斗。公司推出新一代E系列XG500E、XG600E、XG700E地下连续墙液压抓斗，实现了双卷扬同步控制、钢丝绳自动张紧等核心技术的突破，完成了全系列斗体技术升级，提升了系列产品的性能和效率。其中，XG700E地下连续墙液压抓斗在较硬地层抓槽施工的能力和效率获业界高度评价。

（4）XTC80/60M双轮铣槽机。针对低矮、狭窄空间特殊施工工况研发的XTC80/60M双轮铣槽机，具有施工效率高、成槽质量好、成槽精度高等优点。整机采用模块化设计，可实现低矮型与紧凑型两种结构快速切换；鹅头扁平设计、软管绞盘后置，整机高度控制在6.5m，可更好地适应高架桥、高压线下等空间受限工程施工；顶置独立吹风式散热、燃油温控电子风扇散热、全封闭边门设计，节能降噪，可很好地适应城市施工；采用双卷扬自动进给、多排绞盘及软管随动控制技术，成槽深度大，操作方便，拆装运输方便。

2018年，公司的旋挖钻机申请专利29项，其中发明专利11项；水平定向钻机申请专利10项，其中发明专利5项；掘锚机、掘进机申请专利4项，其中发明专利2项；水井钻机申请专利6项，其中发明专利1项；地下连续墙抓铣成槽设备申请专利7项，其中发明专利3项。

3. 上海中联重科桩工机械有限公司

按照集团统一部署的产品4.0开发理念及要求，针对近年来旋挖钻机市场的技术及工程需求演化，公司推出了全新一代C-3全系列旋挖钻机，并实现批量生产和销售。C-3系列旋挖钻机的主要技术特点：①首创双大三角变幅及桅杆向后倒至水平的功能，兼顾了施工时的整机稳定性和转场时的便捷安全性。②配置了液压顶升支腿辅助运输功能，显著节省转场运输时的起重机吊装费用。③液压系统压力达到45MPa，使液压元件体积更小、体积功率更大，整机空间布置更加合理。④主卷扬采用一筒双机单层结构，减速机和钢丝绳寿命延长20%；底盘刚性提高25%，整机低重心设计，大大提升了作业状态的稳定性。⑤配置了全新的第Ⅵ代动力头，三级减震、三级缓冲，显著降低工作时的振动及冲击。⑥全新一代电控平台，具备22项安全监控和状态监控。通过手机APP，可推送设备信息给客户，安全便捷。

2018年，公司申报专利15项，其中发明专利12项。

4. 山河智能装备股份有限公司

2018年公司新产品开发情况：

（1）SWSD4628W超大型双动力头强力多功能钻机。继2017年研发出SWSD6638W型超大型双动力头强力多功能钻机后，针对套管难以拔出、粘土和淤泥等地层清土困难以及施工时尘土飞扬等问题，2018年，公司开发了SWSD4628W型双动力头强力多功能钻机。该钻机可实现深度35m、直径1.2m的灌注桩施工。SWSD4628W双动力头强力多功能钻机与以往的双动力头钻机相比有以下几个创新点：①外侧动力头上安装了两个辅助拔套管液压缸，最大拔管力可达1 400kN，拔套管能力大大提升。②具有针对粘土和淤泥地层的杆、刷组合式的新型钻杆叶片清土器，可有效清理粘附在钻杆叶片上的泥土。③配备了半封闭式的挡土斗和防尘罩，可有效防止泥土乱飞，大大减少扬尘，保护环境不受破坏。

（2）双层快压成孔桩机。在我国西北地区，工程建设之前必须先对黄土地层进行密实作业，通常压管后拔管成孔，然后对孔内回填夯实。以前采用柴油锤施工，由于环保法规日趋严格，污染较大的柴油锤施工面临淘汰。SWRP3600 双层快压沉管机应运而生，采用静压原理，最大施工深度达 18m 以上，最大压桩力为 3 600kN，与以往的设备相比，具有以下优点：双层夹桩箱轮流夹住桩管，轮流下压和上拔，整个过程一气呵成，施工速度提高一倍；无需吊机辅助，减少人工操作。

（3）SWDM300H 旋挖钻机。近年来国内旋挖钻机销售竞争呈白热化，热卖机型主要集中在 260 ～ 400。为了提高山河智能旋挖钻机在市场上的竞争力，公司成立了旋挖钻机精品工程项目组，并于 2018 年研发出 SWDM300H 型多功能旋挖钻机。该钻机可实现深度 95m、直径 2.5m 的灌注桩施工。SWDM300H 型多功能旋挖钻机有如下特点：①主卷扬采用大直径滚筒，钢丝绳单层缠绕，使用寿命长。②动力头采用三马达、三减速机布置，输出扭矩更平稳，使用寿命更长。③整机进行了减震降噪设计。④采用全新宽大司机室、自动空调，操作舒适性大大增强。⑤配备遥控自动行走与平举，大大提高上下平板车的安全性。

（4）SWRC170H 自行式全回转全套管钻机。继 2017 年研发出 SWRC170 型自行式全回转全套管钻机，为应对钻孔深度的不断增加，以及粘土和淤泥等复杂地层施工的需求，2018 年公司又开发了 SWRC170H 自行式全回转全套管钻机，在保留 SWRC170 型自行式全回转全套管钻机优势的基础上，提高动力头扭矩达到 2 000kN • m，进一步拓展了该型号产品的使用范围。

5. 北京中车重工机械有限公司

北京中车重工机械有限公司基于“行业面临高端产品需求相对刚性、低端产品产能过剩，供需严重失衡”的判断，顺势而为，推出 F 系列新款旋挖钻机，满足重大工程建设、复杂工况和节能环保的需求，依托中国中车先进技术、全球采购和服务网络优势，以智能、低本、高效、省油、安全等功能特点占领高端市场。特别是 TR500F 型和 TR580F 型旋挖钻机的推出，标志着公司具备了超大吨位旋挖钻机的开发和制造能力。F 系列新款旋挖钻机技术特点如下：①卡特专用底盘：与卡特联合开发专用底盘，充分利用卡特的先进技术和全球服务体系，研发生产了 TR150F ～ TR580F 全系列旋挖钻机，具备可靠耐用、稳定高效、保值率高等特点。②结构可靠性高：采用数字化仿真技术、入岩抗冲击模拟技术，轻量化上车构件，保证设备的稳定性；大截面、高强度桅杆，使用细晶粒高强度专用钢板，保证整体的可靠性及安全性。③先进的液压控制系统：采用先进的负反馈技术，使流量和功率输出分配合理，在所有工作条件下，均可以利用两个液压泵提供充分动力。主泵具有功率调节系统，与电气系统完美结合，可充分发挥发动机功率。④智能化电气控制系统：移植高铁列车控制技术，采用模块化设计研发控制程序，实现故障预警、设备监控、远程故障诊断及信息记录等功能。

2018 年，公司申请专利 22 项，其中发明专利 6 项。

6. 恒天九五重工有限公司

2018 年公司新产品开发情况：

（1）新一代 JVR280E 旋挖钻机。该机利用新一代的 CAT336DL 底盘，开发了新一代 JVR280E 旋挖钻机。主卷扬采用后置单层大滚桶结构，配备二级缓冲功能，大幅度降低主卷扬减速机和马达的冲击，使主卷扬的使用寿命提高了 50%；标配触底保护功能，当钻斗落到孔底，切断主卷下放，防止钢丝绳过放、乱绳，钢丝绳使用寿命较原来提高了 40%；增加动力头马达与主卷扬马达的复合动作，旋挖钻机的施工效率提高了 15%；充分利用 CAT336DL 底盘特有的增压功能，极限工况条件下将系统压力提升到 36MPa，从而使动力头最大扭矩和主卷扬最大提升力增大。

（2）JVR390Z 新型大型旋挖钻机。该机配有卡特彼勒发动机技术，采用平行四边形变幅结构，桅杆液压缸采用大三角支撑形式、后倒桅杆转场方式。这种结构既充分利用了大三角支撑的稳定结构，又具有方便运输的特点。公司成为国内唯一一家生产卡特底盘旋挖钻机又同时采用卡特发动机生产自制底盘旋挖钻机的国内企业，实现卡特彼勒技术的深度利用，提高了恒天九五旋挖钻机产品的档次，又拓宽了供应链的渠道。

主要技术创新情况如下：

公司在动力头高速甩土、旋挖钻机智能控制方式、功率匹配等方面共获得 10 项专利授权。①动力头高速甩土：动力头具有高、低速两种输出速度。提供一种可实现多挡位输出的动力头驱动系统及包含该动力头驱动系统的旋挖钻机。通过设置换挡阀块，实现动力头马达工作油路的通断；通过设置电磁阀实现动力头各挡位的快速切换；通过设置背压阀，实现对动力头马达补油，保证动力头马达浮动时不吸空。该装置提高了旋挖钻机对不同地质的适应性，提升了旋挖钻机的施工效率。②主卷扬增加二级缓冲：减小减速机和马达的冲击，从而提高减速机和马达使用寿命。主卷下放过程中，主卷拉着钻杆浮动下放。钻杆（18t）在自身重力情况下，钻机经常出现溜杆、砸杆的现象，造成主卷扬损坏。在主卷扬系统增加二级缓冲，蓄能器利用主卷扬下放钻杆重力势能的转化或主卷扬提升钻杆时，主泵工作油路压力能经液控换向阀向蓄能器充液实现蓄能，作为主卷扬浮动系统的制动油路压力油源，有效降低了故障发生率，同时起到一定的节能效果。③旋挖钻机功率匹配测试装置：提供一种用于调试旋挖钻机液压系统吸收功率的方法和装置，用于匹配液压系统吸收功率和发动机输出功率，以提高燃油经济性。④电控系统智能化：选用竖向触摸显示屏、E-pad 快捷功能面板，右侧面板集成急停按钮、调桅手柄、档位旋钮、启停开关、翘板开关等，方便操作。推进“产品 4.0 工程”，以“模块化平台 + 智能化产品”

为核心，开发系列“能感知、有大脑、会思考”的新一代智能旋挖钻机产品。

7. 郑州郑宇重工有限公司

2018 年，郑州郑宇重工有限公司在宇通集团的支持下，持续加大新能源汽车的研发投入，在团队建设、核心技术研发、试验能力、产能建设和产品建设方面都取得了明显的进展。新能源汽车研发已形成 32 名博士、78 名硕士为核心的 400 余人研发团队，涵盖总体设计、系统匹配与集成、整车控制技术、电机及其控制技术、电池及其管理技术、电气技术、整车及零部件试验验证等技术方向。

在纯电动驱动矿车三大核心技术“电控、电机、电池”方面，公司借助宇通集团新能源技术，重点突破整车电控核心技术，并完全具备电机、电池测试评价能力。公司利用先进的“V”型开发模式及先进的研发设备，实施整车控制系统的全过程开发和完善，充分掌握整车控制核心技术。位于宇通客车的国家地方联合工程实验室和安全控制技术河南省工程实验室，经过多年的建设，已拥有大量整车及零部件测试设备。为了全面提升及验证节能与新能源矿车的节油率、可靠性、安全性以及稳定性等，公司依托宇通客车国家重点产业振兴和技术改造专项“电动客车电控技术研发平台建设项目”，进行新能源矿车试验能力建设，建立零部件、动力系统总成、整车三位一体的电动矿车电控技术研发平台，形成相互补充、不断递进的试验体系，具备混合动力系统、纯电驱动系统、电机、电池、电附件等部件的功能、性能、可靠性测试和评价能力。宇通总投资达 38.6 亿元的节能与新能源车辆生产基地一期工程于 2012 年年底投入使用，已形成年产 10 000 台节能与新能源车辆的能力。截至 2018 年年底，公司开发的 YTK90E 纯电动非公路自卸车已在河南、内蒙古、新疆、西藏、广东等地十多个矿区示范运营，累计运行里程超过 2 万 km；燃料成本相比传统车节约 65% 以上，在特定重载下坡工况可实现“零电耗”，与国内外同类产品相比具有明显竞争优势。

公司在新能源非道路车辆方面已形成了多项自主知识产权。截至 2018 年年底，已累计申报专利 126 项，获得授权专利 68 项，发表学术论文 16 篇。

8. 上海工程机械厂有限公司

2018 年公司新产品开发情况：

（1）SDP110 静钻根植钻机。SDP110 静钻根植钻机采用埋入式预制桩技术，通过钻孔加深层搅拌、扩底及预制桩身的施工方法，将 PHDC、PHC 和 PRHC 等桩型不同组合植入。该机具有泥浆排放量大幅减少、混凝土用量少、桩身质量稳定、施工机械化程度高、质量可靠和施工效率高等技术特点，并符合国家低碳环保的要求，可代替当前大部分钻孔灌注桩，在浙江宁波、温州和上海地区逐步得到推广和运用。

（2）DCM 处理系统。该系统是深层水泥搅拌工法（即 DCM 工法）的专用施工设备，将水泥或水泥固化材料按相关配比添加到软弱粘性土中，同时强制搅拌混合，利用化学固化作用形成坚固稳定土，以达到加固水下软土作为水工建筑基础的目的。DCM 处理系统包括四轴搅拌钻机、制供浆系统及施工管理系统，在钻掘能力大、扭矩自动补偿、工作稳定、作业效率高和智能化控制等技术创新点以及综合性能方面均优于日韩同类产品。

（3）TRD-80E 工法机（超深型）。TRD-80E 工法机（超深型）是地下等厚度水泥土搅拌墙施工设备，利用链锯式刀具箱竖直插入地层中，然后作水平横向运动。同时由链条带动刀具做上下往复运动，切削并搅拌混合原土后灌入水泥浆，形成等厚度水泥土搅拌止水墙。TRD 工法机具有隔水性强、对环境影响小、施工工艺无需冷缝处理、绿色环保和节能低碳等特点，适用于公路桥梁、高层建筑、地铁和城市地下管廊等基础施工工程。TRD-80E 工法机（超深型）运用于上海张江硬 X 射线自由电子激光装置 5 号井止水帷幕工程，最大切削深度达 86m，满足连续 24h 施工要求，施工效率超过 CSM 双轮铣深挖设备。

（4）JB170 及 JB170A 全液压步履式打桩架。该设备集机、电、液一体化，适应各种桩基施工需求，尤其能满足深基础施工中广泛采用的地下连续墙施工工艺（即 SMW 工法），亦可悬挂柴油打桩锤、静钻根植工法钻机等各种基础施工设备，是高架道路、高速公路、桥梁、港口、码头、地铁车站和高层建筑中桩基础施工的多功能、高稳定性施工设备。

（5）DRA13/5 双动力头钻机。该钻机主要由可分离式的双动力头和电气控制系统构成，配置套管螺旋钻杆及潜孔锤等组合钻具，可进行多功能、多用途施工，特别是能在卵石漂石层及坚硬岩层等复杂地层完成高效率钻孔，具有成桩孔径、孔壁形状规整，质量好，垂直精度高，以及施工无泥浆污染等特点。该钻机是一种环保型的桩工机械新产品，符合国家节能减排绿色施工的政策要求，具有良好的经济社会效益和广阔的市场推广前景。

（6）SPR 系列全液压履带打桩架。该设备是公司通过全面的消化吸收、国际化采购等措施开发的具有自主知识产权的多功能履带桩架，已经摆脱了从日本进口部分液压配套件的束缚，并进入量产阶段。具有接地比压小、转弯半径小、可以带载行驶、场地适应性强的优点，并可搭载多种作业设备，适用于各种桩基础作业。其性能达到国际同类产品先进水平，是建筑、桥梁、港口等地下桩基础施工的高性能、高效率施工设备，并出口到韩国、中国香港等地区。

2018 年，公司获得 16 项授权专利，其中，发明专利 4 项、实用新型专利 12 项，软件著作权登记 1 项；申请专利 20 项，其中，发明专利 10 项、实用新型专利 10 项。

9. 江苏泰信机械科技有限公司

2018 年，公司实施了 KR 系列中小型旋挖钻机精细化升级，完善卡特底盘旋挖钻机系列 KR220C、KR285C，定制化多功能钻机 KR220M 成功研发并交付新加坡客户。

中小型旋挖钻机通过不同作业工况，形成了多元化的工法应用，如地下管廊-旋挖施工、光伏桩施工、堤坝加固、长螺旋工法、微型桩+护筒施工、入岩施工、单轴搅拌桩施工、引孔作业后打入拉森钢板桩、低净空施工、旋挖+抓斗成槽施工、水上施工、大桩径施工及狭小空间施工等。

2018年，公司申报发明专利1项、实用新型专利3项。当前共有5项发明专利、19项实用新型专利。

10. 温州振中基础工程机械科技有限公司

2018年，公司主要技术创新情况：多轴钻机故障诊断系统；多轴钻机水灰比和注浆量控制系统；主卷合流提升、下放技术；深层搅拌监测系统。

11. 浙江永安机械有限公司

2018年公司新产品开发情况：

（1）YZ-400B液压振动锤。该振动锤是根据海上风电重载的施工状况专门研发的一款振动锤，它增加了拔桩力，齿轮箱内部使用FAG高速重载轴承，并采用强制式及飞溅式双重润滑系统，保证长时间打桩作业。该振动锤可打桩也可以拔桩，振动频率高，噪声小，可以入水作业，适用于钢板桩、钢管桩、H型桩及预制管桩。

（2）2600P动力站。由C2000发动机驱动，并配以力士乐液压系统，油管选用马努力或伊顿的进口油管，控制面板采用德国摩菲系统，动力站在风冷的基础上辅有海水冷却系统，保证海上长时间作业的稳定性。强大的马力可以让每分钟的输出油量达到2 600L。

（3）230F液压振动锤。这是一款升级版的高频液压振动锤，最大转速可达2 500r/min。它带有齿轮箱润滑冷却系统，适合恶劣的作业环境，适用于钢板桩、钢管桩、H型桩及预制管桩。

2018年，公司申报液压打桩锤、减少冲击阻力的液压打桩锤2项专利。

12. 江苏通州基础工程有限公司

江苏通州基础工程有限公司是一家专业基础施工公司，2018年完成了大量具有极大挑战性的基础工程项目。

（1）南京地铁7号线清凉山站咬合桩。南京地铁7号线清凉山站位于广州路与虎踞路交叉口，拟采用全逆做暗挖法施工，选用套管咬合桩围护，车站中部设临时立柱桩，基坑开挖47m。车站勘探深度内地层为第四系松散层和白垩系上统浦口组基岩，松散层岩性主要为粉质粘土。岩土层分布：1-1杂填土，松散；1-2素填土，松散；2-1粉质粘土，可塑；2-2粉质粘土，软塑；2-3粉质粘土，可塑；K2P-1全风化岩；K2P-2强风化岩；K2P-3-1中风化砂岩；K2P-3-2中风化含砾砂岩。主体围护结构采用套管咬合桩，素桩 ϕ1000@1600，桩长25m，进入中风化岩2m，共110根；荤桩 ϕ1200@1600，桩长52m，共110根。采用硬咬合工艺，素桩用C15混凝土，荤桩用C35水下混凝土。搓管机+旋挖钻机施工素桩，入中风化砂岩2m；全回转钻机+旋挖钻机施工荤桩，垂直度要求高，岩石硬，施工难度大。

（2）南京河西南部地区淮河路南延道路建设工程-跨线桥涉地铁桩基施工。该工程临近地铁隧道的桩基共110根，桩径为1.5m，桩长为80m。保护范围内桥梁桩基工程采用钢套筒施工，避免施工期间对地层扰动过大，且施工完成后禁止拔除钢套筒。钢套筒长度33m、直径1.6m、壁厚16mm，交叉范围内地铁宁和城际隧道中间6根桩，钢套筒长度60m、直径1.6m、壁厚26mm。施工工艺采用全回转钻机+旋挖钻机取土。在施工过程中严格保证每次沉管的管底低于抓土面不小于5m，且桩基成孔过程中采取注水或泥浆反压措施，严格控制成孔造成的地层影响。

（3）江苏省高级人民法院新建审判业务楼桩基工程。桩基工程地下4层，南侧向建筑物外围外扩约14m，北侧外扩6.1m，西侧外扩2.2m，东侧外扩3m。基坑南北向长95～106m，东西向宽18～50m，开挖深度20～22m，基坑安全等级为一级，基坑采用逆作法施工，竖向支撑为钢管柱（一柱一桩）。工程桩为旋挖钻孔灌注桩，共计147根，逆作法采用一柱一桩型式，立柱为 ϕ500mm、ϕ550mm、ϕ650mm、ϕ750mm钢管混凝土柱，共计47根；格构柱27根。坑中坑支护桩39根，降水井28口。该工程20根桩基需在两层老地下室顶板上施工，先用全回转钻机在地下室顶板上进行开洞清障，切割两层地下室顶板、底板，然后用旋挖钻机成孔。一期坑上桩基施工完成后，A区圆形支撑做好，两层地下室拆除后，进行坑下桩基施工，基坑深约8m，施工剩下的65根桩，其中一桩一柱26根。

〔撰稿人：中国工程机械工业协会桩工机械分会黄志明〕

掘进机械

掘进机械是工程机械中一类重要产品，主要应用于水平方向的隧道、巷道、管孔的机械化施工。根据中国工程机械工业协会标准《工程机械的定义和类组划分》的分类，掘进机械主要包括全断面隧道掘进机（盾构机、硬岩掘进机、顶管机等）、水平定向钻、悬臂式巷道掘进机等产品，其主导产品是全断面隧道掘进机。

全断面隧道掘进机是集机械、电子、液压、控制、信息技术于一体的复杂集成系统，工作环境特殊，对产品的稳定性、可靠性、适应性要求极高。因此，在相当长的时间里，全断面隧道掘进机的研发、制造和使用一直是我国制造业和施工企业的软肋。实际上，20 世纪 80 年代以前，我国全断面隧道掘进机市场和技术基本上被美、日、欧等发达国家的专业公司垄断，主要有德国海瑞克、维尔特、美国罗宾斯、加拿大罗瓦特、日本三菱重工、日立造船、川崎重工、石川岛播磨及小松等。

2005 年以后，随着我国大规模基础设施建设的持续展开，尤其是城市地铁、引水工程、过江隧道等工程的大量上马，国内市场对全断面隧道掘进机的需求急剧扩大。一方面，市场的需求刺激了国内一批企业通过技术引进、合资合作全面进军全断面隧道掘进机产业；另一方面，政府主管部门认识到全断面隧道掘进机产业的重要性和发展潜力，给予了足够的关注和支持，如把土压平衡盾构机及大型泥水平衡式盾构机的研发列入科技部“863”“973”课题计划，推动其设计、试验科研工作的开展。经过短短几年的发展，在激烈的市场竞争中，一批国内企业脱颖而出，一大批工程技术人员在大量的设计制造和施工实践中成长起来，我国企业已经完全掌握了全断面隧道掘进机的设计制造和施工技术，部分技术已经领先于国际水平。到 2018 年年底，国内企业的市场份额已经占到国内市场的 90% 以上，几家顶尖企业的生产条件和制造能力已经超过国际知名企业，已经完全具备自主研发能力和自主知识产权，产品批量进入国际市场。应该说，我国全断面隧道掘进机产业规模和市场规模已居全球首位。

经过这几年的发展，全断面隧道掘进机产业已经进入产业整合、洗牌阶段，有一部分企业开始逐渐退出这个行业，也有一些新进入这个行业的企业，更有一些实力雄厚的企业通过并购国外知名企业使自己实现跨越式的发展，行业处于上升中后期阶段。2018 年国内全断面隧道掘进机产量及销售额较 2017 年稳中有升。2018 年国内全断面隧道掘进机主要生产企业销售情况见表 1。

表 1　2018 年国内全断面隧道掘进机主要生产企业销售情况

序号	企业名称	产品	销量（台）
1	北方重工集团有限公司隧道掘进装备分公司	盾构机	4
		组合式掘进机	2
2	广州海瑞克隧道机械有限公司	盾构机	18
		硬岩掘进机	4
3	海瑞克（广州）隧道设备有限公司	盾构机	16
		顶管机	8
4	海瑞克（成都）隧道设备有限公司	盾构机	3
5	上海博欢重工机械有限公司	盾构机	2
		顶管机	5
		组合式掘进机	1
6	上海力行工程技术发展有限公司	盾构机	7
7	上海隧道工程有限公司	盾构机	12
8	中船重工（青岛）轨道交通装备有限公司	盾构机	10
		硬岩掘进机	8
9	中交天和机械设备制造有限公司	盾构机	85
		硬岩掘进机	3
10	中铁工程装备集团有限公司	盾构机	177
		硬岩掘进机	5
		顶管机	3
11	中国铁建重工集团有限公司	盾构机	138
		硬岩掘进机	17
12	辽宁三三工业有限公司	盾构机	67
13	中船重型装备有限公司	盾构机	16
		顶管机	1
14	徐工集团凯宫重工南京股份有限公司	盾构机	9
15	中铁山河工程装备股份有限公司	盾构机	5

2018 年，我国掘进机产量 658 台，2017 年产量为 655 台。其中，全断面隧道掘进机（盾构 +TBM+ 顶管机，含再制造）2017 年产量为 630 台，2018 年产量为 626 台，略有下降。2018 年，由于 10m 以上的盾构机增长较多，整体产值比 2017 年略有增长。

〔撰稿人：中国工程机械工业协会掘进机械分会宋振华〕

市政与环卫机械

市政与环卫机械主要包括清扫类、清洗类、垃圾收运类、下水道养护类、除冰雪类等产品，以改装专用车为主。其中，清扫类、清洗类、垃圾收转运类专用车占绝大部分销售比重，也是本文主要分析的对象。

随着我国城镇化的逐步推进，城市环境问题日益严峻，“垃圾围城”“乡村污染”等热门现象多次见诸报端，凸显出我国城乡环境治理水平尚有巨大改善空间。据住建部统计数据显示，我国城市垃圾每年清运量1.79亿t，农村垃圾每年产生量约为1.5亿t，而城市的垃圾处理率可达90%，农村垃圾处理率仅约50%。

为了满足人们对美丽环境日益增长的需求，《中华人民共和国环境保护法》《中华人民共和国大气污染防治法》等法律法规相继修订发布，为防治环境污染、推进生态文明建设提供了法制保障。同时，进一步加大城乡环境的直接治理力度。根据《全国城市生态保护与建设规划（2015—2020年）》要求，2020年全国城市生活垃圾无害化处理率要提升至95%。随着城镇化发展的深入，2006—2016年我国城市道路清扫保洁面积由48.5亿m^2增至79.5亿m^2，城镇生活垃圾产量由15 805万t增至19 525万t，增幅达23.5%。城市街道的清洁难度和面积变大，提升了对道路机械化清扫的需求。从各省、市、自治区地方政策、法规和规划来看，一线城市机械化清扫一般要求在80%以上，二线城市一般要求在60%～70%。三、四线城市也在向一、二线城市看齐，逐步提升城市清扫的机械化率。城镇化发展持续刺激着环卫服务需求的释放。

另外，根据《全国农村环境综合整治“十三五”规划》，明确到2020年，新增完成环境综合整治的建制村13万个，累计达到全国建制村总数的1/3以上，需建成生活垃圾收集、转运、处理设施450多万个（辆）。国务院于2016年11月公布的《“十三五”生态环境保护规划》也明确提出，在2020年年底前，加快县城垃圾处理设施建设，实现城镇垃圾处理设施全覆盖。未来，农村环卫市场潜力十足，能为环卫服务行业乃至环卫产业整体提供广阔的市场增值空间。

需求的快速增加，刺激各级政府针对环境治理方面的财政投入不断加大，用于购买设备和服务。另外，通过各项鼓励支持政策，积极引导社会资源加入到环境保护和治理的大军。需求激增、政策引导、资本投入、法制保障等诸多利好因素，给市政与环卫机械行业带来了空前的发展机遇，同时也面临日趋激烈的市场竞争。据不完全统计，2018年从事市政与环卫机械专用车生产、销售的企业已超过290家。在未来几年内，行业将面临新的产业整合，创新能力弱、融资成本高、运营能力差的小企业将被率先淘汰，技术实力强、产业链协同效应强、资源整合能力强的企业将进一步引领行业的发展。市政与环卫机械主要产品分类及2018年主要生产企业见表1。

表1　市政与环卫机械主要产品分类及2018年主要生产企业

产品分类		企业名称
清扫类	洗扫车	长沙中联重科环境产业有限公司、福建龙马环卫装备股份有限公司、郑州宇通重工有限公司、烟台海德专用汽车有限公司、程力专用汽车股份有限公司（原湖北程力专用汽车有限公司）、北京华林特装车有限公司、北京天路通科技有限责任公司、湖北合加环境设备有限公司、徐州工程机械集团有限公司、荆州华通汽车改装有限公司、石家庄煤矿机械有限责任公司、上海沪光客车厂、肥乡县远达车辆制造有限公司、湖北江南专用特种汽车有限公司、河南森源重工有限公司、扬州盛达特种车有限公司、航天晨光股份有限公司、深圳东风汽车有限公司、中通汽车工业集团有限责任公司、湖南恒润高科股份有限公司
	湿式扫路车	
	干式扫路车（吸尘车）	
	其他（如纯吸式扫路车、纯扫式扫路车）	
清洗类	高压清洗车	长沙中联重科环境产业有限公司、程力专用汽车股份有限公司（原湖北程力专用汽车有限公司）、福建龙马环卫装备股份有限公司、东风实业（十堰）车辆有限公司、湖北大力专用汽车制造有限公司、东风汽车公司、随州市东正专用汽车有限公司、湖北合力专用汽车制造有限公司、湖北润力专用汽车有限公司、深圳东风汽车有限公司、湖北新中绿专用汽车有限公司、中国重汽集团济南专用车有限公司、航天晨光股份有限公司、郑州宇通重工有限公司、北汽福田汽车股份有限公司、武汉市汉福专用车有限公司、湖北成龙威专用汽车有限公司、湖北合加环境设备有限公司、陕西汽车集团有限责任公司
	洒水车（低压清洗车）	
	路面养护车	
	绿化喷洒车（抑尘车）	
	其他	

（续）

产品分类		企业名称
垃圾收转运类	压缩式垃圾车	长沙中联重科环境产业有限公司、福建龙马环卫装备股份有限公司、程力专用汽车股份有限公司（原湖北程力专用汽车有限公司）、航天晨光股份有限公司、北汽福田汽车股份有限公司、烟台海德专用汽车有限公司、浙江飞碟汽车制造有限公司、随州市东正专用汽车有限公司、重庆耐德新明和工业有限公司、徐州工程机械集团有限公司、青岛中集环境保护设备有限公司、江苏悦达专用车有限公司、深圳东风汽车有限公司、湖北楚胜专用汽车有限公司、湖北合力专用汽车制造有限公司、湖北新中绿专用汽车有限公司、北京华林特装车有限公司、贵州云马飞机制造厂、湖北合加环境设备有限公司
	车厢可卸式垃圾车	
	压缩式对接垃圾车（含自卸式垃圾车）	
	自装卸式垃圾车	
	桶装垃圾运输车	
	餐厨垃圾车	
市政类	吸污车	湖北合力专用汽车制造有限公司、随州市东正专用汽车有限公司、湖北五环专用汽车有限公司、湖北新中绿专用汽车有限公司、程力专用汽车股份有限公司（原湖北程力专用汽车有限公司）、鞍山森远路桥股份有限公司、航天晨光股份有限公司、湖北宏宇专用汽车有限公司、重汽集团专用汽车公司、荆州华通汽车改装有限公司、长沙中联重科环境产业有限公司、湖北润力专用汽车有限公司、丹东黄海特种专用车有限责任公司、随州市力神专用汽车有限公司、湖北力威汽车有限公司、河南森源奔马专用汽车有限公司、湖北楚胜专用汽车有限公司、武汉市政环卫机械有限公司
	吸粪车	
	下水道养护车	
	除雪车	

注：因篇幅有限，表中仅列出部分企业。

根据车辆上牌数据统计，2018 年，市政与环卫机械专用车产品（含燃油、天然气、纯电动产品）总销量达 100 587 台，较上年增长 17.1%。

一、清扫类产品

1. 生产发展情况

清扫车是一种集路面清扫、垃圾回收和转运于一体的高效清扫设备，可广泛用于道路、广场的清扫保洁工作。按工作模式特点划分，清扫车可分为洗扫车、扫路车、吸尘车等。

常见的扫路车配备有清扫系统和由风机、吸嘴、风道、垃圾箱等组成的气力输送系统。在清扫作业时，利用扫刷将路面垃圾扫至吸嘴前面，利用风机运转时在气力输送系统中产生的动压和静压，通过吸嘴将垃圾吸入垃圾箱内，以达到清除路面垃圾的目的。按清扫抑尘方式的不同，可进一步将扫路车分为湿式扫路车和干式扫路车。扫路车在清扫过程中不可避免会产生扬尘，为解决这问题，湿式扫路车通过在清扫装置附近喷淋清水，达到抑制清扫扬尘的目的。而干式扫路车则通过对清扫过程中产生的粉尘气体进行抽吸过滤处理，解决扬尘问题。因干式扫路车在作业中不使用水，故特别适用于北方冬天结冰季节的作业工况。

洗扫车结合了高压清洗车和扫路车的功能，通过“扫－洗－吸”方式的联合作业，可实现扫路车所不具备的高洁净率。

相比传统的人工作业模式，使用机械化的清扫类产品进行路面清扫保洁作业具有高效、安全等特点。从近几年的市场销售情况来看，清扫类产品一直处于持续增长中。

2. 市场销售情况

（1）清扫类产品总体销售情况。2018 年，我国城市化不断推进，人口不断增多，区域不断扩大，道路不断增加。由于当前环卫工人工资水平较低，保洁单位更倾向于低成本的人工保洁，致使国内机械化清扫率较低，但随着人工清扫成本的持续上行以及政策的驱动，机械化清扫需求会增加。2018 年，清扫类产品（含燃油、天然气、纯电动产品）总销量为 12 332 台，较上年增长 3.12%。

（2）清扫类产品月度销售情况。从 2018 年各月销售数据来看，1—4 月基本处于销售淡季，5 月销量突出，其销量较全年平均值要高出 9.5%。6—8 月销量基本稳定，无大幅变化。9—11 月销量比 2017 年增多，12 月较 2017 年同期有所回落。2017—2018 年清扫类产品月度销售情况见图 1。

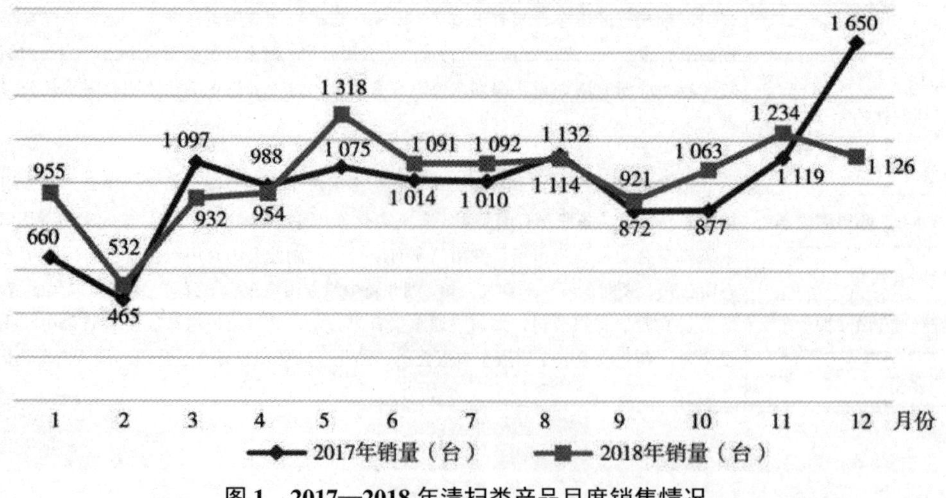

图 1　2017—2018 年清扫类产品月度销售情况

(3) 清扫类产品销量构成。按产品种类统计，清扫类产品销售主要以洗扫车为主，销量占比超过一半，且有逐年增长的趋势。

2018年，洗扫车销量增长3.1%，扫路车销量增长0.5%，吸尘车销量增长16.3%。洗扫车在清扫类产品中市场占有率较高，但增长率较低，市场变化不大；吸尘车的占有率虽然低，但增长较快，未来市场份额还有增长的可能。2017—2018年清扫类产品按品种销售情况见表2。

表2　2017—2018年清扫类产品按品种销售情况

产品类别	2018年		2017年		同比增长（%）
	销量（台）	占比（%）	销量（台）	占比（%）	
洗扫车	7 356	59.6	7 137	59.7	3.1
扫路车	4 004	32.5	3 986	33.3	0.5
吸尘车	972	7.9	836	7.0	16.3

按车辆总质量统计，2018年，清扫类产品销量最多的是12～18t产品，占总销量的58.6%。其次是5～9t产品，销量占比为26.7%。5～9t、12～18t大小适宜，最受市场欢迎，共占据85.3%的市场份额。从增长情况来看，2～4t、10～11t分别增长21.2%和27.4%。2017—2018年清扫类产品按产品总质量统计销售情况见表3。

表3　2017—2018年清扫类产品按产品总质量统计销售情况

产品吨位	2018年		2017年		同比增长（%）
	销量（台）	占比（%）	销量（台）	占比	
2～4t	646	5.2	533	4.5	21.2
5～9t	3 289	26.7	3 552	29.7	-7.4
10～11t	991	8.0	778	6.5	27.4
12～18t	7 221	58.6	6 884	57.6	4.9
18t以上	185	1.5	213	1.8	-13.1

(4) 清扫类产品主要生产企业销售情况。2018年，清扫类产品主要生产企业中，行业更明确化、精细化，产品销量有进一步向主要制造商集中的趋势。其中，销量列前三位的企业分别是长沙中联重科环境产业有限公司、福建龙马环卫装备股份有限公司、程力专用汽车股份有限公司。长沙中联重科环境产业有限公司的市场占有率达42.2%。销量增长较为突出的有安徽江淮专用汽车有限公司、石家庄煤矿机械有限责任公司、湖北聚力汽车技术股份有限公司等。2017—2018年清扫类产品主要生产企业销售情况见表4。

表4　2017—2018年清扫类产品主要生产企业销售情况

序号	企业名称	2018年		2017年		同比增长（%）
		销量（台）	市场占有率（%）	销量（台）	市场占有率（%）	
1	长沙中联重科环境产业有限公司	5 206	42.2	5 478	45.8	-5.0
2	福建龙马环卫装备股份有限公司	1 929	15.6	1 934	16.2	-0.3
3	程力专用汽车股份有限公司（原湖北程力专用汽车有限公司）	818	6.6	481	4.0	70.1
4	郑州宇通重工有限公司	426	3.5	712	6.0	-40.2
5	湖北五环专用汽车有限公司	280	2.3	160	1.3	75.0
6	烟台海德专用汽车有限公司	230	1.9	457	3.8	-49.7
7	北汽福田汽车股份有限公司	229	1.9	222	1.9	3.2
8	湖北合加环境设备有限公司	223	1.8	114	1.0	95.6
9	湖北宏宇专用汽车有限公司	221	1.8	192	1.6	15.1
10	石家庄煤矿机械有限责任公司	218	1.8	62	0.5	251.6
11	徐州工程机械集团有限公司	206	1.7	223	1.9	-7.6
12	北京华林特装车有限公司	187	1.5	113	0.9	65.5
13	北京市清洁机械厂	176	1.4	111	0.9	58.6
14	河南森源重工有限公司	170	1.4	129	1.1	31.8
15	北京天路通科技有限责任公司	167	1.4	256	2.1	-34.8
16	中通汽车工业集团有限责任公司	143	1.2	159	1.3	-10.1

（续）

序号	企业名称	2018 年		2017 年		同比增长（%）
		销量（台）	市场占有率（%）	销量（台）	市场占有率（%）	
17	肥乡县远达车辆制造有限公司	121	1.0	65	0.5	86.2
18	上海沪光客车厂	115	0.9	137	1.1	-16.1
19	湖北聚力汽车技术股份有限公司	112	0.9	55	0.5	103.6
20	安徽江淮专用汽车有限公司	77	0.6	21	0.2	266.7

（5）清扫类产品主要生产企业按产品种类销售情况。从销售数据看，长沙中联重科环境产业有限公司、福建龙马环卫装备股份有限公司、郑州宇通重工有限公司等企业侧重于洗扫车产品研发生产，湖北宏宇专用汽车有限公司、北京华林特装车有限公司等企业侧重于扫路车产品研发生产，北京天路通科技有限责任公司、上海沪光客车厂、湖北聚力汽车技术股份有限公司等企业侧重于吸尘车产品研发生产。2017—2018 年清扫类产品主要生产企业按品种销售情况见表 5。

表 5　2017—2018 年清扫类产品主要生产企业按品种销售情况

序号	企业名称	洗扫车			扫路车			吸尘车		
		2018 年销量（台）	2017 年销量（台）	同比增长（%）	2018 年销量（台）	2017 年销量（台）	同比增长（%）	2018 年销量（台）	2017 年销量（台）	同比增长（%）
1	长沙中联重科环境产业有限公司	3 399	3 411	-0.4	1 776	2 055	-13.6	31	12	158.3
2	福建龙马环卫装备股份有限公司	1 211	1 233	-1.8	574	608	-5.6	144	93	54.8
3	程力专用汽车股份有限公司（原湖北程力专用汽车有限公司）	321	152	111.2	441	317	39.1	56	12	366.7
4	郑州宇通重工有限公司	369	670	-44.9	42	20	110.0	15	22	-31.8
5	湖北五环专用汽车有限公司	95	41	131.7	129	87	48.3	56	32	75.0
6	烟台海德专用汽车有限公司	157	312	-49.7	44	111	-60.4	29	34	-14.7
7	北汽福田汽车股份有限公司	174	161	8.1	55	61	-9.8			
8	湖北合加环境设备有限公司	163	104	56.7	40	8	400.0	20	2	900.0
9	湖北宏宇专用汽车有限公司	71	55	29.1	125	119	5.0	25	18	38.9
10	石家庄煤矿机械有限责任公司	190	39	387.2				28	23	21.7
11	徐州工程机械集团有限公司	140	156	-10.3	66	67	-1.5			
12	北京华林特装车有限公司	72	70	2.9	115	43	167.4			
13	北京市清洁机械厂	138	78	76.9	38	33	15.2			
14	河南森源重工有限公司	120	124	-3.2	25	4	525.0	25	1	2 400.0
15	北京天路通科技有限责任公司	7	12	-41.7	8	8	0.0	152	236	-35.6
16	中通汽车工业集团有限责任公司	123	148	-16.9	7	6	16.7	13	5	160.0
17	肥乡县远达车辆制造有限公司	95	45	111.1	10	16	-37.5	16	4	300.0
18	上海沪光客车厂							115	137	-16.1
19	湖北聚力汽车技术股份有限公司							112	55	103.6
20	安徽江淮专用汽车有限公司	20	2	900.0	57	19	200.0			

（6）清扫类产品主要生产企业按产品总质量销售情况。2017—2018 年清扫类产品主要生产企业按产品总质量销售情况见表 6。

表 6　2017—2018 年清扫类产品主要生产企业按产品总质量销售情况

序号	企业名称	2 ～ 4t			5 ～ 9t			10 ～ 11t			12 ～ 18t			18t 以上		
		2018 年销量（台）	2017 年销量（台）	同比增长（%）	2018 年销量（台）	2017 年销量（台）	同比增长（%）	2018 年销量（台）	2017 年销量（台）	同比增长（%）	2018 年销量（台）	2017 年销量（台）	同比增长（%）	2018 年销量（台）	2017 年销量（台）	同比增长（%）
1	长沙中联重科环境产业有限公司	208	185	12.4	1 152	1 330	-13.4	481	378	27.2	3 221	3 460	-6.9	144	125	15.2
2	福建龙马环卫装备股份有限公司	114	73	56.2	455	572	-20.5	178	146	21.9	1 157	1 088	6.3	25	55	-54.5
3	程力专用汽车股份有限公司	64	50	28.0	344	218	57.8	137	47	191.5	265	165	60.6	8	1	700.0
4	郑州宇通重工有限公司	49	13	276.9	121	439	-72.4	0	2	-100.0	256	258	-0.8			
5	湖北五环专用汽车有限公司	47	30	56.7	163	99	64.6				68	29	134.5	2	2	0.0
6	烟台海德专用汽车有限公司	0	11	-100.0	58	141	-58.9	13	2	550.0	156	283	-44.9	3	20	-85.0
7	北汽福田汽车股份有限公司	14	21	-33.3	70	71	-1.4				145	130	11.5			
8	湖北合加环境设备有限公司	22			5			23	4	475.0	173	110	57.3			
9	湖北宏宇专用汽车有限公司	22	6	266.7	117	124	-5.6	22	21	4.8	60	39	53.8	0	2	-100.0
10	石家庄煤矿机械有限责任公司				44	8	450.0				174	54	222.2			
11	徐州工程机械集团有限公司	4			59	33	78.8	22	24	-8.3	121	166	-27.1			
12	北京华林特装车有限公司	0	1	-100.0							187	112	67.0			
13	北京市清洁机械厂				21	32	-34.4	18	11	63.6	137	68	101.5			
14	河南森源重工有限公司	25			47	26	80.8	3	4	-25.0	95	99	-4.0			
15	北京天路通科技有限责任公司	19	40	-52.5	61	33	84.8	12	12	0.0	75	171	-56.1			
16	中通汽车工业集团有限责任公司	7	6	16.7	7	42	-83.3	17	22	-22.7	112	89	25.8			
17	肥乡县远达车辆制造有限公司				20	19	5.3	0	7	-100.0	101	38	165.8	0	1	-100.0
18	上海沪光客车厂				29	36	-19.4				86	101	-14.9			
19	湖北聚力汽车技术股份有限公司				57	28	103.6	30	26	15.4	25	1	2 400.0			
20	安徽江淮专用汽车有限公司				63	17	270.6				14	4	250.0			

（7）清扫类产品各省、市、自治区销售情况。2018 年，清扫类产品销量过 1 000 台的有河北、河南、山东、江苏；销量在 500 ～ 1 000 台的有广东、安徽、北京、浙江。部分省份销量有不同程度的增长，其中西藏增幅较大，达 168.4%，黑龙江次之。少数省份出现销量下降的情况，其中上海和天津降幅均达 60.4%。2017—2018 年清扫类产品按省份销售情况见表 7。

表7　2017—2018 年清扫类产品按省份销售情况

省份	2018 年		2017 年		同比增长（%）
	销量（台）	占比（%）	销量（台）	占比（%）	
河北	1 419	11.5	865	7.2	64.0
河南	1 296	10.5	1 914	16.0	-32.3
山东	1 143	9.3	1 280	10.7	-10.7
江苏	1 055	8.6	797	6.7	32.4
广东	780	6.3	821	6.9	-5.0
安徽	713	5.8	469	3.9	52.0
北京	587	4.8	499	4.2	17.6
浙江	520	4.2	484	4.0	7.4
陕西	477	3.9	329	2.8	45.0
山西	405	3.3	242	2.0	67.4
辽宁	347	2.8	245	2.0	41.6
四川	341	2.8	295	2.5	15.6
江西	300	2.4	199	1.7	50.8
湖北	287	2.3	272	2.3	5.5
福建	266	2.2	340	2.8	-21.8
黑龙江	229	1.9	106	0.9	116.0
贵州	221	1.8	198	1.7	11.6
吉林	220	1.8	141	1.2	56.0
甘肃	205	1.7	226	1.9	-9.3
云南	185	1.5	207	1.7	-10.6
上海	182	1.5	460	3.8	-60.4
内蒙古	179	1.5	254	2.1	-29.5
天津	176	1.4	445	3.7	-60.4
广西	148	1.2	138	1.2	7.2
湖南	139	1.1	134	1.1	3.7
新疆	135	1.1	201	1.7	-32.8
宁夏	114	0.9	118	1.0	-3.4
重庆	114	0.9	114	1.0	0.0
西藏	51	0.4	19	0.2	168.4
海南	50	0.4	78	0.7	-35.9
青海	48	0.4	69	0.6	-30.4

二、清洗类产品

1. 生产发展情况

清洗车是以二类底盘的基础加以上装而成，具有运水、洒水、高低压冲洗、雾化喷洒、护栏清洗等功能的车辆。常见的车辆配置有前鸭嘴喷嘴、中圆锥对冲喷嘴、后洒水嘴、远程水炮、雾化风炮等作业装置。前鸭嘴冲洗、中圆锥对冲和后洒水装置可分别用于公路、广场等场所的冲洗和洒水作业，水炮则适用于远程的冲洗和洒水作业。该产品适用于城市道路、广场的清洗、洒水及护栏清洗、区域降温。从市场销售情况来看，清洗类产品销量增长迅猛。

2. 市场销售情况

（1）清洗类产品总体销售情况。随着城市的高速发展，区域扩展、城市道路增多，城市道路的清洁、绿化要求更高。适合于各种路面冲洗，树木、绿化带浇灌，局部抑尘降温等的作业车辆需求明显增加。2018 年，清洗类产品（含燃油、天然气、纯电动产品）总销量为 39 044 台，较上年增长 25.1%。

（2）清洗类产品月度销售情况。从 2018 年各月销售数据来看，2—5 月销量持续增长，峰值出现在 4 月份。6—10 月销量回落，11 月份销量又出现增长。2017—2018 年清洗车类产品月度销售情况见图 2。

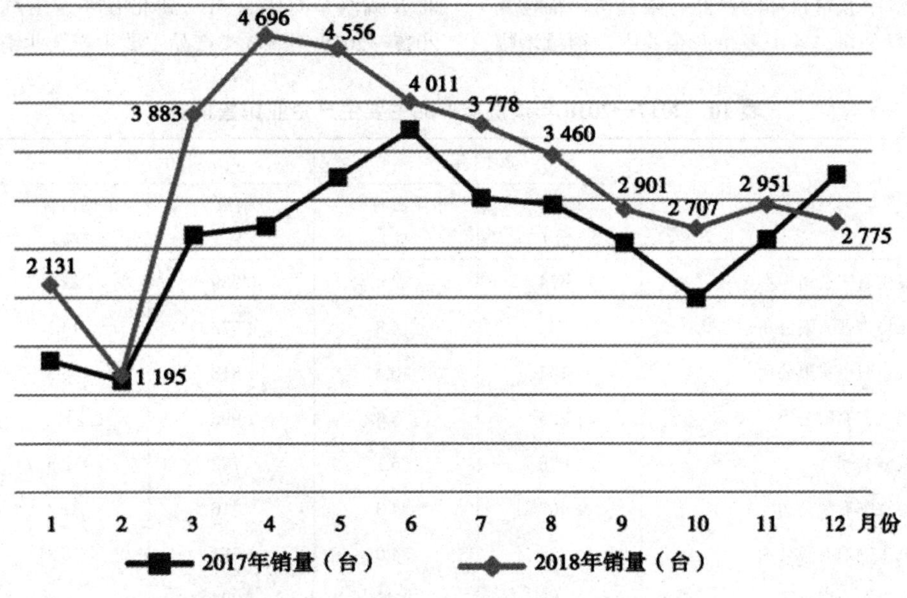

图 2　2017—2018 年清洗类产品月度销售情况

（3）清洗类产品销量构成。按产品种类统计，清洗类产品销量最高的是洒水车，占总销量的 55.6%。绿化喷洒车居第二位，销量占比为 22.2%。洒水车和绿化喷洒车销量合计增幅达 48.8%。销量增幅最大的是多功能抑尘车，比上年增长 69.1%。2017—2018 年清洗类产品按品种销售情况见表 8。

表 8　2017—2018 年清洗类产品按品种销售情况

产品类别	2018 年		2017 年		同比增长（%）
	销量（台）	占比（%）	销量（台）	占比（%）	
洒水车	21 721	55.6	16 836	54.0	29.0
绿化喷洒车	8 667	22.2	7 233	23.2	19.8
路面养护车	2 975	7.6	2 895	9.3	2.8
高压清洗车	1 841	4.7	1 873	6.0	-1.7
多功能抑尘车	3 385	8.7	2 002	6.4	69.1
护栏清洗车	455	1.2	365	1.2	24.7

按车辆总质量统计，2018 年，清洗类产品销量最大的是 12 ～ 18t 产品，销量占比为 53.8%。其次为 5 ～ 9t 产品，占比为 12.6%。销量最少的为 10 ～ 11t 产品，占比为 9.1%。10 ～ 11t 产品销量同比增长 32.2%，12 ～ 18t 产品销量同比增长 30.4%，18t 以上产品销量同比增长 8.7%。2017—2018 年清洗类产品按产品总质量统计销售情况见表 9。

表 9　2017—2018 年清洗类产品按产品总质量统计销售情况

产品吨位	2018 年		2017 年		同比增长（%）
	销量（台）	占比（%）	销量（台）	占比（%）	
2 ～ 4t	4 654	11.9	4 000	12.8	16.4
5 ～ 9t	4 917	12.6	3 885	12.5	16.6
10 ～ 11t	3 554	9.1	2 688	8.6	32.2
12 ～ 18t	21 020	53.8	16 124	51.7	30.4
18t 以上	4 899	12.5	4 507	14.4	8.7

（4）清洗类产品主要生产企业销售情况。2018 年，清洗类产品销量列前三位的生产企业分别是程力专用汽车股份有限公司、长沙中联重科环境产业有限公司、福建龙马环卫装备股份有限公司。各主要生产企业中，销量增幅较为突出的生产企业有程力专用汽车股份有限公司、湖北力威汽车有限公司、湖北新东日专用汽车有限公司、湖北天威汽车有限公司、湖北五环专用汽车有限公司等。2017—2018 年清洗类产品主要生产企业销售情况见表 10。

表 10　2017—2018 年清洗类产品主要生产企业销售情况

序号	企业名称	2018 年		2017 年		同比增长（%）
		销量（台）	市场占有率（%）	销量（台）	市场占有率（%）	
1	程力专用汽车股份有限公司	10 474	32.0	6 939	22.2	50.9
2	长沙中联重科环境产业有限公司	4 853	14.8	4 576	14.7	6.1
3	福建龙马环卫装备股份有限公司	2 104	6.4	1 818	5.8	15.7
4	随州市东正专用汽车有限公司	1 825	5.6	1 996	6.4	-8.6
5	湖北力威汽车有限公司	1 676	5.1	782	2.5	114.3
6	湖北新东日专用汽车有限公司	1 409	4.3	416	1.3	238.7
7	湖北大力专用汽车制造有限公司	1 295	4.0	1 651	5.3	-21.6
8	湖北新中绿专用汽车有限公司	1 138	3.5	1 334	4.3	-14.7
9	东风汽车公司	1 071	3.3	1 234	4.0	-13.2
10	湖北天威汽车有限公司	1 038	3.2	318	1.0	226.4
11	湖北宏宇专用汽车有限公司	971	3.0	796	2.6	22.0
12	湖北润力专用汽车有限公司	781	2.4	837	2.7	-6.7
13	郑州宇通重工有限公司	676	2.1	693	2.2	-2.5
14	北汽福田汽车股份有限公司	624	1.9	559	1.8	11.6
15	湖北五环专用汽车有限公司	581	1.8	295	1.0	96.9
16	东风随州专用汽车有限公司	569	1.7	415	1.3	37.1
17	中国重汽集团济南专用车有限公司	531	1.6	747	2.4	-28.9
18	河南森源重工有限公司	374	1.1	222	0.7	68.5
19	徐州工程机械集团有限公司	368	1.1	313	1.0	17.6
20	中通汽车工业集团有限责任公司	357	1.1	368	1.2	-3.0

（5）清洗类产品主要生产企业按产品种类销售情况。从销售数据来看，程力专用汽车股份有限公司、长沙中联重科环境产业有限公司、福建龙马环卫装备股份有限公司等企业在各产品种类上布局较为均衡，程力专用汽车股份有限公司、湖北新东日专用汽车有限公司在洒水车、多功能抑尘车上发力甚多，湖北天威汽车有限公司、湖北五环专用汽车有限公司洒水车销量增长急剧，湖北天威汽车有限公司、湖北力威汽车有限公司、湖北宏宇专用汽车有限公司绿色喷洒车销售上升明显。2017—2018 年清洗类产品主要生产企业按品种销售情况见表 11。

表 11　2017—2018 年清洗类产品主要生产企业按品种销售情况

序号	企业名称	洒水车			绿化喷洒车			路面养护车			高压清洗车			多功能抑尘车			护栏清洗车		
		2018 年销量（台）	2017 年销量（台）	同比增长（%）	2018 年销量（台）	2017 年销量（台）	同比增长（%）	2018 年销量（台）	2017 年销量（台）	同比增长（%）	2018 年销量（台）	2017 年销量（台）	同比增长（%）	2018 年销量（台）	2017 年销量（台）	同比增长（%）	2018 年销量（台）	2017 年销量（台）	同比增长（%）
1	程力专用汽车股份有限公司	6 338	3 995	58.6	3 075	2 410	27.6	105	133	-21.1	17	2	750.0	925	50	1 750.0	14	5	180.0
2	长沙中联重科环境产业有限公司	2 204	1 677	31.4	0	5	-100.0	1 075	1 137	-5.5	705	913	-22.8	695	579	20.0	174	204	-14.7

（续）

序号	企业名称	洒水车			绿化喷洒车			路面养护车			高压清洗车			多功能抑尘车			护栏清洗车		
		2018年销量（台）	2017年销量（台）	同比增长（%）	2018年销量（台）	2017年销量（台）	同比增长（%）	2018年销量（台）	2017年销量（台）	同比增长（%）	2018年销量（台）	2017年销量（台）	同比增长（%）	2018年销量（台）	2017年销量（台）	同比增长（%）	2018年销量（台）	2017年销量（台）	同比增长（%）
3	福建龙马环卫装备股份有限公司	708	667	6.1	0	8	-100.0	591	432	36.8	530	520	1.9	205	140	46.4	70	42	66.7
4	随州市东正专用汽车有限公司	1 364	1 573	-13.3	367	312	17.6				17	32	-46.9	77	76	1.3	0	3	-100.0
5	湖北力威汽车有限公司	463	514	-9.9	1 177	243	384.4	0	1	-100.0				36	24	50.0			
6	湖北新东日专用汽车有限公司	1 105	218	406.9	108	191	-43.5							196	7	2 700.0			
7	东风汽车股份有限公司	798	566	41.0	265	618	-57.1							3	50	-94.0	4		
8	湖北大力专用汽车制造有限公司	740	717	3.2	549	921	-40.4				2			4	12	-66.7			
9	湖北新中绿专用汽车有限公司	570	731	-22.0	416	587	-29.1	12						140	28	400.0			
10	湖北天威汽车有限公司	453	57	694.7	585	261	124.1												
11	湖北宏宇专用汽车有限公司	112	199	-43.7	801	557	43.8	13	1	1 200.0	2			43	28	53.6	34	10	240.0
12	湖北润力专用汽车有限公司	423	379	11.6	227	359	-36.8	7	8	-12.5				124	91	36.3			
13	郑州宇通重工有限公司	216	222	-2.7				243	293	-17.1	101	93	8.6	116	85	36.5			
14	北汽福田汽车股份有限公司	303	303	0.0	5	5	0.0	220	191	15.2				84	48	75.0	12	12	0.0
15	湖北五环专用汽车有限公司	407	221	84.2	117	59	98.3	27	9	200.0	7	5	40.0	23	1	2 200.0	5		
16	东风随州专用汽车有限公司	455	379	20.1	104	28	271.4							10	8	25.0			
17	中国重汽集团济南专用车有限公司	467	622	-24.9	17	67	-74.6	0	3	-100.0				46	54	-14.8	1	1	0.0
18	河南森源重工有限公司	182	107	70.1				108	35	208.6	16	15	6.7	62	65	-4.6	6	4	50.0
19	徐州工程机械集团有限公司	82	129	-36.4	9	7	28.6	62	81	-23.5	121	45	168.9	84	46	82.6	10	5	100.0
20	中通汽车工业集团有限责任公司	137	125	9.6	87	72	20.8	5			71	82	-13.4	57	89	-36.0			

（6）清洗类产品主要生产企业按产品总质量销售情况。2017—2018年清洗类产品主要生产企业按产品总质量统计销售情况见表12。

表12　2017—2018年清洗类产品主要生产企业按产品总质量统计销售情况

序号	企业名称	2～4t			5～9t			10～11t			12～18t			18t以上		
		2018年销量	2017年销量	同比增长（%）	2018年销量	2017年销量	同比增长（%）	2018年销量	2017年销量	同比增长（%）	2018年销量	2017年销量	同比增长（%）	2018年销量	2017年销量	同比增长（%）
1	程力专用汽车股份有限公司	392	443	-11.5	1 793	1 338	34.0	1 539	988	55.8	5 978	3 510	70.3	772	660	17.0

（续）

序号	企业名称	2～4t			5～9t			10～11t			12～18t			18t 以上		
		2018 年销量	2017 年销量	同比增长（%）	2018 年销量	2017 年销量	同比增长（%）	2018 年销量	2017 年销量	同比增长（%）	2018 年销量	2017 年销量	同比增长（%）	2018 年销量	2017 年销量	同比增长（%）
2	长沙中联重科环境产业有限公司	1 075	1 137	-5.5	466	389	19.8	1	4	-75.0	2 292	2 221	3.2	1 019	825	23.5
3	福建龙马环卫装备股份有限公司	591	89	564.0	65	204	-68.1	0	225	-100.0	1 176	1 386	-15.2	383	92	316.3
4	随州市东正专用汽车有限公司	134	432	-69.0	185	101	83.2	289			1 107	852	29.9	110	433	-74.6
5	湖北力威汽车有限公司	98	10	880.0	164	39	320.5	202	34	494.1	1 008	1491	-32.4	36	77	-53.2
6	湖北新东日专用汽车有限公司	36	114	-68.4	285	183	55.7	359	174	106.3	995	798	24.7	8	65	-87.7
7	湖北大力专用汽车制造有限公司	73			44	53	-17.0	17	398	-95.7	747	598	24.9	153	185	-17.3
8	湖北新中绿专用汽车有限公司	256	21	1 119.0	83	92	-9.8	139	54	157.4	721	537	34.3	63	133	-52.6
9	东风汽车公司	16	181	-91.2	69	204	-66.2	139	122	13.9	703	408	72.3	48	27	77.8
10	湖北天威汽车有限公司	273	8	3 312.5	96	270	-64.4	175	247	-29.1	597	243	145.7	33	14	135.7
11	湖北宏宇专用汽车有限公司	13	3	333.3	94	52	80.8	41	4	925.0	522	205	154.6	111	483	-77.0
12	湖北润力专用汽车有限公司	243	293	-17.1							486	299	62.5	68	101	-32.7
13	郑州宇通重工有限公司	231	195	18.5	75	91	-17.6				394	216	82.4	87	57	52.6
14	北汽福田汽车股份有限公司	122			75	91	-17.6	69	120	-42.5	365	158	131.0	12	30	-60.0
15	湖北五环专用汽车有限公司				8	29	-72.4	6	2	200.0	225	379	-40.6	69	5	1 280.0
16	东风随州专用汽车有限公司	0	65	-100.0	38	17	123.5	7	19	-63.2	219	231	-5.2	323	58	456.9
17	中国重汽集团济南专用车有限公司	108			52	25	108.0				214	110	94.5	98	233	-57.9
18	河南森源重工有限公司	62	83	-25.3	11	82	-86.6	2	60	-96.7	162	87	86.2	64	8	700.0
19	徐州工程机械集团有限公司	1	7	-85.7	53	36	47.2	0	48	-100.0	110	216	-49.1	224	11	1 936.4
20	中通汽车工业集团有限责任公司	2	81	-97.5	25	13	92.3	179	1	17 800.0	89	168	-47.0	158	50	216.0

（7）清洗类产品各省、市、自治区销售情况。2018 年，清洗类产品销量在 2 000 台以上的有河南、山东、江苏、广东、河北、湖北；销量为 1 500 ～ 2 000 台的有陕西、四川、安徽、浙江；销量为 1 000 ～ 1 500 台的有江西、湖南。

2018 年，大部分省份清洗类产品销量有所增长。其中销量增长最快的为西藏，增长 117.0%，其次为广西、江西、吉林，增幅均在 70% 以上。贵州、福建、内蒙古、天津有所下降。2017—2018 年清洗类产品按省份销售情况见表 13。

表 13　2017—2018 年清洗类产品按省份销售情况

序号	省份	2018 年		2017 年		同比增长（%）
		销量	占比（%）	销量	占比（%）	
1	河南	3 279	8.4	3 000	9.6	9.3
2	山东	3 172	8.1	2 628	8.4	20.7
3	江苏	3 030	7.8	1 897	6.1	59.7
4	广东	2 846	7.3	2 493	8.0	14.2
5	河北	2 726	7.0	1 670	5.4	63.2
6	湖北	2 552	6.5	1 984	6.4	28.6
7	四川	1 951	5.0	1 386	4.4	40.8
8	陕西	1 947	5.0	1 240	4.0	57.0
9	安徽	1 826	4.7	1 361	4.4	34.2
10	浙江	1 529	3.9	1 184	3.8	29.1
11	江西	1 288	3.3	694	2.2	85.6
12	湖南	1 199	3.1	1 206	3.9	-0.6
13	北京	959	2.5	651	2.1	47.3
14	山西	959	2.5	672	2.2	42.7
15	福建	949	2.4	1 161	3.7	-18.3
16	贵州	949	2.4	1 162	3.7	-18.3
17	广西	930	2.4	492	1.6	89.0
18	云南	859	2.2	775	2.5	10.8
19	新疆	797	2.0	789	2.5	1.0
20	辽宁	742	1.9	731	2.3	1.5
21	甘肃	708	1.8	594	1.9	19.2
22	重庆	700	1.8	575	1.8	21.7
23	吉林	626	1.6	368	1.2	70.1
24	天津	526	1.3	712	2.3	-26.1
25	西藏	473	1.2	218	0.7	117.0
26	内蒙古	363	0.9	477	1.5	-23.9
27	上海	337	0.9	338	1.1	-0.3
28	黑龙江	300	0.8	283	0.9	6.0
29	宁夏	181	0.5	152	0.5	19.1
30	海南	171	0.4	151	0.5	13.2
31	青海	170	0.4	160	0.5	6.3

三、垃圾收运类产品

1. 生产发展情况

垃圾车主要用于市政环卫及大型厂矿运输各种垃圾，尤其适用于运输小区生活垃圾。按结构形式和垃圾种类可分为车厢可卸式垃圾车、压缩式垃圾车、压缩式对接垃圾车（含自卸式垃圾车）、自装卸式垃圾车、桶装垃圾车、摆臂式垃圾车、勾臂式垃圾车以及餐厨垃圾车。

2017 年，我国从事垃圾收运类专用车研发制造的企业 207 家，行业竞争可谓更加激烈。其中，凭借收集方便、密闭性好、装载能力强，能适应城市和城郊各种道路运输条件的特点，车厢可卸式垃圾车和压缩式垃圾车增长较快。随着人们对生活环境的要求越来越高，密闭式垃圾车的需求也会越来越大。

2. 市场销售情况

（1）垃圾收运类产品总体销售情况。2018 年，垃圾收运类产品（含燃油、天然气、纯电动产品）销量达 40 090 台，较上年增长 9.1%。

（2）垃圾收运类产品月度销售情况。2018 年，垃圾收运类产品各月销售情况呈平缓的“W”型态势。2 月是销量低谷期，3 月销量迅速回升，但较上年同期的迅猛增长态势有所降低。4 月销量持续增长，增长态势持续到 6 月有所回落，7—8 月持续增长，8 月销量达到一个小峰值，之后同上年一样，销量有所回落，直到 10 月之后才有所回升，12 月销量达到顶峰。2017—2018 年垃圾收运类产品月度销售情况见图 3。

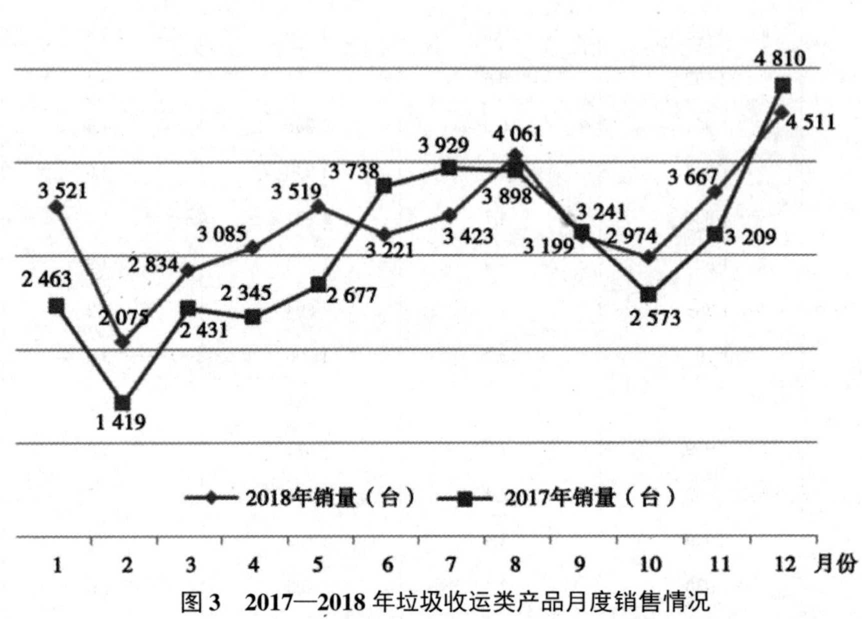

图 3　2017—2018 年垃圾收运类产品月度销售情况

（3）垃圾收运类产品销量构成。2018 年，垃圾收运类产品销量列前三位的是压缩式垃圾车、车厢可卸式垃圾车、自装卸式垃圾车，占比分别为 32.1%、31.0%、14.6%，其中车厢可卸式垃圾车销量较上年有小幅下降。餐厨垃圾车、自卸式垃圾车（含压缩式对接垃圾车）呈现明显的增长趋势。2017—2018 年垃圾收运类产品按品种销售情况见表 14。

表 14　2017—2018 年垃圾收运类产品按品种销售情况

产品类别	2018 年		2017 年		同比增长（%）
	销量（台）	占比（%）	销量（台）	占比（%）	
车厢可卸式垃圾车	12 417	31.0	13 083	35.6	-5.1
压缩式垃圾车	12 878	32.1	11 857	32.3	8.6
对接垃圾车	3 320	8.3	2 741	7.5	21.1
自装卸式垃圾车	5 871	14.6	4 647	12.7	26.3
桶装垃圾车	1 516	3.8	1 777	4.8	-14.7
餐厨垃圾车	1 991	5.0	1 195	3.3	66.6
自卸式垃圾车	2 096	5.2	1 433	3.9	46.3
吊装式垃圾车	1				

按产品总质量统计，2018 年，垃圾收运类产品销量最高的是 2 ～ 4t 产品，占总销量的 38.3%，5 ～ 9t 和 12 ～ 18t 产品的销量分列第二位和第三位。各种吨位的车型销量均比上年有不同幅度的增长，尤以 10 ～ 11t、18t 以上产品销量增长较多，均超过 20%，12 ～ 18t 产品销量增长甚微。2017—2018 年垃圾收运类产品按产品总质量统计销售情况见表 15。

表 15　2017—2018 年垃圾收运类产品按产品总质量统计销售情况

产品吨位	2018 年		2017 年		同比增长（%）
	销量（台）	占比（%）	销量（台）	占比（%）	
2 ～ 4t	15 350	38.3	14 248	38.8	7.7
5 ～ 9t	11 148	27.8	10 062	27.4	10.8
10 ～ 11t	957	2.4	729	2.0	31.3
12 ～ 18t	8 135	20.3	8 063	22.0	0.9
18t 以上	4 500	11.2	3 631	9.9	23.9

（4）垃圾收运类产品主要生产企业销售情况。2018 年，垃圾收运类产品市场需求较 2017 年普遍增长的势头有所减少，部分生产企业产品销量有所下降。其中，湖北合加环境设备有限公司增幅 90.3%、程力专用汽车股份有限公司（原湖北程力专用汽车有限公司）增幅 41.8%。2018 年，垃圾收运类产品销量排名前三位的生产企业分别是长沙中联重科环境产业有限公司、程力专用汽车股份有限公司、福建龙马环卫装备股份有限公司。2017—2018 年垃圾收运类产品主要生产企业销售情况见表 16。

表 16　2017—2018 年垃圾收运类产品主要生产企业销售情况

序号	企业名称	2018 年		2017 年		同比增长（%）
		销量（台）	市场占有率（%）	销量（台）	市场占有率（%）	
1	长沙中联重科环境产业有限公司	7 011	17.5	6 918	18.9	1.3
2	程力专用汽车股份有限公司	3 793	9.5	2 675	7.3	41.8
3	福建龙马环卫装备股份有限公司	2 753	6.9	2 458	6.7	12.0
4	北汽福田汽车股份有限公司	2 414	6.0	2 048	5.6	17.9
5	浙江飞碟汽车制造有限公司	1 358	3.4	1 309	3.6	3.7
6	徐州工程机械集团有限公司	1 275	3.2	1 378	3.8	-7.5
7	航天晨光股份有限公司	1 186	3.0	1 636	4.5	-27.5
8	随州市东正专用汽车有限公司	1 177	2.9	1 068	2.9	10.2
9	湖北合加环境设备有限公司	1 054	2.6	554	1.5	90.3
10	烟台海德专用汽车有限公司	826	2.1	893	2.4	-7.5
11	湖北力威汽车有限公司	744	1.9	684	1.9	8.8
12	湖北五环专用汽车有限公司	737	1.8	208	0.6	254.3
13	徐州徐工汽车制造有限公司	676	1.7	200	0.5	238.0
14	深圳东风汽车有限公司	672	1.7	874	2.4	-23.1
15	河南森源重工有限公司	585	1.5	241	0.7	142.7
16	厦工楚胜（湖北）专用汽车制造有限公司	561	1.4	428	1.2	31.1
17	江苏银宝专用车有限公司	557	1.4	418	1.1	33.3
18	郑州宇通重工有限公司	557	1.4	381	1.0	46.2
19	北京华林特装车有限公司	498	1.2	759	2.1	-34.4
20	重庆耐德新明和工业有限公司	467	1.2	561	1.5	-16.8

（5）垃圾收运类产品主要生产企业按产品种类销售情况。2018 年，压缩式垃圾车销量列前三位的分别是长沙中联重科环境产业有限公司、福建龙马环卫装备股份有限公司、程力专用汽车股份有限公司（原湖北程力专用汽车有限公司）。车厢可卸式垃圾车销量列前三位的分别是程力专用汽车股份有限公司（原湖北程力专用汽车有限公

司）、长沙中联重科环境产业有限公司、北汽福田汽车股份有限公司。自装卸式垃圾车销量列前三位的分别是浙江飞碟汽车制造有限公司、长沙中联重科环境产业有限公司、程力专用汽车股份有限公司，与 2017 年排名一致。2017—2018 年垃圾收运类产品主要生产企业按品种销售情况见表 17。

表 17　2017—2018 年垃圾收运类产品主要生产企业按品种销售情况

序号	企业名称	车厢可卸式垃圾车			压缩式垃圾车			自卸式垃圾车			自装卸式垃圾车			其他		
		2018 年销量（台）	2017 年销量（台）	同比增长（%）	2018 年销量（台）	2017 年销量（台）	同比增长（%）	2018 年销量（台）	2017 年销量（台）	同比增长（%）	2018 年销量（台）	2017 年销量（台）	同比增长（%）	2018 年销量（台）	2017 年销量（台）	同比增长（%）
1	长沙中联重科环境产业有限公司	1 371	1 787	-23.3	3 684	3 474	6.0	18	80	-77.5	721	590	22.2	1 217	987	23.3
2	程力专用汽车股份有限公司	1 457	1 150	26.7	1 233	860	43.4	4	13	-69.2	543	384	41.4	556	367	51.5
3	福建龙马环卫装备股份有限公司	391	515	-24.1	1 295	1 214	6.7	4	8	-50.0	332	156	112.8	731	565	29.4
4	北汽福田汽车股份有限公司	986	956	3.1	708	586	20.8	7	61	-88.5	385	361	6.6	328	84	290.5
5	浙江飞碟汽车制造有限公司	334	535	-37.6	130	53	145.3	17			833	695	19.9	44	26	69.2
6	徐州工程机械集团有限公司	615	851	-27.7	491	430	14.2	2	8	-75.0				167	89	87.6
7	航天晨光股份有限公司	192	201	-4.5	563	946	-40.5	15	109	-86.2	95	94	1.1	321	286	12.2
8	随州市东正专用汽车有限公司	373	372	0.3	140	47	197.9	124	81	53.1	283	237	19.4	257	331	-22.4
9	湖北合加环境设备有限公司	544	212	156.6	363	228	59.2	1			64	57	12.3	82	57	43.9
10	烟台海德专用汽车有限公司	289	442	-34.6				90	112	-19.6	3	20	-85.0	444	319	39.2
11	湖北力威汽车有限公司	455	375	21.3	50	102	-51.0	29	13	123.1	34	139	-75.5	176	55	220.0
12	湖北五环专用汽车有限公司	151	53	184.9	306	71	331.0	20			147	44	234.1	113	40	182.5
13	徐州徐工汽车制造有限公司							676	200	238.0						
14	深圳东风汽车有限公司	323	458	-29.5	160	246	-35.0	0	5	-100.0	53	62	-14.5	136	103	32.0
15	河南森源重工有限公司	193	154	25.3	51	6	750.0	7			205	17	1 105.9	129	64	101.6
16	厦工楚胜（湖北）专用汽车制造有限公司	101	108	-6.5	382	245	55.9	29	28	3.6	22	25	-12.0	27	22	22.7
17	江苏银宝专用车有限公司	256	195	31.3	82	83	-1.2				139	99	40.4	80	41	95.1
18	郑州宇通重工有限公司	192	122	57.4	193	141	36.9	11	1	1 000.0	75	23	226.1	81	94	-13.8
19	北京华林特装车有限公司	4	30	-86.7	377	382	-1.3	18	198	-90.9				99	149	-33.6
20	重庆耐德新明和工业有限公司	368	413	-10.9	49	134	-63.4	45	4	1 025.0				5	10	-50.0

（6）垃圾收运类产品主要生产企业按产品总质量销售情况。2017—2018 年垃圾收运类产品主要生产企业按产品总质量统计销售情况见表 18。

表 18　2017—2018 年垃圾收运类产品主要生产企业按产品总质量统计销售情况

序号	企业名称	1 ～ 4t			5 ～ 9t			10 ～ 11t			12 ～ 18t			18t 以上		
		2018 年销量（台）	2017 年销量（台）	同比增长（%）	2018 年销量（台）	2017 年销量（台）	同比增长（%）	2018 年销量（台）	2017 年销量（台）	同比增长（%）	2018 年销量（台）	2017 年销量（台）	同比增长（%）	2018 年销量（台）	2017 年销量（台）	同比增长（%）
1	长沙中联重科环境产业有限公司	1 613	1 714	-5.9	2 194	1 860	18.0	259	173	49.7	2 068	2 287	-9.6	877	884	-0.8
2	程力专用汽车股份有限公司	1 581	1 131	39.8	1 280	982	30.3	18			833	613	35.9	81	48	68.8
3	福建龙马环卫装备股份有限公司	921	876	5.1	668	559	19.5	103	18	472.2	767	824	-6.9	294	181	62.4
4	北汽福田汽车股份有限公司	1 434	1 241	15.6	728	605	20.3				185	174	6.3	67	28	139.3
5	浙江飞碟汽车制造有限公司	513	705	-27.2	767	552	38.9				46	35	31.4	32	17	88.2
6	徐州工程机械集团有限公司	490	706	-30.6	322	294	9.5				261	263	-0.8	202	115	75.7
7	航天晨光股份有限公司	255	273	-6.6	453	763	-40.6				426	546	-22.0	52	54	-3.7
8	随州市东正专用汽车有限公司	616	653	-5.7	203	147	38.1	138	106	30.2	208	161	29.2	12	1	1 100.0
9	湖北合加环境设备有限公司	382	169	126.0	386	250	54.4	23	14	64.3	188	82	129.3	75	39	92.3
10	烟台海德专用汽车有限公司	122	196	-37.8	293	179	63.7	107	105	1.9	165	173	-4.6	139	240	-42.1
11	湖北力威汽车有限公司	483	305	58.4	56	164	-65.9	6			127	158	-19.6	72	57	26.3
12	湖北五环专用汽车有限公司	534	131	307.6	112	58	93.1	32	3	966.7	55	16	243.8	4		
13	徐州徐工汽车制造有限公司													676	200	238.0
14	深圳东风汽车有限公司	70	229	-69.4	210	161	30.4	1			174	203	-14.3	217	281	-22.8
15	河南森源重工有限公司	204	186	9.7	267	28	853.6				104	27	285.2	10		
16	湖北楚胜专用汽车制造有限公司	113	142	-20.4	304	178	70.8				134	98	36.7	10	10	0.0
17	江苏银宝专用车有限公司	141	100	41.0	134	87	54.0	0	6	-100.0	43	59	-27.1	239	166	44.0
18	郑州宇通重工有限公司	208	119	74.8	120	40	200.0				161	167	-3.6	68	55	23.6
19	北京华林特装车有限公司	48	93	-48.4	216	375	-42.4				234	264	-11.4	0	19	-100.0
20	重庆耐德新明和工业有限公司	247	213	16.0	58	165	-64.8	1			27	82	-67.1	134	101	32.7

（7）垃圾收运类产品各省、市、自治区销售情况。2018 年，垃圾收运类产品销量超过 1 500 台的有广东、河南、河北、江苏、山东、湖北、浙江、贵州、四川、云南，销量为 1 000 ～ 1 500 台的有湖南、北京、安徽、江西、陕西、福建。部分省份出现销量下降的情况，其中天津降幅最大，达 57.2%。销量增幅最大的是甘肃，达到 153.3%，吉林、宁夏次之。2017—2018 年垃圾收运类产品按省份销售情况见表 19。

表 19　2017—2018 年垃圾收运类产品按省份销售情况

省份	2018 年		2017 年		同比增长（%）
	销量（台）	占比（%）	销量（台）	占比（%）	
广东	3 278	8.2	2 148	5.8	52.6
河南	3 077	7.7	1 440	3.9	113.7
河北	2 689	6.7	1 810	4.9	48.6
江苏	2 564	6.4	2 278	6.2	12.6
山东	2 352	5.9	3 114	8.5	-24.5
湖北	2 288	5.7	2 240	6.1	2.1
浙江	2 211	5.5	2 133	5.8	3.7
贵州	2 106	5.3	2 055	5.6	2.5
四川	1 741	4.3	1 132	3.1	53.8
云南	1 513	3.8	1 149	3.1	31.7
湖南	1 442	3.6	1 559	4.2	-7.5
北京	1 361	3.4	886	2.4	53.6
安徽	1 328	3.3	1 650	4.5	-19.5
江西	1 309	3.3	1 232	3.4	6.3
陕西	1 255	3.1	1 202	3.3	4.4
福建	1 214	3.0	1 217	3.3	-0.2
甘肃	955	2.4	377	1	153.3
重庆	884	2.2	1 778	4.8	-50.3
辽宁	882	2.2	1 374	3.7	-35.8
上海	880	2.2	1 430	3.9	-38.5
吉林	712	1.8	303	0.8	135.0
山西	708	1.8	540	1.5	31.1
广西	667	1.7	456	1.2	46.3
内蒙古	506	1.3	589	1.6	-14.1
黑龙江	496	1.2	416	1.1	19.2
天津	479	1.2	1 120	3.0	-57.2
新疆	406	1.0	425	1.2	-4.5
海南	281	0.7	370	1.0	-24.1
宁夏	206	0.5	93	0.3	121.5
西藏	194	0.5	100	0.3	94.0
青海	106	0.3	117	0.3	-9.4

四、市政类产品

1. 生产发展情况

在市政与环卫机械行业中，市政类产品主要用于下水道管网疏通清洗、路面除冰雪等作业。与欧美发达国家相比，我国在下水道管网养护、路面除冰雪作业方面的重要度、资金技术投入和管理方式上还有一定差距。但随着下水道排水不畅带来的积水内涝、降雪带来的道路堵塞关闭等问题频发，未来势将迎来对市政类产品的高速增长需求。

2. 市场销售情况

（1）市政类产品总体销售情况。根据国家“十三五”规划，国家在市容环境领域的投资有一定的增加，现阶段我国下水道疏通、清洗、路面除冰雪的机械化程度不高。随着城镇化的发展，机械化要求不断增加。市政类产品市场处于一个上升阶段。2018 年，市政类产品（含燃油、天然气、纯电动产品）销量达 8 991 台，较上年增长 41.8%。

（2）市政类产品月度销售情况。2018 年，市政类产品各月销量比较平稳。2017—2018 年市政类产品月度销售情况见图 4。

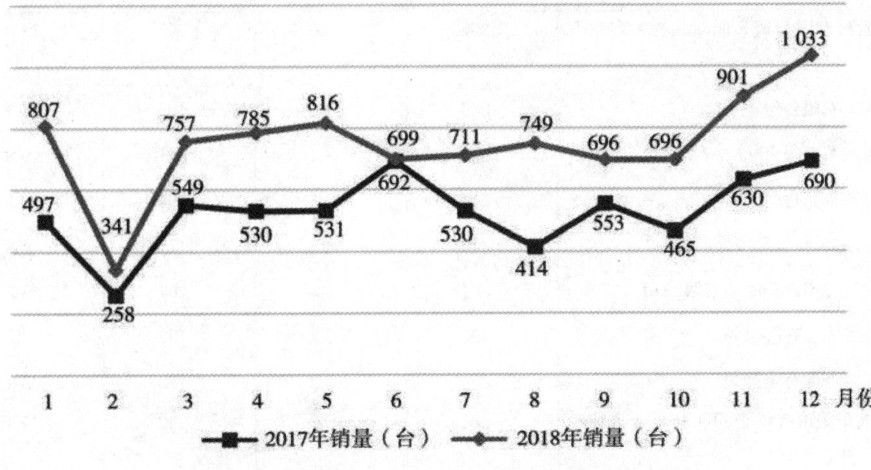

图 4　2017—2018 年市政类产品月度销售情况

（3）市政类产品销量构成。按产品种类统计，2018 年，市政类产品销量占比最大的是吸污车，占比达 50.6%。4 种市政类产品销量均有不同程度的增长，其中增幅最大的是吸污车，达 81.0%。2017—2018 年市政类产品按品种销售情况见表 20。

表 20　2017—2018 年市政类产品按品种销售情况

产品类别	2018 年		2017 年		同比增长（%）
	销量（台）	占比（%）	销量（台）	占比（%）	
吸污车	4 553	50.6	2 515	39.7	81.0
吸粪车	1 977	22.0	1 768	27.9	11.8
下水道养护车	1 132	12.6	1 123	17.7	0.8
除雪车	1 329	14.8	933	14.7	42.4

2018 年，按车辆总质量统计，市政类产品销量较多的是 2 ～ 4t、12 ～ 18t、5 ～ 9t 产品。不同吨位的市政类产品销量均有不同幅度的增长，其中增幅最大的是 2 ～ 4t 产品，达 85.5%。2017—2018 年市政类产品按产品总质量统计销售情况见表 21。

表 21　2017—2018 年市政类产品按产品总质量统计销售情况

产品吨位	2018 年		2017 年		同比增长（%）
	销量（台）	占比（%）	销量（台）	占比（%）	
2 ～ 4t	2 435	27.1	1 313	20.7	85.5
5 ～ 9t	1 513	16.8	1 447	22.8	4.6
10 ～ 11t	1 330	14.8	993	15.7	33.9
12 ～ 18t	2 406	26.8	1 759	27.7	36.8
18t 以上	1 307	14.5	827	13.1	58.0

（4）市政类产品主要生产企业销售情况。2018 年，市政类产品主要生产企业销量排名前三位的分别是程力专用汽车股份有限公司（原湖北程力专用汽车有限公司）、湖北五环专用汽车有限公司、随州市东正专用汽车有限公司，增长突出的为湖北聚力汽车技术股份有限公司、湖北久鼎汽车有限公司。2017—2018 年市政类产品主要生产企业销售情况见表 22。

表 22　2017—2018 年市政类产品主要生产企业销售情况

序号	企业名称	2018 年		2017 年		同比增长（%）
		销量（台）	占比（%）	销量（台）	占比（%）	
1	程力专用汽车股份有限公司（原湖北程力专用汽车有限公司）	1 309	14.6	756	11.9	73.1
2	湖北五环专用汽车有限公司	860	9.6	465	7.3	84.9
3	随州市东正专用汽车有限公司	838	9.3	621	9.8	34.9
4	湖北天威汽车有限公司	610	6.8	199	3.1	206.5
5	湖北力威汽车有限公司	379	4.2	275	4.3	37.8
6	厦工楚胜（湖北）专用汽车制造有限公司	341	3.8	201	3.2	69.7
7	湖北聚力汽车技术股份有限公司	303	3.4	22	0.3	1 277.3
8	长沙中联重科环境产业有限公司	292	3.2	188	3.0	55.3
9	湖北合力专用汽车制造有限公司（湖北合力特种车制造有限公司）	284	3.2	333	5.3	-14.7
10	中国重汽集团青岛重工有限公司（重汽集团专用汽车公司）	244	2.7	165	2.6	47.9
11	航天晨光股份有限公司	238	2.6	293	4.6	-18.8
12	鞍山森远路桥股份有限公司	226	2.5	230	3.6	-1.7
13	湖北新中绿专用汽车有限公司	187	2.1	290	4.6	-35.5
14	丹东黄海特种专用车有限责任公司	166	1.8	119	1.9	39.5
15	湖北宏宇专用汽车有限公司	160	1.8	296	4.7	-45.9
16	北汽福田汽车股份有限公司	146	1.6	54	0.9	170.4
17	湖北大力专用汽车制造有限公司	136	1.5	45	0.7	202.2
18	武汉新光专用汽车制造有限公司	134	1.5	100	1.6	34.0
19	北京事必达汽车有限责任公司	115	1.3	58	0.9	98.3
20	湖北久鼎汽车有限公司	108	1.2	31	0.5	248.4

（5）市政类产品主要生产企业按产品种类销售情况。2017—2018 年市政类产品主要生产企业按品种销售情况见表 23。

表 23　2017—2018 年市政类产品主要生产企业按品种销售情况

序号	企业名称	吸污车			吸粪车			下水道养护车			除雪车		
		2018 年销量（台）	2017 年销量（台）	同比增长（%）	2018 年销量（台）	2017 年销量（台）	同比增长（%）	2018 年销量（台）	2017 年销量（台）	同比增长（%）	2018 年销量（台）	2017 年销量（台）	同比增长（%）
1	程力专用汽车股份有限公司	786	370	112.4	285	232	22.8	229	150	52.7	9	4	125.0
2	湖北五环专用汽车有限公司	441	172	156.4	231	128	80.5	188	165	13.9			
3	随州市东正专用汽车有限公司	599	330	81.5	198	221	-10.4	41	70	-41.4			
4	湖北天威汽车有限公司	515	179	187.7	85	17	400.0	10	3	233.3			
5	湖北力威汽车有限公司	135	43	214.0	94	142	-33.8	150	90	66.7			

（续）

序号	企业名称	吸污车			吸粪车			下水道养护车			除雪车		
		2018年销量（台）	2017年销量（台）	同比增长（%）	2018年销量（台）	2017年销量（台）	同比增长（%）	2018年销量（台）	2017年销量（台）	同比增长（%）	2018年销量（台）	2017年销量（台）	同比增长（%）
6	湖北楚胜专用汽车有限公司	325	191	70.2	12	5	140.0	4	5	-20.0			
7	湖北聚力汽车技术股份有限公司	245	20	1 125.0	58	2	2 800.0						
8	长沙中联重科环境产业有限公司	99	49	102.0	80	69	15.9	22	37	-40.5	91	33	175.8
9	湖北合力专用汽车制造有限公司	122	93	31.2	50	72	-30.6	112	168	-33.3			
10	中国重汽集团青岛重工有限公司										244	165	47.9
11	航天晨光股份有限公司	42	40	5.0	186	244	-23.8	10	9	11.1			
12	鞍山森远路桥股份有限公司										226	230	-1.7
13	湖北新中绿专用汽车有限公司	154	220	-30.0	33	66	-50.0	0	4	-100.0			
14	丹东黄海特种专用车有限责任公司										166	119	39.5
15	湖北宏宇专用汽车有限公司	82	163	-49.7	59	103	-42.7	19	30	-36.7			
16	北汽福田汽车股份有限公司	29	1	2 800.0	116	53	118.9	1					
17	湖北大力专用汽车制造有限公司	134	39	243.6	2	6	-66.7						
18	武汉新光专用汽车制造有限公司	31	19	63.2				103	81	27.2			
19	北京事必达汽车有限责任公司				48	23	108.7				67	11	509.1
20	湖北久鼎汽车有限公司	45	26	73.1	59	1	5 800.0	44	4	1 000.0	4	1	300.0

（6）市政类产品主要生产企业按产品总质量销售情况。2017—2018年市政类产品主要生产企业按产品总质量统计销售情况见表24。

表24　2017—2018年市政类产品主要生产企业按产品总质量统计销售情况

序号	企业名称	2～4t			5～9t			10～11t			12～18t			18t以上		
		2018年销量（台）	2017年销量（台）	同比增长（%）	2018年销量（台）	2017年销量（台）	同比增长（%）	2018年销量（台）	2017年销量（台）	同比增长（%）	2018年销量（台）	2017年销量（台）	同比增长（%）	2018年销量（台）	2017年销量（台）	同比增长（%）
1	程力专用汽车股份有限公司	286	126	127.0	334	256	30.5	164	121	35.5	431	216	99.5	94	37	154.1
2	湖北五环专用汽车有限公司	523	258	102.7	162	136	19.1	113	64	76.6	42	7	500.0	20		
3	随州市东正专用汽车有限公司	369	227	62.6	81	92	-12.0	128	99	29.3	225	201	11.9	35	2	1 650.0
4	湖北天威汽车有限公司	215	77	179.2	26	19	36.8	227	55	312.7	142	48	195.8			

（续）

序号	企业名称	2～4t			5～9t			10～11t			12～18t			18t 以上		
		2018 年销量（台）	2017 年销量（台）	同比增长（%）	2018 年销量（台）	2017 年销量（台）	同比增长（%）	2018 年销量（台）	2017 年销量（台）	同比增长（%）	2018 年销量（台）	2017 年销量（台）	同比增长（%）	2018 年销量（台）	2017 年销量（台）	同比增长（%）
5	湖北力威汽车有限公司	75	106	-29.2	60	45	33.3	193	117	65.0	51	7	628.6			
6	湖北楚胜专用汽车有限公司	2			48	36	33.3	37	29	27.6	93	104	-10.6	161	29	455.2
7	湖北聚力汽车技术股份有限公司	180	10	1 700.0	47	7	571.4	74	5	1 380.0	1			1		
8	长沙中联重科环境产业有限公司	24	16	50.0	73	24	204.2	4	7	-42.9	139	131	6.1	52	10	420.0
9	湖北合力专用汽车制造有限公司	148	151	-2.0	34	77	-55.8	31	63	-50.8	64	42	52.4			
10	中国重汽集团青岛重工有限公司										1			243	165	47.3
11	航天晨光股份有限公司	26	35	-25.7	89	137	-35.0				117	114	2.6	6	7	-14.3
12	鞍山森远路桥股份有限公司	21	21	0.0	2						50	36	38.9	153	173	-11.6
13	湖北新中绿专用汽车有限公司	27	17	58.8	38	63	-39.7	78	113	-31.0	34	73	-53.4	10	24	-58.3
14	丹东黄海特种专用车有限责任公司	84	61	37.7							41	8	412.5	41	50	-18.0
15	湖北宏宇专用汽车有限公司	42	78	-46.2	28	99	-71.7	50	74	-32.4	40	45	-11.1			
16	北汽福田汽车股份有限公司	99	4	2 375.0	45	50	-10.0				2					
17	湖北大力专用汽车制造有限公司	24			8	26	-69.2	0	1	-100.0	54	18	200.0	50		
18	武汉新光专用汽车制造有限公司				16	20	-20.0				114	79	44.3	4	1	300.0
19	北京事必达汽车有限责任公司	7	15	-53.3				23	29	-20.7	38	9	322.2	47	5	840.0
20	湖北久鼎汽车有限公司				0	54	-100.0	59	3	1 866.7	49	27	81.5			

（7）市政类产品各省、市、自治区销售情况。2018 年，市政类产品销售 500 台以上的有湖北、陕西、江苏、山东、广东；销量在 300 ～ 500 台的有河北、黑龙江、天津、浙江、安徽、新疆。部分地区市政类产品销售出现一定幅度的下滑，其中上海地区降幅较大，达到 25.1%。销量增长较大的有西藏、陕西、江西和湖北，其中西藏增幅最大，达 169.2%。2017—2018 年市政类产品按省份销售情况见表 25。

表 25　2017—2018 年市政类产品按省份销售情况

省份	2018 年		2017 年		同比增长（%）
	销量（台）	占比（%）	销量（台）	占比（%）	
湖北	958	10.7	462	7.3	107.4
陕西	704	7.8	265	4.2	165.7
江苏	667	7.4	524	8.3	27.3
山东	591	6.6	447	7.1	32.2

（续）

省份	2018 年		2017 年		同比增长（%）
	销量（台）	占比（%）	销量（台）	占比（%）	
广东	552	6.1	398	6.3	38.7
河北	455	5.1	305	4.8	49.2
黑龙江	347	3.9	182	2.9	90.7
天津	315	3.5	303	4.8	4.0
浙江	310	3.4	269	4.2	15.2
安徽	310	3.4	165	2.6	87.9
新疆	306	3.4	223	3.5	37.2
四川	296	3.3	184	2.9	60.9
辽宁	294	3.3	355	5.6	-17.2
吉林	277	3.1	314	5.0	-11.8
北京	268	3.0	201	3.2	33.3
内蒙古	260	2.9	214	3.4	21.5
湖南	259	2.9	176	2.8	47.2
江西	257	2.9	123	1.9	108.9
河南	237	2.6	230	3.6	3.0
甘肃	174	1.9	130	2.1	33.8
广西	156	1.7	86	1.4	81.4
福建	144	1.6	95	1.5	51.6
山西	138	1.5	71	1.1	94.4
贵州	136	1.5	108	1.7	25.9
上海	134	1.5	179	2.8	-25.1
云南	117	1.3	88	1.4	33.0
宁夏	88	1.0	65	1.0	35.4
重庆	86	1.0	49	0.8	75.5
海南	70	0.8	63	1.0	11.1
青海	50	0.6	52	0.8	-3.8
西藏	35	0.4	13	0.2	169.2

五、天然气市政与环卫机械产品

1. 生产发展情况

随着汽车日益增多，汽车尾气污染越来越严重。随着常规能源的不断消耗，可能引发能源短缺危机。为缓解能源与环境压力，天然气作为一种清洁能源，在降低汽车尾气排放、减轻大气污染方面具有较大的优势。天然气汽车采用了先进的电控技术与高能点火技术，对天然气发动机中的燃料供给、点火、燃烧等问题进行精准控制，以实现天然气汽车的高效率、低污染。随着天然气汽车技术的不断进步，天然气汽车成为未来汽车发展的重要方向。

2. 市场销售情况

（1）天然气市政与环卫机械产品销售情况。2018 年，受天然气价格波动影响，以液化天然气（LNG）、气化天然气（CNG）为代表的天然气汽车发展有所减缓。2018 年，“十三五”规划、蓝天保卫战、生态保护红线等环保政策推进，各方为响应国家环保政策，以天然气作为底盘和专用作业装置动力燃料的市政与环卫车辆销量保持增长趋势。2018 年，以天然气为燃料的市政与环卫车辆销量为 1 565 台，较上年增长 33.1%。

（2）从2018年天然气市政与环卫机械产品月度销售情况来看，市场相对不稳定，每月的销量变化较大。2017—2018年天然气市政与环卫机械产品月度销售情况见图5。

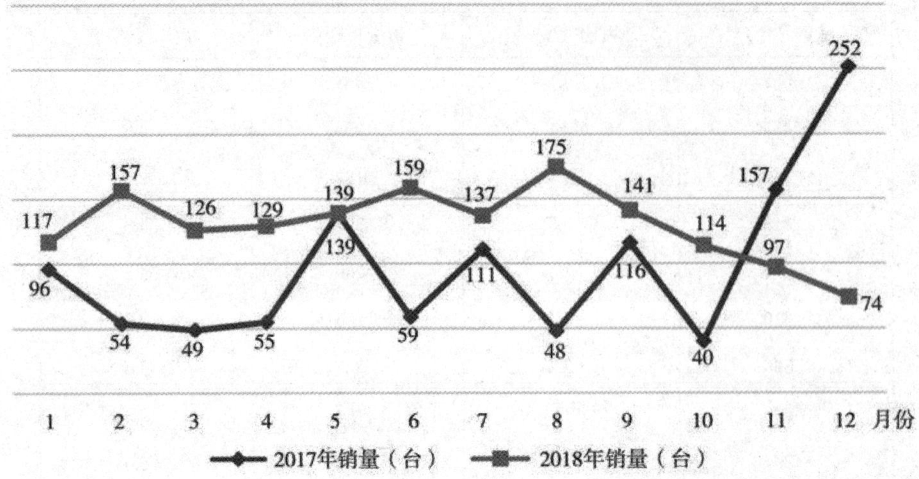

图5　2017—2018年天然气市政与环卫机械产品月度销售情况

（3）天然气市政与环卫机械产品销量构成。在各种天然气市政与环卫机械产品中，清扫、清洗类占比相对均衡。2018年，以天然气为燃料的清扫类、清洗类、市政除冰雪类产品均有较大幅度增长，表现突出。2017—2018年天然气市政与环卫机械产品按品种销售情况见表26。

表26　2017—2018年天然气市政与环卫机械产品按品种销售情况

产品类别	2018年		2017年		同比增长（%）
	销量（台）	占比（%）	销量（台）	占比（%）	
垃圾收运类	406	25.9	474	40.3	-14.3
清扫类	577	36.9	343	29.2	68.2
清洗类	523	33.4	321	27.3	62.9
市政除冰雪类	59	3.8	38	3.2	55.3

从产品总质量来看，2018年，12～18t产品销量占比较大，为58.0%；18t以上产品销量实现较大增长。2017—2018年天然气市政与环卫机械产品按产品总质量统计销售情况见表27。

表27　2017—2018年天然气市政与环卫机械产品按产品总质量统计销售情况

产品吨位	2018年		2017年		同比增长（%）
	销量（台）	占比（%）	销量（台）	占比（%）	
2～4t	11	0.7	12	1.0	-8.3
5～9t	317	20.2	283	24.1	12.0
10～11t					
12～18t	907	58.0	731	62.2	24.1
18t以上	330	21.1	150	12.8	120.0

（4）天然气市政与环卫机械产品主要生产企业销售情况。2018年，天然气市政与环卫机械产品销量列前三位的企业分别是长沙中联重科环境产业有限公司、肥乡县远达车辆制造有限公司、福建龙马环卫装备股份有限公司。2017—2018年天然气市政与环卫机械产品主要生产企业销售情况见表28。

表 28　2017—2018 年天然气市政与环卫机械产品主要生产企业销售情况

序号	企业名称	2018 年		2017 年		同比增长（%）
		销量（台）	市场占有率（%）	销量（台）	市场占有率（%）	
1	长沙中联重科环境产业有限公司	581	37.1	346	29.4	67.9
2	肥乡县远达车辆制造有限公司	119	7.6	74	6.3	60.8
3	福建龙马环卫装备股份有限公司	102	5.1	217	18.5	-53.0
4	湖北宏宇专用汽车有限公司	68	4.3	10	0.9	580.0
5	河南森源重工有限公司	61	3.9	15	1.3	306.7
6	河北凯泰专用汽车制造有限公司	53	3.4	5	0.4	960.0
7	烟台海德专用汽车有限公司	44	2.8	75	6.4	-41.3
8	北京市清洁机械厂	39	2.5	2	0.2	1 850.0
9	航天晨光股份有限公司	30	1.9	14	1.2	114.3
10	随州市东正专用汽车有限公司	30	1.9			

（5）天然气市政与环卫机械产品主要生产企业按产品类别销售情况。2017—2018 年天然气市政与环卫机械产品主要生产企业按品种销售情况见表 29。

表 29　2017—2018 年天然气市政与环卫机械产品主要生产企业按品种销售情况

序号	企业名称	垃圾收运类			清洗类			清扫类			市政类		
		2018 年销量（台）	2017 年销量（台）	同比增长（%）	2018 年销量（台）	2017 年销量（台）	同比增长（%）	2018 年销量（台）	2017 年销量（台）	同比增长（%）	2018 年销量（台）	2017 年销量（台）	同比增长（%）
1	长沙中联重科环境产业有限公司	45	43	4.7	316	208	51.9	220	95	131.6			
2	福建龙马环卫装备股份有限公司	22	3	633.3	33	89	-62.9	47	125	-62.4			
3	肥乡县远达车辆制造有限公司	26	42	-38.1	83	21	295.2	10	11	-9.1			
4	烟台海德专用汽车有限公司	11	71	-84.5	26	3	766.7	7	1	600.0			
5	江苏悦达专用车有限公司	22	77	-71.4	3				6				
6	昌黎县川港专用汽车制造有限公司	23	55	-58.2									
7	湖北宏宇专用汽车有限公司	10	2	400.0	6			46	8	475.0	6		
8	河南森源重工有限公司	24			22	3	633.3	15	2	650.0		10	
9	青岛中集环境保护设备有限公司	17	53	-67.9									
10	河北凯泰专用汽车制造有限公司	1			31	1	3 000.0	21	4	425.0			

（6）天然气市政与环卫机械产品各省、市、自治区销售情况。2018 年，天然气市政与环卫机械产品销售主要集中在河北、山东、北京、山西，销量合计占全国总销量的 87.5%。其他省市均有零星销售。2017—2018 年天然气市政与环卫机械产品按省份销售情况见表 30。

表 30　2017—2018 年天然气市政与环卫机械产品按省份销售情况

省份	2018 年		2017 年		同比增长（%）
	销量（台）	占比（%）	销量（台）	占比（%）	
河北	943	60.3	550	46.8	71.5
山东	185	11.8	48	4.1	285.4
北京	141	9.0	268	22.8	-47.4
山西	100	6.4	124	10.5	-19.4
河南	59	3.8	17	1.4	247.1
新疆	52	3.3	22	1.9	136.4
安徽	19	1.2	9	0.8	111.1
湖南	13	0.8			
海南	11	0.7	7	0.6	57.1
广东	9	0.6	20	1.7	-55.0
内蒙古	7	0.4	9	0.8	-22.2
宁夏	4	0.3	7	0.6	-42.9
陕西	4	0.3	7	0.6	-42.9
四川	4	0.3	2	0.2	100.0
江西	3	0.2	9	0.8	-66.7
西藏	3	0.2	2	0.2	50.0
福建	2	0.1	1	0.1	100.0
湖北	2	0.1	1	0.1	100.0
浙江	2	0.1			
甘肃	1	0.1	1	0.1	0.0
云南	1	0.1	2	0.2	-50.0
贵州			2	0.2	
吉林			12	1.0	
江苏			12	1.0	
天津			38	3.2	
重庆			6	0.5	

六、纯电动市政与环卫机械产品

1. 生产发展情况

受国务院及相关部委印发的《节能与新能源汽车产业发展规划（2012—2020 年）》《关于继续开展新能源汽车推广应用工作的通知》刺激，新能源汽车市场近几年持续增长。在汽车排放标准升级和财政补贴的双重因素推动下，新能源市政与环卫车在 2015 年总销量达到 1 705 台。但在经历 2016 年新能源车骗补事件之后，国家及地方政府对新能源汽车获取补贴的口径收紧，补贴标准降低。失去补贴或补贴额度下降后，受累于技术的不成熟、产品售价高昂、连续作业时间或里程短等各种缺陷，新能源市政与环卫车在 2016 年销量明显下滑，全年销量仅有 874 台。尽管如此，随着技术的发展和进步、电池价格的下降，2017 年新能源环卫车产品销量达到 1 830 台。2018 年新能源环卫车产品销量为 1 613 台，比上年有所下降。

按照工业和信息化部印发的《新能源汽车生产企业及产品准入管理规定》对新能源汽车的定义，新能源汽车应采用新型动力系统，完全或主要依靠新型能源驱动的汽车，包括插电式混合动力（含增程式）汽车、纯电动汽车和燃料电池电动汽车等。采用铅酸蓄电池的电动汽车也不在其列。就市政与环卫机械行业而言，当前市场上所销售的新能源环卫车绝大部分为纯电动产品。本文仅分析纯电动市政与环卫机械产品。

2. 市场销售情况

（1）纯电动市政与环卫机械产品总体销售情况。2018 年，该类产品总销量为 1 613 台，较上年下降 11.9%。

（2）纯电动市政与环卫机械产品月度销售情况。从月度销售数据来看，2018 年，纯电动市政与环卫机械产品表现出了与 2017 年基本相同的趋势。所不同的是，2018 年月度销售数据的峰值出现在 6 月和 12 月，而 2017 年的峰值出现在 8 月和 12 月。2017—2018 年纯电动市政与环卫机械产品月度销售情况见图 6。

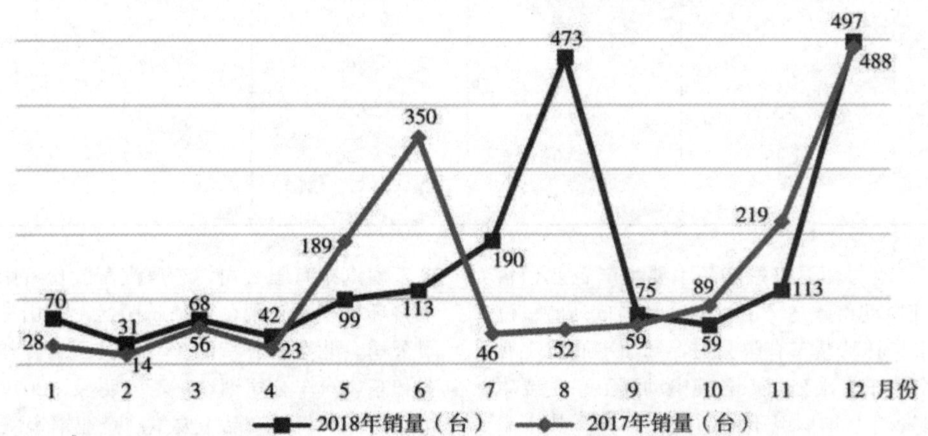

图 6　2017—2018 年纯电动市政与环卫机械产品月度销售情况

（3）纯电动市政与环卫机械产品销量构成。与传统燃油产品相同，纯电动市政与环卫机械产品销量也主要集中在清扫、清洗、垃圾收运三大产品线。其中，尤以垃圾收运和清扫产品线的销量较为突出。

进一步细分，从产品种类上来说，2018 年，市场对纯电动自装卸式垃圾车、纯电动洗扫车、纯电动扫路车等产品的需求更为旺盛。2017　2018 年纯电动市政与环卫机械产品按品种销售情况见表 31。

表 31　2017—2018 年纯电动市政与环卫机械产品按品种销售情况

产品类别	2018 年		2017 年		同比增长（%）
	销量（台）	占比（%）	销量（台）	占比（%）	
纯电动自装卸式垃圾车	488	30.3	64	3.5	662.5
纯电动洗扫车	221	13.7	418	22.8	-47.1
纯电动扫路车	178	11.0	178	9.7	0.0
纯电动车厢可卸式垃圾车	171	10.6	171	9.3	0.0
纯电动桶装垃圾车	153	9.5	106	5.8	44.3
纯电动路面养护车	140	8.7	259	14.2	-45.9
纯电动洒水车	64	4.0	71	3.9	-9.9
纯电动高压清洗车	62	3.8			
纯电动压缩式垃圾车	57	3.5	184	10.1	-69.0
纯电动餐厨垃圾车	48	3.0	65	3.6	-26.2
纯电动自卸式垃圾车	18	1.1	255	13.9	-92.9
纯电动多功能抑尘车	10	0.6	52	2.8	-80.8
纯电动吸粪车	3	0.2	7	0.4	-57.1

从总质量来看，纯电动环卫车销量仍主要集中在 2 ～ 4t 产品，其销量占 2018 年纯电动环卫车总销量的 59.8%。10 ～ 11t、12 ～ 18t 产品的销量比上年有所提升，但 5 ～ 9t、18t 以上产品的销量下滑较明显。2017—2018 年纯电动市政与环卫机械产品按产品总质量统计销售情况见表 32。

表 32　2017—2018 年纯电动市政与环卫机械产品按产品总质量统计销售情况

产品吨位	2018 年		2017 年		同比增长（%）
	销量（台）	占比（%）	销量（台）	占比（%）	
2 ～ 4t	965	59.8	798	43.6	20.9
12 ～ 18t	383	23.7	302	16.5	26.8
5 ～ 9t	204	12.6	640	35.0	-68.1
18t 以上	48	3.0	90	4.9	-46.7
10 ～ 11t	13	0.8			

（4）纯电动市政与环卫机械产品主要生产企业销售情况。2018 年，纯电动市政与环卫机械产品销量列前三位的企业分别是北京华林特装车有限公司、郑州宇通重工有限公司、东风云南汽车有限公司。各纯电动环卫车主要生产企业 2018 年销量较上年呈现不同的变化态势，其中东风云南汽车有限公司、东风汽车股份有限公司和长沙中联重科环境产业有限公司增长明显，而山东凯马汽车制造有限公司、北京华林特装车有限公司、郑州宇通重工有限公司和东风汽车公司销量下滑较明显。2017—2018 年纯电动市政与环卫机械产品主要生产企业销售情况见表 33。

表 33　2017—2018 年纯电动市政与环卫机械产品主要生产企业销售情况

序号	企业名称	2018 年		2017 年		同比增长（%）
		销量（台）	市场占有率（%）	销量（台）	市场占有率（%）	
1	北京华林特装车有限公司	369	22.9	688	37.6	-46.4
2	郑州宇通重工有限公司	310	19.2	576	31.5	-46.2
3	东风云南汽车有限公司	201	12.5			
4	东风汽车股份有限公司	200	12.4			
5	长沙中联重科环境产业有限公司	97	6.0	39	2.1	148.7
6	深圳东风汽车有限公司	65	4.0	46	2.5	41.3
7	江苏银宝专用车有限公司	54	3.3			
8	江苏奥新新能源汽车有限公司	48	3.0	6		700.0
9	东风汽车公司	46	2.9	78	4.3	-41.0
10	山东凯马汽车制造有限公司	23	1.4	54	3	-57.4

（5）纯电动市政与环卫机械产品按产品类别销售情况。从 2018 年销售数据看，北京华林特装车有限公司和郑州宇通重工有限公司在清扫产品和清洗产品两大产品线均有不错的销量。而东风云南汽车有限公司和东风汽车股份有限公司则在垃圾收运产品线有着不错的销量。其他各生产企业则表现一般。2017—2018 年纯电动市政与环卫机械产品主要生产企业按品种销售情况见表 34。

表 34　2017—2018 年纯电动市政与环卫机械产品主要生产企业按品种销售情况

序号	企业名称	清扫产品			清洗产品			垃圾收运产品			其他产品		
		2018 年销量（台）	2017 年销量（台）	同比增长（%）	2018 年销量（台）	2017 年销量（台）	同比增长（%）	2018 年销量（台）	2017 年销量（台）	同比增长（%）	2018 年销量（台）	2017 年销量（台）	同比增长（%）
1	北京华林特装车有限公司	187	113	65.5	105	63	66.7	74	506	-85.4	3	6	-50.0
2	郑州宇通重工有限公司	136	363	-62.5	105	180	-41.7	69	33	109.1			

（续）

序号	企业名称	清扫产品			清洗产品			垃圾收运产品			其他产品		
		2018 年销量（台）	2017 年销量（台）	同比增长（%）	2018 年销量（台）	2017 年销量（台）	同比增长（%）	2018 年销量（台）	2017 年销量（台）	同比增长（%）	2018 年销量（台）	2017 年销量（台）	同比增长（%）
3	东风云南汽车有限公司							201					
4	东风汽车股份有限公司							200					
5	长沙中联重科环境产业有限公司	40	28	42.9	26	9	188.9	31	2	1 450.0			
6	深圳东风汽车有限公司	3	34	-91.2				62	12	416.7			
7	江苏银宝专用车有限公司							54					
8	江苏奥新新能源汽车有限公司	0	1	-100.0				48	5	860.0			
9	东风汽车公司				4	50	-92.0	42	28	50.0			
10	山东凯马汽车制造有限公司	0	37	-100.0				23	17	35.3			

（6）纯电动市政与环卫机械产品主要生产企业按产品总质量销售情况。从销售情况来看，绝大部分生产企业均选择了 2 ～ 4t 产品作为进入纯电动环卫车产品的切入点。在大吨位产品上，北京华林特装车有限公司销售情况较为突出。2017—2018 年纯电动市政与环卫机械产品主要生产企业按产品总质量统计销售情况见表 35。

表 35　2017—2018 年纯电动市政与环卫机械产品主要生产企业按产品总质量统计销售情况

序号	企业名称	2 ～ 4t			5 ～ 9t			10 ～ 11t			12 ～ 18t			18t 以上		
		2018 年销量（台）	2017 年销量（台）	同比增长（%）	2018 年销量（台）	2017 年销量（台）	同比增长（%）	2018 年销量（台）	2017 年销量（台）	同比增长（%）	2018 年销量（台）	2017 年销量（台）	同比增长（%）	2018 年销量（台）	2017 年销量（台）	同比增长（%）
1	北京华林特装车有限公司	98	83	18.1	36	283	-87.3				187	232	-19.4	48	90	-46.7
2	郑州宇通重工有限公司	176	223	-21.1	48	350	-86.3				86	3	2 766.7			
3	东风云南汽车有限公司	201														
4	东风汽车股份有限公司	200														
5	长沙中联重科环境产业有限公司	40	39	2.6				13			44					
6	深圳东风汽车有限公司	5	46	-89.1	60											
7	江苏银宝专用车有限公司	40			14											
8	江苏奥新新能源汽车有限公司	48	6	700.0												
9	东风汽车公司	43	28	53.6							3	50	-94.0			
10	山东凯马汽车制造有限公司	23	54	-57.4												

（7）纯电动市政与环卫机械产品各省、市、自治区销售情况。2018 年，新能源环卫车销量超过 300 台的仅有北京；销量为 200 ～ 300 台的有广东、湖北、云南；销量为 100 ～ 200 台的有河南、江苏。从上牌数据来看，除广东、湖北、福建等地区增长比较明显，全国仍有很多省份在 2018 年没有销售。2017—2018 年纯电动市政与环卫机械产品按省份销售情况见表 36。

表 36　2017—2018 年纯电动市政与环卫机械产品按省份销售情况

省份	2018 年		2017 年		同比增长（%）
	销量（台）	占比（%）	销量（台）	占比（%）	
北京	402	24.9	771	42.1	-47.9
广东	272	16.9	35	1.9	677.1
湖北	229	14.2	44	2.4	420.5
云南	202	12.5			
河南	104	6.4	497	27.2	-79.1
江苏	103	6.4	101	5.5	2.0
山东	99	6.1	62	3.4	59.7
河北	53	3.3	82	4.5	-35.4
浙江	43	2.7	52	2.8	-17.3
陕西	37	2.3			
福建	14	0.9	2	0.1	600.0
四川	10	0.6			
广西	10	0.6			
安徽	6	0.4	78	4.3	-92.3
山西	6	0.4	5	0.3	20.0
江西	6	0.4	4	0.2	50.0
天津	6	0.4	3	0.2	100.0
海南	4	0.2			
上海	3	0.2	52	2.8	-94.2
吉林	2	0.1	18	1	-88.9
新疆	1	0.1	2	0.1	-50.0
湖南	1	0.1	1	0.1	0.0
贵州			16	0.9	-100.0
内蒙古			5	0.3	-100.0
辽宁					
甘肃					
宁夏					
青海					
西藏					
重庆					
黑龙江					

注：本文所有销量数据均来自于车辆上牌数据。不同于以往按照公告型号进行分类的方式，为更贴合实际情况，在本次年鉴的编写过程中，更注重考虑各类产品的结构特征和实际用途，对归类口径进行了优化调整。各销售数据不具备与往年年鉴数据进行比较的意义。

〔供稿单位：中国工程机械工业协会市政与环卫机械分会〕

装修与高空作业机械

一、行业总体情况

2018 年，工程机械行业市场销售继续稳中有升，在营商环境不断改善的同时，国家深入推进“一带一路”倡议，加大力度推进产品高质量发展，在此背景下，装修与高空作业机械行业企业工业总产值较上年有所增长。

高处作业吊篮是归属本行业的产品，它因架设方便、施工成本低等特点在建筑领域已得到广泛应用。高处作业吊篮产品不属于特种作业设备，但属高空危险作业设备，近年来安全事故频发，这包括多方面的因素，如产品质量不过关、日常保养维护不到位、操作人员安全意识不够及日常监管不到位等。施工企业应加强安全生产方面的培训，以避免出现人员伤亡事故。据中国工程机械工业协会装修与高空作业机械分会统计，当前生产吊篮的企业有 150 多家，年产量 100 000 台左右。

高层建筑擦窗机是在高处作业吊篮的基础上发展起来的建筑物外墙清洗、维护和装修专用设备，也是现代高层建筑必备的常用设备之一。2018 年，据装修与高空作业机械分会统计，国内擦窗机领域具备一定规模的生产企业有 25 家，擦窗机年产量 800 ～ 1 000 台。2018 年出口 70 余台，主要出口到中东、东南亚等地区。当前，国内很多地标性或超高层建筑中均安装了国产擦窗机设备，如亚投行总部办公楼、浙江绍兴瑞丰银行大楼、成都复地金融岛、珠海横琴星艺文创天地、兰州盛达金融广场等。

高空作业机械产品近年来发展较为迅速，应用领域极为广泛。当前，生产高空作业车的企业约 50 家，生产高空作业平台的企业有 80 家左右。在国家“一带一路”倡议及“走出去，引进来”相关政策的推动下，国内企业通过学习、引进、消化国外先进技术，加强新产品的研发，设备向高性能、高智能化方向发展。当前，徐工研制的高空作业平台最大作业高度已达 58.6m。

二、生产发展情况

据装修与高空作业机械分会统计，2018 年，25 家主要企业共生产高处作业吊篮 81 444 台，销量为 68 884 台，库存为 9 370 台，销量占产量的 84.6%；10 家主要企业共生产擦窗机 544 台，销量为 529 台，库存为 86 台，销量占产量的 97.2%；9 家企业共生产高空作业平台 56 735 台，销量为 51 538 台，库存为 6 790 台，销量占产量的 90.8%；4 家企业共生产高空作业车 2 604 辆，销量为 2 547 辆，库存为 184 辆，销量占产量的 97.8%。产品分类情况及主要生产企业见表 1。2017—2018 年装修与高空作业机械主要生产企业产销情况见表 2。

表 1　产品分类情况及主要生产企业

产品名称	主要生产企业
高处作业吊篮	无锡市小天鹅建筑机械有限公司、申锡机械有限公司、法适达（上海）机械设备有限公司、河北久创建筑机械科技有限公司、中际联合(北京)科技股份有限公司、江苏博宇建筑工程设备科技有限公司、无锡天通建筑机械有限公司、天津庆丰顺建筑机械有限公司、广东裕华兴建筑机械制造有限公司、无锡市龙升建筑机械有限公司、廊坊兴河工业有限公司、宁波东建建筑科技有限公司、山东连豪机电设备有限公司、无锡瑞吉德机械有限公司、江阴市路达机械制造有限公司、上海虹口建筑机械有限公司、天津市庆泰起重设备有限公司、天津正宇重工机械有限公司、无锡市凤鸿机械制造有限公司、无锡华科机械设备有限公司、雄宇重工集团股份有限公司、北京九虹中工工程机械有限公司、深圳市穗通机械设备有限公司、无锡市雨琦机械制造有限公司、黄骅市昌达起重设备有限公司、无锡科通工程机械制造有限公司、无锡市傲世机械制造有限公司、无锡市强恒机械有限公司、无锡强辉建筑机械有限公司、无锡劲马液压建筑机械有限公司、天津市津渝恒安达机械设备有限公司、天津市海发建筑机械制造有限公司、宁津县汇洋建筑设备有限公司、中宇博机械制造股份有限公司、河北华桥减速机有限公司
擦窗机	北京凯博擦窗机械科技有限公司、江苏博宇建筑工程设备科技有限公司、上海普英特高层设备股份有限公司、上海万润达机电科技发展有限公司、南京福瑞德机电科技有限公司、上海再瑞高层设备有限公司、无锡市沃森德机械科技有限公司、申锡机械有限公司、雄宇重工集团股份有限公司、中宇博机械制造股份有限公司、北京世纪永安科技发展有限公司、江苏别具匠心机械设备有限公司、江阴市骏腾机械制造有限公司、澳大利亚 Coxgomyl、德国 Manntech、芬兰 Rostek 及西班牙 Gind、Atech
高空作业平台	浙江鼎力机械股份有限公司、湖南星邦重工有限公司、杭州赛奇工程机械有限公司、湖南运想重工有限公司、徐工消防安全装备有限公司、美通（南通）重工有限公司、湖北高曼重工科技有限公司、中联重科、临工、柳工、法国 Haulotte、加拿大 Skyjack、日本 Aichi 及美国捷尔杰、吉尼、Terex
高空作业车	杭州爱知工程车辆有限公司、徐州海伦哲工程机械有限公司、徐州徐工随车起重机有限公司、青岛海青汽车股份有限公司、海沃机械（中国）有限公司、青岛中汽特种汽车有限公司、中汽商用汽车有限公司（杭州）、安徽柳工起重机有限公司、沈阳北方交通重工集团等

表 2　2017—2018 年装修与高空作业机械主要生产企业产销情况

企业名称	2018 年		2017 年		2018 年销量同比增长（%）
	产量（台）	销量（台）	产量（台）	销量（台）	
高处作业吊篮					
申锡机械有限公司	11 635	11 477	11 320	11 128	3.1
中际联合（北京）科技股份有限公司	9 512	9 012	9 010	8 510	5.9
天津庆丰顺建筑机械有限公司	7 080	6 580	3 030	2 630	150.2
无锡瑞吉德机械有限公司	3 586	3 576	3 214	3 198	11.8
无锡市小天鹅建筑机械有限公司	3 685	3 313	3 765	3 432	-3.5
雄宇重工集团股份有限公司	3 047	2 949	2 600	2 517	17.2
河北久创建筑机械科技有限公司	3 706	2 658	2 164	1 836	44.8
山东连豪机电设备有限公司	3 000	2 500	2 000	1 800	38.9
江苏博宇建筑工程设备科技有限公司	1 300	1 100	2 000	1 500	-26.7
无锡天通建筑机械有限公司	800	750	1 000	800	-6.3
无锡市龙升建筑机械有限公司	500	500	500	300	66.7
河北华桥减速机有限公司	650	500	1 200	1 150	-56.5
廊坊兴河工业有限公司	1 000	443	3 000	2 600	-83.0
广东裕华兴建筑机械制造有限公司	415	312	720	460	-32.2
江阴市路达机械制造有限公司	300	250	2 300	1 700	-85.3
宁波东建建筑科技有限公司	500	190	360	260	-26.9
上海虹口建筑机械有限公司	188	188	102	102	84.3
法适达（上海）机械设备有限公司	168	142	142	134	6.0
沧州力圣建筑机械设备有限公司	1 000	863			
天津市海发建筑机械制造有限公司	3 000	2 720			
宁津县鲁旺机械设备有限公司	6 520	5 800			
无锡市傲世机械制造有限公司	4 050	459			
无锡科通工程机械制造有限公司	1 500	1 500			
无锡华科机械设备有限公司	1 302	1 102			
河北沧胜工程机械有限公司	13 000	10 000			
擦窗机					
北京凯博擦窗机械科技有限公司	106	133	134	88	51.1
上海普英特高层设备股份有限公司	119	107	171	151	-29.1
江苏博宇建筑工程设备科技有限公司	100	82	100	80	2.5
南京福瑞德机电科技有限公司	58	56	53	53	5.7
上海万润达机电科技发展有限公司	43	41	35	35	17.1
雄宇重工集团股份有限公司	41	38	35	33	15.2
上海再瑞高层设备有限公司	35	30	60	57	-47.4
无锡市沃森德机械科技有限公司	24	24	52	44	-45.5
申锡机械有限公司	18	18	15	15	20.0
成都嘉泽正达科技有限公司			50	50	

（续）

企业名称	2018 年		2017 年		2018 年销量同比增长（%）
	产量（台）	销量（台）	产量（台）	销量（台）	
高空作业平台					
浙江鼎力机械股份有限公司	29 876	27 170	17 463	17 110	58.8
湖南星邦重工有限公司	9 129	8 297	4 664	4 196	97.7
湖南运想重工有限公司	2 114	1 963	811	788	149.1
杭州赛奇机械股份有限公司	427	408	361	325	25.5
申锡机械有限公司	400	400	310	310	29.0
临工集团济南重机有限公司	8 046	7 009			
无锡市傲世机械制造有限公司	200	137			
徐工消防安全装备有限公司	6 527	6 138			
无锡华科机械设备有限公司	16	16			
高空作业车					
徐州海伦哲专用车辆股份有限公司	1 248	1 216	1 262	1 248	-2.6
杭州爱知工程车辆有限公司	443	417	397	403	3.5
中汽商用汽车有限公司（杭州）	78	68	83	78	-12.8
徐州徐工随车起重机有限公司	835	846			

2018 年，据装修与高空作业机械分会按企业上报的数据统计，工业总产值排在前三位的企业分别是临工集团济南重机有限公司、浙江鼎力机械股份有限公司、徐州徐工随车起重机有限公司。2017—2018 年装修与高空作业机械行业部分企业经济指标见表 3。

表 3　2017—2018 年装修与高空作业机械行业部分企业经济指标

序号	企业名称	年份	工业总产值（万元）	主营业务收入（万元）	利润总额（万元）
1	临工集团济南重机有限公司	2018	351 401	235 782	21 206
2	浙江鼎力机械股份有限公司	2018	187 549	174 294	55 014
		2017	113 258	111 355	32 183
3	徐州徐工随车起重机有限公司	2018	134 904	165 699	13 319
4	徐工消防安全装备有限公司	2018	116 948	111 419	3 230
5	徐州海伦哲专用车辆股份有限公司	2018	81 506	87 227	9 166
		2017	67 761	79 603	8 435
6	湖南星邦重工有限公司	2018	73 500	71 200	
		2017	38 000	29 023	3 725
7	江苏法尔胜特钢制品有限公司	2018	53 909	58 106	-111
		2017	33 403	34 087	-863
8	中际联合（北京）科技股份有限公司	2018	45 000	32 000	3 000
		2017	35 000	30 000	2 500
9	申锡机械有限公司	2018	29 039	26 267	1 416
		2017	27 910	25 011	1 245
10	中汽商用汽车有限公司（杭州）	2018	26 785	31 367	578
		2017	25 861	25 533	938

2018 年，受益于当前国内的市场环境，高空作业平台实现爆发式增长，出口量较 2017 年有大幅提高，其中剪叉式平台仍占较大出口比重，产品主要出口到中东、东南亚、欧洲、美国等地。高处作业吊篮主要出口到中东、东南亚等地区。擦窗机的出口体量较小，主要销往南非、东南亚、中东地区。2017—2018 年装修与高空作业机械主要产品出口情况见表 4。2018 年各企业产品出口情况见表 5。

表 4　2017—2018 年装修与高空作业机械主要产品出口情况

产品名称	年份	出口量	单位	主要出口地区
高空作业平台	2018	20 981	台	中东、美洲、欧洲、亚洲、非洲、大洋洲
	2017	15 778	台	中东、美洲、欧洲、东南亚、南亚、中亚、非洲
擦窗机	2018	41	台	南非、东南亚、中东
	2017	23	台	东南亚、中东
高处作业吊篮	2018	14 075	台	中东、东亚、南亚、欧洲、东南亚、非洲、俄罗斯、大洋洲
	2017	10 295	台	中东、南亚、欧洲、东南亚、非洲、俄罗斯、韩国、澳大利亚
提升机	2018	1 934	台	欧洲
	2017	2 474	个	欧洲、印度
钢丝绳	2018	2 130	t	中东、东南亚、欧美
	2017	15 609	t	中东、东南亚、欧美

表 5　2018 年各企业产品出口情况

企业名称	出口量	单位	出口额（万美元）	主要出口产品	出口国家（地区）
浙江鼎力机械股份有限公司	18 955	台	15 741	高空作业平台	美国、意大利、泰国、荷兰
徐州徐工随车起重机有限公司	684	台	12 288	随车吊、高空车、环卫设备、清障车	
江苏法尔胜特钢制品有限公司	2 130	t	2 983	钢丝绳	中东、东南亚、欧美
申锡机械有限公司	4 317	台	2 464	高处作业吊篮、擦窗机、施工升降机、施工升降平台、提升机、电控箱、安全锁	印度、巴林、伊朗、俄罗斯、乌克兰、越南
广东裕华兴建筑机械制造有限公司	982	台	1 437	施工升降机、高处作业吊篮、爬升式工作平台、伸缩式卸料平台	
徐工消防安全装备有限公司	202	台	940	消防车、高空作业平台	荷兰、台澎金马关税区、阿拉伯联合酋长国、巴基斯坦、印度、墨西哥、泰国、喀麦隆、韩国、文莱、印度尼西亚、缅甸、尼日利亚、马里、菲律宾、安哥拉
中际联合（北京）科技股份有限公司	1 400	台	568	高处作业吊篮	智利、印度、西班牙、韩国、南非、中国香港、乌拉圭
无锡瑞吉德机械有限公司	957	台	268	高处作业吊篮	南亚、中亚、东南亚、欧洲、其他
湖南运想重工有限公司	76	台	232	高空作业平台	土耳其、澳大利亚、留尼旺、几内亚、蒙古、尼日利亚、越南、印度尼西亚、保加利亚、中东、秘鲁
无锡科通工程机械制造有限公司	1 500	台	199	高处作业吊篮	
上海普英特高层设备股份有限公司	23	台	163	擦窗机	中国香港、澳门、印度尼西亚、菲律宾、中东、斯里兰卡
河北久创建筑机械科技有限公司	760	台	145	高处作业吊篮	东南亚
无锡华科机械设备有限公司	446	台	145	高处作业吊篮、升降机、升降平台	阿拉伯联合酋长国、科威特、阿根廷

（续）

企业名称	出口量	单位	出口额（万美元）	主要出口产品	出口国家（地区）
北京凯博擦窗机械科技有限公司	3	台	143	擦窗机	中国香港、赞比亚
宁津县鲁旺机械设备有限公司	800	台	118	高处作业吊篮	俄罗斯、阿尔及利亚、印度、菲律宾等
无锡市小天鹅建筑机械有限公司	1 968	台	114	高处作业吊篮、提升机	印度、欧洲
廊坊兴河工业有限公司	400	台	100	高处作业吊篮	马来西亚
雄宇重工集团股份有限公司	216	台	71	高处作业吊篮	乌克兰、印度尼西亚、泰国、智利、墨西哥、秘鲁、约旦、中国香港
法适达（上海）机械设备有限公司	110	台	55	高处作业吊篮	澳大利亚、法国、新加坡、印度、中东
山东连豪机电设备有限公司	130	台	44	高处作业吊篮	东南亚
杭州赛奇机械股份有限公司	106	台	43	桅柱式升降平台	中国香港、马来西亚、韩国、德国、孟加拉国、南非、印度、马来西亚、德国、哥伦比亚、中国台湾、巴基斯坦
南京福瑞德机电科技有限公司	3	台	28	擦窗机	中东
无锡市傲世机械制造有限公司	80	台	22	高处作业吊篮	东南亚
天津庆丰顺建筑机械有限公司	100	台	14	高处作业吊篮	阿拉伯联合酋长国、迪拜
河北沧胜工程机械有限公司	2 000	台		高处作业吊篮	俄罗斯、柬埔寨、印度
临工集团济南重机有限公司	1 147	台		高空作业平台	土耳其、新加坡、印度、美国、巴西、意大利、俄罗斯、波兰、智利、韩国、德国、挪威、荷兰、丹麦、日本、新西兰、法国、西班牙、拉脱维亚、马来西亚、以色列
江苏博宇建筑工程设备科技有限公司	1 102	台		高处作业吊篮、擦窗机	东南亚、中东

三、科研成果与新产品

近年来，工程机械行业坚持创新推动发展，各企业不断加大研发力度，加快产品向高端化、智能化、绿色节能、高效方向发展。

徐州徐工随车起重机有限公司研制的高空作业车，在产品轻量化、小型化、功能性、信息化、人机工程融合、电气系统型升级、车联网 GPS 等方面进行技术突破、攻关、升级。作为唯一一款全幅度作业蓝牌车申报国家外观专利的 XZJ5041JGKJ5 型 17m 高空作业车，采用先进的三维设计软件进行产品结构优化设计，控制总质量；副车架和臂体等主要部件均采用高强度 Q690 钢板，提高可靠性，降低重量；前后支腿采用 X 型结构 H 型支腿，三节伸缩臂，全幅度作业，性价比达到最优；四支腿的水平及垂直伸缩均可单独控制，适应性强，具有上下车互锁及软腿保护功能；操控突出经济、实用，作业平台实现无线遥控。XZJ5102JGKH5 型 26m 高空作业车整车重量轻，是国内体型最小的产品，在绿色节能方面实现了突破。

PTA220C 高空作业车是安徽柳工起重机有限公司开发的一款技术领先的高空作业车。在当前国内能够上蓝色牌照的高空作业车中，它的最大工作高度最高，作业占地空间小，能在场地受到限制的狭小空间里作业，整机总质量不到 4.5t 的轻量化设计，在同等最大作业高度机型中整机重量最轻，省油、环保，降低客户使用成本。臂架伸缩采用液压缸 + 双链轮链条传动，伸缩更平稳，安全性更高；臂架制造采用行业独有的单焊缝 +V 形折弯成形工艺，伸缩过程中受力更均匀、更平稳，无抖动。它以超强的作业能力、超级平稳安全、超高场地适应性、超低使用成本、超级精美等优点得到了业内认可。

作为国内专业的高空作业平台设备制造商，浙江鼎力机械股份有限公司、湖南星邦重工有限公司、徐工消防安全装备有限公司持续发力，纷纷推出各自较有竞争力的新产品。

在 bauma China 2018（上海宝马展）上，浙江鼎力机械股份有限公司推出超凡高度、超大载重、超轻设计的“超越 • 新高度”颠覆性臂式升级款高空作业平台新品。该平台采用整体部件下移设计，秉承家族式模块化理念，依托全球技术领先的美国德纳工程机械车桥、德国力士乐高压驱动系统和丹佛斯 PVG 液压控制系统等一系列高端配置的性能保障，拥有国内外专利 49 项。

在臂式车方面，同样拥有十多年研发经验的湖南星邦重工有限公司，始终以科技创新驱动为发展理念，2018 年在上海宝马展上推出 18m 直臂，赢得市场一致好评，并获得中国工程机械年度产品 TOP50 奖、IPAF 提名奖。GTZZ46 曲臂产品已进入试制阶段，一举打破世界最高曲臂纪录。在剪叉方面，星邦重工不断完善产品线，电驱、锂电池、14m 宽平台产品陆续上市。在其他产品方面，28m 车载、10m 套筒、4m 桅柱式产品的研发和下线，使星邦重工不断完善产品结构，满足不同客户的需求。

徐工消防安全装备有限公司是徐工集团全资子公司，是国内研发、生产、销售特种消防车及高空作业平台的专业化制造企业。在高空作业平台的研发方面，以“安全、可靠、节能、高效”作为设计理念，突破技术领先的高米数产品，开发全球最高 56m 直臂式高空作业平台，重点开展高空作业平台参数化设计及计算平台、双泵四转驱动控制技术、纯电动高空作业平台控制系统开发、新型节能液压系统等核心技术，向“高性能、可靠性、智能化、人性化”设备方向研发。

为了适应高度不断突破、建筑物外墙复杂多变的城市楼群外立面维护施工，上海普英特高层设备股份有限公司自主研发折臂伸缩式超大型擦窗机。折臂伸缩式超大型擦窗机设于底架上的大回转机构角度可达 270°，大回转机构上有基臂，设于基臂前端的小回转机构可回转 180°，在大回转和小回转之间的伸缩臂机构可根据需要进行 10 ～ 20m 的伸缩调整，伸缩机构的顶端再设有一个折臂回转机构，以保证吊船平台与外墙立面的平行工作面。总回转角度可达到 450° 以上。该设备的设计方式可为屋面有柱子或只能开少量窗口的建筑擦拭时带来极大的方便，使擦窗机的工作范围加大、效率提高，更适用于现代化建筑。

四、发展趋势

高处作业吊篮产品经历了近 40 年的发展，市场规模已达饱和状态。近年来，经过对产品的设计改良，已成功运用到电梯安装、风电维护、桥梁检修中。同时，由于吊篮生产租赁企业及从业人数众多，产品质量及操作人员素质都良莠不齐，导致事故频发，也给高处作业吊篮行业以沉重打击。未来在国家大力推进装配式建筑发展的同时，将产品进行改良，适应新兴建筑模式，将是一个发展方向。

2017 年，高空作业市场在经历了快速增长后，2018 年继续保持了稳步增长势态，国内大型工程机械企业已进入并下线投产，国产品牌之间竞争愈加激烈，同时，国外品牌也继续保持强势状态，争夺市场。在激烈的市场竞争中，企业唯有采用高质量、高度智能化、精细化的发展管理模式才能在日益严峻的市场环境中占据一席之位。国内企业应该增强风险意识，分析市场走势，抓住机遇，稳步提升，创一流企业，做一流产品。

〔供稿单位：中国工程机械工业协会装修与高空作业机械分会〕

观 光 车

一、生产发展情况

2018 年，观光车行业延续了 2017 年的发展趋势，产销量保持较为平稳的态势。观光车生产企业集中度进一步提高，部分中小企业关停，企业数量减少。据国家质检总局特种设备许可办公室的资料显示，截至 2018 年年底，观光车取证企业数量由 2017 年的 300 多家减至 200 多家。与此同时，现有企业更加注重观光车产品品质、安全性方面的提升，观光车产品也由单纯的价格竞争向品质、品牌竞争转变，产品质量逐步提升。观光车行业衍生出了电动巡逻车和电动消防车两大产品，两项团体标准于 2018 年 2 月 27 日发布实施，以有效规范电动巡逻车和电动消防车的生产。

我国观光车企业主要分布在沿海等经济发达地区和制造业基础较好的地区，西北、西南等地区近年来也偶有观光车企业出现，但数量还比较少。观光车生产企业国内分布情况见表 1。

表 1　观光车生产企业国内分布情况

地区	企业数量占比（%）
山东	22
江苏	20
广东	9
河南	9
浙江	5
河北	5
安徽	4
湖北	4
广西	3
四川	3
其他地区	16

2014—2018 年观光车制造许可证发证情况见表 2。从表 2 可以看出，取证数量呈波浪式下降趋势：2014 年是近几年来企业取证数量最多的一年，2015 年有所下降，2016 年略回升，2017 年数量有较大幅度下降，2018 年有所增长。

表 2　2014—2018 年观光车制造许可证发证情况

年份	2014	2015	2016	2017	2018
发证数量（张）	122	78	98	59	71

二、产品销售情况

据中国工程机械工业协会观光车分会统计，2018 年全国主要观光车生产企业 20 家，共生产各类观光车 19 034 台。

2013—2018 年观光车产量见表 3。从表 3 中可以看出：2014—2016 年，观光车产量回落；2017—2018 年，产量保持平稳。2018 年观光车产销存情况见表 4。

表 3　2013—2018 年观光车产量

年份	企业数（家）	蓄电池观光车（台）	内燃观光车（台）	观光列车（台）	合计（台）
2013	43	27 033	1 651	220	28 904
2014	43	33 506	2 514	292	36 312
2015	46	28 788	3 767	595	33 150
2016	31	15 660	3 943	274	19 877
2017	28	18 495	2 142	214	20 851
2018	20	15 548	3 242	244	19 034

表 4　2018 年观光车产销存情况

类别	产量（台）	销量（台）	库存量（台）
观光车	19 034	19 170	869
内燃观光车	3 242	3 147	95
蓄电池观光车	15 548	15 794	759
观光列车	244	229	15

2018 年三类观光车销量占比情况：蓄电池观光车占比为 82.4%、内燃观光车占比为 16.4%、观光列车占比为 1.2%，而 2017 年三类车型销量占比分别为 88.6%、10.4%、1.0%。对比可知，蓄电池观光车销量占比下降 6.2 个百分点，内燃观光车销量占比则上升了 6.0 个百分点，观光列车情况基本平稳。

据统计，观光车销售车型主要集中在 8 座、11 座、14 座、23 座四种车型。2018 年不同座位数的观光车销量见表 5。

表 5　2018 年不同座位数的观光车销量

车型	销量(台)	占比（%）
6 座	771	4.0
8 座	2 779	14.5
9 座	132	0.7
11 座	3 006	15.7
14 座	7 941	41.4
19 座	956	5.0
23 座	3 289	17.2

三、产品出口情况

受 2018 年国际贸易保护主义抬头等因素影响，2018 年观光车出口量大幅下滑。据观光车分会统计，2018 年观光车出口 2 723 台，比上年下降 48.7%，出口量创最近四年的新低。2018 年观光车出口量占观光车总销量的 14.2%，较 2017 年的 25.9% 下降 11.7 个百分点。观光车出口地包括亚、欧、北美、东南亚、非洲及澳大利亚。2015—2018 年观光车出口情况见表 6。

表 6　2015—2018 年观光车出口情况

年份	出口量（台）	占总销量的比例（%）
2015	6 533	19.7
2016	3 808	18.2
2017	5 309	25.9
2018	2 723	14.2

四、科研成果及新产品

1. 柳州五菱开发新款造型的威威电动观光车

2018 年，柳州五菱汽车工业有限公司开发新款造型的威威电动观光车，满足北京天坛公园等大客户需求。同时，在原来 14.4kW · h 的 M 系列锂电观光车基础上拓展开发 25.9kW · h 的车型，满足长里程需求。针对 V500 平台、

M100 平台开发相应交流系统车型，成本降低，性能增强。这 3 个车型均共用生产线，实现柔性化生产。新品观光车在南宁、永州等地的景区投入使用，游客获得良好的用户体验。公司还在智能驾驶领域不断优化产品，同中国移动在 5G 领域展开深度合作，实现在南宁园博园试运行。

2. 玛西尔为客户量身定制推出特色定制观光车

玛西尔坚持以客户为中心、为客户创造价值的价值观，结合客户需求，为南京某景区推出了符合该景区旅游文化的特色观光车，得到了广泛关注，各类景区纷纷引进。结合景区小状元的元素进行设计，顶部为观光车牌匾“登科之喜”醒目标题，由小状元形象与祥云形成车头部分。背后以大彩屏为宣传设计，整体风格统一，顶部为祥云纹样设计，背部采用扇形围挡，整体配色采用夫子庙大成殿的黄红配色及小状元红；踏板及车身有祥云图案及代表秦淮风光的异形图案，最终令玛西尔电动车与小状元融为一体。该产品采用新型高效永磁同步电动机，效率大幅提升。

3. 苏州普莱尔推出“托马斯”IP 定制观光列车

苏州普莱尔和客户联合开发了“托马斯”IP 定制观光列车。该车采用锂电池组作为动力电池，配备 BMS 电池管理系统，满足国内外大部分地区使用。整车采用新能源纯电动控制系统，仪表能及时反馈车辆信息。通过控制系统，将发现的问题实时反馈给仪表，方便维修人员判断、解决问题。整车外观获得“Thomas & Friends”品牌授权，根据卡通原型进行设计，结合动画片的影响力，整车外形具备吸引效果。

4. 德事隆特种车辆推出新款 SHUTTLE BUS 11 座 /14 座游览观光车

由无锡德事隆特种车辆有限公司自主研发生产的 E-Z-GO SHUTTLE BUS 11 座 /14 座游览观光车，专为重载应用而设计，车辆连续经过高强度 30 000km 超负荷疲劳耐久场地测试，在美国一次性不停机通过高级频谱震动整车负载测试台架 200h 测试，单独零部件安全性、可靠性等测试合计 5 000h，持续改善悬架，连接胶套，升级车身材质，优化制造工艺十几项。2018 年 6 月，该产品作为官方指定用车，助力在青岛举办的上海合作组织峰会。2018 年 8 月，E-Z-GO SHUTTLE BUS 远赴印度尼西亚，助力第 18 届亚运会，为参赛运动员和工作人员提供接驳服务。为了满足来自不同地区不同客户的需求，E-Z-GO SHUTTLE BUS 11 座 /14 座观光车可以定制配备软包门、雨帘、遮阳帘等选装件，为客户提供更为舒适的驾乘体验。

5. 雷沃重工推出全新造型金属车身观光车

2018 年，雷沃重工“奥星”观光车以平台化开发为基础，采用客车技术创新开发 S2 系列产品。该系列产品通过零部件模块化灵活组合，搭建 8 座、11 座、14 座产品，动力匹配锂电，重量轻、比容量大、循环使用寿命长，使产品更环保、轻量化，同时提升了续驶里程；创新应用全新电涡流缓速器，整车制动平稳，安全性高；车身、顶棚、门板均采用冲压钣金制作，强度高，做工优良；配置智能仪表板、GPS 定位、铝合金地板等，满足了高端客户的各种需求。

〔供稿单位：中国工程机械工业协会观光车分会〕

工程机械配套件

一、生产发展情况

工程机械行业在历经五年之久的发展低潮以及2017年快速恢复和增长后，迎来了全面发展的2018年，全行业坚持高质量发展的工作要求，深入开展供给侧结构性改革，积极投身“一带一路”建设，取得了较好成绩，技术创新和盈利能力大幅度提升，市场销售继续保持快速增长，2018年全行业实现营业收入5 964亿元，比2017年增长10.4%。

配套件行业作为我国工程机械行业的重要组成部分，在2018年也出现了增长的态势。根据2018年对工程机械配套件行业中主要企业的统计，2018年完成工业总产值1 135 452万元、工业销售产值1 222 675万元，实现营业收入748 726万元、利润总额60 472万元。2017－2018年工程机械配套件行业主要经济指标完成情况见表1。工程机械配套件行业产品分类及主要生产企业见表2。2017—2018年工程机械配套件行业主要生产企业产销存情况见表3。2017—2018年工程机械配套件行业主要生产企业经济指标完成情况见表4。

表1 2017—2018年工程机械配套件行业主要经济指标完成情况

指标名称	2018年	2017年
工业总产值（万元）	1 135 452	624 761
工业销售产值（万元）	1 222 675	569 164
营业收入（万元）	748 726	488 026
出口交货值（万元）	99 079	45 034
利润总额（万元）	60 472	19 669

表2 工程机械配套件行业产品分类及主要生产企业

产品分类	企业名称
液压件及液压附件	徐州徐工液压件有限公司、四川长江液压件有限责任公司、榆次液压有限公司、派克汉尼汾液压（天津）有限公司、浙江临海海宏集团有限公司、济南液压泵有限责任公司、合肥长源液压股份有限公司、中航工业贵州枫阳液压有限公司、苏州工业园区飞翔液压附件厂、伊顿流体动力（上海）有限公司、中航力源液压股份有限公司、泊姆克（天津）液压有限公司、安徽惊天液压智控股份有限公司、浙江苏强格液压股份有限公司、博世力士乐（北京）液压有限公司、黎明液压有限公司、厦门银华机械厂、宁波恒通诺达液压股份有限公司、江苏江阴市液压油管有限公司、徐州瑞隆机械工业发展有限公司、赛克思液压科技股份有限公司、宁波江北宇洲液压设备厂、意宁液压股份有限公司、江苏恒立高压油缸股份有限公司、北京华德液压工业集团有限公司、圣邦集团有限公司、卡尔森精密机械（昆山）有限公司、烟台江山工贸有限公司、江阴市长龄机械制造有限公司、江苏恒源液压有限公司、高邮市迅达工程机械有限公司、江阴市力隆液压机械有限公司、川崎精密机械商贸（上海）有限公司、济南高新华能气动液压有限公司、河北金建液压机械有限公司、江苏国瑞液压机械有限公司、安徽博一流体传动股份有限公司、山东星辉航空液压机械有限公司、烟台艾迪液压科技有限公司、宁波斯达弗液压传动有限公司、张家口中航液压装备股份有限公司、徐州科源液压有限公司、上海合纵重工机械有限公司、太仓濂辉液压器材有限公司、斗山液压机械（江阴）有限公司、宁波中宁伟业液压有限公司、山东同力液压装备有限公司、安徽汉卓流体动力科技有限公司、林德液压（厦门）有限公司、威海人合机电股份有限公司、波克兰液压传动与控制技术（北京）有限公司、安徽伟盟液压科技有限公司
变速器驱动桥	杭州前进齿轮箱集团股份有限公司、中南传动机械厂、江西分宜驱动桥厂、卡拉罗（中国）传动系统有限公司、徐州美驰车桥有限公司、徐州市振兴车桥厂、泰安金城重工科技有限公司、六安金霞齿轮有限公司
液力变矩器	浙江临海机械有限公司、山推工程机械股份有限公司传动分公司、安徽合力股份有限公司蚌埠液力机械厂、大连液力机械有限公司、陕西航天动力高科技股份有限公司、中国船舶重工集团公司第七一一研究所变矩器厂、厦门亿统机械有限公司

（续）

产品分类	企业名称
回转支承四轮一带等零部件	徐州罗特艾德回转支承有限公司、马鞍山方圆精密机械有限公司、烟台富野机械有限公司、亚实履带（天津）有限公司、山推工程机械股份有限公司履带底盘分公司、山东省烟台市广兴履带厂、铁岭市机械橡胶密封件有限公司、黄石赛福摩擦材料有限公司、浙江银轮机械股份有限公司、爱克奇换热技术（太仓）有限公司、莱州市莱索制品有限公司、山东山推工程机械结构件有限公司、浙江天成自控股份有限公司、芜湖盛力科技股份有限公司、上海永信仪表有限公司、贵阳永青仪电科技有限公司、中策橡胶集团有限公司、山东山工钢圈有限公司、无锡圣丰减震器有限公司、唐纳森无锡过滤器有限公司、济宁精益轴承有限公司、常州武滚轴承有限公司、济宁山推石油化工有限公司、中国石油化工股份有限公司润滑油研发（北京）中心、马鞍山统力回转支承有限公司、爱斯科（徐州）耐磨件有限公司、济宁永生工程机械制造有限公司、天津日标工程机械配件有限公司、广西南宁精祥仪表有限公司、中国石化润滑油有限公司北京研究院、浙江凌翔科技有限公司、特利马克（徐州）汽车零部件有限公司、上海金研机械制造有限公司、福建唐力电力设备有限公司、南阳市红阳锻造公司、长沙华德科技开发有限公司、青岛成通源电子有限公司、江苏泰隆减速机股份有限公司、济宁亚得旺机械有限公司、米巴精密零部件（中国）有限公司、宁波博威合金材料股份有限公司、马鞍山市力和机械有限公司、河北亚大汽车塑料制品有限公司、瑞钢钢板（中国）有限公司、广州先旗电子科技有限公司、济南科发中美高级润滑油有限公司、上海奥达科股份有限公司、山东铭德机械有限公司、道依茨发动机北京办事处、杭州浙大奔月科技有限公司、无锡圣丰减震器有限公司、双登集团股份有限公司、浙江双飞无油轴承股份有限公司、普莱斯工业小型驾驶室（苏州）有限公司、马鞍山市安耐特回转支承有限公司、河北雄县鑫海浮动油封厂、嘉善耐特精密机械有限公司、杰梯晞精密机电（上海）有限公司、吉凯恩中国投资有限公司、徐州博涛工程机械有限公司、上海南华机电有限公司、苏州工业园区驿力机车科技有限公司、曼胡默尔管理（上海）有限公司、苏州吉人高新材料股份有限公司、山东中弘化工有限公司、浙江恒立粉末冶金有限公司、杭州萧山红旗摩擦材料有限公司

表 3　2017—2018 年工程机械配套件行业主要生产企业产销存情况　　（单位：台、件、套）

企业名称	产量		销量		库存	
	2018 年	2017 年	2018 年	2017 年	2018 年	2017 年
液压元件						
榆次液压集团有限公司	196 907	760 707	172 518	708 547	92 761	175 452
徐州徐工液压件有限公司	4 735 271	3 770 907	4 695 177	3 738 027	371 706	859 700
中航工业贵州枫阳液压有限责任公司		20 137		17 626		14 027
济南液压泵有限责任公司		193 041		197 984		27 782
莱州市莱索制品有限公司	8 321 000	9 970 000	8 428 000	9 950 000	63 000	50 000
赛克思液压科技股份有限公司	39 852	28 186	32 758	21 612	40 451	29 115
北京华德液压工业集团有限责任公司	1 837 344	1 960 660	846 343	1 801 948	47 383	120 878
河北冀工胶管有限公司	11 300 000	9 100 000	11 250 000	9 060 000	50 000	40 000
浙江高宇液压机电有限公司	123 883	107 109	116 865	106 331	10 644	6 198
液力变矩器						
浙江临海机械有限公司	9 431	5 723	8 936	6 002		
蚌埠液力机械有限公司	785 842	768 150	804 447	752 248	33 634	45 458
驱动桥						
浙江恒立粉末冶金有限公司		449 000		427 400		21 600
杭州前进齿轮箱集团股份有限公司	22 934	17 915	21 451	18 439	4 566	3 147
其他						
济宁永生工程机械制造有限公司	629 527	332 619	616 621	327 383	506 054	240 530
天津津裕电业股份有限公司		1 144 446		1 094 662		65 556
杭州萧山红旗摩擦材料有限公司	15 920 000	12 881	15 620 000	13 039	480 000	175

表 4　2017—2018 年工程机械配套件行业主要生产企业经济指标完成情况

企业名称	工业总产值（万元）		营业收入（万元）		利润总额（万元）	
	2018 年	2017 年	2018 年	2017 年	2018 年	2017 年
液压元件						
榆次液压集团有限公司	55 822	46 858	66 293	55 466	-2 982	-3 003
徐州徐工液压件有限公司	140 365	99 897	161 826	105 042	10 583	3 112
中航工业贵州枫阳液压有限责任公司		23 867		21 224		2 560
济南液压泵有限责任公司		15 466		14 309		-481
莱州市莱索制品有限公司	30 597	28 178	26 366	24 057	1 744	27
赛克思液压科技股份有限公司	42 129	38 780	39 322	34 138	16 717	15 551
北京华德液压工业集团有限责任公司	54 435	44 369	55 324	57 417	-2 507	-8 007
河北冀工胶管有限公司	26 200	21 100	26 000	21 000	3 300	2 640
浙江高宇液压机电有限公司	16 146	14 315	14 654	13 032	1 986	13 825
液力变矩器						
浙江临海机械有限公司	4 035	3 237	4 100	3 416	-2 602	-616
蚌埠液力机械有限公司	49 460	48 128	50 800	46 833	3 338	1 944
驱动桥						
浙江恒立粉末冶金有限公司		2 850		2 650		
杭州前进齿轮箱集团股份有限公司	114 992	104 157	133 833	139 437	3 220	2 038
其他						
济宁永生工程机械制造有限公司	11 705	33 167		27 173	5 051	232
天津津裕电业股份有限公司		15 585		14 611		
杭州萧山红旗摩擦材料有限公司	16 905	15 177	16 151	14 623	1 273	1 068

二、产品出口情况

2018 年工程机械配套件行业主要企业自营出口产品情况见表 5。

表 5　2018 年工程机械配套件行业主要企业自营出口产品情况

公司名称	产品名称	单位	数量	金额（万美元）	销往国家（地区）
杭州萧山红旗摩擦材料有限公司	摩擦片	万片	729	121.0	巴西、美国、意大利、印度等
河北冀工胶管有限公司	工程机械专用各类低压橡胶管	万吋米	220	850.0	美国、英国、法国
北京华德液压工业集团有限责任公司	液压件	万件	4	215.0	美国、巴西、东南亚
榆次液压集团有限公司	叶片泵	件	5 212	44.2	欧美、中东、新加坡等
	齿轮泵	件	4 677	114.1	
	液压阀	件	46 164	206.4	
徐州徐工液压件有限公司	液压油缸	件	3 941	762.3	欧洲、澳大利亚、日本
	液压阀	件	17 509	155.5	欧洲

（续）

公司名称	产品名称	单位	数量	金额（万美元）	销往国家（地区）
赛克思液压科技股份有限公司	齿轮泵	台	1 622	14.3	中国香港、中国台湾、东南亚等
	柱塞泵	台	8 768	370.0	东南亚、欧洲、澳大利亚等
	液压马达	台	179	7.8	中国香港、中国台湾、东南亚等
	液压阀	台	4 656	20.5	美国、东南亚、欧洲等
	减速机	台	13	10.6	非洲
杭州前进齿轮箱集团股份有限公司	工程变速器	台	13	5.0	俄罗斯

三、企业新动向

当前全球的高端液压件几乎被博世力士乐、川崎重工、派克汉尼汾、伊顿液压等少数几家液压生产企业所垄断，国内企业生产技术和收入规模较国外企业仍有一定差距。但以恒立液压、艾迪精密、徐工液压件等为代表的国内优质液压件生产企业经过多年的研发和尝试，取得了技术突破，实现了高端液压件的量产，正逐步打破国外企业在国内市场上的垄断格局。

2017—2018 年，工程机械行业在前期高速增长的基础上，进入稳定发展期，这也带动了工程机械配套件产业的快速发展，零部件呈现供不应求的状态。我国工程机械配套件行业涌现出一批发展速度较快、发展形势良好的企业。

江苏长龄液压股份有限公司是研发、生产和销售专业工程机械用液压关键零部件的高新技术企业，通过卡特彼勒供应商 SQEP 认证，连续四年获得铂金级认证。2017 年公司主营业务收入 36 000 万元，同比增长 150%。销售挖掘机回转接头 94 000 台，同比增长 140%；销售涨紧液压缸 54 000 台 / 份，同比增长 170%。2018 年新增回转接头生产线 2 条，完成营业收入约 60 000 万元，同比增长 40%。

杭州前进齿轮箱集团股份有限公司是国内最大的工程机械变速器独立供应商，产品研发及制造能力处于国内领先水平。2018 年，公司承担的工信部首批强基工程项目“大功率工程机械机电液控制自动换挡变速器工业强基工程”通过验收。2017—2018 年，公司研制的 8 吨级装载机用 YB310 型液力变速器和铁路养护机用 YH350 型液力变速器都实现了自动变速功能，先后通过了浙江省新产品鉴定。其中，YB310 型液力变速器技术水平达到国内领先，YH350 型液力变速器技术水平达到国际先进，被浙江省经信委评为 2016 年优秀新产品（新技术）三等奖，获得中国机械工业科学技术奖二等奖。

马鞍山方圆精密机械有限公司是国内规模最大的集研发、设计、制造和检测试验于一体的专业化回转支承生产企业之一，2017 年累计销售回转支承 6.26 万套，同比增长 61.76%。公司通过精益管理质量提升，加大回转支承研发及检测试验的投入，其检测试验中心是国家专项资金支持项目，并通过了国家 CNAS 认证。2018 年 8 月，国内最大的 5m 回转支承综合性能试验台在方圆公司投入使用，对大型回转支承的综合性能试验、优化设计提供了有力的支撑。同时，公司在军用回转支承替代进口方面也取得了长足的进步。2018 年 2 月，公司总经理鲍治国参加中央二台《我是总师》访谈节目，介绍了我国米波反隐雷达用高精度回转支承的研发制造情况。

芜湖盛力科技股份有限公司主要生产经营汽车及工程机械气制动元器件、真空助力器和液压制动湿式元器件十几个系列、400 多种产品，主要为国内汽车、工程机械承担一级配套和二级维修，部分产品随整机出口。2017 年营业收入 1.15 亿元，比上年增长 48.3%。2018 年，芜湖盛力承担的“安徽省工程机械制动系统工程技术研究中心研发能力建设”项目通过了验收。该项目实施了全液压系统关键部件进口替代试生产，开发了全液压制动系统实验平台，研制了制动性能的自动化检测装置，实现产品收入 3 000 万元、利税 476 万元。

山东同力液压装备有限公司是工程机械行业配套用及非标准液压缸研发、生产、销售的企业，拥有韩国、日本、德国等国家进口的液压缸专用生产设备及生产线。2016 年实现优嘉力叉车转向缸、斗山 6t 整机、铂骏集团轻型 / 中型 / 重型载货汽车等多个产品的配套，实现产值 8 000 万元，并因可靠性试验结果优秀而荣获 2016—2017 年优嘉力品质优胜奖。2017 年完成徐工 500F/500K 型装载机配套、墨西哥歌美飒风电液压缸配套等重大项目，年产值约 1.4 亿元。

山东云宇机械集团有限公司（原山东肥城车桥厂），主要经营驱动桥、制动器、变速器、变矩器、钢圈及铸件等，具有年产各类工程机械驱动桥 20 万根、农用机械驱动桥 5 万根、制动器 40 万只、铸件 5 万 t、钢圈 12 万套的生产能力。2017 年实现销售收入 5.02 亿元、利税 7 200 万元，全国市场占有率达 40%。

杭州宗兴齿轮有限公司是国家级高新技术企业，建有工程机械新型传动超越离合器、变速器全套圆柱齿轮件和桥箱螺旋锥齿轮、轮边齿轮、工作泵等系列产品，获得杭州市著名商标和名牌产品，并获多项科技进步奖。公司获得授权专利40项，其中国家发明专利2项。公司以第一起草单位参与制修订17项国家标准和行业标准，其中《轮胎式装载机用超越离合器 技术条件》《轮式工程机械驱动桥主减速器齿轮副 技术条件》《工程机械湿式铜基摩擦片 技术条件》等13项标准已经颁布实施。公司坚持以科技创新为先导，以质量求生存，不断开发新品，增强企业的竞争力和生存能力，为国内多家大型企业如徐工、临工、山推、厦工、柳工、雷沃、美驰、成工、常林、合力叉车等众多主机厂配套，并多次获得优秀供应商、优秀质量奖、科技创新奖等荣誉。

江苏国瑞液压机械有限公司近几年来在液压阀、齿轮泵等方面连续获得6项重大发明专利，各类整体阀、片式阀、换向阀以及齿轮泵在工程机械和农业机械等方面得到了成功的应用，顺利替代了进口产品。国瑞液压被美国TEREX集团纳入他们全球的核心供应商，成为美国TEREX集团唯一一家中国供应商。2017年，公司荣获工信部工业强基工程一条龙应用计划示范企业称号。

合肥长源液压股份有限公司五十余载初心不改，始终专注于液压领域，其生产技术与制造工艺已达全国先进水平，2017年被工信部授予“中国制造业单项冠军培育企业”称号。近年来大力推行工厂自动化、智能化改造，生产效率得到了极大提升，2017年实现营业收入4亿元，较2016年有较大幅度增长。齿轮泵已应用于航空发动机与大型军用舰船，与德国液压企业技术合作生产电液比例阀，液压油缸为卡特彼勒、徐工、柳工等国内外多家大型工程机械企业配套，主持或参与制定的20项国家及行业标准已公布实施，正在主持制定的国家及行业标准有11项。

安徽博一流体传动股份有限公司自成立10年来，产品可代替进口知名品牌35MPa压力等级高压和超高压液压元件及各类工程机械液压系统，具有自主知识产权，安全、可控。在民品领域，全面替代进口的液压泵、阀，产品均通过10 000h以上的市场可靠性验证，性能先进。公司是国内完全可以实现替代工程机械用35MPa以上液压泵、阀的研发生产企业。在军民融合领域，公司高效完成了陆军主战装甲、两栖装甲及海军舰船控制系统的国产化任务，产品性能稳定可靠。同时，在轨道交通再制造领域也有较大的突破，市场占有率居国内前茅。

赛克思液压科技股份有限公司得益于工程机械的整体复苏，2017年公司业绩提升30%以上，2018年上半年持续维持增长势头，在所有液压零件、元件总成、减速机、精密铸造、维修及再制造五个板块上均取得了增长。公司于2015年开始建设嘉兴新工厂，现在近10万m^2的新厂房已经完成，设计产能10 000t的铸造新工厂已经投产，铸件质量及产能大幅提升。新工厂的定位是标准化、精品化、批量化，筹建中的柱塞精品线、缸体精品线、盘类精品线、壳体新线等设备陆续到货安装之中。

合肥协力液压科技有限公司成立于2002年，前身为合肥天伟液压元件有限公司，是国内最早的叉车电液控制阀生产企业。2012年，合肥协力仪表控制技术股份有限公司并购天伟液压，设立液压控制技术事业部，主要负责液压产品销售服务、技术开发、生产制造、采购供应和质量控制。2015年下半年，合肥协力仪表控制技术股份有限公司在新三版挂牌上市，成立合肥协力液压科技有限公司。近年来，合肥协力开发的液压换向阀已经部分替代进口产品，在国内主机上成功进行了批量应用；开发的电磁、电液、比例控制、负载反馈等换向阀产品，部分产品经主机批量装机验证并被在行业里推广。企业自成立以来，销售额年复合增长率达到60%。

惊天智能装备股份有限公司近年来大力实施产品转型升级战略，已从单纯的工程机械属具制造商发展为工程机器人及关键零部件制造商。公司承担了科技部国家科技支撑计划项目和安徽省重大科技专项，开发了液压破拆机器人、超高压水力破拆机器人以及多功能作业机器人三大系列产品，并实现产业化。公司新厂区于2017年6月竣工并正式投入使用，新厂区总投资1.8亿元，建设标准厂房5万m^2，具备了年产200台（套）工程机器人的生产能力。

天津日标工程机械有限公司于2016年10月迁址天津滨海高新产业园并更名为天津日标机械科技有限公司。新厂房占地面积超过30亩（2万m^2），厂房建筑面积15 000m^2。新厂房落成后，公司购置多台大型机加工设备，生产能力得到大幅提升，通过两年的不懈努力，已开发适配各品牌挖掘机回转、行走减速机总成160余款。销售形势供不应求，部分产品供给品牌整机授权4S店。2016—2018年，公司销售收入增长近45%。

湖南凯恩利液压机械制造有限公司成立于2011年4月，为挖掘机液压辅件系统提供全套解决方案、一站式产品服务，产品有先导阀、油源阀组、单向阀、背压阀、液压锁、截止阀、梭阀、模式切换阀等全系列产品。当前公司年销售收入达到2 000万元以上，在三一、中联、柳工、玉柴、山河智能、临工等知名企业得到高度认可，较进口件的交货期缩短3～4个月，价格比进口件至少低30%，产品质量性能达到进口件水平，与主机单位实现双赢合作，业务增长率保持倍数率增长。预计未来三年可以实现销售额6 000万元以上。

鲁克（中国）润滑油有限公司是华南地区实验设备最全、产品线最全、设备自动化程度最高的环保型高新技术企业，公司获得美国石油协会API认证、沃尔沃汽车认证、康明斯发动机认证，是中国石化润滑油有限公司长城润滑油产品的委托加工单位。

大力发展工程机械零部件产业，满足主机关键零部件配套需要，一直是我国工程机械配套件行业的发展目标。虽然我国工程机械配套件产品从无到有，基本实现了配套件产品国产化、批量化和规模化，涌现出一大批优秀的配套件企业，形成了大量具有区域优势的配套件产业集群，但也应充分地认识到，中低端产品产能过剩和高端核心零部件技术缺失仍是阻碍行业发展的两大难题。因此，面对工程机械行业的变革和发展，工程机械配套件企业必须加速完成三个转变：一是要时刻保持较高的市场敏感度，抓住行业发展的趋势，才能实现跨越式发展；二是面对更多的国内外配套件新兴企业以及不断变化的主机厂需求，必须考虑建立或者适应新的合作规则；三是积极成为世界知名主机厂的供应商，打造优质品牌，努力配合和参与主机厂定制方案的设计和配套。只有时刻保持持续的创新能力和高强的质量管理体系，始终把客户满意度作为前提条件，才能彻底提升和改变我国工程机械行业乃至整个装备制造业的整体水平与形象，努力实现工程机械行业由高速增长到高质量发展的新跨越。

注：由于工程机械配套件产品类别繁多，文章中涉及的企业数据来源于中国工程机械工业协会工程机械配套件分会会员单位。

〔供稿单位：中国工程机械工业协会工程机械配套件分会〕

企业篇

公布2018年工程机械行业主要企业经济效益经营规模排序情况，介绍部分企业转型升级、创新的最新成果

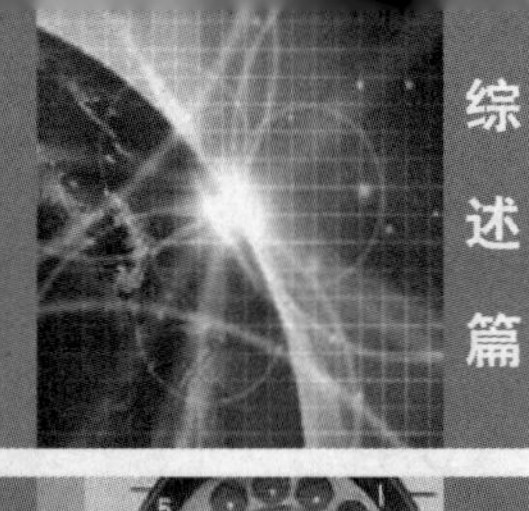

企业篇

2018年工程机械行业主要企业经济效益经营规模排序（营业收入前100名单位）

序号	企业名称	营业收入		利润总额	
		金额（万元）	排序	金额（万元）	排序
1	徐州工程机械集团有限公司	10 437 165	1	151 735	6
2	三一集团有限公司	6 419 458	2	685 653	1
3	中联重科股份有限公司	5 157 810	3	263 852	2
4	临沂临工机械集团	3 177 223	4	214 303	3
5	广西柳工集团有限公司	2 181 538	5	123 125	8
6	杭叉集团股份有限公司	1 252 999	6	76 048	11
7	中国龙工控股有限公司	1 186 832	7	131 922	7
8	山东重工集团有限公司（工程机械板块）	986 108	8	−3 094	89
9	安徽叉车集团有限责任公司	976 505	9	100 828	10
10	小松（中国）投资有限公司	860 807	10	154 488	5
11	长沙中联重科环境有限公司	800 000	11	110 000	9
12	中国铁建重工集团有限公司	740 722	12	167 856	4
13	山河智能装备股份有限公司	575 077	13	59 994	12
14	中铁工程装备集团有限公司	418 900	14	55 816	13
15	卡特彼勒（青州）有限公司	409 369	15	35 964	16
16	现代（江苏）工程机械有限公司	359 483	16	35 270	17
17	青岛雷沃工程机械有限公司	351 994	17	7 799	30
18	山东鸿达建工集团有限公司	297 781	18	41 876	15
19	厦门厦工机械股份有限公司	284 487	19	−8 882	94
20	陕西建设机械股份有限公司	222 730	20	16 296	21
21	广州海瑞克隧道机械有限公司	217 652	21	10 262	26
22	辽宁三三工业有限公司	210 000	22		
23	陕西同力重工股份有限公司	201 597	23	20 141	19
24	浙江鼎力机械股份有限公司	174 294	24	55 014	14
25	柳州欧维姆机械股份有限公司	160 892	25	1 287	66
26	诺力智能装备股份有限公司	151 038	26	15 669	23
27	方圆集团有限公司	141 510	27	29 096	18
28	杭州前进齿轮箱集团股份有限公司	133 833	28	3 220	46
29	浙江绿源电动车有限公司	133 645	29	−58	81
30	内蒙古北方重型汽车股份有限公司	127 772	30	16 069	22

（续）

序号	企业名称	营业收入		利润总额	
		金额（万元）	排序	金额（万元）	排序
31	广州电力机车有限公司	127 289	31	5 407	34
32	浙江中力机械有限公司	123 416	32	798	75
33	中交天和机械设备制造有限公司	123 011	33	6 878	32
34	国机重工集团常林有限公司	111 160	34	5 312	35
35	海瑞克（广州）隧道设备有限公司	101 495	35	3 740	41
36	邦飞利传动设备（上海）有限公司	97 863	36	8 008	29
37	宁波如意股份有限公司	95 854	37	10 488	25
38	徐州海伦哲专用车辆股份有限公司	87 227	38	9 166	27
39	北方重工装备（沈阳）有限公司	85 645	39		
40	广东玛西尔电动科技有限公司	82 556	40	7 290	31
41	北京中车重工机械有限公司	80 454	41	1 633	59
42	中航力源液压股份有限公司	80 200	42	−10 886	95
43	贵州詹阳动力重工有限公司	75 076	43	2 871	49
44	抚顺永茂建筑机械有限公司	75 062	44	4 713	38
45	广西建工集团建筑机械制造有限责任公司	74 498	45	613	78
46	福建晋工机械有限公司	72 740	46	1 387	64
47	湖南星邦重工有限公司	71 200	47		
48	福建南方路面机械有限公司	70 000	48		
49	浙江省建设机械集团有限公司	69 937	49	987	71
50	永恒力叉车(上海)有限公司	68 838	50	2 731	50
51	江西中天机械有限公司	68 275	51	8 515	28
52	郑州郑宇重工有限公司	67 064	52	2 198	52
53	太重集团榆次液压工业有限公司	66 293	53	−2 982	87
54	北汽福田汽车股份有限公司怀柔重型机械工厂	64 827	54	−6 245	92
55	海斯特美科斯叉车（浙江）有限公司	59 747	55	667	77
56	湖北江汉建筑工程机械有限公司	59 203	56	3 321	44
57	江苏法尔胜特钢制品有限公司	58 106	57	−111	82
58	浙江虎霸建设机械有限公司	56 751	58	2 991	48
59	北京华德液压工业集团有限责任公司	55 324	59	−2 507	86
60	中交西安筑路机械有限公司	54 074	60	1 686	58
61	天津移山工程机械有限公司	53 128	61	−6 879	93
62	马鞍山方圆精密机械有限公司	52 519	62	4 956	37
63	蚌埠液力机械有限公司	50 800	63	3 338	43
64	济宁市永生工程机械制造有限公司	50 260	64	5 051	36
65	山推建友股份有限公司	47 268	65	1 360	65
66	潍坊市贝特工程机械有限公司	46 585	66	5 702	33

（续）

序号	企业名称	营业收入		利润总额	
		金额（万元）	排序	金额（万元）	排序
67	三一帕尔菲格特种车辆装备有限公司	41 978	67	1 455	62
68	鞍山森远路桥股份有限公司	40 086	68	−5 965	91
69	四川建设机械（集团）股份有限公司	39 800	69		
70	赛克思液压科技股份有限公司	39 322	70	16 717	20
71	上海力至优叉车制造有限公司	36 408	71	1 998	55
72	陕西中大机械集团有限责任公司	34 853	72	1 219	68
73	河北宣化工程机械股份有限公司	34 839	73	10 568	24
74	沈阳三洋建筑机械有限公司	32 356	75	852	74
75	上海海斯特叉车制造有限公司	32 356	74	−1 978	85
76	广东绿通新能源电动车科技股份有限公司	32 045	76	4 655	39
77	中际联合（北京）科技股份有限公司	32 000	77	3 000	47
78	中汽商用汽车有限公司（杭州）	31 367	78	578	79
79	河南森源鸿马电动汽车有限公司	30 378	79	935	72
80	海瑞克（成都）隧道设备有限公司	29 415	80	1 627	60
81	福建铁拓机械有限公司	29 124	81	3 733	42
82	廊坊玛连尼－法亚机械有限公司	28 169	82	−5 433	90
83	江苏万达特种轴承有限公司	27 333	83	2 230	51
84	韶关市起重机厂有限责任公司	26 577	84	735	76
85	莱州市莱索制品有限公司	26 366	85	1 744	57
86	申锡机械有限公司	26 267	86	1 416	63
87	河北冀工胶管有限公司	26 000	87	3 300	45
88	青岛力克川液压机械有限公司	25 954	88	2 011	54
89	辽宁抚挖重工机械股份有限公司	25 340	89	887	73
90	山东中车同力达智能机械有限公司	25 290	90	189	80
91	中船重工（青岛）轨道交通装备有限公司	24 711	91	−343	84
92	上海杰士鼎虎动力有限公司	24 149	92	1 223	67
93	江苏华骋科技有限公司	23 372	93	994	70
94	福建泉工股份有限公司	22 690	94	1 893	56
95	杭州爱知工程车辆有限公司	22 046	95	2 122	53
96	大连叉车有限责任公司	20 276	96	−266	83
97	上海力行工程技术发展有限公司	20 166	97	4 282	40
98	四川长江工程起重机有限责任公司	18 741	98	−3 048	88
99	苏州益高电动车辆制造有限公司	18 238	99	1 165	69
100	湖南运想重工有限公司	18 076	100	1 614	61

〔供稿人：中国工程机械工业协会吕莹〕

企业专栏

不忘初心续华章　创新发展铸辉煌

——广西柳工机械股份有限公司

2018 年，注定是柳工发展历史上极不平凡的一年。面对错综复杂的发展环境，柳工坚持深化改革和以“二次创业”为抓手，以“三个全面”战略为引领，深化组织和业务变革，在产品研发规划、制造技术创新、营销渠道优化、后市场业务能力提升、资产效益改善、人力资源效率提升、海外运营支持能力提升等工作上下功夫，柳工集团营业收入超 210 亿元，利润总额超 14 亿元，业绩增幅领先于行业，同时为实现“2020”战略奠定了坚实的基础。

柳工的装载机、平地机等产品的市场占有率稳固提升，挖掘机崛起为柳工营业收入、盈利较高的业务；矿山机械销售持续突破，印度市场再创新高，各产品线增长率均高于行业水平。代理商、直营和混营子公司成为柳工国内外市场快速增长的新动力。装载机、挖掘机等各子公司抢抓机遇，最大限度满足市场需求。

一、细分市场，提高渠道和服务能力，国内业绩再攀新高

柳工持续深化改革，抢抓机遇，加强公司治理和董事会建设，同时内抓供给侧结构性改革，外拓市场，从内到外促进产业转型升级。60 年来，柳工不断加大技术创新，提升产品和服务质量，提高用户满意度和忠诚度，为全球客户累计提供了 40 万台装载机和 10 万多台挖掘机械、路面机械及物流、吊装、桩工和混凝土设备等产品，以及许多工程建设领域的技术解决方案。

柳工通过渠道变革、使用体验改善、产品结构优化、产品抢先和深挖等策略，持续提高市场占有率；大力推进渠道优化项目，通过债务重组、债权清收、司法介入等方式优化了部分区域渠道；持续完善营销信用体系，有效管控信用风险，提高融资销售效率。同时，柳工在直营公司中初步建立了规范的法人治理结构，大部分直营公司已初步建立董事会运作的机制。

在服务方面，柳工持续构建以客户、市场、结果为导向的服务体系，提升服务能力，扎实履行服务承诺，提升顾客满意度，打造客户首选、服务领先的专属品牌。同时，在提升核心零部件服务能力、提升经销商服务能力、强化市场质量问题快速反馈、拉动责任部门快速响应开展全生命周期服务、质量跟踪和推动整机及核心零部件可靠性提升等方面取得不错的成就。

二、聚焦核心市场和关键客户，加速国际业务持续增长

2018 年，伴随全球政府投资和基建项目的增加，全球经济快速增长，海外工程机械行业也保持持续增长势头。柳工通过国际市场深度营销、海外制造发展、并购与战略联盟，提前布局海外的成果已经逐步显现。如今，柳工的装载机和挖掘机等产品同时在中国、印度、波兰和巴西生产，印度制造本地化程度近 50%。“产业报国”的精神引领柳工国际化一路高歌猛进，柳工品牌成为受人尊重的国际知名品牌，柳工成为能为全球客户提供智能工程机械产品和服务的领先供应商。

柳工国际业务在多个方面取得了进步：公司海外总销售收入同比增长 30%，海外 CE 占有率同比小幅提升，海外市场推出 20 多款新产品，100 余项适应性改进提升客户满意度。针对各区域特点推出新产品，丰富产品组合，增强区域市场产品竞争力，为销售带来新的增长点。

2018 年，柳工海外渠道覆盖 126 个国家的 236 家经销商，对“一带一路”沿线国家已实现基本全覆盖。同时，首次发布了《柳工海外经销商店面建设标准和测评手册》，版本分汉语、英语、俄语等 5 种语言，对经销商新建或升级的网点开展测评认证。在关键客户开发方面也取得了一系列突破，在采石、工程承包商、矿业等行业相继开发了全球有行业影响力的关键客户，实现多品种产品的销售。通过聚焦核心市场、核心产品线，国际业务适时调整子公司的授信支持，加强对应收账款的保险覆盖，有效降低销售信用风险。

三、大力推动研发创新，提高产品市场竞争力

柳工始终坚守行业自律的规则，不断创新产品和技术，不断创新产业发展模式，不断探索行业的国际化道路，为我国工程机械行业的发展奉献了自己的经验和智慧。2018 年，柳工持续推进和完善 LDP 柳工研发流程，从研发流程创新、研发管理平台创新、设计方法创新等方面来保证整个研发系统的有效运行。柳工高度关注中国国四、印度 BSIV、欧五排放法规实施情况，柳工研发系统内部保持实时信息共享。在新技术研究方面，开展变速器设计新技术应用、挖掘机和滑移新技术应用等重点新技术研究项目，优化产品技术设计，提高产品竞争力；推广液压缸焊缝焊接新技术、叉车门架焊接变形控制技术、NVH 推广等成熟的新技术，将研究的成果应用到整机中进行验证。

在新产品研发方面，柳工各产品线共有数十款新产品上市。针对细分市场，装载机、挖掘机、起重机、桩工设备、平地机、压路机等路面设备以及叉车都推出了不同款式的设备，满足客户多样化的需求。同时，核心传动、液压零部件研发也取得了新突破，解决了长期依赖进口的现状，缩短供货周期、降低制造成本等困难。

柳工全力推进全面智能化战略，对互联网、大数据、人工智能深度融合有了更深的认识。机器人智能制造系统、矿山机械、林业机械、高空作业平台、固体垃圾再生等新业务全面布局，形成了工程机械、建筑机械、农业机械、智能制造和金融服务五大业务板块，为百年柳工的愿景打下了坚实基础。随着各业务单元的创新发展，柳工品牌愈发熠熠生辉，不断地为实现高质量发展注入强劲动力。

同时，柳工聚焦前沿技术应用，邀请中国工程院李培根，中国科学院院士熊有伦、刘维民等重量级专家和国内重点院校教授、博士生导师及国际知名企业高管等 16 名嘉宾出席工程机械技术论坛并发表主题演讲，共同探讨我国工程机械技术的发展方向。柳工机械设备亮相中央电视台大型工业纪录片《大国重器》，欧维姆贡献港珠澳大桥 7 项世界领先技术之一，柳工智能铲装无人驾驶装载机惊艳亮相，引领业内新一轮科技创新和产业发展的新浪潮。

2019 年是新中国成立 70 周年，是决胜全面建成小康社会的冲刺年，也是柳工实现“十三五”战略目标的关键年。使命呼唤担当，使命引领未来，全体柳工人员将继续发扬柳工精神，坚守柳工核心价值观，以只争朝夕的劲头、坚忍不拔的毅力再创佳绩，再创辉煌！

重诺力行　突出重围　走进高质量发展新时代

——诺力智能装备股份有限公司

诺力智能装备股份有限公司（简称诺力）成立于 2000 年，总部位于浙江省湖州市长兴县，是一家发轫中国、布局全球的国际化公司，共有职工 1 000 余人。诺力于 2015 年在上海证券交易所主板上市（股票代码 603611）。当前旗下拥有多家子公司，分布于中国、德国、美国、俄罗斯、马来西亚等国家和地区。公司主要业务涵盖物料搬运、物流系统集成两大板块。其中物料搬运板块产品线丰富，轻小型工业车辆连续十多年市场占有率全球第一、电动步行式工业车辆连续多年市场占有率国内领先，加上近年与物流系统集成业务的协同整合，使诺力成为中国内部物流领域具有强大实力的领导品牌。公司先后获得国家高新技术企业、国家知识产权优势企业、国家技术创新示范企业、国家绿色工厂、国家企业技术中心等荣誉；获得浙江省工业行业龙头骨干企业、浙江省技术创新型领军企业、浙江省“三名”企业、浙江省两化融合示范企业、“品质浙货”出口领军企业、浙江管理创新示范企业等称号。

2018 年，诺力实现营业收入、净利润大幅增长的骄人业绩，全年营业收入 255 263.5 万元，同比增长 20.43%；实现净利润 19 958.56 万元，同比增长 19.95%。

一、战略转型提档加速

1998 年，诺力创始人丁毅接手濒临倒闭的长兴煤炭机械厂，2000 年进行企业改制，成立专业从事仓储搬运设备制造的长兴诺力机械有限责任公司。当时诺力还是一家名不见经传的小企业，从轻型、小型手动搬运车产品做起，2003 年手动液压搬运车全球销量第一。2004 年，欧盟针对手动搬运车及其部件发起对华反倾销案件调查，诺力坚决应诉，并成为国内第一家扭转欧盟反倾销案件初裁决定的企业，也是国内同行业唯一被欧盟给予市场经济地位的企业，反倾销税率由初裁 35.9% 下降至 7%。反倾销事件后，诺力开始布局产品升级战略，企业快速成长为国内仓储物流搬运设备制造龙头企业和国际知名企业，产品畅销欧美、亚非等 100 多个国家和地区。2015 年 1 月 28 日，诺力在上海证券交易所成功上市，成为长兴县首家登陆国内 A 股资本市场的企业。

通过不断的技术创新和有计划的规模扩张，诺力行业地位不断提高。为了进一步推进企业从产品制造商向服务型企业转型升级，2015 年，诺力与上海交通大学开展战略合作，并在上海成立子公司上海诺力智能科技股份有限公司，开始无人驾驶工业车辆关键技术及产品研发。2016 年并购国内优秀的物流系统集成商 —— 无锡中鼎集成技术有限公司（简称中鼎集成），以近 700 例各行业项目积累的丰富经验，为客户提供从规划设计、项目管理直至实施运行的各类自动化立体仓库及物流中心的定制化解决方案。至此，诺力成为名副其实的“全领域智能内部物流系统提供商”。

2018 年，诺力参与投资的产业并购基金完成了对法国 SAVOYE 公司全部股权的收购，极大地强化了诺力在物流系统集成技术和软件服务方面的能力，使其物流系统集成服务能够阔步进军国际市场。由此，诺力成为我国率先在国际舞台上与全球著名物流系统集成商竞技的企业。

沿着从液压搬运车升级为电动仓储车、从电动仓储车升级为仓储系统解决方案的发展路径，诺力构筑了全领域智能内部物流系统生态圈。中鼎集成经过三年高速发展，成为国内行业第一。随着欧洲领先的系统集成商法国 SAVOYE 公司的加入，从产业布局来看，诺力已经构建了从产品主导向物流系统提供商主导的转型。

二、技术创新打造核心竞争力

诺力非常重视研发设计能力建设，遵循“自主创新，重点突破，支撑发展，引领未来”的方针，每年将大于3%的销售收入作为创新投入，不断推进创新计划，建设研究开发和试验基础条件，引进创新团队，建立并完善人才引培、人才激励、产学研合作机制等方面的管理制度，在长期的探索和实践中建立和完善了技术创新运行机制，保证企业技术创新支撑公司总体发展目标的实现。

随着企业研究开发和试验基础条件的逐步完善，公司现已拥有一支行业经验丰富的研发团队，打造了业内首屈一指的研发体系，能够满足科技活动开展过程中的各种要求，提高了研发设计能力。当前，诺力拥有国家企业技术中心、浙江省智能物流装备工程技术研究中心、浙江省重点企业研究院、浙江省博士后科研工作站等科研平台，引进探月工程总设计师吴伟仁、清华大学吴澄、浙江大学谭建荣等院士，建立起浙江省省级院士专家工作站，并分别与清华大学、浙江大学、上海交通大学、浙江工业大学、杭州电子科技大学等高等院校保持长期合作关系。通过产学研合作促进科技成果快速转化，并于2018年成为国家技术创新示范企业、浙江省技术创新型领军企业。

在研发成果方面，诺力紧跟市场发展趋势，积极推进智能仓储物流装备和技术的研发积累，研发的CS15G助力转向全电动堆高车、基于智能控制的四向堆高车等多项产品获得浙江省科学技术进步奖和中国机械工业科学技术奖；开发的AGV产品包括诺宝系列物流机器人、磁导AGV、叉车式AGV等系列产品，已成功应用于食品、医药、汽车、家电、新能源、电力、煤炭、烟草等各个行业。动力锂离子电池生产智能化物流成套系统技术在首都通过国家科技成果评价，该技术在锂离子电池生产物流装备技术及生产管控集成技术领域处于国内领先水平，打破国外技术垄断。

通过技术的不断积累和沉淀，公司拥有授权专利320余项（含子公司），其中发明专利53项，PCT国际发明专利5项，形成强有力的市场核心竞争力。诺力是行业标准《无人驾驶工业车辆》的主持制定单位，主持或参与制修订已发布的国家标准27项、行业标准3项、团体标准2项。通过持续的技术创新，诺力掌握了智能液压升降控制技术、基于SLAM算法的环境自适应导引技术、堆垛机能量转换技术、集成控制技术等10余项核心技术，建立起国内领先的智能仓储物流技术体系。

三、品牌战略全方位重塑升级

品牌是企业的无形资产，品牌的良好运作是推进企业全面发展、提升基础管理的关键所在。诺力一路发展转型，通过科技创新、战略并购等方式，成功实现从产品主导向物流系统提供商主导的转型，逐步构建全领域智能内部物流系统生态圈。为了顺应企业发展，诺力对品牌战略实施全方位的重塑升级，向集团化、多元化、多行业化发展，建立起“NOBLELIFT诺力”主品牌加“诺力物料搬运”和“诺力系统集成”副品牌的全新品牌发展模式，共同提升诺力的品牌价值。

诺力在物流搬运领域长达十几年的精耕细作，坚定实施品牌战略，通过高质量的产品和服务在国内外市场建立良好的品牌知名度和美誉度。“NOBLIFT诺力”系“浙江省著名商标”“浙江出口名牌”，诺力牌液压搬运车、蓄电池托盘堆垛车、蓄电池托盘搬运车多类产品被认定为“浙江省名牌产品”。多项产品被认定为“浙江制造精品”。公司被评为“浙江省商标品牌示范企业”，已经成为浙江制造的中坚力量。

在系统集成板块，中鼎集成恪守“善集大成”的品牌价值，依托30余年的技术沉淀，在仓储物流核心技术、制造标准、工艺管控、流程体系等多方面拥有深入的理解。在食品、冷链、医药、新能源、汽车、机械、造纸、能源、化工等领域积累了众多项目实施经验，尤其在新能源动力锂电方面，中鼎集成凭借研发实力、制造实力以及售后服务的优势，已成为国内动力电池智能仓储物流行业的领军企业。“中鼎集成”已成为客户信赖的品牌。

重诺力行，物动随心。诺力的产品和解决方案广泛应用于社会的各行各业，触及人们日常生活的方方面面。诺力以勇于创新和对世界的关注助力物流行业实现智能化、数字化，为客户创造价值的同时，也以实际行动不断提升生活品质，成就美好未来！从而实现“以智能物流提升生活品质”的企业愿景，实现“中国首家全领域智能内部物流系统提供商”的企业发展目标。

追求卓越　诚信为本　实现多元化发展

——方圆集团有限公司

方圆集团有限公司（简称方圆集团）始建于1970年，前身是海阳县东村公社成立的一个叫“五七”厂的小厂。经过近50年的发展，现已成为一家以建设工程机械、葡萄酒业和粮油加工三大产业为主导，酒店服务、交通运输、建筑安装、典当投资、国际贸易为辅助的大型企业集团，是我国建设机械行业的重点骨干企业，尤其在我国混凝土机械领域占有举足轻重的地位。方圆集团现辖22个法人子公司，其中在北京、上海、沈阳、德国多特蒙德投资建立全资生产企业，拥有省级技术中心。

方圆集团始终坚持“诚信为本，守法经营”的原则，内强素质，外塑形象，提升信誉，锻造卓越品牌，确立了良好的商业信誉和市场形象。集团生产的建设机械、工程机械、交通机械、新型建材产品共三十大系列、180多个品种，产品遍布全国，并远销海外。为长江三峡工程、葛洲坝水利枢纽工程、长江堤坝防渗漏工程、首都机场、北京西客站、宣大高速公路、青藏铁路、京广铁路、武广客运专线、苏通大桥、平潭大桥、海阳核电等大型电站、桥梁、公路、铁路、国防工程等重点建设工程提供了优质服务，产品连年被中国质量协会评为用户满意产品。集团连年被评为“山东省守合同重信用单位”“全国重合同守信用单位”，并先后获得“全国建设机械行业优秀质量管理企业”“全国建设机械行业质量效益型先进企业”“中国机械行业100强企业”“中国工程机械行业50强企业”“山东省高新技术企业”“山东省文明诚信百佳企业”和“山东省最佳企业公民”等称号。集团于2006年1月通过质量、环境、安全三体系整合认证。产品连年被中国质量协会评为“用户满意产品”，“方圆”商标被评为“山东省著名商标”。董事局主席高秀先后被授予“山东省优秀共产党员”“全国机械行业优秀企业家”“全国劳动模范”和“中国工程机械行业终身成就奖”等荣誉称号。

一、持续创新夯实发展根基

方圆集团创业之初，厂里的固定资产不足5万元，只有十几个人，是一个依靠修修补补维持生计的手工作坊。然而，就是这样一个名不见经传的小厂，经过近50年的艰苦创业，发展成为今天行业的排头兵企业。

1984年，当时的海阳县实行乡镇体制改革，将东村公社划分为东村镇和南城阳乡，先前的“五七”厂更名为海阳县轻工机械厂。这一年，轻工机械厂的全体干部职工们开始着眼于新的努力方向——生产建设机械。全厂干部职工在时任厂长高秀的带领下，上下一心，团结一致，努力寻找企业发展的新路子。在以后的几年里，企业依靠重视人才、重视科技，取得了长足发展。相继研制开发出JZC200、JZC350型系列混凝土搅拌机等建筑机械产品，产品投放市场，受到广大用户的一致好评。1989年7月1日，JZC200、JZC350搅拌机取得了“全国工业产品生产许可”资质。此时的海阳县轻工机械厂由原来的手工农具小厂一跃成为生产建筑机械的专业生产厂，产品也由生产原始的农用工具发展成为生产具有较高技术水平的建设机械。

海阳县轻工机械厂于1991年8月17日正式更名为“海阳县方圆建设机械厂”，由原来的6个分厂组合成3个大分厂，下设10个车间。至此，企业完成了原始积累。

1993年5月26日，对于每个方圆人来说，这是一个永远难以忘怀的日子——山东方圆集团公司正式成立。方圆人用自己的智慧与汗水，赢来了崭新的事业。企业也由此进入了快速发展时期。集团成立以后，迅速膨胀规模，加大投入，相继建成了海阳富兰克建设机械有限公司、方圆交通机械厂、方圆建材厂等分厂，设立技术开发中心，加强与科研院所，高等院校的交流与合作，加大人才的引进力度。在原有产品的基础上，又相继开发出QTZ系列塔式起重机、JS系列混凝土搅拌机、PLD系列混凝土配料机、HZS系列混凝土搅拌站等新产品，企业的新产品研制开发得到了迅猛的发展。1995年，集团又在全国建设机械行业率先通过ISO9001、ISO9002质量体系认证。

1999年12月21日，方圆集团经过国家工商局注册，方圆集团有限公司作为集团的母公司，集团初步构筑起跨地区、跨行业、多元化的发展构架，企业步入了稳健发展阶段。2001年，集团通过ISO9001：2000质量管理体系认证、ISO14001环境管理体系认证。企业的影响力与产品信誉度得到进一步提升。

2002年，方圆集团通过不断加大投入，推进科技创新，加快产品的更新换代，拓展经营领域。相继开发出各类建设机械、工程机械新产品20余个，其中13种新产品一次性通过省级技术鉴定，产品性能均达到国内领先水平。与世界知名建筑机械生产企业意大利CIFA公司开展技术合作，开发出混凝土搅拌输送车、臂架式混凝土泵车等具有国际领先水平的产品。集团的产品档次大幅度提高，产品投放市场，倍受用户青睐，从而奠定了方圆产品走向国际市场的坚实基础。

创新是企业发展的动力，创新是企业管理永恒的主题。伴随着国内竞争国际化、世界经济一体化时代的到来，方圆集团管理人员充分认识到，要适应千变万化的外部环境，要紧跟时代发展的潮流，要参与国际市场的竞争，就必须创新。把创新摆在首要位置，贯穿于全盘工作的始终，以思想领先，带动战略领先；以观念超前，带动经营方式转变；以理念创新，打破常规，超越自我。

通过创新活动，建立新的机制、新的体系、新的思路、新的框架和新的模式，催生发展的动力，夯实发展的基础。一是创新经营机制。方圆集团2003年完成企业改制，转变为股份制企业，实现了产权置换、职工身份置换、经营机制转换的一次到位，为实现企业健康、快速发展提供了良好条件和强大动力。企业改制以后，集团民主选举第二任总经理，对总经理实行聘任制，聘期三年，并制定新的企业管理制度。公司领导班子实行年薪制，根据经营业绩确定个人收入，充分调动企业经营者的积极性，让企业焕发生机和活力。二是创新经营理念。倡导“当好企业的主人，人人都是经营者”的经营理念，每一位员工都是企业的主人，每一位员工都是企业发展的推动者、经济效益的创造者、经营成果的受益者。把职工的人生追求与企业的前途命运联系在一起，激发全体员工投身企业发展的积极性和主动性，形成了全员参与企业管理、凝心聚力共图发展的良好局面，形成了强大的凝聚力、向心力和创造力。三是创新经营方式。贯彻“创新才能发展，竞争才有活力”的指导思想，大力推行承包租赁责任制，鼓励职工承包或者租赁公司的某个分厂、某个经营实体，甚至鼓励他们走出方圆，参与社会办企业，让他们成为真正的“老板”，自主经营，自负盈亏，自行创业，体现自身的价值，实现人生的目标。通过经营管理权的放开，彻底打破了“吃大碗饭”“搞平均主义”的局面。

针对原材料价格持续上涨、生产成本急剧增加的形势，方圆集团提出“以技术创新为先导，大力推行革新挖潜，降低成本增效益”的指导方针，大兴技术革新、技术改造、内部挖潜之风，增强市场竞争能力。一是完善技术创新机制。集团设立了技术革新奖励基金，制定了《技术革新奖励办法》等一整套完善的技术创新管理制度、技术创新成果奖励办法及技术创新标兵评选办法，为技术创新工作创造了良好的政策环境。每年召开技术创新大会，对做出突出贡献的人员予以重奖，大大激发了广大职工投身技术创新的积极性和主动性。二是开发新品拓领域。方圆集团把产品研制开发的方向定位于市场，市场需求什么，就迅速组织开发生产什么。几年来，集团努力压缩小型建设机械的生产量，瞄准市场，积极开发技术含量高、附加值高、性能优良的大中型建设机械、工程机械、交通机械、桩工机械产品，以适应大用户、大工程、国家重点建设项目的施工需求。集团每年都有30种以上的新产品投放市场，引领了市场潮流，倍受用户青睐，为国家重点建设项目施工提供了优质可靠的服务，创造出良好的经济效益和社会效益。三是大搞内部挖潜。及时转变技术管理机制，技术人员与生产一线紧密结合，与市场销售紧密结合，与售后服务紧密结合。以完善现有产品为重点，广泛开展技术革新、技术改造活动，优化产品设计，完善产品性能，提高产品质量，降低生产成本，让各种老产品焕发生机，成为集团新的亮点和经济增长点。2018年，方圆集团推出各类建设工程机械新产品40余项，完成技术革新、改造120余项。

二、依法纳税彰显报国品质

坐落在革命老区海阳大地上的方圆集团，秉承了海阳人固有的勤劳、朴实、奉献的性格。“无以规矩，不成方圆”的经营理念深深融入每位员工的思想中，成为企业活的灵魂。守法经营、依法纳税是方圆人的准则。从海阳市每年的纳税统计资料看，方圆集团连续十多年都以数千万元的纳税额稳居纳税贡献榜榜首。正确的理念、严格的管理、严明的纪律、务实的态度、进取的精神造就了方圆集团“名震四方、被覆九州”的神话。

方圆集团董事局主席高秀曾讲过这样一段话，“我们希望多纳税。纳税越多，表明我们企业的实力越雄厚，企业的效益越好，企业的信用也越高。现代企业必须依法经营、照章纳税，这是企业得以生存和发展的基本准则。如果连这一点都做不到，还讲什么‘诚信’、讲什么‘原则’、讲什么‘发展’、讲什么‘先进性’、讲什么‘三个代表’”。在方圆人的思想里，纳税多少无疑是衡量一个企业生产经营好坏、信誉好坏的重要标准。方圆人早已习惯了把纳税当作自觉行为，集团领导层认为，企业发展看效益，效益好坏看贡献，贡献大小看纳税，人的价值通过贡献来体现。正是因为有这样的理论做指导，照章纳税做贡献才与企业形象、企业效益、员工素质、品牌知名度等企业基本因素一起构成了方圆集团宝贵的无形资产。

三、“四爱”精神砥砺奉献品行

方圆集团不断深化“爱党、爱国、爱厂、爱家”的“四爱”精神教育，升华“四爱”精神的主题，使职工深切感受到，企业的发展归根结底得益于党的改革开放政策，得益于正在努力实践的有中国特色的社会主义道路，从而因势利导，将职工的这些感受转化为方圆人坚定的理想和信念，在国家、社会与企业利益上，方圆人永远都把社会利益放在第一位。奉献社会、回报社会是方圆人永远追求的目标与信念。

方圆集团每年自发帮助灾区、弱势群体的捐助均在30万元以上。1998年夏，我国部分地区发生特大洪涝灾害，集团干部职工自发组织了两次捐款捐物活动，共捐款13万余元。2008年5月12日，四川汶川发生8.0级特大地震灾害后，方圆集团时刻关注四川灾区的抗震救灾及灾后重建工作，表现出极大的关注和热情。面向集团全体干部职工发出《向四川地震灾区捐款的倡议书》，号召广大干部职工踊跃向四川地震灾区捐款。2008年5月26日是方圆集团成立15周年、建厂38周年纪念日，为表彰为方圆集团发展做出突出贡献的先进个人，集团召开“方圆集团功勋向四川地震灾区捐款暨方圆集团功勋表彰大会”，再次用行动证明了集团先进职工的优良品质和高尚境界。方圆集团全体员工累计捐款60余万元，设立了“方圆集团慈善基金”，长期用于爱心捐助事业。此外，组织集团主导产品塔式起重机参与四川地震灾区的重建工作，发挥出积极作用。2010年4月14日，我国青海玉树发生特大地震灾害，方圆集团全体员工踊跃捐款，仅仅一天时间，捐款20万元。2012年，集团一次投资300余万元，为海阳市16个村委建设16个党员活动室，产生了积极的社会影响，为推动基层党建工作做出了突出贡献。

四、方圆金鼎塑造诚信品牌

方圆集团自2006年起，先后投资2 000万元建成方圆诚信金鼎。金鼎分为底座、鼎足和鼎体三部分，总体高度28.8m，鼎体最大直径为20.26m，鼎体凭三足支撑于底座之上，鼎顶为上人平屋顶。伫立于鼎上，可浏览海阳全景，向南远眺可观海天相接的美丽景色。金鼎内布置成为方圆集团博物馆，展示企业48年的发展历程及企业文化，树立“诚信为本，诚实守信，依法经营”的经营理念。金鼎成为海阳市的标志性建筑之一。

2013年10月26日，经过世界吉尼斯纪录总部认定，方圆诚信金鼎为世界最大的鼎，并为方圆集团隆重授牌。方圆董事局主席高秀在方圆诚信金鼎荣登世界吉尼斯纪录授牌仪式上说：“作为方圆集团的标志性建筑，方圆诚信金鼎的胜利落成，是方圆人讲诚信、守诚信、践行诚信、诚信天下的最佳体现，也昭示着方圆集团‘诚信为本，稳健发展，产业报国，奉献社会’的经营理念和远景目标。方圆诚信金鼎面向社会开放以来，既为方圆集团树立了一座展示企业文化和良好形象的丰碑，也为海阳增添了一道亮丽的风景。同时，作为方圆集团的博物馆，成为方圆集团全体员工回顾历史、展望未来、感恩思源、励志奋进的教育基地，时时刻刻感召着方圆集团全体员工用诚信的理念、感恩的情怀、远大的理想、坚定的信念、创业的精神、顽强的斗志，打造百年方圆，回报社会各界的关心、支持与厚爱！”

方圆集团把“报效祖国，奉献社会”作为奋斗的最终目标，与时俱进，履行企业责任和义务，并用企业之义培育员工之行，尽释“方圆”内涵。不忘初心，誓做百年，方圆集团以建设创新型、多元化、国际化企业集团为方向，进一步加大投入，提升品质，诚信经营，实现又好又快地发展，致力于成就“打造百年方圆”的梦想。

〔撰稿人：方圆集团有限公司汪新军〕

精益求精 “质”创未来

——台励福机器设备（青岛）有限公司

台励福机器设备（青岛）有限公司（简称台励福）自1973年成立以来，已有46年的历史，根植于大陆市场也有24年的历史。公司主要产品有：1.5～10t柴油内燃叉车、1.5～5t汽油叉车和天然气叉车、1.5～3.5t电动叉车、2.0～2.5t牵引车、1.5～2.0t前移式叉车、0.5～2.0t小电车等。自2015年与丰田合资以来，更是研发推出了一系列高端产品。公司实现年产能25 000台，销售额更是节节攀升。

多年来，台励福以董“做别人不做，想别人不想，专注品质，服务至上”的理念为指导，不断开发创新。2017年9月，台励福机器设备(青岛)有限公司被选举为副会长单位，董事长林溪文荣获“中国工程机械行业工业车辆终身成就奖”。

一、生产管理情况

为使企业管理权责分明，各司其职，达到高效的目的，台励福在总公司丰田自动织机集团的指导下，成立了八大中心、两大事业部：运营管理中心、营销管理中心、采购中心、生产技术中心、财务管理中心、青岛质量售服中心、研发中心、环安中心、产品企划事业部和外销事业部。其中，质量售服中心和生产技术中心分别由总公司派驻的副总经理亲自指导，环安中心是督导公司遵守环境、安全法律法规、生产环保产品而成立的新部门。

台励福自从与丰田合资开始，总公司每月派驻在丰田有几十年管理工作经验的顾问到台励福进行辅导。为加强台励福和丰田之间的交流，定期与丰田的日本工厂和昆山工厂互派员工进行交流学习。在生产管理方面，通过学习丰田的生产模式，结合台励福自身现状，对生产作业、生产计划、零部件管理等做了进一步的提升。

从2017年起，公司陆续与关键部件厂家共同建立物料仓库，缩短了物料供货交期，满足了客户短交期的需求，加强了供应商生产计划性，同时，又节约了管理成本。为缩短运输时间、减少转运次数，使产品快速到达客户处，公司开辟了几条陆运、铁路、海运专线。

二、市场及销售情况

2017—2018年，公司面对复杂的国内外环境，在逐步扩大国内市场占有率的同时，充分利用国外区域丰田代理商的资源共享，年度销量取得较大幅度的增长。

在国内销售方面，台励福的销售架构以青岛台励福为中心，在国内每个省份至少设立一家办事处或经销商。同时，在山东、江苏等地区每个地级市都建立销售团队、设立销售门店，使台励福产品遍布全国各地。

在出口方面，台励福利用丰田自动织机集团的强大外销渠道，结合原产品创造的国际口碑，将产品远销欧洲、美洲、非洲及东南亚各国。在这些国家和地区的市场占有率逐年上升。

三、产品研发情况

1. 全面提升品牌三创（工艺创新、科技创新与服务创新）

台励福作为优质的叉车品牌，除继续保持品牌原有的优势外，充分利用丰田在技术、管理方面的先进经验，产品质量追求精益求精。创新动力来自市场需求，台励福秉持在丰田集团TPS生产标准化保持产品质量稳定性，并可针对国内外客户特殊需求定制产品。

公司在产品可定制化、智能化与数据化发展方面坚持以“全面提升品牌三创”为主导：

在工艺创新方面，已完成外观漆面强化处理、生产工段流水化使产量提升30%与人性化新产品开发设计。

在科技创新方面，台励福计划在运用云技术的管理系统，结合5G、电控数据化与GPS等科技，做到最佳的客户使用叉车管理体验。

在服务创新方面，增加了配件电商平台服务、全国318免费巡检、现地现物的售后服务等，并将各项资源进行数据整合，从中分析出市场趋势走向创新需求，以达到台励福服务品质№ 1的品牌发展。

2. 助力环保

2018年，新能源市场国内内销比例达到40%，其中，第一类平衡重电车为12%、第三类电动仓储车为26%。台励福注重国内环保趋势与发展，平衡重内燃车分别推出了符合未来国四标准的VP泵及高压共轨内燃车，皆一致获得客户好评。在平衡重电车研发方面，针对环保要求推出新一代绿动版电车，主要针对电动机、控制器、油压排量与分级控制技术进行升级改造，新技术能产生更有效的电流分配，使用时间提升 10% ～ 25%，有利于节能环保。

四、企业文化建设

2015 年合资以来，公司吸收了丰田自动织机集团的优秀元素，以“上下一致、至诚服务、产业报国；致力于研究与创造，始终走在时代的前头；切忌虚荣浮夸，坚持质朴刚毅；发挥团结友爱的精神，营造和谐的家庭式氛围；以“光明正大、社会贡献、保护环境，品质第一、顾客优先，技术革新、全员参加”为基本理念展开一切经营活动。

台励福的企业文化可以用发展、促进、合作、共赢来概括，以此为基础，打造专业经营，让客户满意、让员工有归属感的公司。以“三不”（不拖沓、不马虎、不推卸）为口号，加强员工的集体荣誉感与企业荣誉感。这也是台励福未来持续成长的动力。

五、产品质量及服务保障

台励福一直重视产品质量。合资后，对产品质量的改进更是加大了一步。公司采用丰田 TPS 管理方法及解决问题的 8 个步骤来改善已经发生了的品质问题。从细节入手，在制度上和流程上细化保障。进料检验采用 ABC 分类检测方法，其中 A 类关键料品全检；制程检验重新修订检验规程，现场人员共同遵守，使组装整机的零部件、半成品有了保证，装配线组装质量有了可靠的保障：整车检验工段，在丰田顾问的指导下重新细化了工序分工，从原来的三道工序分为六序，增加了动态、静态分别检测，模拟用户使用方式增加检查模式。

为提升对客户的服务质量，公司成立了五大配件物流中心，分别是石家庄、山东、昆山、萧山、广州配件物流中心，以点带片，达到 500km 以内有备货的状态。此外，针对山东专案，还设立了绿色通道方案，保证在 24h 内专车送达，以满足用户需求。

公司还设立了台励福售后培训中心。自 2012 年起，售后服务培训工作实现制度化、标准化、常态化。公司投资 1 000 万元建成台励福山东叉车青岛培训中心，为来自全国近百家经销服务商提供技能提高与贴心服务的学习环境。同时，开拓经销商的培训，强化台励福售后服务网的覆盖率。

今后，台励福将会继续秉持“选择台励福，提升您幸福”的经营理念，为社会创造更大的价值。

坚持创新 恪守使命 装备世界

——中信重工机械股份有限公司

一、企业简介

中信重工机械股份有限公司（简称中信重工）前身为洛阳矿山机器厂，是国家“一五”期间兴建的 156 项重点工程之一，公司于 1993 年并入中信集团，2008 年改制为中信重工机械股份有限公司，于 2012 年在 A 股上市。

中信重工主要从事国家基础工业技术装备、成套工艺技术装备及国家高新技术装备的研发和制造，拥有大型球磨机、大型减速机、大型辊压机、大型水泥回转窑等产品，可为全球客户提供重型装备、关键基础件、工程成套、备件服务、机器人及智能装备、高新技术（JM 融合）产业等领域重大技术装备和整体解决方案。

中信重工历经 63 年的建设与发展，已成长为国家级创新型企业和高新技术企业、国家首批“双创”示范基地、中国重型装备重点企业之一，是世界颇具竞争力的矿业装备和水泥装备供货商和服务商、国内领先的特种机器人研发与产业化基地，荣获中国工业大奖、中国质量奖提名奖、制造业单项冠军企业，被誉为“中国工业的脊梁，重大装备的摇篮”。

中信重工坚持创新是第一动力，坚守“国之重器”的国家使命，先后研发出一大批核心技术，推出了一大批重大产品，如国产航母某系统、神舟飞船逃逸仓系统、电子对撞机谱仪机械系统、质子回旋加速器、三峡工程启闭机等，完成国家重点科研课题 400 余项，多项产品填补国内空白，主导产品处于国际先进水平，获得国家科技进步奖、技术发明奖 10 多项。截至 2018 年年底，公司拥有有效专利 982 项，其中发明专利 329 项。

中信重工积极响应国家“一带一路”倡议，着力发挥技术研发和装备制造综合优势，加大国际市场开拓力度，成功构建了研发、营销、生产、服务四大全球化功能布局，打造了成套、主机、备件、服务四大全球化服务领域。迄今为止，中信重工已在“一带一路”沿线国家设立了 12 个海外公司或办事处、7 个备件服务基地，市场范围已经覆盖“一带一路”沿线 30 多个国家和地区。

二、研发能力

中信重工拥有矿山重型装备国家重点实验室、国家工业设计中心、博士后工作站、院士工作站，是首批国家认定的企业技术中心、企业双创示范基地、国家先进矿山装备专业化众创空间，荣获第四届中国工业大奖、第二届中国质量奖提名奖。

截至 2018 年年底，中信重工拥有 7 000 多名员工，研发人员占比超过 25%。多年研发费用保持占销售额 5%～10% 的比例。中信重工总资产近 200 亿元，净资产 71.58 亿元。2018 年，中信重工实现营业收入 52.01 亿元，同比增长 12.55%；实现利润总额 2.02 亿元，同比增长 80.43%；实现净利润 1.51 亿元，同比增长 129.04%；实现归属于上市公司股东的净利润 1.06 亿元，同比增长

238.93%；实现经营活动现金流净额 7.24 亿元，各项指标保持行业领先。

公司于 2015 年收购开诚智能装备有限公司，研发的系列化消防机器人产品，成功用于故宫博物院、大庆油田等多地的消防实战演练，取得了良好的效果。公司成功进军特种机器人领域，实现公司转型发展。中信重工构建了以世界规格最大、技术先进的 18 500t 自由锻造油压机组为核心的制造工艺体系，形成了国内领先、全球稀缺的高端重型机械加工制造能力。

特种消防机器人在故宫参加演练

2018 年，面对国内外极为复杂而深刻的形势变化，中信重工保持发展定力，坚守“做强做优做精先进装备制造业”的战略定位，坚持“传统动能 + 新动能”双轮驱动，坚持实施“5+1”产业化经营，高度聚焦三大核心工作，深入推进三项改革，全面启动三大工程，在推动经济建设和党的建设两个高质量发展的征程中，取得了新的突破，创造了新的业绩。

三、技术创新

2019 年是公司的改革落实年、技术创新年、效益提升年。中信重工以创新课题为核心，突出重点，短中长期课题相结合，系统做好创新体系、创新团队、创新平台、创新课题和创新机制性建设，努力实现项目与团队共成长、技术进步与企业效益共提高。打通技术人才成长“双通道”，选树一批高层次技术创新人才，搭建中信重工创新人才梯队。加大科技投入和机制创新力度，激发技术人员创新激情，营造浓厚的创新氛围。围绕“一切以为公司开发新产品为核心，一切以为客户提供好产品为目标”的定位和要求，以 2019 年乃至未来 3 ～ 5 年确定的重大创新课题为导向，完善国家级企业技术中心组织架构，统领公司技术创新和技术进步，发挥“五院一中心”技术创新体系的核心功能，推动技术创新和技术进步有效落地，让技术创新真正成为企业高质量发展的第一动力。当前，公司已研制完成即将推出一系列重大产品。

1. 海上风电嵌岩桩钻机

嵌岩桩钻机主要用于钻凿海上风电钢桩内部和下部岩石，使钢桩桩底最终到达设计标高，是海上风电在嵌岩区域必不可少的施工装备。中信重工嵌岩钻机对于风电桩基施工有良好的适应性，变径为 5 ～ 9m，扭矩为 1 000 ～ 1 600kN · m。

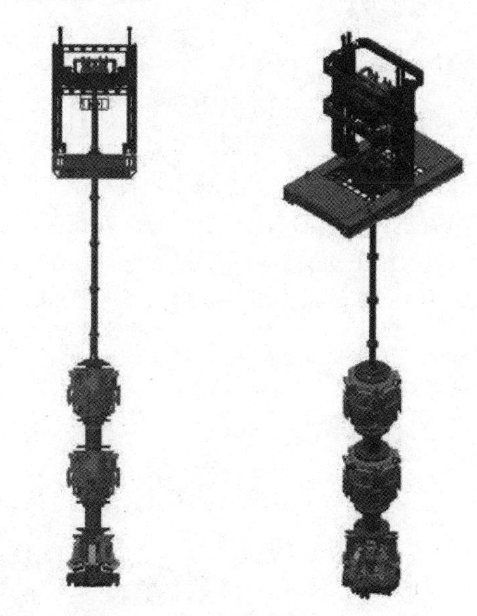

2. 海上风电大型液压打桩锤

海上风电大型液压打桩锤用于海上风电钢桩基础施工，其利用液压提锤技术使大载重锤芯提升，并加压下落，产生 ≥ 1.5g 的加速度，最大打击能量达到 3 300kJ，可高效快速完成海上风电钢桩沉桩作业。液压打桩锤在施工过程中可实现能量无级调节，调节范围为 330 ～ 3 300kJ。

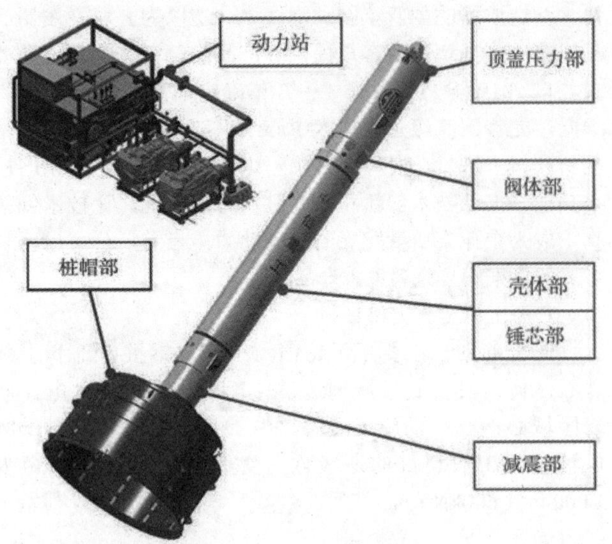

3. 城市竖井钻机

竖井掘进成套装备用于城市地下空间开发，采用全新施工工法，集掘进、洗井出渣、井壁下放、泥水分离等功能于一体，占地面积小，适合城市项目有限作业空间的施工，可节省建井总周期，降低竖井施工对施工段居民的生活影响，确保施工的安全和质量，是地下空间开发的利器。掘进直径为 12 ～ 20m，掘进深度为 50 ～ 100m。

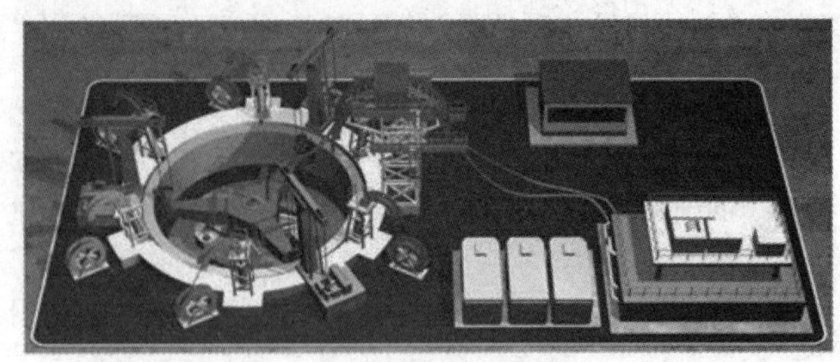

4. 悬臂式掘进机

悬臂式掘进机用于铁路、公路及城市基础建设隧道施工，也可用于边远地区的水力发电、排水及引水隧道。中信重工与河南中车重型装备有限公司合作（隶属于中车株机，当前已收购德国维尔特悬臂式掘进机成套技术），授权项目组按照图样进行悬臂式掘进机生产制造，项目组已掌握成熟的、国际先进的悬臂式硬岩掘进机成套技术和用于煤矿的悬臂式掘进机成套装备技术。

悬臂式掘进机具有独特的设计理念，世界领先的技术；德国原装元器件，性能优良，安全可靠；该设备将先进的监测监控系统、变频驱动系统、长距离遥控作业、喷锚一体化等先进技术融为一体，有效改变了施工作业环境，提高作业效率，增强破岩能力，减少截齿的损耗与维修时间，提高设备性价比。

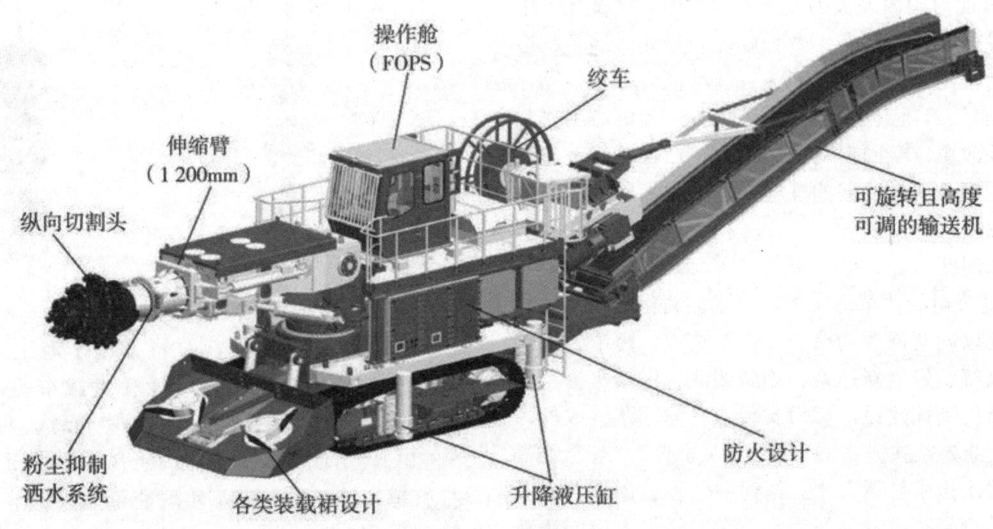

5. 三维数字化（BIM）工厂协同设计应用平台

三维数字化（BIM）协同设计应用平台，是以实际工程为依托，通过三维数字技术模拟建筑物所具有的真实信息，为工程设计和施工提供相互协调、内部一致的信息模型，实现三维数字化（BIM）协同设计平台与工程项目管理信息平台的设计管理、采购管理、施工管理等业务集成并深入融合应用，应用范围覆盖水泥、余热发电、干熄焦、煤化工、活性石灰、球团、矿渣微粉、矿山破碎及选矿、垃圾处理、房建、市政、交通、海绵城市等多个领域。

通过 BIM 模型可实现工程项目的可视化，对整体工程进行各专业间碰撞检查；对整体工程进行虚拟仿真及 4D 施工模拟。通过 BIM 模型发现项目在施工现场中出现的错、漏、碰、缺的设计失误，从而达到提高设计质量，减少施工现场的变更，最终缩短工期、降低项目成本的预期目标。通过模拟施工，分析、比较、优化工程项目的品质性能，优化施工方案，降低建设成本，提升建设质量，使精益化施工成为可能。

6. 智能安防巡逻机器人

智能安防巡逻机器人由轮式底盘、便携式遥控器、炮台上装、控制系统、便携式遥控器、自主导航系统、视觉识别系统、智能火控系统、远距离无线通信系统、自主充电系统、监控后台系统等部分组成。可替代安保人员在重点监控区域进行不间断自主巡逻。在发生突发事件时，可远程遥控机器人前突侦查，对恐暴分子实施抓捕、驱离或多种非致命性打击。适用场景有：警用安防，寄宿制学校、室内外仓储、停车场等场景的夜间巡逻，医院、景区、交通枢纽等公共场合的巡逻。

机器人采用平台化和模块化设计理念，上装可选配搭载网枪、九孔发射器、爆闪灯、定向噪声发生器、便携式透视仪等多种检测、防暴、处突设备，对恐怖分子和暴力犯罪实施强力威慑。

7. 中型排爆机器人

中型排爆机器人用于在疑似爆炸、辐射、易燃、化工和医疗疫情等危险品场合，代替安防人员转移和处理危险品或疑似危险品，并同时进行实时勘察、图像传输等作业，可以有效处理紧急安全事故，减少人员伤亡，是一款紧密结合国家军队、地方公安部门的安防安保类机器人产品。

现有两款机械臂：①七关节四自由度电驱动机械臂，臂展为2.5m，自重为60kg，水平展开后最大抓取负载为5kg；②五自由度液压驱动机械臂，臂展为2.4m，水平展开后最大抓取负载为50kg。

8. 系列化遥控器

自主设计的便携式遥控器，可配置不同的摇杆、按钮、旋钮、拨杆组合，实现远距离遥控和视频回传。小遥控器外形尺寸为192mm×157mm×47mm，工作时间为8～10h；大遥控器外形尺寸为410mm×220mm×60mm，工作时间为4～6h，搭载WIN10操作系统，支持5路视频同时显示。

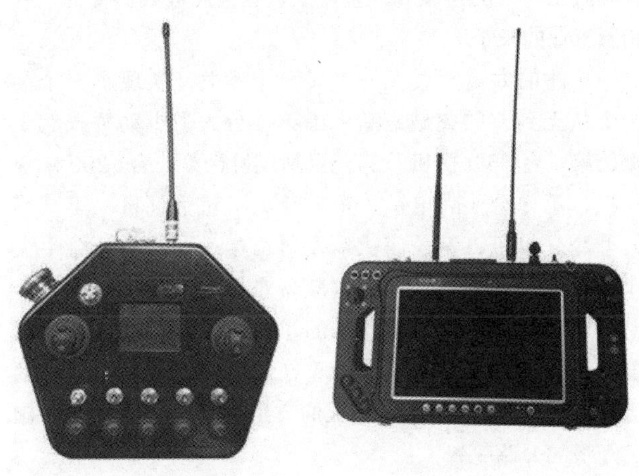

不忘装备民族工业初心　牢记装备强国使命

——太原重型机械集团有限公司

太原重型机械集团有限公司（简称太重）是新中国自行设计建造的第一座重型机械制造企业，也是当今国内装备制造业的排头兵企业、世界上颇具创新实力的大型重型机械制造企业之一。

新中国成立之初，太重诞生于党和国家对“装备民族工业”的期望，此后始终秉承初心，在新中国工业70年发展壮大的历史进程中，为冶金、矿山、能源、交通、海工、航天等多个领域相继研发制造了一大批关系国计民生的关键产品设备，创造了450多项中国和世界第一，累计为国家重点建设项目提供了2 000余种、3万多台（套）装备。

当前，太重已成为一家拥有总资产超400亿元、员工13 000余人、占地面积超过440万 m^2，旗下拥有太原重工、太重煤机、太重榆液三大子公司，集装备研发与制造、设备总成套、工程总承包、设备租赁、物资贸易以及物流运输等为一体的现代化企业集团。

一、国之长子，播种“装备民族工业”初心

装备民族工业，既是国家最初投建太重的原因，也是太重矢志不渝的初心所在。

1949年新中国成立后，改善极其薄弱的工业基础，成为当务之急。而要兴工业，不仅要建设各种各样的工厂，更要有为这些工厂提供母机装备的工厂。

1950年，中央决定投资在太原市汾河西岸自行设计建造这个“装备工厂”的工厂。由此，新中国第一座重型机械厂——太原重型机器厂应运而生。党和国家赋予了它“装备民族工业”的初衷和期望，太重也因此被人们誉为“共和国工业的长子”。

初建的太重，攻克一个又一个难关，实现了一个又一个从无到有的突破：新中国第一台大型电动桥式起重机、第一台350t门机、第一台割煤机、第一台1200薄板轧机、第一台4m^3电铲、第一套火车轮箍轧机、第一套大型冷轧管机、第一座火箭发射塔架……整个社会主义建设时期，上百项工业关键装备难题被太重研发攻克，上万台（套）国民经济急需的生产设备从太重运送到祖国各地上百处工厂车间。太重在新中国工业奠定基础的历史进程中，做出了不可磨灭的突出贡献，被国人称为“国民经济的开路先锋”。

从此，这份源自于诞生之日的“装备民族工业”初心，越发深沉地融于一代又一代太重人的血脉。

二、奋进前行，敢为“改革开放”产业先锋

改革开放，开辟了中国特色社会主义发展道路，新中国工业也在完成了从无到有的历史任务后，面临着从小到大的艰巨使命。而太重再一次勇做先锋，以创新开放的新姿态，见证和支持着中国工业的崛起。

在改革开放初期，我国工业最具里程碑意义的宝钢工程建设中，太重担当时代重任，与德国公司合作制造关键设备 ϕ140mm连轧管机组，高质量地完成了这项举国瞩目的制造任务。

后来，宝钢的成功建设，使中国钢铁工业技术装备水平与世界先进水平的差距至少缩短了20年。而太重生产的这套140成套设备在我国钢铁工业腾飞的历史进程中也居功甚伟。

以140项目为开端，40年来，太重的企业运行机制、产品结构、管理模式，尤其是企业竞争力和企业品质发生了脱胎换骨的变化，首创重矿行业第一家上市公司，完成了从传统厂矿到现代企业制度的完全转变，直至今天，在国企改革的大潮中持续升级。

改革的变迁、开放的姿态，是为了不变的初心。在改革开放的时代潮流中，太重加快“引进、消化、吸收、再创新”步伐，所生产的起重机、挖掘机、轧钢和锻压设备、油膜轴承等主导产品均通过与国外先进技术合作，实现了跨越式的提升。

伴随着改革开放的步伐，太重开始逐步站在世界舞台中央，推动着中国工业的跨越式发展。

三、自主创新，厚积薄发铸就“大国重器”

太重之所以能够承担“装备民族工业”的重任，关键就在于雄厚的自主创新能力。

作为全国“创新型企业20强”之一，太重累计创造了450余项国内外首台（套）产品。太重技术中心在国家认定企业技术中心中位于前列，居同行业首位。公司获得国家级发明奖4项、国家科技进步奖22项、授权专利1 200余项。

在雄厚的技术实力和先进的装备水平下，经过多年积淀，太重所有主导产品全部掌握了核心技术，达到了世界先进水平。一个个“大国重器”，不断打破国外垄断，为中国工业的腾飞“解绑”，更以卓越品质摘取了“世界舞台”上的多项璀璨明珠。

大型起重机首屈一指。作为世界上大型起重机制造业

绩最多的企业，太重已累计生产 6 000 余台起重设备。其中世界最大 1 300t 水电站桥式起重机、世界最大 520t 铸造起重机、核电站环形起重机等成为明星产品，占领了国内 300t 以上冶金起重机的绝对市场。

矿山挖掘设备独占鳌头。太重能生产标准斗容 4 ～ 75m^3 的大型挖掘机，累计生产的 1 400 余台各类挖掘机遍布全国所有大型露天矿。其中 WK-75 型矿用挖掘机是世界上规格最大、技术性能最先进、生产能力最高的采矿挖掘机，推动了世界大型挖掘机制造的历史进步。

轧钢和锻压设备国际领先。太重已生产无缝钢管成套设备、焊管成套设备、冷热板带材成套设备、矫正机等各类轧管成套机组 50 余套，国内市场份额约 70%。特别是自主研制的 TZϕ180 三辊连轧管机组，确立了太重在管轧设备领域的国际领先地位。生产的世界最大的 235MN 挤压机、125MN 快速锻造压机，步入了锻压设备的国际领先技术行列。太重生产的大中型挤压机产品，在国内市场占有率达到 80%。

采煤机械创造纪录。由太重煤机研发的世界最大功率 3 000kW 电牵引采煤机综采设备，以其先进技术推动了我国向煤矿工作面无人采煤迈出了重要一步。

油膜轴承驰名海内。凭借自主创新，太重的油膜轴承媲美世界最先进水平，实现了全国重矿行业在中国名牌榜上零的突破。当前已应用于 1 600 多架轧机上，国内市场占有率达到 80%。

特种设备为国争光。在我国 4 个卫星发射中心中矗立的 11 座发射塔架中，有 10 座都出自太重之手。它们高质量完成了新中国建成以来全部的发射任务，守护着航天事业的安全。太重还制造了北京奥运会、北京残奥会、国家大剧院等舞台设备，在打造国家美誉中做出了重要贡献。

此外，太重还在化工装备、焦化设备、齿轮传动、铸锻件等多个领域取得了傲人业绩和关键国产化突破，用一件件世界级“大国重器”，支持了国家冶金、能源等行业的快速发展。

四、转型尖兵，“群星璀璨”勇立行业潮头

近年来，随着工业化和现代化进程的深入，我国开始加快转变经济发展方式，调结构、促转型。一批关乎国计民生的新型工业产业，如轨道交通、新能源、海洋工程、高端制造等，成为制造业引领工业转型的重点。

太重继续秉持着“装备民族工业”的初心，依靠创新实力，重点开发适应未来国家产业结构的新产品，不断调整产品结构，使之适应国民经济转型升级的方向和目标。从单件小批到工程成套、从传统领域到转型领域齐头并进，太重形成了多领域并重、新老产品并举的发展格局，呈现出“群星璀璨”的全方位发展态势。

轨道交通轮轴成“中国名片”。太重具备了机、客、货、动、城轨等全谱系轮轴产品的研发制造能力，自主研发并实现了 350km/h 中国标准动车组轮轴的批量供货，形成了我国高铁装备自主创新的重要成果。太重高品质的轮轴已经成为“中国制造”在世界市场上的闪亮“名片”，出口到全球 30 余个国家和地区，改变了世界轨道交通供应格局。

新能源装备发展步稳蹄疾。太重能全面为风电、核电、水电等产业提供高端装备，形成了新能源装备产业链。实现了核电起重机和燃料转运设备的自主化，具备了 1.5 ～ 5MW 风电整机及关键零部件的研发制造能力，并已相继承担国内十余个风电总承包项目，5MW 海上风机并网发电，正在研制 8MW 海上风机。

海工和港口装备实现突破。太重积极响应海洋强国战略，依托新建的天津滨海重装研制基地，自主研制的“TZ-400”海上石油钻井平台实现核心部件国产化。国内首台 1 900kJ 海上液压打桩锤，填补了国家空白。门座式起重机、岸边集装箱起重机等港口机械产品已在国内市场形成影响力。

大型工程机械实力雄厚。以大型化和高端化为方向，太重形成了全地面及履带式两大系列化工程起重产品，广泛适用于风电、石油化工、道桥建设、港口码头等领域的吊装作业。世界最大 6 400t 液压复式起重机、750t 全地面桁架臂起重机、1 200t 履带式伸缩臂起重机成为行业明星产品。

液压关键零部件迈向高端。高端液压件是工业强基的关键组成部分，太重自主研制的高端液压柱塞泵，已通过 5 000h 满载寿命试验和 20 万次冲击试验，远超国家标准，达到世界先进技术水平，打破了我国高端液压零部件市场被国外垄断的局面。

在转型发展中，为始终保证领先的制造实力，太重还兴建了五大基地：重型装备制造基地、轨道交通装备制造园区、煤机工业园、榆次高端液压工业园及天津滨海制造基地。正在推进智能化风电产业园区和研发中心等项目建设，打造更高水平的制造和创新支撑平台，让太重拥有了投身于国家高端制造使命的更大自信和更强底气。

经过多年持续努力，今天的太重，产品结构调整成效显著，转型业务已达总收入的 40% 以上；产业布局日益完善，转型项目效能正在逐步释放，产品声誉和市场地位日益巩固，适应国家产业机构调整和参与市场竞争能力稳步提升，正在向着新时代装备强国的历史使命前行。

五、逐鹿全球，承担新时代“装备强国”使命

新时代，智能制造引领产业再升级，经济全球化要求企业更开放。太重继续坚守着“装备民族工业”的初心，勇担“装备强国”的使命，奋力为我国工业转型升级提供着卓越的装备支撑，向着“中国装备 装备世界”的目标迈进。

1. 以智能化升级提升“中国装备”品质

智能制造是制造业升级的必由之路，太重结合科技发展趋势，在冶金、矿山等传统领域，不断提升智能化水平，持续巩固产品领先优势，占领行业制高点。大型矿用挖掘机、起重机、挤压机、焦化设备、采煤机等均已实现了智能化应用。一方面，太重致力于产品设备智能化。比如，太重研制的国内首台 250t 智能化起重机，集多项先进技术于一身，可代替人工操作，极大地提高了起重机的安全性、可靠性，填补了我国在大型智能起重机领域的空白，对提高我国装备制造业实力具有里程碑式的意义。另一方面，太重致力于生产过程智能化。以太重智能化风电产业园区项目为例，在建设过程中将 ERP、PLM、MES 三个信息系统充分结合，建成后将成为国内自动化、智能化程度最高的风电装备制造基地。

在传统产品与“互联网+”的融合中，太重还在起重机、挖掘机、风电、工程机械等产品上运用远程数据监控和服务技术，在万里之外对所有产品情况进行诊断监控、对故障进行预警和分析，给予用户更高质量的服务。

2. 以国际化经营勇担“装备世界”使命

太重坚定不移地走国际化发展道路，积极融入国家“一带一路”倡议，在世界舞台上叫响“中国制造”的响亮名片。

主导产品全部实现出口。太重生产的轨道交通轮轴、冶金铸造起重机、大型挖掘机、锻压设备、轧钢设备、油膜轴承等产品远销到世界 50 多个国家和地区。其中，太重的铁路轮轴产品已经取得了包括美国和欧盟在内的国际全部主要市场的资质认证，实现了出口“无障碍”，在全球技术标准要求最高的德国，更是实现了批量出口。大型露天矿用挖掘机已成为世界大型挖掘机供应商三大巨头之一，成为中国和俄罗斯“一带一路”合作项目中的典范。

实现全球化资源配置。伴随着产品出口的快速增长，在既有印度、澳大利亚、德国、美国及中国香港等公司的基础上，围绕“一带一路”沿线重点市场，太重新设了东南亚、中亚、西亚三个区域性海外公司。同时在全球 20 多个国家不断健全服务网点，形成了较完善的国际化设计研发和营销服务网络，逐步实现对全球化的资源配置。同时，为了给产品出口海外打造运输优势，太重还依托天津滨海基地建设了重件码头，承揽了国际越来越多企业的海外货运任务，形成了面对国际市场的“桥头堡”。

当前，太重正在加快研发体系、营销网络、服务网络、制造体系、管理水平五个方面的国际化进程，促进全方位与国际接轨，争取到“十三五”末，出口产品的比重从当前的 15% 左右提高到 30% 以上，最终达到 50%，实现“创建世界太重”的目标。

太重的发展历史，就是国家重型装备发展的一个缩影。自诞生之日起，太重就以“共和国长子”的忠诚，践行着“装备民族工业”的初心和诺言，见证着新中国工业从无到有、从小到大、从弱到强。在新时代中国由“工业大国”转向“工业强国”的新征程上，太重的初心依旧坚定，太重的使命愈加重大。

太重集团将以创新驱动为引领，努力实现高质量发展，打造更多国家需要、国际驰名的优质产品和服务，向着国际一流的装备制造旗舰企业迈进，开启“共和国工业长子”继往开来、助力“工业强国”的新篇章。

博众家之长　创一流企业

——安徽博一流体传动股份有限公司

安徽博一流体传动股份有限公司（简称博一流体）成立于 2008 年，总部位于安徽省合肥市仰桥路 1 号，总投资 3.7 亿元。公司现拥有配套公司 3 个，分别位于长丰县岗集镇、肥东县龙塘镇、包河区义兴镇。

博一流体专业从事液压柱塞式通轴及斜轴泵、各类液压阀、液压马达、液压油缸等液压元件及液压成套设备（系统）的研发、设计、制造、技术服务和再制造。产品广泛应用于航空航天、军工、海洋工程、工程机械、农业机械、冶金、化工、矿山能源等领域。

一、博众家之长

我国 35MPa 以上液压元件长期依赖进口，高端装备几乎全部采用液压控制，设备及配件供应受制于人，因此，实现高端液压元件国产化具有重大意义。

作为一家长期从事专业化高端液压元件的生产企业，博一流体充分吸收、精准分析力士乐、派克、川崎等世界知名厂家产品的优缺点，集中优势资源，投入专项资金，通过大量实验进行突破，并联合各大专业高校成立产学研中心，较早成为国内高端液压元件成批（套）定制生产的国家级高新技术企业。液压泵、液压阀、液压马达、液压油缸等各类液压元件均完成了 12 000h 以上的可靠性试验，并具备高端液压元件再制造的研发和“正向”生产能力，是同行业中唯一一家国家级“双试点”

单位。

二、术业有专攻

博一流体自成立以来，一直坚持术业有专攻，经过不断的开拓和优化，当前有 7 个职能部门和五大事业部。

泵马达、阀事业部主要为工程机械、农业机械、冶金、化工、矿山能源等行业提供先进、可靠的产品和服务。在 35MPa 以上液压元件设计生产领域已完成 7 款柱塞泵、3 款阀的生产，为中国兵器集团、山河智能集团、玉柴重工、中铁五局、三一重工、徐工集团、柳工、中联重科、山推工程、日立重工等十多家大中小型工程机械主机厂的多种机型提供液压系统配套，产品出口 80 多个国家和地区。

系统事业部依据客户的品牌定位，依靠博一流体可靠、先进的元件设计、制造和试验，为客户设计最佳的液压系统。如给大型主机厂设计合适的液压系统，中联重科液压缸耐久性试验台、中铁隧道局泵马达阀组大型试验台以及军工单位多款液压系统等。

军品事业部专注于各类海陆空及火箭军等各军种军工装备的液压元件及液压系统的研发、制造、服务，军工四证齐全。

再制造事业部自 2012 年成立以来，开展了大量的液压元件生态设计和再制造工作，积累了大量的技术、制造、品控、试验等经验和宝贵的数据，起草制定《部件可回收利用性分类及标识》《零部件再制造通用技术规范》两项再制造国家标准，同时制定了企业的液压泵、液压阀、液压马达等各类液压元件再制造的标准和规范。再制造事业部已与中铁装备、中国铁建、北方重工、三一重机、中铁一局、中铁十一局、中铁十五局、中建八局、中交隧道局、中铁电气化局、中石油管道局、徐工凯宫、中建交通、淮南煤矿、淮北煤矿、中煤三建、中煤五建等形成了长期稳定的合作关系。博一流体液压系统及核心部件再制造业务涉及工程机械、农用机械、煤炭、冶金、能源、城轨交通等领域，创造绿色生态产业，为国家做出应有的贡献。

三、坚持技术创新

液压技术是实现现代化传动与控制的关键技术之一，现代液压技术既源于传统的机械技术，又融合了控制理论、精密制造、新材料、自动化和智能化的检测、传感器以及信息技术等，其产品和系统通常体现为多种技术的融合与系统集成。液压传动力量大，易于传递及配置，在工程机械、农业机械、石油工程、矿山能源、轨道交通、冶金、化工、军工装备等行业应用广泛。

1. 不断引进技术人才

博一流体经过十余年对人才的不断培养、引进和发展，在所经营领域已建立了一支成熟稳定并具有丰富经验的专业化技术团队。公司注重内部人才培养与外部优秀人才引进相结合的人才管理策略，在关键技术领域和重要管理岗位引进外部优秀人才，对公司的发展运营提供有力支持。现在技术团队拥有高级工程师 5 人、工程师 16 人，并由国内长期（40 多年工作经验）从事军工（战斗机、潜艇）液压产品研发的主导设计师担任公司总工程师，指导产品的生产，开拓新的领域。

博一流体设有企业技术中心和工程设计研究中心，有张浩（液压系统设计总师）、曹东辉（液压元件设计总师）、曾忆山和姜继海（液压元件仿真设计顾问）、胡小健（智能制造、自动化控制顾问）等业内高级专家主持相关工作。截至 2018 年 12 月，取得了省级新产品 5 项，获授权发明专利 9 项，在申报的发明专利 8 项、团体标准 15 项、国家标准 3 项。

博一流体与中国科学院、浙江大学、兰州理工大学、沈阳理工大学、合肥工业大学、上海理工大学、安徽工业大学等开展产学研合作。2008 年，博一流体与哈尔滨工业大学联合成立了流体传动及控制产学研中心。2016 年，与合肥工业大学共同成立高端液压元件技术研究中心。在学术研究、新产品开发、产品应用推广、液压件性能提升方面开展长期、广泛的合作，加速推进先进技术的国产化和产业化。

2. 研发投入逐年递增

公司非常重视产品研发，通过持续不断的研发投入，提高产品的性能和稳定性，促进产品结构升级。2016—2018 年，公司分别投入研发资金 2 106.72 万元、2 350.20 万元、3 040.44 万元，分别占当期营业收入的 17.45%、18.23%、20.56%，研发费用占销售收入的比例远高于同行业大多数企业约 5% 的水平。

四、严控产品质量

博一流体从创立之初就专注于高端液压元件的研发与创新，以“为中国流体传动与世界同步而努力”为使命和责任，立志将我国高端液压元件做强，替代进口，填补空白。公司投入大量的人力、财力、物力，学习国外最先进的各类高端液压元件技术，通过引进、消化、吸收、创新，建立了庞大的数据分析库，并且创新研发了一系列高端的液压泵、马达、阀以及各类液压系统，服务于国内外 100 多家大中型主机客户，同时服务于我国国防装备，受到军方的高度评价。

1. 品质管控细节

天下大事，必做于细。博一流体的质量控制体系精准严格，环环相扣。从原材料到全过程的监控以及产品的失效分析等都严格按照国家军品要求控制。尤其注重产品的组装与试验。组装前，精细检查零件的成套性及外观；在产品组装阶段，精心清洗，细心检验记录，柱塞轴向间隙值、柱塞部件的滑履厚度差值可与德国、日本的产品媲美。在产品试验阶段，密封性检查、产品调试等有效防止了漏油污染、异常磨损等问题，提高了运转效率，延长了产品寿命。精诚所至的铸造，使卓然的品质绽放成品牌。

2. 产品可追溯性

博一流体的所有产品方案在实施前都要进行充分的调查和验证，确保方案的可行性；所有产品均经过方案验证、出样、试制、小批量试制等阶段；产品加工过程中严格执行产品的自检、首检、巡检、终检，严把产品质量关，并对所有零部件的加工进行记录存档，从而保证产品的可追溯性。

3. 充分的性能试验

为确保产品的质量，博一流体进行了大量的可靠性试验、数以万计的疲劳性试验、冲击试验和寿命试验等。

自创立以来，博一流体就受到了政府、客户、行业协会、媒体以及社会各界人士的关心、鼓励、帮助和认可。就像博一流体创始人闵玉春董事长常说的：液压元件的研发需要大量人力、财力、物力。推动配套件行业发展需要政府、协会、主机厂以及社会各界力量的支持与鼓励。希望通过自己不懈的努力，团结所有有志之士，为实现我国流体传动行业与世界同步这个伟大愿景而共同奋斗！

市场篇

分析2018年国内外工程机械市场总体状况和发展趋势、工程机械行业上市公司的总体情况

市场篇

2018 年全球工程机械市场趋势与分析

一、全球市场概况

2014—2018 年全球工程机械市场销量见表 1。2014—2018 年全球工程机械市场销售额见表 2。

表 1　2014—2018 年全球工程机械市场销量　（单位：台）

年份	西欧	北美	日本	中国	印度	其他国家和地区	合计
2014	125 569	171 885	84 205	210 052	36 864	195 034	823 609
2015	128 289	170 288	74 849	119 337	37 707	158 755	689 225
2016	142 497	159 116	59 700	120 243	52 508	168 495	702 559
2017	161 706	173 419	66 715	217 080	60 410	214 923	894 253
2018	177 683	195 505	63 705	297 934	80 571	313 974	1 129 372

注：1. 产品范围：沥青混凝土摊铺机、挖掘装载机、履带式推土机、履带式装载机、液压挖掘机、小型挖掘机、平地机、铲运机、非公路自卸车、越野叉车、滑移 - 转向装载机、轮式装载机。

2. 资料来源：英国工程机械咨询有限公司。

表 2　2014—2018 年全球工程机械市场销售额　（单位：百万美元）

年份	西欧	北美	日本	中国	印度	其他国家和地区	合计
2014	12 384.2	28 593.5	6 683.4	18 525.8	1 826.1	19 209.9	87 222.8
2015	12 606.2	29 568.8	5 154.0	9 863.6	1 978.9	14 270.0	73 441.4
2016	12 332.0	26 056.6	4 576.4	10 061.4	2 703.2	14 950.5	70 680.0
2017	13 239.2	28 591.9	5 516.9	18 357.7	3 075.2	18 886.7	87 667.6
2018	14 652.7	33 990.9	4 977.1	25 328.6	3 972.9	27 159.7	110 081.8

注：1. 产品范围：沥青混凝土摊铺机、挖掘装载机、履带式推土机、履带式装载机、液压挖掘机、小型挖掘机、平地机、铲运机、非公路自卸车、越野叉车、滑移 - 转向装载机、轮式装载机。

2. 资料来源：英国工程机械咨询有限公司。

3. 因四舍五入，表中分项之和与合计数略有出入。

自国际金融危机以来，2017 年首次出现了中国、印度、日本、北美和西欧等重要区域工程机械市场共同增长的局面。2018 年则延续了这种趋势，中国、印度和北美的销量继续强劲增长，西欧 15 个主要经济体中有 14 个保持增长。亚洲的其他一些新兴市场也出现了比预期更加强劲的上升。因此，全球工程机械市场的销量合计达到近 113 万台的水平，创下了前所未有的新纪录。这种超预期的增长甚至造成了供应链紧张和一些产品交货期延长的问题。

以折算为美元价值的市场规模来衡量，近两年来全球工程机械市场销售额经历了从 2016 年的低谷攀升 56% 的增长过程，到 2018 年创下了销售额达 1 100 亿美元的新纪录。这一增幅略低于按销量计算的增速（61%）。

自 2017 年以来，世界工程机械市场的大幅增长与全球经济景气的回暖有密切关系。据国际货币基金组织和世界银行的统计，全球经济增长（GDP 增速）在 2016 年处于 3.2% 的周期性低谷，而近两年来回升到 3.7% ～ 3.8% 的水平。同期，全球投资占 GDP 的比重也增加了 1 个百分点，达到 26% 以上。工程机械销量在此前一段时期回落到了超低水平，投资的回升则带来了新增需求，而且在环境法规升级的引导下还进一步加快了设备更新需求。虽然当前的市场规模可能已经达到本周期的高峰，但一些区域市场仍然具备增长空间，对矿山设备的需求则在回暖。因此，预计全球市场规模可能会保持在较高水平，尽管国际贸易摩擦所带来的经济趋势转变已经成为一个具有很大不确定性、必须加以关注的风险。

二、主要地区市场情况

1. 中国

中国工程机械市场在经历 4 年持续下滑后，自 2016 年开始触底回升，在 2017 年出现了前所未有的大幅反弹。2018 年则继续保持快速增长，全年销量同比增长 37%，达到近 30 万台的水平。很明显，中国市场的大幅回升是本轮全球市场增长的最重要推动力，对近两年全球工程机械市场增长的贡献率达到 42%。

中国市场需求增长最突出的产品显然是挖掘机。2018 年各类挖掘机销量合计超过 19 万台，市场占比达到 65%。其中，6t 以上履带式挖掘机销量达到 14 万台，6t 以下小型挖掘机需求加速增长，成为新的市场热点。轮式装载机仍然是中国市场的第二大主力产品，2018 年销量回升到 9 万台以上，但其市场占比已经下降到仅略超过 30%。

以小型挖掘机、小型装载机、滑移 - 转向装载机等为代表的小型机械占整个市场的比重逐年提高，当前已经接近 20%，这反映了中国市场结构向成熟阶段发展的趋向。实际上，如果考虑当前市场销量很大的低端农用型设备，小型机械所占比重可能已经达到整个市场的 50% 左右。因此，小型机械的未来增长潜力仍然是巨大的。

近两年来，中国工程机械市场的快速增长主要受到基础设施建设规模扩张、房地产投资增速加快以及大型矿山生产需求回暖等因素的推动，同时环保法规升级和监察力度加强也促使旧机更新速度加快。但是，在调整经济结构和防控金融风险政策的影响下，当前投资增速已经回落到较低的水平，期望国内需求在经历了一轮高增长后仍持续增长是不现实的。

中国工程机械产品出口近两年来也增长显著，按上述口径，2018 年出口量约 5.8 万台，为历史最高纪录。由于国内市场增速更快，出口占国内生产的比重有所下降。中国国内市场和出口销量合计占全球市场的比重达到 32%。需要指出的是，上述销量包括国外厂家在中国生产工厂的产出。此外，中国企业的海外生产在经历草创时期后，当前也进入健康发展阶段。中国在全球工程机械产业链中的地位正在不断提升。

2. 西欧

西欧国家的工程机械市场近五年来保持了持续回升趋势。2018 年，除瑞士外，各国的销量都在继续增长。其中，德国、英国、法国和意大利四大经济体所占比重为 74%。德国工程机械销量超过 43 000 台，增幅为 10%，这种创纪录的需求水平只在 1992 年德国重新统一后的建设热潮时期出现过一次，挖掘机和伸缩臂叉装机的销量均达到历史新高。英国和法国也分别实现了 8% ～ 9% 的增速，销量为 32 000 ～ 35 000 台。意大利的销量增长 14%，但是 16 300 台的销量仍然明显低于其潜在的需求水平。

2018 年销量增幅达到 10% 以上的国家还有爱尔兰、葡萄牙和西班牙。总体而言，西欧市场已经从 2012—2013 年的低谷回升到十年来的最高水平，特别是北欧和中部一些国家的销量都创下了有史以来的最高纪录。

但是，有明显迹象表明，2018 年接近 18 万台的总销量已经属于超高水平，存在过热风险。因此，2018 年可能是欧洲市场达到峰顶的一年，预计 2019 年的销量仍将保持与 2018 年接近的水平，之后将出现温和的下滑。但是，在未来五年仍然会保持在 15 万台以上，与历史销量相比，这仍然属于不错的水平。

3. 北美

北美工程机械市场经历了美国总统大选前后的一段不确定性影响后，从 2017 年开始重新进入增长通道，2018 年增长 13%，各类产品销量合计接近 20 万台的水平。与土建工程、矿山开采相关的较大型设备和公共设施工程应用的小型机械都实现了不错的增长。特别是小型挖掘机的增长十分突出，2018 年销量达到 48 890 台的历史新高。尽管滑移 - 转向装载机及其变型产品小型履带式装载机也对用户有很强的吸引力，小型挖掘机成为北美市场销量最大的产品。

预计 2019 年北美工程机械市场的销量将超过 20 万台，重新回到 2000 年中期市场快速增长时的水平。然而，如果要达到并突破上一次在 2004 年实现的高峰销量，则需要在 2020—2021 年继续保持增长。当前预期 2019 年的增幅为 8%，这低于 2017 年和 2018 年两位数的增速，可能意味着北美市场正在接近本轮上升周期的顶峰。

4. 日本

日本工程机械市场自 2013 年达到高点以后的五年来，处于在 7 万台上下波动的水平，近两年来的销量与前期相比处于相对较低的水平。2017 年销量出现攀升，但是在 2018 年重新陷入回落，尽管 6% 的降幅比预期情况要好一些。

日本国内市场需求在“安倍经济学”刺激政策的影响下，在 2013 年达到了一个高峰，2011 年东北地震和海啸后的重建工程推动了工程机械需求的大幅增长。但是，外部因素似乎对日本市场有更重要的影响。近年来，东南亚需求的持续增长使日本二手机在这些国家的销售有所增加，这为日本国内的新机销售扫清了道路。2017 年的销售增长在一定程度上是由于这方面需求的推动，尽管当年日本经济也的确略有增长。2018 年市场又出现收缩，其中下滑最严重的是履带式挖掘机。预计 2019 年销量仍不会有所改观。

5. 印度

印度工程机械市场在 2018 年继续保持了出人意料的高增长，工程机械需求首次突破 80 000 台。近三年来，印度的工程机械需求已从 2014—2015 年的 37 000 台的低谷提高了一倍多。与 2011 年的市场高点 54 000 台相比，当前的需求水平已超过前一个高峰约 50%。

2018 年推动印度市场的最重要产品是挖掘装载机的大幅增长，其销量从 2017 年的 32 728 台跃升至 45 552 台，增长近 40%，创下历史新高，这在某种程度上可以说是出乎意料。印度当之无愧是全世界范围内挖掘装载机的最主要市场。挖掘装载机是印度工程机械用户的典型入门级产品，其对农村客户的销量也在增加，他们使用挖掘装载机从事小型工程和水利项目。挖掘装载机占印度工程机械市场销量的比重达到 56%。

另一方面，近年来工程承包商正在不断增加采购履带式挖掘机，即使在挖掘装载机销售大幅增长的情况下，这种趋势对于承担大型工程的专业化施工承包商来说也并没有改变。2018 年印度履带式挖掘机市场大幅增长 27%，达到 25 474 台，这是前所未有的水平。同时，小型挖掘机的销售近年来也快速增长，2018 年超过了 1 300 台。挖掘机占印度工程机械市场销量的比重已达到 33%。

印度在 2019 年举行大选，过去的经验表明，这种因素总是会影响工程机械的销售。但是随着莫迪总理成功连任，预计印度市场仍将保持增长趋势。

三、未来预期

在各主要区域市场增长的共同推动下，全球工程机械市场已经创下了前所未有的纪录。当前，全球经济正面临重大不确定性，各大经济体也在做出不同的政策抉择。因此，未来各区域市场走势可能出现分化，全球市场的总体趋势会出现一定的调整。由于中国在全球市场中占有很大比重，中国市场需求的调整足以使全球市场趋势发生一定转折。

考虑到各种不确定因素的影响，预计本轮市场增长已经接近高点，但是与前一周期相比，预期中将出现的回落幅度应当是比较缓和的。Off-Highway Research 的预测是，未来五年内全球市场的调整幅度为 5% ～ 10%，即仍然会保持在 100 万台的水平以上。与历史上市场曾经达到过的高点相比，这意味着市场总体需求即便不会持续扩大，但仍将处于比较旺盛的水平。

由于国内外市场普遍向好和行业结构的调整，中国工程机械主要制造企业的经营状况出现了明显改善。面向未来，这些企业正在实施智能化、数字化制造的新战略，行业也重新获得了对投资的吸引力。但是，对整个市场需求持续上升的预期是不现实的，中国企业仍面临着提高经济效益和抵御经营风险能力的压力。立足于长远发展目标，未来企业发展的机遇主要存在于结构性增长，包括产品结构的升级、市场结构的演化和行业结构的重整。如果仍然以外延扩张为主要发展方式，则必然增加经营风险，甚至重新陷入以往曾经历的经营困境。以发展保生存、以生存求发展并非是对行业前景的悲观论调，而是在行业成熟发展阶段进行战略抉择的一个基本方针。

〔撰稿人：英国工程机械咨询有限公司史杨〕

2018 年工程机械上市公司总体表现分析

一、上市公司基本情况

截至 2018 年 12 月 31 日，我国以工程机械整机为主营业务的上市公司有 24 家，其中，A 股市场 23 家、香港市场 3 家（中国龙工在香港上市，中联重科、徐工机械在内地、香港两地上市）。上市公司中以土方机械为主的企业有 7 家，分别是柳工、*ST 厦工、徐工机械、中国龙工、山推股份、河北宣工、山河智能；以混凝土机械为主的企业有 3 家，分别是三一重工、中联重科和华菱星马；专业叉车及物流装备企业有 3 家，分别是安徽合力、杭叉集团、诺力股份；路面机械企业有 3 家，分别是达刚路机、森远股份、建设机械；施工起重运输设备企业有 1 家，即天业通联；高空作业车企业有 1 家，即海伦哲；矿山机械企业有 1 家，即北方股份；路桥机械企业有 1 家，即新筑股份；工程机械零部件企业有 3 家，分别是恒立液压、日机密封、龙溪股份；以工程服务与再制造为主业的企业有 1 家，即千里马，在新三板上市。截至 2018 年 12 月 31 日，24 家工程机械公司年末总市值 2 223.50 亿元，比年初开盘的 2 741.30 亿元下降 19.48%。

2018 年，24 家工程机械上市公司从业人员达到 116 751 人，比 2017 年增加了 10 431 人。工程机械上市公司情况见表 1。

表1 工程机械上市公司情况

证券代码	证券简称	地址	上市日期	主营产品名称	2017 年从业人员人数（人）	2018 年从业人员人数（人）
000157.SZ	中联重科	长沙市	2000-10-12	混凝土机械（混凝土泵车、拖泵、混凝土搅拌站、搅拌车）、起重机械、环卫机械、路面及桩工机械、土方机械、物料输送机械和系统、融资租赁等	13 461	15 121
000425.SZ	徐工机械	徐州市	1996-08-28	装载机、起重机械、铲运机械、工程机械备件、混凝土机械、压实机械、路面机械、消防机械	13 620	14 318
000528.SZ	柳工	柳州市	1993-11-18	轮式装载机、履带式液压挖掘机、压路机、路面机械、工程机械备件	8 420	9 807
000680.SZ	山推股份	济宁市	1997-01-22	推土机、压路机、挖掘机、平地机、工程机械配套件	5 471	5 390
000923.SZ	河北宣工	张家口市	1999-07-14	装载机、推土机、挖掘机、松土器等	3 910	4 036
002097.SZ	山河智能	长沙市	2006-12-22	挖掘机、旋挖钻机、计算机控制凿岩台车、液压静力压桩机、液压破碎锤、一体化液压潜孔钻机、配件及阀门	3 485	4 393
002459.SZ	天业通联	秦皇岛市	2010-08-10	铁路／公路桥梁架运设备、非公路运输设备、起重设备、无砟轨道铺装设备、隧道掘进设备	708	647
002480.SZ	新筑股份	成都市	2010-09-21	桥梁支座、预应力锚具、桥梁伸缩装置、多功能道路材料摊铺机、搅拌设备	1 990	2 034
300103.SZ	达刚路机	西安市	2010-08-12	沥青脱桶设备、沥青运输车、智能型沥青洒布车、同步封层车、稀浆封层车、沥青改性设备、乳化沥青设备	267	323
300201.SZ	海伦哲	徐州市	2011-04-07	高空作业车、电源车、工程抢修车、军用抢修车	1 360	1 306
300210.SZ	森远股份	鞍山市	2011-04-26	路面除雪和清洁设备、沥青路面就地再生设备、预防性养护设备	662	653
300470.SZ	日机密封	成都市	2015-06-12	机械密封产品、密封整体解决方案	768	1 061
3339.HK	中国龙工	上海市	2005-11-17	叉车液压缸、车辆液压缸、大型液压缸、多级液压缸、工程液压缸、工业拉杆液压缸、海事液压缸、千斤顶液压缸、挖掘机液压缸、冶金液压缸	7 481	8 424
600031.SH	三一重工	北京市	2003-07-03	混凝土机械（混凝土泵车、拖泵、混凝土搅拌站、搅拌车）、挖掘机、汽车起重机、履带起重机、旋挖钻机、桩工机械、路面机械、融资租赁等	14 149	17 383
600262.SH	北方股份	包头市	2000-06-30	侧卸式混凝土运输车、铰接式自卸车、矿用洒水车、履带式破碎机、煤斗型自卸车、挖掘装载机、越野载货汽车、岩斗型自卸车、自行式铲运机	822	798
600375.SH	华菱星马	马鞍山市	2003-04-01	混凝土泵车、混凝土搅拌车、散装水泥车、压缩式垃圾车、自卸车	4 570	4 172
600592.SH	龙溪股份	漳州市	2002-08-05	工程机械轴承	2 483	2 563
600761.SH	安徽合力	合肥市	1996-10-09	电瓶叉车、内燃叉车、牵引车、托盘叉车、阳极运输车、堆垛车、堆高机、叉车配套件、铸件、装载机等	7 265	7 467
600815.SH	*ST 厦工	厦门市	1994-01-28	装载机、叉车、挖掘机、路面机械等	2 754	2 453
600984.SH	建设机械	西安市	2004-07-07	摊铺机、稳拌机、翻斗车、结构件等	3 318	3 186
601100.SH	恒立液压	常州市	2011-10-28	叉车液压缸、车辆液压缸、大型液压缸、多级液压缸、工程液压缸、工业拉杆液压缸、海事液压缸、千斤顶液压缸、挖掘机液压缸、冶金液压缸	3 415	4 103
603298.SH	杭叉集团	杭州市	2016-12-27	电动叉车、内燃叉车	3 530	3 895
603611.SH	诺力股份	湖州市	2015-01-28	电动步行式仓储车辆、电动乘驾式叉车、轻小型搬运车辆	1 564	2 240
833704.OC	千里马	武汉市	2015-10-20	工程机械整机销售和维修保养、配件供应、再制造业务	847	978
合计					106 320	116 751

截至 2018 年 12 月 31 日，24 家上市公司总资产和净资产总额分别为 3 766.85 亿元和 1 706.22 亿元，较 2017 年同期分别上升 15.12% 和 9.82%。其中，中联重科、三一重工、徐工机械总资产规模分别为 934.57 亿元、737.75 亿元和 612.50 亿元，分列行业总资产前三名；净资产列前三名的仍是中联重科、三一重工和徐工机械，分别为 387.68 亿元、325.02 亿元和 303.41 亿元。2018 年工程机械上市公司资产规模及变化见表 2。

表 2　2018 年工程机械上市公司资产规模及变化

证券代码	证券简称	净资产（万元）			总资产（万元）		
		2018 年	2017 年	同比增长（%）	2018 年	2017 年	同比增长（%）
000157.SZ	中联重科	3 876 846.82	3 822 729.36	1.42	9 345 665.18	8 314 906.77	12.40
000425.SZ	徐工机械	3 034 051.09	2 405 578.49	26.13	6 124 988.23	4 977 002.54	23.07
000528.SZ	柳工	1 009 750.87	911 701.10	10.75	2 621 197.36	2 165 805.17	21.03
000680.SZ	山推股份	367 296.36	361 537.04	1.59	937 185.20	956 102.98	-1.98
000923.SZ	河北宣工	836 347.40	886 349.83	-5.64	1 238 336.07	1 357 848.02	-8.80
002097.SZ	山河智能	493 689.24	476 642.27	3.58	1 428 739.91	1 228 774.61	16.27
002459.SZ	天业通联	127 133.69	125 954.82	0.94	148 512.84	143 145.01	3.75
002480.SZ	新筑股份	247 979.03	245 083.45	1.18	707 065.88	558 661.75	26.56
300103.SZ	达刚路机	91 752.69	88 660.04	3.49	104 165.42	102 313.75	1.81
300201.SZ	海伦哲	161 088.17	156 107.54	3.19	330 984.97	271 291.91	22.00
300210.SZ	森远股份	120 060.48	130 594.18	-8.07	224 294.13	236 162.84	-5.03
300470.SZ	日机密封	113 372.16	99 120.94	14.38	152 811.46	120 983.90	26.31
3339.HK	中国龙工	820 718.00	773 021.00	6.17	1 407 235.00	1 381 887.00	1.83
600031.SH	三一重工	3 250 211.30	2 637 318.10	23.24	7 377 472.30	5 823 769.00	26.68
600262.SH	北方股份	115 229.73	95 157.45	21.09	205 219.78	203 874.84	0.66
600375.SH	华菱星马	288 641.15	282 909.26	2.03	1 248 517.19	1 063 972.71	17.34
600592.SH	龙溪股份	186 444.07	193 256.45	-3.53	266 291.37	280 923.18	-5.21
600761.SH	安徽合力	493 558.83	479 318.62	2.97	743 792.44	709 091.68	4.89
600815.SH	*ST 厦工	-3 773.70	71 379.95	-105.29	510 211.37	641 719.28	-20.49
600984.SH	建设机械	337 463.83	322 124.65	4.76	792 935.82	651 960.07	21.62
601100.SH	恒立液压	457 507.37	387 315.85	18.12	727 134.46	615 609.12	18.12
603298.SH	杭叉集团	420 099.46	380 287.67	10.47	562 563.54	515 650.19	9.10
603611.SH	诺力股份	176 533.45	162 198.58	8.84	353 617.98	296 418.68	19.30
833704.OC	千里马	40 226.86	42 107.69	-4.47	109 579.75	103 427.39	5.95
合计		17 062 228.36	15 536 454.33	9.82	37 668 517.65	32 721 302.37	15.12

注：因四舍五入，表中分项之和与合计数略有出入。

二、2018 年工程机械上市公司经营情况

1. 上市公司收入普遍增长

2018 年，工程机械行业延续了 2017 年恢复性增长大的势头，24 家上市公司完成营业收入 2 252.07 亿元，同比增长 34.49%；实现营业利润 193.30 亿元，同比增长 77.25%；实现净利润 148.57 亿元，同比增长 76.09%。

行业整体情况保持了良好的运行状态，大部分企业收入大幅增长，多数上市公司利润增长高于收入增长水平，盈利能力整体呈上升趋势。但工程机械是一个典型的周期性行业，自 20 世纪 90 年代以来，在我国经济历次宏观调控中，每次都会有工程机械上市公司因为财务困难被分化。本次周期波动中，第一梯队中联重科明显不及三一重工和徐工，其盈利能力则与三一重工形成了较大的差距；第二梯队 *ST 厦工更加严重，其销售规模和盈利能力已经与柳工不能同日而语。

24 家上市公司中，有 19 家公司营业收入增长，有 5 家公司营业收入下降。徐工机械、柳工、三一重工、山河智能、建设机械、北方股份、恒立液压等 7 家公司归属母公司净利润增长超过了 100%；有 7 家公司归属母公司净利润减少，其中森远股份和 *ST 厦工出现严重亏损。可以看到，在行业整体恢复的时期，工程机械行业分化持续加剧，整体利润大幅上升。2018 年工程机械上市公司业绩增长情况见表 3。

表 3　2018 年工程机械上市公司业绩增长情况

证券代码	证券简称	营业收入（万元）	同比增长（%）	营业利润（万元）	同比增长（%）	归属母公司净利润（万元）	同比增长（%）
000157.SZ	中联重科	2 869 654.29	23.30	260 115.77	113.60	201 985.70	51.65
000425.SZ	徐工机械	4 441 000.56	52.45	210 946.76	85.03	204 573.37	100.44
000528.SZ	柳工	1 808 483.69	60.55	102 237.78	129.99	79 014.23	144.68
000680.SZ	山推股份	800 172.62	26.00	12 296.88	297.58	8 047.31	26.16
000923.SZ	河北宣工	497 197.61	−7.95	36 107.46	−49.90	13 414.78	−44.33
002097.SZ	山河智能	575 552.05	45.85	59 266.23	108.98	42 927.49	164.54
002459.SZ	天业通联	35 352.44	−0.95	311.14	−76.72	492.33	−77.79
002480.SZ	新筑股份	196 021.06	18.07	1 853.70	−43.23	1 317.07	5.73
300103.SZ	达刚路机	23 398.15	−20.31	2 229.98	−56.32	1 921.39	−55.66
300201.SZ	海伦哲	180 971.42	16.21	12 218.23	−29.08	9 903.02	−38.27
300210.SZ	森远股份	37 331.61	−8.20	−10 798.10	−255.17	−9 667.49	−274.43
300470.SZ	日机密封	70 457.96	42.09	19 893.64	39.00	17 045.09	41.99
3339.HK	中国龙工	1 186 831.60	31.96	131 194.00	10.59	114 386.70	9.39
600031.SH	三一重工	5 582 150.40	45.61	787 844.20	173.93	611 628.80	192.33
600262.SH	北方股份	119 559.17	34.28	14 065.91	247.48	11 425.76	205.28
600375.SH	华菱星马	729 233.86	21.72	5 298.60	−32.38	5 948.80	6.51
600592.SH	龙溪股份	102 581.79	15.20	9 079.25	17.68	8 775.22	23.57
600761.SH	安徽合力	966 747.93	15.22	83 107.75	33.86	58 264.14	42.84
600815.SH	*ST 厦工	283 789.72	−36.21	−20 458.04	−162.47	−73 119.35	−686.68
600984.SH	建设机械	222 729.50	21.77	16 702.63	255.76	15 326.32	571.94
601100.SH	恒立液压	421 097.54	50.65	96 085.53	119.01	83 664.35	119.05
603298.SH	杭叉集团	844 262.16	20.54	71 558.19	15.78	54 654.85	15.18
603611.SH	诺力股份	255 263.50	20.43	23 998.17	18.21	18 838.88	18.11
833704.OC	千里马	270 863.15	66.18	7 889.17	8.68	4 954.50	−2.94
合计		22 520 703.79	34.49	1 933 044.84	77.25	1 485 723.25	76.09

注：因四舍五入，表中分项之和与合计数略有出入。

从经营效率来看，2018 年工程机械上市公司整体水平比 2017 年上升，平均基本每股收益从 0.22 元上升到 0.36 元，净资产收益率从 5.46% 上升到 8.71%。2018 年，24 家上市公司净资产收益率超过 10% 的公司有 8 家，森远股份和 *ST 厦工收益率为负。行业整体运营效率持续维持在高位。2017—2018 年工程机械上市公司经营效率情况见表 4。

表 4　2017—2018 年工程机械上市公司经营效率情况

证券代码	证券简称	总股本（万股）		每股收益（元）		净资产收益率（%）	
		2018 年	2017 年	2018 年	2017 年	2018 年	2017 年
000157.SZ	中联重科	780 853.66	779 404.81	0.26	0.17	5.21	3.48
000425.SZ	徐工机械	783 366.84	700 772.77	0.26	0.15	6.74	4.24
000528.SZ	柳工	146 281.48	112 524.21	0.54	0.29	7.83	3.54
000680.SZ	山推股份	124 078.76	124 078.76	0.06	0.05	2.19	1.76
000923.SZ	河北宣工	65 272.90	65 272.90	0.21	0.37	1.60	2.72
002097.SZ	山河智能	105 606.85	105 606.85	0.41	0.15	8.70	3.40
002459.SZ	天业通联	38 868.94	38 868.94	0.01	0.06	0.39	1.76
002480.SZ	新筑股份	65 561.40	65 357.63	0.02	0.02	0.53	0.51
300103.SZ	达刚路机	31 760.10	21 173.40	0.06	0.20	2.09	4.89
300201.SZ	海伦哲	104 092.15	104 100.62	0.10	0.15	6.15	10.28
300210.SZ	森远股份	48 422.00	48 422.00	−0.20	0.11	−8.05	4.24
300470.SZ	日机密封	19 202.40	10 668.00	0.89	1.13	15.03	12.11
3339.HK	中国龙工	428 010.00	428 010.00	0.27	0.24	13.94	13.53
600031.SH	三一重工	780 071.14	766 821.07	0.78	0.27	18.82	7.93
600262.SH	北方股份	17 000.00	17 000.00	0.67	0.22	9.92	3.93
600375.SH	华菱星马	55 574.06	55 574.06	0.11	0.10	2.06	1.97
600592.SH	龙溪股份	39 955.36	39 955.36	0.22	0.18	4.71	3.67
600761.SH	安徽合力	74 018.08	74 018.08	0.79	0.55	11.80	8.51
600815.SH	*ST 厦工	95 897.00	95 897.00	−0.76	0.13		17.46
600984.SH	建设机械	82 779.35	63 676.42	0.19	0.04	4.54	0.71
601100.SH	恒立液压	88 200.00	63 000.00	0.95	0.61	18.29	9.86
603298.SH	杭叉集团	61 885.42	61 885.42	0.88	0.77	13.01	12.48
603611.SH	诺力股份	26 767.59	19 140.25	0.70	0.83	10.67	9.83
833704.OC	千里马	10 928.57	10 928.57	0.45	0.47	12.32	12.12
合计 / 平均		4 074 454.03	3 872 157.10	0.36	0.22	8.71	5.46

注：因四舍五入，表中分项之和与合计数略有出入。

2. 工程机械出口大增

2018 年，开拓海外市场是我国工程机械行业的一个重要战略，上市公司在海外的销售持续上涨，24 家上市公司中有 20 家实现海外销售，当年实现海外业务收入 405.18 亿元，同比增长 25.15%。24 家公司海外业务收入占全部销售额的 17.99%。2018 年工程机械行业上市公司出口情况见表 5。

表 5　2018 年工程机械行业上市公司出口情况

证券代码	证券简称	海外业务收入（万元）	同比增长（%）
000157.SZ	中联重科	359 048.57	51.81
000425.SZ	徐工机械	589 429.30	78.14
000528.SZ	柳工	344 232.89	41.29
000680.SZ	山推股份	123 622.39	23.79
000923.SZ	河北宣工	472 345.74	−9.42

（续）

证券代码	证券简称	海外业务收入（万元）	同比增长（%）
002097.SZ	山河智能	65 177.69	23.73
002459.SZ	天业通联	1 975.65	-49.29
002480.SZ	新筑股份	5 408.18	156.56
300103.SZ	达刚路机	8 022.02	-35.14
300201.SZ	海伦哲		
300210.SZ	森远股份		
300470.SZ	日机密封	1 986.22	41.58
3339.HK	中国龙工	65 200.00	-4.96
600031.SH	三一重工	1 362 692.60	17.29
600262.SH	北方股份	33 911.78	158.21
600375.SH	华菱星马		
600592.SH	龙溪股份	32 320.95	33.68
600761.SH	安徽合力	161 414.57	22.13
600815.SH	*ST 厦工	36 675.66	-7.72
600984.SH	建设机械	8 210.30	90.06
601100.SH	恒立液压	94 677.34	47.65
603298.SH	杭叉集团	164 410.14	32.29
603611.SH	诺力股份	121 030.31	21.41
833704.OC	千里马		
合计		4 051 792.30	25.15

3. 毛利率上升，三项费用比率下降

受宏观经济增速上升、固定资产投资持续增长和工厂机械更新换代的影响，工程机械产品市场需求扩大，国内工程机械行业持续回暖。工程机械行业总体需求增加，行业内小企业在行业低谷期被淘汰，龙头企业集中度提升，企业盈利继续改善。2018 年以来，随着排放标准提升，更新需求上升，工程机械迎来存量设备替换高峰期。

2018 年，24 家工程机械上市公司的加权平均毛利率为 24.59%，与上年的 24.66% 相比基本持平；加权平均净利率为 6.89%，较上年的 5.42% 上升了 1.47 个百分点；三项费用比率为 12.07%，较上年的 18.11% 下降了 6.04 个百分点。2017—2018 年工程机械上市公司利润率与三项费用比率见表 6。

表 6　2017—2018 年工程机械上市公司利润率与三项费用比率

证券代码	证券简称	毛利率（%）		净利率（%）		三项费用比率（%）	
		2018 年	2017 年	2018 年	2017 年	2018 年	2017 年
000157.SZ	中联重科	27.09	21.35	6.82	5.36	17.71	24.60
000425.SZ	徐工机械	16.69	18.89	4.63	3.53	6.84	14.20
000528.SZ	柳工	22.81	22.90	4.65	2.86	13.56	17.12
000680.SZ	山推股份	15.96	16.62	1.06	0.98	9.75	15.03
000923.SZ	河北宣工	56.37	61.48	4.27	8.30	48.29	47.04
002097.SZ	山河智能	30.82	32.45	8.00	5.28	15.41	21.70
002459.SZ	天业通联	19.12	22.97	1.39	6.21	22.84	24.47
002480.SZ	新筑股份	21.80	20.02	1.43	1.12	22.93	26.78

（续）

证券代码	证券简称	毛利率（%）		净利率（%）		三项费用比率（%）	
		2018 年	2017 年	2018 年	2017 年	2018 年	2017 年
300103.SZ	达刚路机	26.83	27.31	8.03	14.76	19.47	12.95
300201.SZ	海伦哲	27.69	30.66	5.14	10.23	12.22	18.18
300210.SZ	森远股份	35.55	44.58	-25.80	13.92	33.73	30.56
300470.SZ	日机密封	53.33	56.82	24.26	24.28	18.29	25.70
3339.HK	中国龙工	22.96	26.59	9.64	11.63	7.75	8.50
600031.SH	三一重工	30.62	30.07	11.29	5.81	11.87	20.05
600262.SH	北方股份	19.71	21.82	18.15	4.22	10.88	14.71
600375.SH	华菱星马	13.34	14.50	0.84	1.09	8.12	10.79
600592.SH	龙溪股份	27.88	28.84	8.24	7.70	11.81	21.05
600761.SH	安徽合力	20.31	19.88	7.36	6.19	7.97	11.88
600815.SH	*ST 厦工	11.77	10.74	-24.04	4.94	13.68	10.37
600984.SH	建设机械	32.92	29.58	6.88	1.29	16.58	17.51
601100.SH	恒立液压	36.58	32.82	19.88	13.63	7.08	16.75
603298.SH	杭叉集团	20.58	21.57	7.25	7.48	8.87	12.70
603611.SH	诺力股份	24.03	23.90	7.82	7.85	10.30	15.02
833704.OC	千里马	14.86	17.53	2.01	3.39	9.86	12.50
	平均	24.59	24.66	6.89	5.42	12.07	18.11

4. 资产营运效率提高

2018 年，应收账款普遍出现大幅下降情况，主要原因是 2018 年大多数子行业最终用户经营情况明显改善，相应主机企业回款情况得到改善。24 家上市公司应收账款比率由 2017 年的 51.67% 下降至 42.76%，在 2017 年大幅下降的基础上继续下降 8.91 个百分点，反映出下游客户付款能力增强，回款周期减少。其中，中联重科、徐工机械、三一重工、北方股份 4 家公司降幅较大。

24 家上市公司存货比率由 2017 年的 37.01% 下降到 32.34%，资金周转进一步加快，存量资产进一步盘活。24 家公司中有 7 家公司存货比率上升，大部分公司出现下降，其中三一重工存货比率不高，2018 年反而因为市场景气增加了一定比例的存货。

24 家上市公司固定资产比率从 2017 年的 15.93% 下降至 14.09%，下降了 1.84 个百分点。24 家公司中有 9 家公司固定资产比率上升。虽然资产效率提高，但固定资产比例持续下降也表明工程机械产能扩张的积极性不高，行业发展阶段的景气周期已经过去。2017—2018 年工程机械上市公司资产质量见表 7。

表 7　2017—2018 年工程机械上市公司资产质量

证券代码	证券名称	应收账款比率（%）		存货比率（%）		固定资产比率（%）	
		2018 年	2017 年	2018 年	2017 年	2018 年	2017 年
000157.SZ	中联重科	84.72	102.56	45.65	48.55	5.82	7.06
000425.SZ	徐工机械	49.61	62.27	27.56	39.66	11.72	14.45
000528.SZ	柳工	21.54	27.93	37.02	44.70	10.40	11.43
000680.SZ	山推股份	29.25	31.54	23.72	31.80	16.86	18.35
000923.SZ	河北宣工	22.05	15.04	50.33	54.90	8.58	8.16
002097.SZ	山河智能	57.17	77.36	61.05	72.93	29.82	28.16
002459.SZ	天业通联	109.59	89.25	54.22	58.21	23.00	24.65

（续）

证券代码	证券名称	应收账款比率（%）		存货比率（%）		固定资产比率（%）	
		2018 年	2017 年	2018 年	2017 年	2018 年	2017 年
002480.SZ	新筑股份	85.58	72.57	49.46	50.52	20.38	27.04
300103.SZ	达刚路机	49.95	32.49	43.92	39.84	10.67	10.89
300201.SZ	海伦哲	74.53	67.09	25.45	29.71	12.13	15.45
300210.SZ	森远股份	142.77	109.40	158.91	147.45	13.54	12.41
300470.SZ	日机密封	68.53	72.83	78.11	62.11	12.77	6.49
3339.HK	中国龙工	21.81	21.90	31.26	44.83	15.56	16.49
600031.SH	三一重工	37.27	50.19	29.94	28.51	16.09	21.99
600262.SH	北方股份	47.24	71.93	42.24	62.29	13.50	14.40
600375.SH	华菱星马	35.52	36.47	26.78	29.08	25.54	28.05
600592.SH	龙溪股份	37.75	45.05	59.20	59.78	27.52	23.65
600761.SH	安徽合力	10.40	12.52	15.52	16.15	21.09	21.41
600815.SH	*ST 厦工	63.85	54.57	52.62	32.50	12.23	10.58
600984.SH	建设机械	89.66	97.59	22.32	20.91	48.07	47.21
601100.SH	恒立液压	31.54	35.43	39.30	43.71	30.71	33.51
603298.SH	杭叉集团	7.92	8.68	15.77	15.74	17.16	15.69
603611.SH	诺力股份	28.74	25.33	41.30	41.88	13.59	8.17
833704.OC	千里马	11.17	12.37	8.50	13.29	7.33	7.97
平均		42.76	51.67	32.34	37.01	14.09	15.93

注：应收账款比率为应收账款占营业收入的比率，存货比率是存货占当年营销成本的比率，固定资产比率为固定资产占总资产的比率。

和资产质量相关的指标是公司的经营效率指标。从存货周转率、应收账款周转率以及经营活动现金流等指标来看，在行业景气上行、需求扩大的背景下，2018 年工程机械上市公司较高的应收账款问题进一步缓解，24 家公司平均应收账款周转天数为 146.92 天，比 2017 年的 191.60 减少了 44.68 天；存货积压问题继续改善，24 家公司平均存货周转天数为 107.17 天，比 2017 年的 124.73 天减少了 17.56 天；24 家公司的现金流状况持续好转，每股经营活动现金流从 2017 年的 0.48 元上升至 0.60 元。

24 家公司中应收账款周转天数大幅下降的有中联重科、徐工机械、三一重工等；应收账款周转天数在 100 天以内的有 10 家。虽然整体现金流有所好转，但大部分企业现金流仍不充裕，每股经营活动现金流上升的有 11 家，天业通联、达刚路机、森远股份和华菱星马 4 家公司经营活动现金流为负。2017—2018 年工程机械上市公司经营效率见表 8。

表 8　2017—2018 年工程机械上市公司经营效率

证券代码	证券名称	应收账款周转天数（天）		存货周转天数（天）		每股经营活动现金流（元）	
		2018 年	2017 年	2018 年	2017 年	2018 年	2017 年
000157.SZ	中联重科	302.21	434.53	158.61	212.96	0.65	0.37
000425.SZ	徐工机械	162.83	223.26	95.20	122.00	0.42	0.45
000528.SZ	柳工	220.22	274.89	409.10	455.86	0.43	0.85
000680.SZ	山推股份	43.24	66.97	42.28	66.62	0.14	0.44
000923.SZ	河北宣工	35.54	22.39	52.19	39.14	0.94	1.91
002097.SZ	山河智能	512.62	574.27	527.05	496.37	0.62	0.37

（续）

证券代码	证券名称	应收账款周转天数（天）		存货周转天数（天）		每股经营活动现金流（元）	
		2018 年	2017 年	2018 年	2017 年	2018 年	2017 年
002459.SZ	天业通联	543.11	355.40	331.24	242.89	-0.02	-0.08
002480.SZ	新筑股份	505.77	432.18	347.67	328.23	0.18	-0.24
300103.SZ	达刚路机	14.11	19.92	12.51	24.49	-0.07	0.11
300201.SZ	海伦哲	1 154.11	865.99	489.12	501.15	0.13	-0.01
300210.SZ	森远股份	97.26	103.08	98.30	97.93	-0.13	-0.09
300470.SZ	日机密封	127.07	122.30	73.09	57.48	0.27	0.68
3339.HK	中国龙工	84.16	88.60	104.41	107.79	0.15	-0.33
600031.SH	三一重工	129.12	176.58	89.41	93.08	1.35	1.12
600262.SH	北方股份	84.99	103.91	77.88	107.36	0.30	0.86
600375.SH	华菱星马	117.87	120.10	90.64	95.15	-0.71	0.08
600592.SH	龙溪股份	50.01	27.59	58.71	31.26	0.21	-0.18
600761.SH	安徽合力	46.24	60.12	61.05	68.63	0.86	1.17
600815.SH	*ST 厦工	181.23	328.18	175.77	247.48	0.50	0.57
600984.SH	建设机械	1 925.76	1 621.80	379.50	368.64	0.38	0.07
601100.SH	恒立液压	83.94	51.96	155.20	122.11	0.91	0.24
603298.SH	杭叉集团	117.20	125.49	225.67	219.94	0.70	0.84
603611.SH	诺力股份	27.09	23.22	39.64	34.64	1.10	0.38
833704.OC	千里马	128.80	178.24	205.11	238.65	0.40	0.61
平均		146.92	191.60	107.17	124.73	0.60	0.48

5. 企业偿债能力略有下降

2018 年，24 家公司平均资产负债率为 54.70%，较 2017 年的 52.52% 上升了 2.18 个百分点，整体处于健康水平。

24 家上市公司平均流动比率为 1.59，较 2017 年下降了 0.15。平均速动比率为 1.26，较 2017 年下降了 0.11，工程机械偿债能力略有下降。2017—2018 年工程机械上市公司偿债能力见表 9。

表 9　2017—2018 年工程机械上市公司偿债能力

证券代码	证券名称	流动比率		速动比率		资产负债率（%）	
		2018 年	2017 年	2018 年	2017 年	2018 年	2017 年
000157.SZ	中联重科	1.78	2.54	1.53	2.17	58.52	54.03
000425.SZ	徐工机械	1.69	1.73	1.31	1.28	50.46	51.67
000528.SZ	柳工	1.48	1.32	1.05	0.97	61.48	57.90
000680.SZ	山推股份	1.30	1.26	0.94	0.90	60.81	62.19
000923.SZ	河北宣工	2.47	2.38	1.95	1.95	32.46	34.72
002097.SZ	山河智能	1.34	1.43	0.96	1.06	65.45	61.21
002459.SZ	天业通联	3.79	5.85	3.05	4.91	14.40	12.01
002480.SZ	新筑股份	1.20	1.55	0.99	1.22	64.93	56.13
300103.SZ	达刚路机	6.25	6.71	5.64	6.06	11.92	13.35
300201.SZ	海伦哲	1.35	1.87	1.13	1.52	51.33	42.46

（续）

证券代码	证券名称	流动比率		速动比率		资产负债率（%）	
		2018年	2017年	2018年	2017年	2018年	2017年
300210.SZ	森远股份	1.32	1.37	0.90	1.04	46.47	44.70
300470.SZ	日机密封	4.30	4.66	3.25	4.00	25.81	18.07
3339.HK	中国龙工	2.29	1.81	1.65	1.40	41.68	44.06
600031.SH	三一重工	1.53	1.58	1.19	1.24	55.94	54.71
600262.SH	北方股份	1.87	1.55	1.36	1.11	43.85	53.33
600375.SH	华菱星马	0.79	0.72	0.60	0.52	76.88	73.41
600592.SH	龙溪股份	2.81	3.95	1.96	2.94	29.98	31.21
600761.SH	安徽合力	2.56	2.27	1.95	1.77	33.64	32.40
600815.SH	*ST 厦工	0.84	0.90	0.55	0.65	100.74	88.88
600984.SH	建设机械	0.88	1.01	0.79	0.91	57.44	50.59
601100.SH	恒立液压	2.24	1.95	1.71	1.46	37.08	37.08
603298.SH	杭叉集团	2.79	2.99	2.03	2.35	25.32	26.25
603611.SH	诺力股份	1.38	1.49	0.91	0.98	50.08	45.28
833704.OC	千里马	1.31	1.48	1.03	1.18	63.29	59.29
平均		1.59	1.74	1.26	1.37	54.70	52.52

三、市场表现与市场预测

2018年，上证综合指数从年初开盘的3 348.33点至年底收盘的2 493.9点，下跌25.52%；深证成分指数从年初开盘的11 079.64点至年底收盘的7 239.79点，全年下跌34.66%。香港恒生指数从年初开盘的30 028.92点至年底收盘的25 845.7点，下跌13.93%。同期，工程机械上市公司表现强于上证综合指数和深证成分指数，24家工程机械公司年末总市值从年初的2 761.36亿元下降到年底的2 223.5亿元，全年下跌了19.48%。

2018年，工程机械上市公司中仅建设机械和日机密封、恒立液压市值略有上涨，核心主机厂三一重工和柳工表现的下跌幅度远低于其他公司。2018年工程机械上市公司市值变化情况见表10。

表10　2018年工程机械上市公司市值变化情况

证券代码	证券简称	总股本（万股）		年初开盘价（元）	年末收盘价（元）	总市值（亿元）		市值增长（%）
		2018年1月1日	2018年12月31日			2018年1月1日	2018年12月31日	
000157.SZ	中联重科	779 404.81	780 853.66	4.45	3.56	346.84	277.98	−19.85
000425.SZ	徐工机械	700 772.77	783 366.84	4.65	3.23	325.86	253.03	−22.35
000528.SZ	柳工	112 524.21	146 281.48	8.56	6.07	96.32	88.79	−7.82
000680.SZ	山推股份	124 078.76	124 078.76	5.10	3.27	63.28	40.57	−35.88
000923.SZ	河北宣工	65 272.90	65 272.90	22.83	13.60	149.02	88.77	−40.43
002097.SZ	山河智能	105 606.85	105 606.85	7.60	5.55	80.26	58.61	−26.97
002459.SZ	天业通联	38 868.94	38 868.94	11.95	8.37	46.45	32.53	−29.96
002480.SZ	新筑股份	65 357.63	65 561.40	7.16	4.88	46.80	31.99	−31.63
300103.SZ	达刚路机	21 173.40	31 760.10	17.72	7.51	37.52	23.85	−36.43
300201.SZ	海伦哲	104 100.62	104 092.15	7.09	4.04	73.81	42.05	−43.02
300210.SZ	森远股份	48 422.00	48 422.00	6.02	4.26	29.15	20.63	−29.24
300470.SZ	日机密封	10 668.00	19 202.40	38.31	22.25	40.87	42.73	4.54

（续）

证券代码	证券简称	总股本（万股）		年初开盘价（元）	年末收盘价（元）	总市值（亿元）		市值增长（%）
		2018 年 1 月 1 日	2018 年 12 月 31 日			2018 年 1 月 1 日	2018 年 12 月 31 日	
3339.HK	中国龙工	428 010.00	428 010.00	3.43	1.98	146.81	84.75	-42.27
600031.SH	三一重工	766 821.07	780 071.14	9.16	8.34	702.41	650.58	-7.38
600262.SH	北方股份	17 000.00	17 000.00	19.84	17.35	33.73	29.50	-12.55
600375.SH	华菱星马	55 574.06	55 574.06	5.33	3.52	29.62	19.56	-33.96
600592.SH	龙溪股份	39 955.36	39 955.36	9.78	5.36	39.08	21.42	-45.19
600761.SH	安徽合力	74 018.08	74 018.08	10.54	8.75	78.02	64.77	-16.98
600815.SH	*ST 厦工	95 897.00	95 897.00	4.39	2.99	42.10	28.67	-31.89
600984.SH	建设机械	63 676.42	82 779.35	6.43	5.07	40.94	41.97	2.50
601100.SH	恒立液压	63 000.00	88 200.00	27.34	19.81	172.24	174.72	1.44
603298.SH	杭叉集团	61 885.42	61 885.42	16.16	11.82	100.01	73.15	-26.86
603611.SH	诺力股份	19 140.25	26 767.59	21.03	12.28	40.25	32.87	-18.34
000157.SZ	中联重科	779 404.81	780 853.66	4.45	3.56	346.84	277.98	-19.85
合计 / 平均		3 872 157.10	4 074 454.03			2 761.36	2 223.50	-19.48

2018 年，工程机械上市公司跟随着指数的波动，业绩的大幅上涨与股价的大幅下跌使得板块投资价值突显，24 家公司加权平均市盈率从 2018 年年初的 31.71 倍下降至 2018 年年底的 14.87 倍；2018 年年底加权平均市净率为 1.3 倍，比 2018 年年初的 1.73 倍下降了 0.43 倍。2018 年工程机械上市公司市场表现见表 11。

表 11　2018 年工程机械上市公司市场表现

证券代码	证券名称	市盈率（倍）		市净率（倍）	
		2018 年 1 月 1 日	2018 年 12 月 31 日	2018 年 1 月 1 日	2018 年 12 月 31 日
000157.SZ	中联重科	23.92	13.01	0.83	0.68
000425.SZ	徐工机械	30.83	12.37	1.31	0.83
000528.SZ	柳工	29.06	11.24	1.03	0.88
000680.SZ	山推股份	86.56	50.42	1.53	1.10
000923.SZ	河北宣工	59.43	66.17	1.62	1.06
002097.SZ	山河智能	46.20	13.65	1.57	1.19
002459.SZ	天业通联	204.43	661.25	3.60	2.56
002480.SZ	新筑股份	326.79	242.93	1.66	1.29
300103.SZ	达刚路机	86.30	124.16	4.22	2.60
300201.SZ	海伦哲	39.26	41.82	4.03	2.57
300210.SZ	森远股份	43.69	-21.34	1.85	1.72
300470.SZ	日机密封	34.84	25.07	4.22	3.77
3339.HK	中国龙工	14.37	7.60	1.94	1.06
600031.SH	三一重工	34.17	10.63	2.71	2.00
600262.SH	北方股份	85.66	25.81	3.37	2.56
600375.SH	华菱星马	48.96	32.88	0.97	0.68
600592.SH	龙溪股份	49.62	24.41	1.82	1.15

（续）

证券代码	证券名称	市盈率（倍）		市净率（倍）	
		2018 年 1 月 1 日	2018 年 12 月 31 日	2018 年 1 月 1 日	2018 年 12 月 31 日
600761.SH	安徽合力	18.62	11.12	1.58	1.31
600815.SH	*ST 厦工	26.70	-3.92	4.66	-75.98
600984.SH	建设机械	178.94	27.38	1.27	1.24
601100.SH	恒立液压	51.94	20.88	5.12	3.82
603298.SH	杭叉集团	18.98	13.38	2.37	1.74
603611.SH	诺力股份	24.08	17.45	2.37	1.86
833704.OC	千里马	0.00	0.00	0.00	0.00
平均		31.71	14.87	1.73	1.30

我国工程机械经历了引进技术、快速成长和产能过剩的过程，每一次行业波动都是一次优胜劣汰的过程。

2019 年，世界经济更加复杂，面对愈演愈烈的中美贸易摩擦，我国经济的外部环境压力增加。与此同时，国内房地产、汽车两大内需引擎表现乏力，我国经济在新旧换挡的过程中必然采取积极的财政政策，还会进一步驱动基础建设，包括 5G 和城市综合体建设。

工程机械已经历了两年高增长，预计 2019 年仍然保持增长的惯性，但下游需求增长强度不支持持续高增长，2019 年增长幅度可能逐渐减弱。另外，市场的波动将促进行业的进一步分化。随着 5G 和物联网的到来，工程机械行业制造与服务将更加智能化，未来几年企业的科技投入将越来越大，实力不够的企业将面临淘汰，行业集中度有望进一步提升。

注：文中所有数据均来自 WIND 咨询和上市公司年报。

〔撰稿人：中国国际海运集装箱集团股份有限公司郑贤玲〕

公布2018年工程机械行业用户需求部分调查结果

调研篇

2018 年工程机械用户需求调查报告（摘要）

当前，我国工程机械行业已经进入高质量发展时代，“创新、协调、绿色、开放、共享”发展理念驱动工程机械迈向中高端，以用户满意为需求导向，推动工程机械供给侧改革，促进行业整体质量水平不断提升。2018 年，工程机械用户需求评价调研工作坚持以《质量发展纲要（2011—2020 年）》提出的“建立健全以产品质量合格率、出口商品质量合格率、顾客满意指数以及质量损失率等为主要内容的质量指标体系，推动质量指标纳入国民经济和社会发展统计指标体系”为指导，贯彻“要加快质量诚信体系建设，加快健全质量信誉监管体制机制，推动建立国家、地方和行业的产品质量奖励和惩戒制度，鼓励行业协会开展重点工业产品质量评价工作”的指示精神，落实《中共中央　国务院关于开展质量提升行动的指导意见》（中发〔2017〕24 号）提出的“鼓励以用户为中心的微创新，改善用户体验”“建立质量分级制度……，完善第三方质量评价体系，开展高端品质认证，推动质量评价由追求‘合格率’向追求‘满意度’跃升”的指导意见以及工业和信息化部办公厅《关于做好 2018 年工业质量品牌建设工作的通知》（工信厅科函〔2018〕83 号）的指示，贯彻工程机械“三个转变”的指导方针，在工程机械行业中树立“质量诚信、顾客满意”的市场质量观念，深入推进用户满意工程，开展产品质量用户满意度调研，关注“顾客满意度指数、质量损失率和质量竞争力”指标改善，组织质量可靠性公开课，推动以追求用户满意为目标的质量提升活动，引导广大企业不断提升技术创新能力、产品质量竞争力、服务质量水平，推动工程机械市场质量信用建设，促进质量观念转变，增强用户需求导向力，不断满足广大用户持续增长的新需求。

工程机械在充分供给的市场上自由竞争，用户自然成为企业激烈竞争的焦点，市场竞争的本质活动就是争夺用户。在市场竞争环境下，产品质量优劣由市场来评价的价值观成为行业共识，产品没有用户需求企业就没有生命力，用户优选注定成为必然趋势。随着工程机械行业技术的进步，不断地推动用户优选升级，供给侧质量满足用户新需求的能力在竞争中不断提升，倒逼企业加速技术创新、改善质量、升级服务、整合供应链，不断研发出用户满意度更高的新产品，满足用户新需求、个性化需求和快捷需求。推动高质量发展以追求卓越绩效经营为目标，应用先进的质量方法，促进企业提高产品质量、提升服务能力，满足节能环保、低碳减排、安全可靠、绿色生态的社会发展要求，提高工程机械行业整体用户的满意水平。

推动市场质量诚信，构建质量信用氛围。用户工作委员会按照《中国工程机械工业协会章程》的要求，以开展产品质量调研、顾客满意度评价为己任，推动落实“质量诚信、用户满意”的市场质量观念，通过第三方客观、公正、科学地调研，以量化指标反映出产品质量的市场表现。以用户需求为关注焦点，引导企业开展用户满意度评价调查、产品质量现状调查，测量用户满意度水平和企业品牌的行业形象等市场质量指标。调研活动由企业自愿参加，总结分享调研结果，交流质量可靠性提升经验，支持企业开展质量提升活动，持续推动用户满意工程，实践“质量诚信、用户满意”的新型客户关系管理，促进企业经营绩效不断提升，为行业发展做出不懈努力。

一、用户满意度测评工作的目的和依据

用户工作委员会根据协会章程规定，按照分会理事会的工作部署，在工程机械行业中开展产品质量用户满意度调研，推动“质量诚信、用户满意”的市场质量观念，促进高质量发展。依据 GB/T 19038—2009《顾客满意度测评模型和方法指南》、GB/T 19039—2009《顾客满意度测评通则》和《工程机械用户满意度测评规范（试行）》，持续测评工程机械产品的市场表现，收集广大用户体验信息，发现用户满意度低或者用户不满意的问题，反馈给制造企业，推动质量改进，在持续改进中提升工程机械产品竞争力。

用户满意度测评作用在于：

（1）以市场质量观念测量看待产品质量提升、用户满意测量发现产品市场表现，明确产品在市场上的定位，获得用户对产品的量化评价结果，具有可比性。

（2）开展第三方测评，能够客观、真实、科学、全面地评价产品的市场表现，发现影响用户满意度提升的优势与不足等关键问题，确立改进目标。

（3）以用户评价结果为导向，针对发现的用户意见和不满意问题进行改善，持续改进质量细节，提升用户满意度，提升用户体验的质量水平。

（4）推动工程机械企业持续改进，产品质量在系统改善中逐步提高，提升产品质量竞争力，赢得企业持续发展。

二、2018 年行业部分产品测评工作情况

2018 年继续开展了全国土方机械、起重机械、工业车辆三大类产品质量用户满意度评价调研工作。在广大用户、经销商和代理商的倾力支持下，在制造企业自愿参加并积极配合下，协会工作得到持续提升。通过调查，

了解用户对产品质量指标评价和服务质量承诺的评价，反映出质量诚信落实状况，汇总收集广大用户评价信息，实事求是地反映用户诉求，寻找产品质量和服务质量的改进方向，反馈给有关企业，促进企业持续改进，不断满足用户增长的需求，以质量为核心，提高市场竞争力。

1. 调研访问的主要产品

调研的产品包括装载机、挖掘机、推土机、塔式起重机、施工升降机、汽车起重机、履带式起重机和叉车。调研工作历时半年，通过问卷、电话、网络、用户座谈等方式调研，获得用户评价信息。受访用户遍布全国 31 个省、市，受访对象为使用以上工程机械的单位领导（负责人）、机械管理人员、操作司机以及维修人员，覆盖各种产品共计 22 887 台，涉及不同品牌产品制造企业 105 家。调研分析结果能够从宏观上反映出以上产品的市场评价情况。

2. 接受访问的用户分布

接受访问的用户分布区域如下：华北区域有北京、河北、内蒙古、山西、天津；东北区域有黑龙江、吉林、辽宁；华东区域有安徽、福建、江苏、山东、上海、浙江；华南区域有广东、广西、海南；华中区域有河南、湖北、湖南、江西；西北区域有甘肃、宁夏、青海、陕西、新疆；西南区域有贵州、四川、西藏、云南、重庆。

3. 各类产品的用户满意度评价结果

（1）各类产品的用户满意度评价结果的横向比较：施工升降机的用户满意度相对较高，其次是装载机，再次是叉车，而推土机的用户满意度相对较低。各类产品用户满意度评价结果横向比较见图 1。

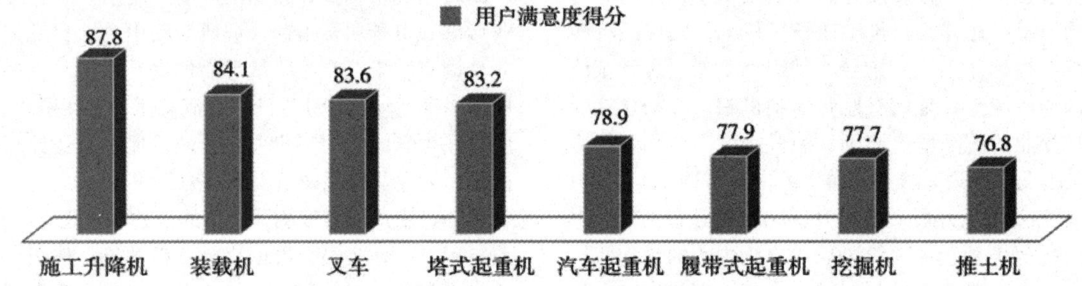

图 1　各类产品用户满意度评价结果横向比较

（2）各类产品的感知产品质量评价结果横向比较：施工升降机的用户感知产品质量评价结果相对较高，其次是塔式起重机，再次是装载机，而挖掘机的评价结果相对较低。各类产品感知质量评价结果横向比较见图 2。

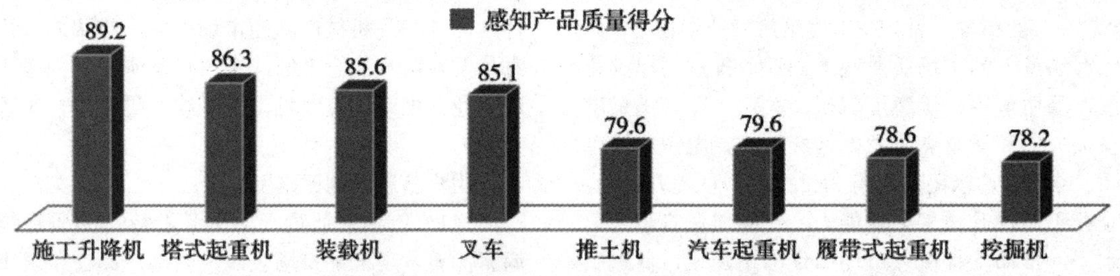

图 2　各类产品感知质量评价结果横向比较

（3）各类产品的感知服务质量评价结果的横向比较：用户使用体验的服务质量评价，施工升降机的评价结果相对较高，其次是装载机，再次是叉车，而履带式起重机的用户满意度评价相对较低。各类产品感知服务质量评价结果横向比较见图 3。

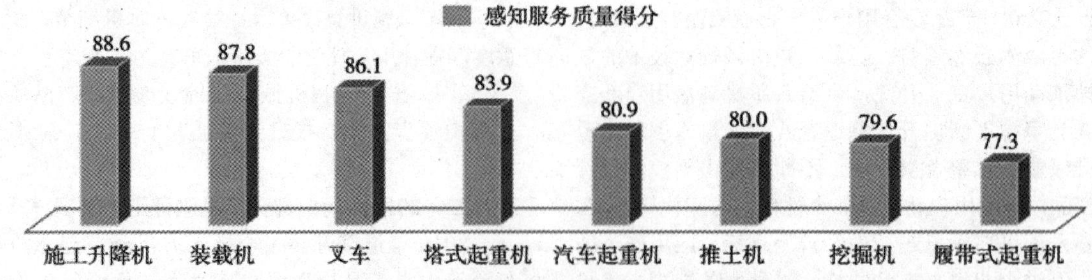

图 3　各类产品感知服务质量评价结果横向比较

三、各类产品用户满意度评价分析

（一）装载机产品用户满意度评价分析

1. 调研装载机主要品牌企业 8 家

调研的装载机主要品牌企业是：广西柳工机械股份有限公司、徐工集团工程机械股份有限公司科技分公司、国机重工集团常林有限公司、山东临工工程机械有限公司、厦门厦工机械股份有限公司、青岛雷沃工程机械有限公司、龙工（福建）机械有限公司、山推工程机械股份有限公司，以上品牌在装载机市场具有代表性。

2. 装载机用户满意度各项指标评价

2018 年，装载机产品总体用户满意度为 84.1 分，处于优秀水平。在装载机各项指标评价中，品牌形象得分为 88.8 分，感知产品质量得分为 85.6 分，感知服务质量得分为 87.8 分，感知价值得分为 82.7 分，均处于优秀水平，用户抱怨率为 29.32%。装载机用户满意度评价分析结果见图 4。

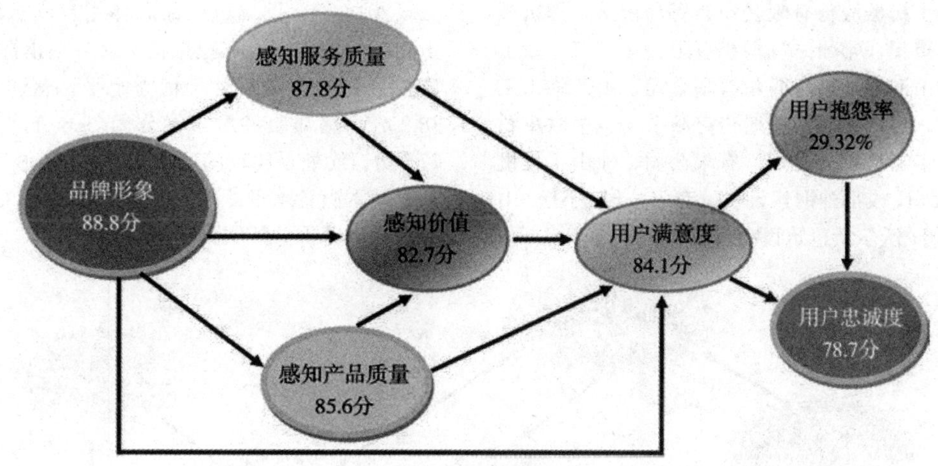

图 4　装载机用户满意度评价分析结果

3. 装载机行业两次测评结果对比分析

通过 2016 年、2018 年对装载机行业两次用户满意度评价对比分析，发现 2018 年的感知产品质量和用户满意度上升，感知服务质量保持不变。在当今的市场背景下，用户对装载机评价处于上升趋势。2016 年、2018 年装载机用户满意度评价比较见图 5。

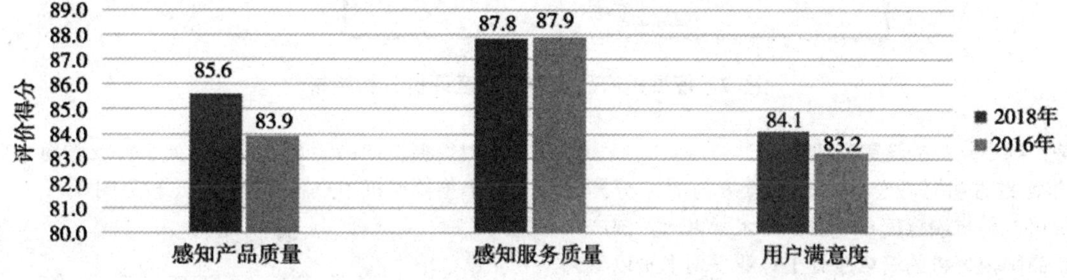

图 5　2016 年、2018 年装载机用户满意度评价比较

4. 不同区域装载机用户满意度评价比较

2018 年，装载机行业总体用户满意度为 84.1 分，其中，东北、华中和华南区域的满意度得分在行业平均水平以上，华东、华北、西南和西北区域的用户满意度得分在行业平均水平以下。不同区域装载机用户满意度评价结果比较见图 6。

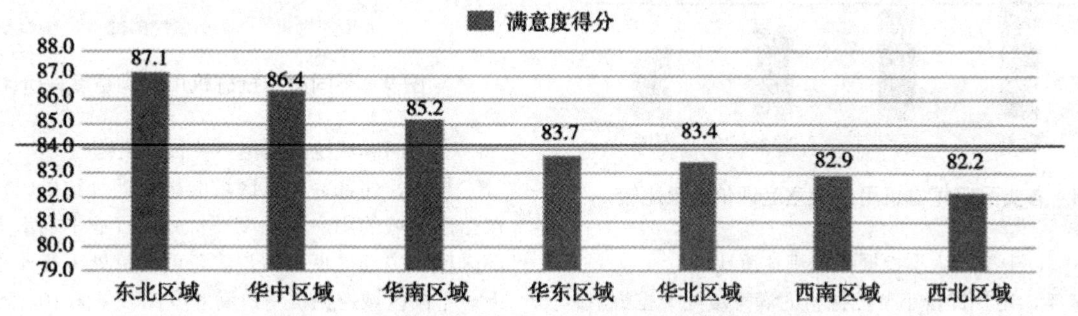

图 6　不同区域装载机用户满意度评价结果比较

5. 装载机用户抱怨问题

用户抱怨率反映出用户体验不好的一面，抱怨率越高，越影响装载机的品牌形象。2018 年，装载机用户抱怨率为 29.32%。用户抱怨问题前三位依次是产品质量、产品价值感、服务及时性，还有其他方面的问题。

（二）挖掘机产品用户满意度评价分析

1. 调研挖掘机主要品牌企业 25 家

调研的挖掘机主要品牌企业是：徐州徐工挖掘机械有限公司、广西柳工机械股份有限公司、青岛雷沃工程机械有限公司、国机重工（常州）挖掘机有限公司、三一重工股份有限公司、山河智能装备股份有限公司、山东临工工程机械有限公司、厦门厦工机械股份有限公司、中联重科股份有限公司、卡特彼勒（青州）有限公司、斗山工程机械（中国）有限公司、成都神钢建设机械有限公司、小松（中国）投资有限公司、沃尔沃建筑设备投资（中国）有限公司、日立建机（中国）有限公司、现代（江苏）工程机械有限公司、住重中骏（厦门）建机有限公司、广西玉柴重工有限公司、加藤（中国）工程机械有限公司、久保田建机（上海）有限公司、龙工（上海）挖掘机制造有限公司、山重建机有限公司、福建新源重工有限公司、凯斯工程机械（上海）有限公司、恒天九五重工有限公司，以上品牌在挖掘机市场具有代表性。

2. 挖掘机用户满意度各项指标评价

2018 年，挖掘机产品总体用户满意度为 77.7 分，处于比较满意水平。在挖掘机产品各项指标评价中，品牌形象得分为 81.9 分，处于优秀水平。感知产品质量得分为 78.2 分，感知服务质量得分为 79.6 分，感知价值得分为 77.1 分，均处于比较满意水平；用户忠诚度得分为 68.7 分，处于基本满意水平；用户抱怨率为 37.02%。挖掘机产品用户满意度评价分析结果见图 7。

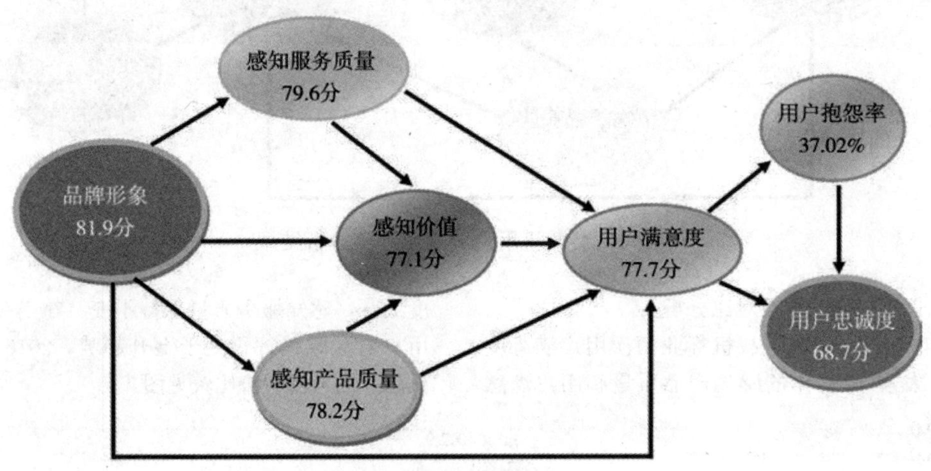

图 7　挖掘机产品用户满意度评价分析结果

3. 欧美日韩中品牌的满意度比较

2018 年，挖掘机行业总体用户满意度为 77.7 分。欧美品牌挖掘机的用户满意度在行业平均水平以上，国产、韩系、日系品牌挖掘机的满意度处于行业平均水平以下。各类品牌挖掘机用户满意度评价结果比较见图 8。

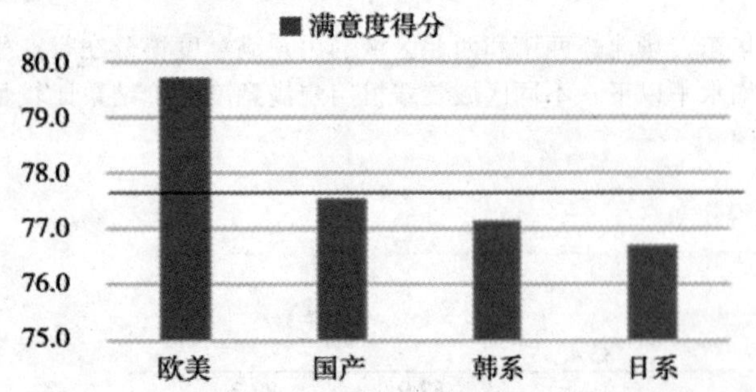

图 8　各类品牌挖掘机用户满意度评价结果比较

4. 小型、中型、大型挖掘机的满意度比较

2018 年，用户评价小型挖掘机的满意度处于挖掘机行业平均水平，中型挖掘机的满意度处于行业平均水平以下，大型挖掘机产品满意度较高，处于行业平均水平以上。不同类型挖掘机用户满意度评价比较见图 9。

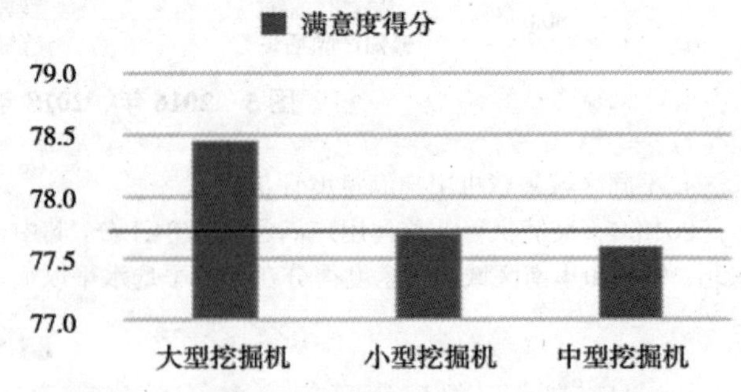

图 9　不同类型挖掘机用户满意度评价比较

5. 不同区域挖掘机用户评价结果比较

东部、西部、中部区域的用户评价结果比较：挖掘机在东部区域的用户满意度评价处于行业平均水平以上，西部区域和中部区域的用户满意度评价处于行业平均水平以下。不同区域挖掘机用户满意度比较见图 10。

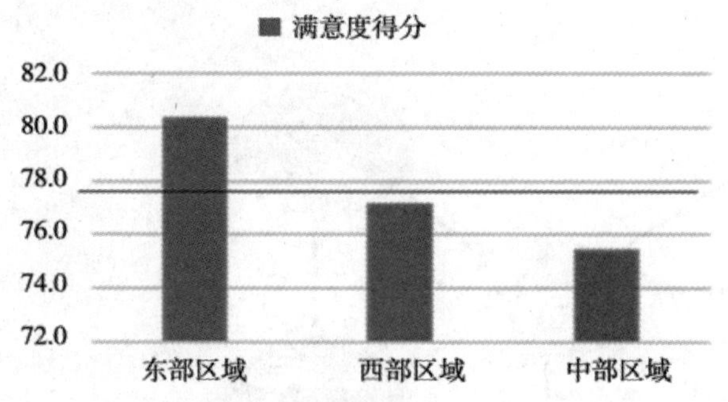

图 10　不同区域挖掘机用户满意度比较

6. 挖掘机用户抱怨问题

2018 年，挖掘机行业总体用户抱怨率为 37.02%。用户抱怨问题前三位依次是产品质量、维修成本、服务及时性，还有其他方面的问题。

（三）推土机产品用户满意度评价分析

1. 调研推土机主要品牌企业 8 家

调研的推土机主要品牌企业是：山推工程机械股份有限公司、广西柳工机械股份有限公司、国机重工（洛阳）建筑机械有限公司、河北宣化工程机械股份有限公司、上海彭浦机器厂有限公司、沃尔沃建筑设备投资（中国）有限公司、徐工集团工程机械股份有限公司科技分公司、中联重科股份有限公司，以上品牌在推土机市场具有代表性。

2. 推土机用户满意度各项指标评价

2018 年，推土机行业总体用户满意度得分为 76.8 分，处于比较满意水平。用户对品牌形象的评价较高，得分为 85.9 分；对忠诚度的评价较低，得分为 73.4 分；用户抱怨率为 40.99%。推土机用户满意度评价分析结果见图 11。

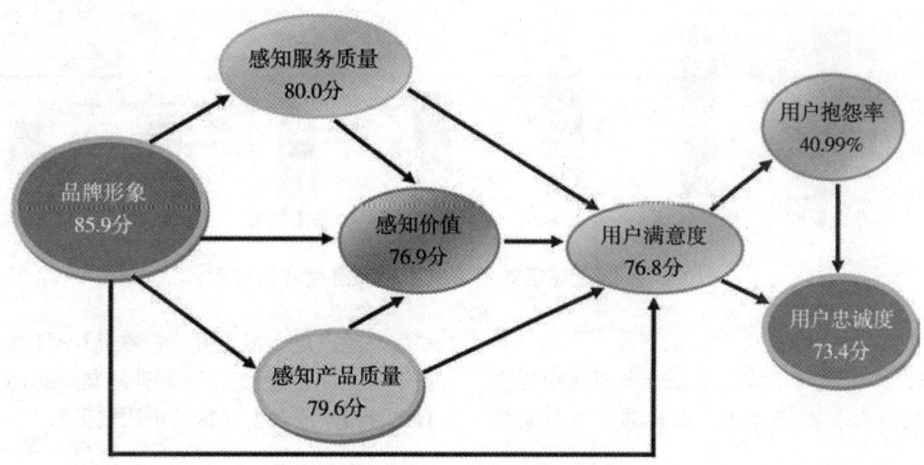

图 11　推土机用户满意度评价分析结果

3. 推土机用户抱怨问题

2018 年，推土机总体用户抱怨率为 40.99%。用户抱怨问题前三位依次是产品质量、服务及时性、服务技能，还有其他方面的问题。

4. 用户选购推土机关注的主要因素

推土机以国产品牌为主导，用户在选购推土机时所关注的 8 项指标中，产品质量依然是用户在优选时关注的焦点，其次是整机价格，再次是产品性能。

（四）塔式起重机产品用户满意度评价分析

1. 调研塔式起重机主要品牌企业 22 家

调研的塔式起重机主要品牌企业是：抚顺永茂建筑机械有限公司、沈阳三洋建筑机械有限公司、四川建设机械（集团）股份有限公司、徐州建机工程机械有限公司、广西建工集团建筑机械制造有限责任公司、浙江省建设机械集团有限公司、湖北江汉建筑工程机械有限公司、浙江虎霸建设机械有限公司、江苏正兴建设机械有限公司、方圆集团有限公司、山东大汉建设机械有限公司、廊坊中建机械有限公司、重庆建工工业有限公司、江西中天机械有限公司、中联重科股份有限公司、西安京龙工程机械有限公司、马尼托瓦克起重设备（中国）有限公司、江麓机电集团有限公司、上海吴淞建筑机械有限公司、山东明龙建筑机械有限公司、临沂华夏重工有限公司、山西省工程机械有限公司，以上品牌在塔式起重机市场具有代表性。

2. 塔式起重机用户满意度各项指标评价

2018 年，塔式起重机行业总体用户满意度得分为 83.2 分，处于优秀水平。用户认为塔式起重机的品牌形象较好，得分为 88.0 分，在各项指标中最高。用户忠诚度得分相对较低，为 80.5 分。塔式起重机产品用户满意度评价分析结果见图 12。

3. 不同区域塔式起重机用户满意度评价结果比较

2018 年，塔式起重机行业总体用户满意度为 83.2 分。其中，华北、东北和华东区域的用户满意度在行业平均水平以上，华中、华南、西北和西南区域的用户满意度在行业平均水平以下。不同区域塔式起重机用户满意度评价结果见图 13。

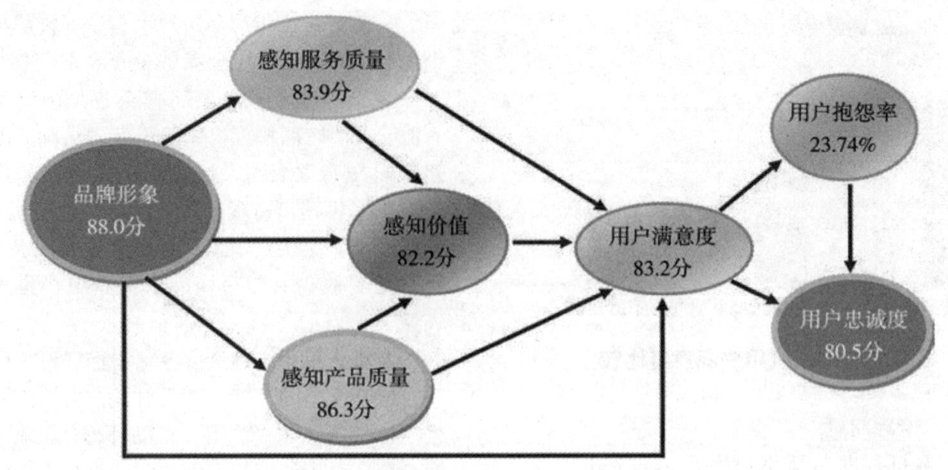

图 12　塔式起重机产品用户满意度评价分析结果

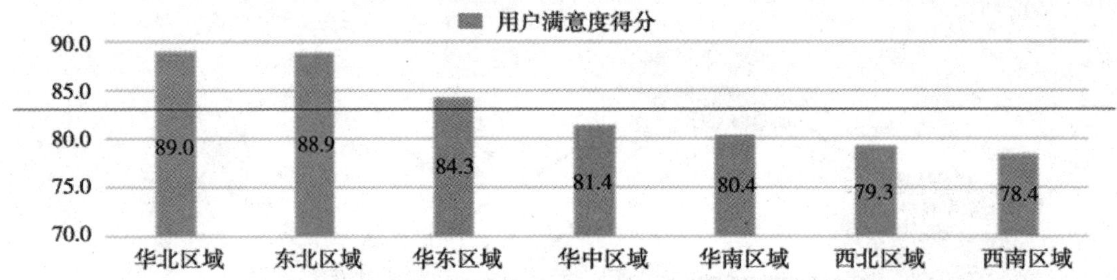

图 13　不同区域塔式起重机用户满意度评价结果

4. 塔式起重机两次测评结果对比分析

通过 2016 年、2018 年对塔式起重机行业两次用户满意度测评结果比较，发现 2018 年的产品质量、服务质量和用户满意度明显上升，在产品质量和服务质量提升的前提下，用户满意度处于上升趋势。2016 年、2018 年塔式起重机用户满意度评价结果比较见图 14。

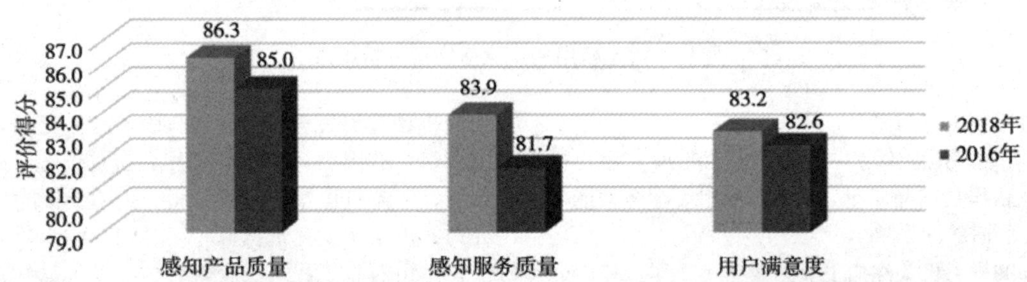

图 14　2016 年、2018 年塔式起重机用户满意度评价结果比较

5. 塔式起重机用户抱怨问题

2018 年，塔式起重机的用户抱怨率为 23.74%。用户抱怨前三位问题依次是产品质量、服务及时性、维修成本，还有其他方面的问题。

（五）施工升降机产品用户满意度评价分析

1. 调研施工升降机主要品牌企业 21 家

调研的施工升降机主要品牌企业是：广州市特威工程机械有限公司、湖北江汉建筑工程机械有限公司、广西建工集团建筑机械制造有限责任公司、浙江省建设机械集团有限公司、山东大汉建设机械有限公司、四川建设机械（集团）股份有限公司、方圆集团有限公司、浙江虎霸建设机械有限公司、廊坊凯博建设机械科技有限公司、西安京龙工程机械有限公司、天津京龙工程机械有限公司、天津安达顺起重设备有限公司、中联重科股份有限公司、重庆红岩建设机械制造有限责任公司、江麓机电集团有限公司、邢台新恒成机床有限公司、亚泰重工股份有限公司、北京宏升卓越工程机械有限公司、山东力特重工机械有限公司、陕西三耳建设机械有限公司、郑州市长城机器制造有限公司，以上品牌在施工升降机市场具有代表性。

2. 施工升降机用户满意度评价结果

2018 年，施工升降机行业总体用户满意度得分为 87.8 分，处于优秀水平。用户认为施工升降机的品牌形象很好，得分为 91.2 分，用户忠诚度得分为 86.4 分，用户抱怨率为 19.57%。施工升降机产品用户满意度评价分析结果见图 15。

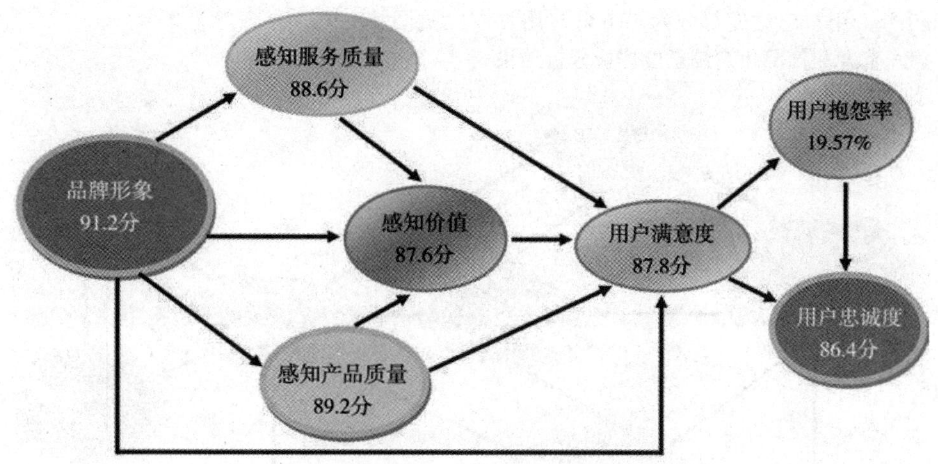

图 15　施工升降机产品用户满意度评价分析结果

3. 不同区域施工升降机用户满意度评价结果比较

2018 年，施工升降机行业总体用户满意度为 87.8 分。其中，东北、华北、华东和华南区域的用户满意度在行业平均水平以上，华中、西南和西北区域的用户满意度在行业平均水平以下。不同区域施工升降机用户满意度评价结果见图 16。

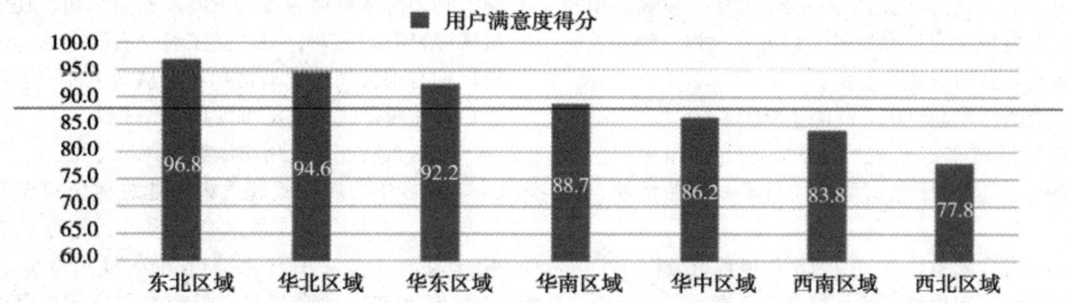

图 16　不同区域施工升降机用户满意度评价结果

4. 施工升降机两次测评结果对比分析

通过 2016 年、2018 年对施工升降机行业两次用户满意度测评结果比较，发现 2018 年的产品质量、服务质量和用户满意度明显上升。2016 年、2018 年施工升降机用户满意度评价结果比较见图 17。

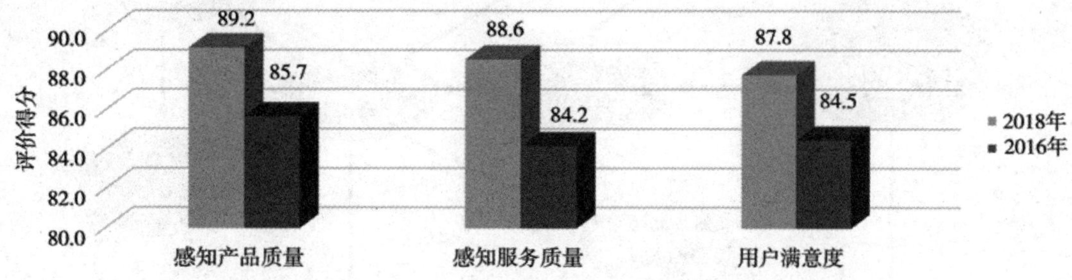

图 17　2016 年、2018 年施工升降机用户满意度评价结果比较

5. 施工升降机用户抱怨问题

2018 年，施工升降机的用户抱怨率为 19.57%。用户抱怨前三位问题依次是产品质量、服务及时性、维修成本，还有其他方面的问题。

（六）汽车起重机产品用户满意度评价分析

1. 调研汽车起重机主要品牌企业 9 家

调研的汽车起重机主要品牌企业是：徐工集团徐州重型机械有限公司、三一重工股份有限公司、中联重科股份有限公司、安徽柳工起重机有限公司、四川长江工程起重机有限责任公司、利勃海尔机械服务（上海）有限公司、北起多田野（北京）起重机有限公司、加藤（中国）工程机械有限公司、特雷克斯（常州）机械有限公司，以上品牌在汽车起重机市场具有代表性。

2. 汽车起重机用户满意度评价结果

2018 年，汽车起重机行业总体用户满意度得分为 78.9 分，处于比较满意水平。用户认为汽车起重机的品牌形象较好，得分为 85.9 分，用户忠诚度得分为 69.6 分，用户抱怨率 42.20%。汽车起重机产品用户满意度评价分析结果见图 18。

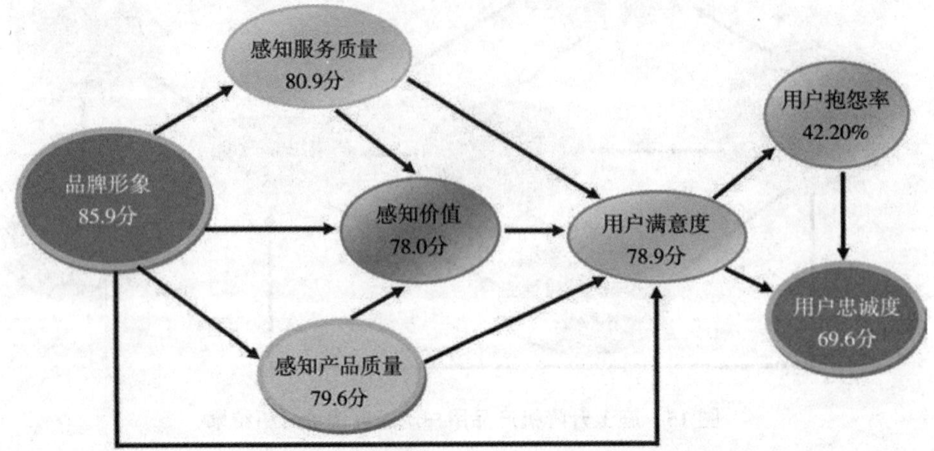

图 18　汽车起重机产品用户满意度评价分析结果

3. 汽车起重机用户抱怨问题

2018 年，汽车起重机的用户抱怨率为 42.20%。用户抱怨前三位问题依次是产品质量、服务及时性、配件及时性，还有其他方面的问题。

4. 用户选购汽车起重机关注的主要因素

用户在选购汽车起重机时所关注的 8 个指标中，优选时关注的前三位指标分别是产品质量、产品性能、整机价格。

（七）履带式起重机产品用户满意度评价分析

1. 调研履带式起重机主要品牌企业 7 家

调研的履带式起重机主要品牌企业是：徐工集团工程机械股份有限公司建设机械分公司、中联重科股份有限公司、利勃海尔机械服务（上海）有限公司、辽宁抚挖重工机械股份有限公司、三一重工股份有限公司、成都神钢建设机械有限公司、德马格起重机械（上海）有限公司，以上品牌在履带式起重机市场具有代表性。

2. 履带式起重机用户满意度评价结果

2018 年，履带式起重机行业总体用户满意度得分为 77.9 分，处于比较满意水平。履带式起重机的品牌形象得分为 81.7 分，用户忠诚度得分为 71.0 分，用户抱怨率为 67.65%。履带式起重机产品用户满意度评价结果见图 19。

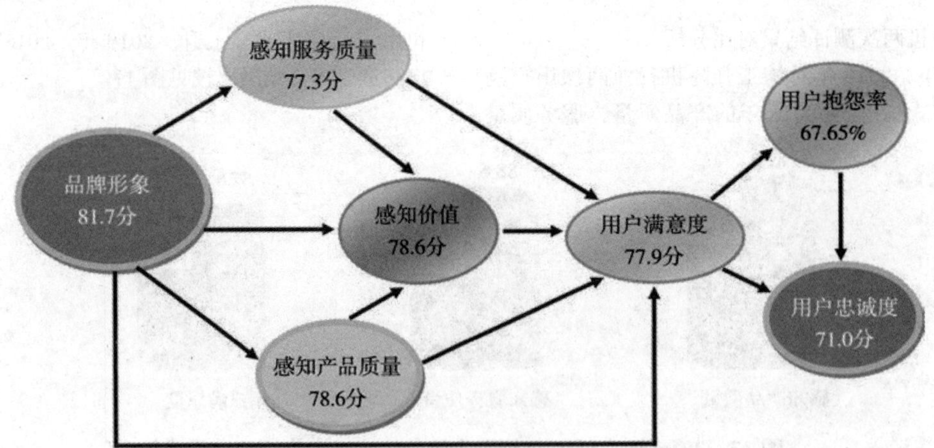

图 19　履带式起重机产品用户满意度评价结果

3. 履带式起重机用户抱怨问题

2018 年，履带式起重机的用户抱怨率为 67.65%。用户抱怨前三位问题依次是维修成本、产品质量、服务及时性，还有其他方面的问题。

（八）叉车部分企业产品用户满意度评价分析

1. 调研叉车品牌企业 5 家

调研的叉车主要品牌企业是：林德（中国）叉车有限公司、广西柳工机械股份有限公司、杭叉集团股份有限公司、安徽合力股份有限公司、丰田产业车辆集团。

2. 叉车用户满意度评价结果

2018 年，5 家叉车企业总体满意度得分为 83.6 分，处于优秀水平。叉车的品牌形象得分为 88.6 分，用户忠诚度得分为 80.0 分，用户抱怨率为 20.90%。叉车产品用户满意度评价结果见图 20。

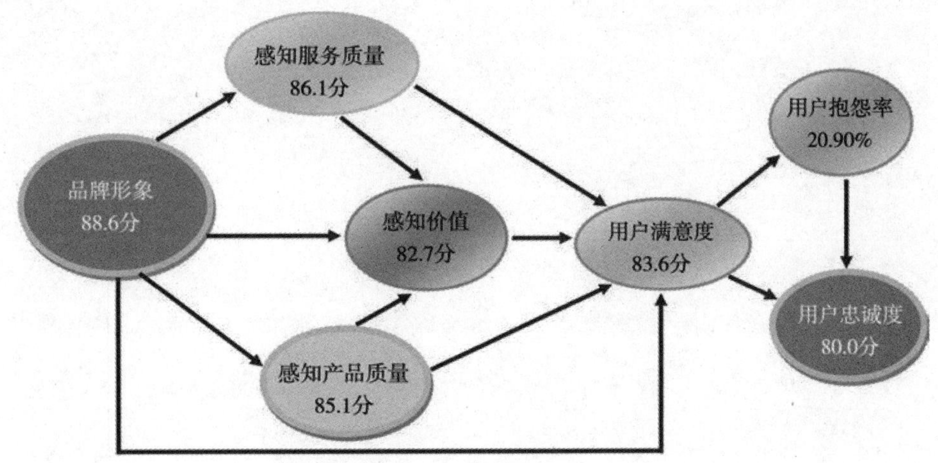

图 20 叉车产品用户满意度评价结果

3. 叉车用户抱怨问题

2018 年，叉车用户抱怨率为 20.90%。抱怨问题主要集中在产品质量上，抱怨内容提及率从高到低依次为产品质量、服务及时性、产品价值感、配件及时性、维修成本、品牌期望、服务技能。叉车用户抱怨情况见图 21。

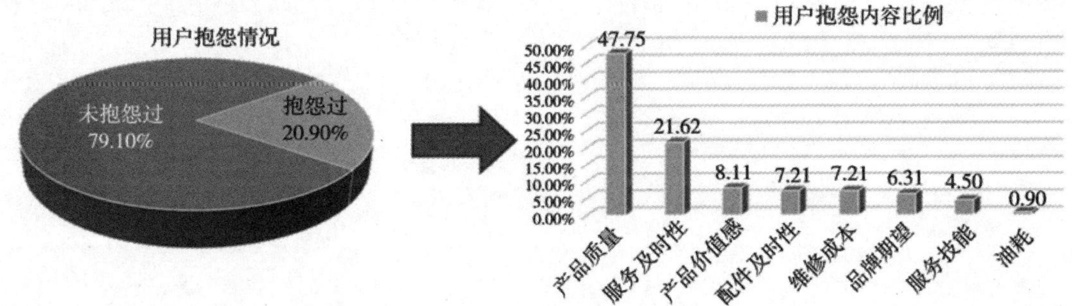

图 21 叉车用户抱怨情况

4. 叉车频发故障部位

在用户对叉车频繁故障部位 14 项指标评价中，前三位频发故障指标主要表现在电气元件、发动机、轮胎方面的故障频发，用户体验到产品质量可靠性问题的短板。

四、开展用户满意度调研，提升质量竞争力

工程机械企业在贯彻质量管理体系“以顾客为关注焦点”的工作实践中，把“质量是企业生命，用户是企业生存之本”等企业价值观念植入战略体系，需要企业内部加强顶层设计和战略部署，形成企业纲领，指导每个员工行动，推动公司员工树立服务用户需求意识，激励用户满意关键指标与运行绩效挂钩，形成以用户需求为导向驱动力。

以用户满意度问题为导向驱动质量改善，把调研中发现的问题分解到企业各层级规划改进，以企业内部各项工作为纽带，导入用户需求改进指标，分解到各部门、落实到各岗位，把全员追求用户满意的目标变成企业的一致性行动，提高质量竞争力。

委托工程机械行业的专业第三方开展用户满意度测评，从企业研发设计、制造质量、配套质量、服务能力、配件保证、代理商服务、营销政策、品牌建设等方面系统评价，客观分析、诊断出重点改善问题，调动资源，支持改善工作，规划不同层级的改进项目、制定时间表、评价改进效果、测量用户满意度，通过持续改进，提高产品竞争力，反映出改善经营结果的财务绩效变化。

〔供稿单位：中国工程机械工业协会用户工作委员会〕

统计资料

公布2018年工程机械行业主要统计数据，准确、系统、全面地反映工程机械行业的主要经济指标

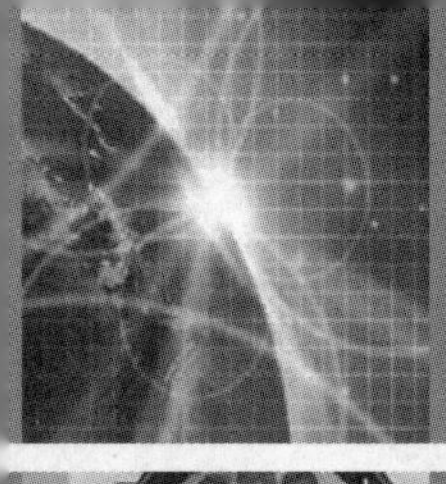

统计资料

2018年工程机械行业主要企业产品产销存情况

1. 挖掘机械

企业名称	产品类别	单位	产量	销量	库存
临沂临工机械集团	履带式液压挖掘机	台	24 828	24 148	2 800
山河智能装备股份有限公司	履带式液压挖掘机	台	5 387	4 923	1 393
中国龙工控股有限公司	履带式液压挖掘机	台	7 773	6 180	2 808
约翰迪尔（中国）投资有限公司	履带式液压挖掘机	台	1 336	1 011	325
广西玉柴重工有限公司	履带式液压挖掘机	台	1 764	1 409	355
洋马发动机（上海）有限公司	履带式液压挖掘机	台		1 146	214
小松（中国）投资有限公司	履带式液压挖掘机	台	10 224	10 224	
广西柳工机械股份有限公司	履带式液压挖掘机	台	15 906	14 250	
日立建机（中国）有限公司	履带式液压挖掘机	台	7 254	7 254	
贵州詹阳动力重工有限公司	履带式液压挖掘机	台	300	380	126
青岛雷沃工程机械有限公司	履带式液压挖掘机	台	6 091	5 513	1 521
山重建机有限公司	履带式液压挖掘机	台	2 394	2 018	646
厦门厦工机械股份有限公司	履带式液压挖掘机	台	783	958	254
徐州徐工挖掘机械有限公司	履带式液压挖掘机	台	23 931	22 767	1 164
现代（江苏）工程机械有限公司	履带式液压挖掘机	台	8 573	7 235	2 136
中联重科股份有限公司	履带式液压挖掘机	台	948	523	
三一重工有限公司	履带式液压挖掘机	台	46 935	46 935	
卡特彼勒（中国）投资有限公司	履带式液压挖掘机	台	26 031	26 031	
沃尔沃建筑设备（中国）有限公司	履带式液压挖掘机	台	6 475	6 475	
斗山工程机械（中国）有限公司	履带式液压挖掘机	台	15 447	15 447	
福建晋工机械有限公司	轮胎挖掘机	台	193	169	98
徐州徐工挖掘机械有限公司	轮胎挖掘机	台	275	243	32
卡特彼勒（中国）投资有限公司	轮胎挖掘机	台	428	428	
沃尔沃建筑设备（中国）有限公司	轮胎挖掘机	台	139	139	
斗山工程机械（中国）有限公司	轮胎挖掘机	台	740	740	
贵州詹阳动力重工有限公司	轮胎挖掘机	台	100	100	
国机重工集团常林有限公司	挖掘装载机	台	41	44	15
广西柳工机械股份有限公司	挖掘装载机	台	205	224	
凯斯纽荷兰（中国）管理有限公司	挖掘装载机	台	12	12	
青岛雷沃工程机械有限公司	挖掘装载机	台	22	8	2

（续）

企业名称	产品类别	单位	产量	销量	库存
贵州詹阳动力重工有限公司	其他挖掘机械	台	79	62	

2. 铲土运输机械

企业名称	产品类别	单位	产量	销量	库存
小松（中国）投资有限公司	履带式推土机	台	14	14	
广西柳工机械股份有限公司	履带式推土机	台	744	731	
天津移山工程机械有限公司	履带式推土机	台	330	331	86
河北宣化工程机械股份有限公司	履带式推土机	台	566	494	120
卡特彼勒（青州）有限公司	履带式推土机	台	670	611	86
上海彭浦机器厂有限公司	履带式推土机	台	341	313	52
山推工程机械股份有限公司	履带式推土机	台	4 721	5 004	632
厦门厦工机械股份有限公司	履带式推土机	台	44	13	4
内蒙古一机集团大地工程机械有限公司	履带式推土机	台	61	84	42
山推工程机械股份有限公司	推耙机	台	9	6	4
临沂临工机械集团	轮胎式装载机	台	14 299	13 466	2 130
徐州工程机械集团有限公司	轮胎式装载机	台	16 240	16 240	
国机重工集团常林有限公司	轮胎式装载机	台	1 682	1 737	260
中国龙工控股有限公司	轮胎式装载机	台	29 433	29 018	5 402
小松（中国）投资有限公司	轮胎式装载机	台	108	108	
广西柳工机械股份有限公司	轮胎式装载机	台	21 800	21 309	
福建晋工机械有限公司	轮胎式装载机	台	1 811	1 715	553
卡特彼勒（青州）有限公司	轮胎式装载机	台	9 149	9 174	1 007
青岛雷沃工程机械有限公司	轮胎式装载机	台	5 422	4 932	276
山推工程机械股份有限公司	轮胎式装载机	台	3 090	2 640	995
厦门厦工机械股份有限公司	轮胎式装载机	台	5 306	6 509	1 328
国机重工集团常林有限公司	滑移装载机	台	3	4	
广西柳工机械股份有限公司	滑移装载机	台	347	297	
凯斯纽荷兰（中国）管理有限公司	滑移装载机	台	293	293	
国机重工集团常林有限公司	平地机	台	522	511	106
广西柳工机械股份有限公司	平地机	台	716	730	
卡特彼勒（青州）有限公司	平地机	台	306	362	43
徐州徐工筑路机械有限公司	平地机	台	1 581	1 593	230
厦门厦工机械股份有限公司	平地机	台	35	74	26
山推工程机械股份有限公司	平地机	台	236	236	
福建晋工机械有限公司	叉装机	台	996	1 071	685
湘电集团有限公司	非公路自卸车	台	4	10	7
陕西通运重工有限公司	非公路自卸车	台	161	161	
临工集团济南重机有限公司	非公路自卸车	台	3 205	2 892	313

（续）

企业名称	产品类别	单位	产量	销量	库存
陕西同力重工股份有限公司	非公路自卸车	台	3 744	3 605	606
内蒙古北方重型汽车股份有限公司	非公路自卸车	台	226	222	101
广西柳工机械股份有限公司	吊管机	台	6	8	
山推工程机械股份有限公司	吊管机	台	49		52

3. 工程起重机械

企业名称	产品类别	单位	产量	销量	库存
安徽柳工起重机有限公司	汽车起重机	台	1 193	1 110	124
北汽福田汽车股份有限公司怀柔重型机械工厂	汽车起重机	台	1 390	1 310	114
多田野（北京）科贸有限公司	汽车起重机	台		2	
三一汽车起重机械有限公司	汽车起重机	台	7 282	7 234	131
韶关市起重机厂有限责任公司	汽车起重机	台	88	83	23
四川长江工程起重机有限责任公司	汽车起重机	台	186	214	59
泰安东岳重工有限公司	汽车起重机	台	44	54	
徐州重型机械有限公司	汽车起重机	台	14 859	14 791	497
中联重科股份有限公司工程起重机分公司	汽车起重机	台	7 408	7 435	105
徐州重型机械有限公司	全地面起重机	台	110	110	2
中联重科股份有限公司工程起重机分公司	全地面起重机	台	44	43	1
三一汽车起重机械有限公司	全地面起重机	台	53	53	
哈尔滨工程机械制造有限责任公司	轮胎起重机	台	30	35	7
江苏八达重工机械股份有限公司	轮胎起重机	台	21	21	5
中联重科股份有限公司工程起重机分公司	轮胎起重机	台			6
三一汽车起重机械有限公司	轮胎起重机	台	102	102	
安徽柳工起重机有限公司	履带起重机	台	1	3	
江苏八达重工机械股份有限公司	履带起重机	台	15	15	7
辽宁抚挖重工机械股份有限公司	履带起重机	台	55	58	12
郑州郑宇重工有限公司	履带起重机	台	29	29	
中联重科股份有限公司工程起重机分公司	履带起重机	台	303	286	23
北京中车重工机械有限公司	履带起重机	台	1	16	1
徐州重型机械有限公司	履带起重机	台	771	771	2
浙江三一装备有限公司	履带起重机	台	650	655	29
安徽柳工起重机有限公司	随车起重机	台	16	16	5
国机重工集团常林有限公司	随车起重机	台	20	20	
海沃机械（中国）有限公司	随车起重机	台	319	294	25
湖北帕菲特工程机械有限公司	随车起重机	台	283	257	83
三一帕尔菲格特种车辆装备有限公司	随车起重机	台	2 058	2 097	60
韶关市起重机厂有限责任公司	随车起重机	台	152	142	66
石家庄煤矿机械有限责任公司随车起重机分公司	随车起重机	台	1 393	1 271	309

（续）

企业名称	产品类别	单位	产量	销量	库存
泰安古河随车起重机有限公司	随车起重机	台	568	650	6
徐州徐工随车起重机有限公司	随车起重机	台	9 067	8 516	1 282
长春神骏专用车制造有限公司	随车起重机	台	502	531	55
中联重科股份有限公司工程起重机分公司	随车起重机	台			4
辽宁青山重工机械股份有限公司	随车起重机	台	140	140	0
徐州徐工随车起重机有限公司	清障车	台	99	105	2
中际联合（北京）科技股份有限公司	其他起重机械	台	2 600	2 550	50
广西柳工机械股份有限公司	专用车	台	1	1	
辽宁抚挖重工机械股份有限公司	强夯机	台	1	4	4
郑州郑宇重工有限公司	强夯机	台	32	32	
中联重科股份有限公司工程起重机分公司	强夯机	台	7	7	
广西柳工机械股份有限公司	强夯机	台	1		

4. 工业车辆

企业名称	产品类别	单位	产量	销量	库存
安徽叉车集团有限责任公司	电动平衡重乘驾式叉车	台	10 552	12 203	456
大连叉车有限责任公司	电动平衡重乘驾式叉车	台	194	202	20
杭叉集团股份有限公司	电动平衡重乘驾式叉车	台	13 707	13 429	938
江苏靖江叉车有限公司	电动平衡重乘驾式叉车	台	36	36	
龙工（上海）叉车有限公司	电动平衡重乘驾式叉车	台	1 093	1 096	180
上海海斯特叉车制造有限公司	电动平衡重乘驾式叉车	台	678	689	
上海力至优叉车制造有限公司	电动平衡重乘驾式叉车	台	2 318	2 319	28
浙江加力仓储设备股份有限公司	电动平衡重乘驾式叉车	台	395	360	39
海斯特美科斯叉车（浙江）有限公司	电动平衡重乘驾式叉车	台	683	656	97
林德（中国）叉车有限公司	电动平衡重乘驾式叉车	台	7 246	7 246	
柳州柳工叉车有限公司	电动平衡重乘驾式叉车	台	508	542	82
诺力智能装备股份有限公司	电动平衡重乘驾式叉车	台	2 360	2 360	
厦门厦工机械股份有限公司	电动平衡重乘驾式叉车	台	135	111	227
安徽叉车集团有限责任公司	电动乘驾式仓储叉车	台	1 020	1 029	20
杭叉集团股份有限公司	电动乘驾式仓储叉车	台	703	671	57
上海海斯特叉车制造有限公司	电动乘驾式仓储叉车	台	346	368	
上海力至优叉车制造有限公司	电动乘驾式仓储叉车	台	897	882	31
浙江加力仓储设备股份有限公司	电动乘驾式仓储叉车	台	7 247	6 918	585
浙江中力机械有限公司	电动乘驾式仓储叉车	台	1 689	1 699	
海斯特美科斯叉车（浙江）有限公司	电动乘驾式仓储叉车	台	100	95	9
林德（中国）叉车有限公司	电动乘驾式仓储叉车	台	2 918	2 918	
柳州柳工叉车有限公司	电动乘驾式仓储叉车	台	60	60	
诺力智能装备股份有限公司	电动乘驾式仓储叉车	台	1 370	1 370	

（续）

企业名称	产品类别	单位	产量	销量	库存
安徽叉车集团有限责任公司	电动步行式仓储叉车	台	25 977	26 902	756
杭叉集团股份有限公司	电动步行式仓储叉车	台	22 734	22 476	939
宁波如意股份有限公司	电动步行式仓储叉车	台	26 943	26 943	
上海海斯特叉车制造有限公司	电动步行式仓储叉车	台	1 364	1 407	
浙江加力仓储设备股份有限公司	电动步行式仓储叉车	台	6 164	6 216	257
浙江中力机械有限公司	电动步行式仓储叉车	台	62 558	60 384	
海斯特美科斯叉车（浙江）有限公司	电动步行式仓储叉车	台	96	105	4
林德（中国）叉车有限公司	电动步行式仓储叉车	台	11 022	11 022	
柳州柳工叉车有限公司	电动步行式仓储叉车	台	542	542	
诺力智能装备股份有限公司	电动步行式仓储叉车	台	38 482	38 482	
上海海斯特叉车制造有限公司	内燃平衡重式叉车（实心轮胎）	台	146	131	
浙江中力机械有限公司	内燃平衡重式叉车（实心轮胎）	台	7 215	6 940	
柳州柳工叉车有限公司	内燃平衡重式叉车（实心轮胎）	台	4	4	
诺力智能装备股份有限公司	内燃平衡重式叉车（实心轮胎）	台	28	28	
厦门厦工机械股份有限公司	内燃平衡重式叉车（实心轮胎）	台	1 651	1 782	428
安徽叉车集团有限责任公司	内燃平衡重式叉车（其他轮胎）	台	94 756	93 044	5 209
大连叉车有限责任公司	内燃平衡重式叉车（其他轮胎）	台	1 498	1 464	158
杭叉集团股份有限公司	内燃平衡重式叉车（其他轮胎）	台	90 648	90 138	2 776
江苏靖江叉车有限公司	内燃平衡重式叉车（其他轮胎）	台	860	885	22
龙工（上海）叉车有限公司	内燃平衡重式叉车（其他轮胎）	台	35 043	45 367	5 290
宁波如意股份有限公司	内燃平衡重式叉车（其他轮胎）	台	55	55	
海斯特美科斯叉车（浙江）有限公司	内燃平衡重式叉车（其他轮胎）	台	5 370	5 128	592
林德（中国）叉车有限公司	内燃平衡重式叉车（其他轮胎）	台	1 193	1 193	
柳州柳工叉车有限公司	内燃平衡重式叉车（其他轮胎）	台	9 751	9 800	812
诺力智能装备股份有限公司	内燃平衡重式叉车（其他轮胎）	台	4	4	
中联重科股份有限公司	内燃平衡重式叉车（其他轮胎）	台	3 980	3 902	
大连叉车有限责任公司	牵引车	台	59	49	16
江苏靖江叉车有限公司	牵引车	台	442	438	15
宁波如意股份有限公司	牵引车	台	660	660	
浙江中力机械有限公司	牵引车	台	256	267	
广州朗晴电动车有限公司	牵引车	台	21	20	1
海斯特美科斯叉车（浙江）有限公司	牵引车	台			1
林德（中国）叉车有限公司	牵引车	台	146	146	
柳州柳工叉车有限公司	牵引车	台	19	17	5
海斯特美科斯叉车（浙江）有限公司	越野叉车	台	530	556	15
诺力智能装备股份有限公司	越野叉车	台	220	220	
宁波如意股份有限公司	手动和半动力车辆	台	543 229	543 229	
浙江中力机械有限公司	手动和半动力车辆	台	4 670	5 130	

（续）

企业名称	产品类别	单位	产量	销量	库存
海斯特美科斯叉车（浙江）有限公司	手动和半动力车辆	台	29	29	
柳州柳工叉车有限公司	手动和半动力车辆	台	531	531	
诺力智能装备股份有限公司	手动和半动力车辆	台	644 688	644 688	
杭叉集团股份有限公司	其他工业车辆	台	571	578	10
龙工（上海）叉车有限公司	其他工业车辆	台	113	107	1
浙江加力仓储设备股份有限公司	其他工业车辆	台	545	513	37
广州朗晴电动车有限公司	其他工业车辆	台	311	311	9
绿友机械集团股份有限公司	其他工业车辆	台	2 335	2 200	135

5. 路面与压实机械

企业名称	产品类别	单位	产量	销量	库存
徐州工程机械集团有限公司	静碾压路机	台	129	129	
中国龙工控股有限公司	静碾压路机	台	11	11	321
广西柳工机械股份有限公司	静碾压路机	台	152	163	
山东重工集团有限公司（工程机械板块）	静碾压路机	台	38	38	
徐州工程机械集团有限公司	轮胎压路机	台	701	701	
广西柳工机械股份有限公司	轮胎压路机	台	91	92	
陕西建设机械股份有限公司	轮胎压路机	台		1	
山东重工集团有限公司（工程机械板块）	轮胎压路机	台	110	90	
徐州工程机械集团有限公司	机械式单钢轮压路机	台	2 418	2 418	
国机重工集团常林有限公司	机械式单钢轮压路机	台	206	217	52
中国龙工控股有限公司	机械式单钢轮压路机	台	687	566	55
广西柳工机械股份有限公司	机械式单钢轮压路机	台	847	869	
陕西建设机械股份有限公司	机械式单钢轮压路机	台			6
山东重工集团有限公司（工程机械板块）	机械式单钢轮压路机	台	906	825	
厦门厦工机械股份有限公司	机械式单钢轮压路机	台	80	68	64
徐州工程机械集团有限公司	液压单钢轮压路机	台	1 066	1 066	
陕西中大机械集团有限责任公司	液压单钢轮压路机	台	13	10	3
中国龙工控股有限公司	液压单钢轮压路机	台	25	20	
广西柳工机械股份有限公司	液压单钢轮压路机	台	638	575	
陕西建设机械股份有限公司	液压单钢轮压路机	台		1	1
卡特彼勒（青州）有限公司	液压单钢轮压路机	台	621	532	129
山东重工集团有限公司（工程机械板块）	液压单钢轮压路机	台	2 998	156	
徐州工程机械集团有限公司	双钢轮压路机	台	228	228	
陕西中大机械集团有限责任公司	双钢轮压路机	台	10	9	1
广西柳工机械股份有限公司	双钢轮压路机	台	12	13	
陕西建设机械股份有限公司	双钢轮压路机	台		1	2
徐州工程机械集团有限公司	轻型压路机	台	197	497	

（续）

企业名称	产品类别	单位	产量	销量	库存
中国龙工控股有限公司	轻型压路机	台	56	49	
广西柳工机械股份有限公司	轻型压路机	台	233	247	
徐州工程机械集团有限公司	垃圾压实机	台	13	13	
山东天路重工科技有限公司	其他压路机	台	190	180	10
山东天路重工科技有限公司	夯机	台	610	552	58
陕西中大机械集团有限责任公司	沥青混凝土摊铺机	台	36	35	1
徐工集团道路机械事业部	沥青混凝土摊铺机	台	624	624	
三一集团泵送事业部	沥青混凝土摊铺机	台	396	396	
广西柳工机械股份有限公司	沥青混凝土摊铺机	台	9	7	
陕西建设机械股份有限公司	沥青混凝土摊铺机	台	48	83	48
中交西安筑路机械有限公司	沥青混凝土摊铺机	台	7	5	36
中联重科股份有限公司	沥青混凝土摊铺机	台	164	133	
潍坊市贝特工程机械有限公司	沥青搅拌设备	套	33	30	3
福建铁拓机械有限公司	沥青搅拌设备	套	80	80	
廊坊玛连尼－法亚机械有限公司	沥青搅拌设备	套	23	23	
南阳市辽原筑路机械有限公司	沥青搅拌设备	套	71	67	4
南阳亚龙筑路机械有限公司	沥青搅拌设备	套	50	46	4
山推建友股份有限公司	沥青搅拌设备	套	10	5	5
陕西建设机械股份有限公司	沥青搅拌设备	套		2	
中交西安筑路机械有限公司	沥青搅拌设备	套	71	72	
潍坊市贝特工程机械有限公司	稳定土搅拌设备	套	832	815	17
南阳市辽原筑路机械有限公司	稳定土搅拌设备	套	6	6	
南阳市亚龙筑路机械有限公司	稳定土搅拌设备	套	21	21	5
方圆集团有限公司	稳定土搅拌设备	套	80	80	-1
山推建友股份有限公司	稳定土搅拌设备	套	30	20	10
陕西建设机械股份有限公司	稳定土搅拌设备	套			4
鞍山森远路桥股份有限公司	沥青洒布机	台	172	143	29
鞍山森远路桥股份有限公司	沥青再生设备	台	4	3	1
福建铁拓机械有限公司	沥青再生设备	台	37	37	
广西柳工机械股份有限公司	铣刨机	台	8	8	
陕西建设机械股份有限公司	铣刨机	台			3
鞍山森远路桥股份有限公司	路面养护设备	台	17	14	3
中汽商用汽车有限公司（杭州）	路面养护设备	台	115	107	8
中交西安筑路机械有限公司	路面养护设备	台	22	26	17
鞍山森远路桥股份有限公司	除冰雪机	台	1 178	981	197

6. 混凝土机械

企业名称	产品类别	单位	产量	销量	库存
方圆集团有限公司	混凝土搅拌机	台	498	497	

（续）

企业名称	产品类别	单位	产量	销量	库存
徐州利勃海尔混凝土机械有限公司	混凝土搅拌机	台	2	2	
山推建友股份有限公司	混凝土搅拌机	台	50	30	20
潍坊市贝特工程机械有限公司	混凝土搅拌站	套	102	96	6
山东鸿达建工集团有限公司	混凝土搅拌站	套	15	12	3
南阳市亚龙筑路机械有限公司	混凝土搅拌站	套	3	3	1
方圆集团有限公司	混凝土搅拌站	套	482	476	6
徐州利勃海尔混凝土机械有限公司	混凝土搅拌站	套	25	25	
山推建友股份有限公司	混凝土搅拌站	套	280	236	44
中国铁建重工集团有限公司	混凝土搅拌站	套	237	237	
三一重工泵送事业部	混凝土搅拌站	套	1 183	1 168	26
山东鸿达建工集团有限公司	混凝土搅拌运输车	台	28	21	5
方圆集团有限公司	混凝土搅拌运输车	台	96	96	
徐州利勃海尔混凝土机械有限公司	混凝土搅拌运输车	台	158	158	
山推建友股份有限公司	混凝土搅拌运输车	台	100	75	25
山东重工集团有限公司（工程机械板块）	混凝土搅拌运输车	台	440	514	
方圆集团有限公司	混凝土拖泵	台	20	22	-1
山推建友股份有限公司	混凝土拖泵	台	20	13	7
山东鸿达建工集团有限公司	混凝土泵车	台	15	12	2
中国铁建重工集团有限公司	混凝土喷射台车	台	77	90	13
佛山市云雀振动器有限公司	混凝土振动器	台	31 536	27 853	3 544
徐州利勃海尔混凝土机械有限公司	回收站	台	34	34	
山推工程机械股份有限公司	混凝土系列产品	台	440	514	
三一重工泵送事业部	泵送产品	台	4 746	4 679	418
中联重科股份有限公司	混凝土机械	台	8 114	7 594	

7. 掘进机械

企业名称	产品类别	单位	产量	销量	库存
中交天和机械设备制造有限公司	盾构机	台	87	87	
上海力行工程技术发展有限公司	盾构机	台	7	7	
中信重工机械股份有限公司	盾构机	台	10	10	
北方重工装备（沈阳）有限公司	盾构机	台	4	4	
广州海瑞克隧道机械有限公司	盾构机	台	25	22	12
海瑞克（成都）隧道设备有限公司	盾构机	台	3	3	
海瑞克（广州）隧道设备有限公司	盾构机	台	32	32	
上海博欢重工机械有限公司	盾构机	台	2	2	2
上海隧道工程有限公司	盾构机	台	12	12	
中船重工（青岛）轨道交通装备有限公司	盾构机	台	10	10	
中船重型装备有限公司	盾构机	台	16	8	8

（续）

企业名称	产品类别	单位	产量	销量	库存
中国铁建重工集团有限公司	盾构机	台	127	128	9
中铁工程装备集团有限公司	盾构机	台	178	178	
辽宁三三工业有限公司	盾构机	台	67	48	40
中交天和机械设备制造有限公司	硬岩掘进机	台	1	1	
中船重工（青岛）轨道交通装备有限公司	硬岩掘进机	台	6	6	
中国铁建重工集团有限公司	硬岩掘进机	台	10	17	2
中铁工程装备集团有限公司	硬岩掘进机	台	4	4	
北方重工装备（沈阳）有限公司	掘进机	台	2	2	
上海博欢重工机械有限公司	掘进机	台	1	1	
上海博欢重工机械有限公司	顶管机	台	7	7	
中船重型装备有限公司	顶管机	台	1	1	
中铁工程装备集团有限公司	顶管机	台	3	3	
北方重工装备（沈阳）有限公司	悬臂式掘进机	台	1	1	
海瑞克（成都）隧道设备有限公司	泥水分离站	台	12	12	
上海博欢重工机械有限公司	刀盘总成	套	3	3	
中铁工程装备集团有限公司	悬臂掘进机	台	17	17	

8. 桩工机械

企业名称	产品类别	单位	产量	销量	库存
东台市巨力机械有限公司	柴油打桩锤	台	169	169	
浙江永安工程机械有限公司	液压打桩锤	台	77	77	
广东力源（斯巴达）机械有限公司	液压打桩锤	台	75	75	
瑞安市八达工程机械有限公司	振动打桩锤	台	260	229	31
上海振中机械制造有限公司	振动打桩锤	台	181	138	53
浙江永安工程机械有限公司	振动打桩锤	台	111	111	
上海工程机械厂有限公司	振动打桩锤	台	43	43	
浙江振中工程机械有限公司	振动打桩锤	台	210	210	
广东力源（斯巴达）机械有限公司	振动打桩锤	台	18	18	
方圆集团有限公司	振动打桩锤	台	10	10	2
徐州海格力斯机械制造有限公司	打桩架	台	8	6	2
瑞安市八达工程机械有限公司	打桩架	台	50	43	7
山东卓力桩机有限公司	打桩架	台	91	82	9
上海振中机械制造有限公司	打桩架	台	7	4	4
上海金泰工程机械有限公司	打桩架	台	55	55	
上海工程机械厂有限公司	打桩架	台	76	76	
浙江振中工程机械有限公司	打桩架	台	62	62	
广东力源（斯巴达）机械有限公司	打桩架	台	32	32	
恒天九五重工有限公司	静力压桩机	台	99	98	1

（续）

企业名称	产品类别	单位	产量	销量	库存
山河智能装备股份有限公司	静力压桩机	台	418	416	18
广东力源（斯巴达）机械有限公司	静力压桩机	台	3	3	
郑州郑宇重工有限公司	旋挖钻机	台	80	80	
北京中车重工机械有限公司	旋挖钻机	台	133	208	22
恒天九五重工有限公司	旋挖钻机	台	191	153	38
江苏泰信机械科技有限公司	旋挖钻机	台	132	119	13
山河智能装备股份有限公司	旋挖钻机	台	664	596	78
三一重工股份有限公司	旋挖钻机	台	1 590	1 519	148
上海中联重科桩工机械有限公司	旋挖钻机	台	589	589	
徐州徐工基础工程机械有限公司	旋挖钻机	台	1 378	1 436	378
上海金泰工程机械有限公司	旋挖钻机	台	102	102	
宝娥机械设备（上海）有限公司	旋挖钻机	台	76	76	
郑州富岛机械设备有限公司	旋挖钻机	台	38	38	
陕西建设机械股份有限公司	旋挖钻机	台			4
徐州海格力斯机械制造有限公司	长螺旋钻机	台	3	3	
浙江中锐重工科技股份有限公司	其他钻机	台	96	85	20
上海金泰工程机械有限公司	其他钻机	台	55	55	
上海工程机械厂有限公司	其他钻机	台	67	67	
浙江振中工程机械有限公司	其他钻机	台	91	91	
徐州盾安重工机械制造有限公司	其他钻机	台	38	38	
徐州徐工基础工程机械有限公司	地下连续墙成槽机	台	32	32	
上海金泰工程机械有限公司	地下连续墙成槽机	台	103	103	
宝娥机械设备（上海）有限公司	地下连续墙成槽机	台	73	73	
徐州海格力斯机械制造有限公司	其他桩工机械	台	5	5	
瑞安市八达工程机械有限公司	其他桩工机械	台	35	27	8
浙江中锐重工科技股份有限公司	其他桩工机械	台	65	60	5
上海工程机械厂有限公司	其他桩工机械	台	1	1	
广西柳工机械股份有限公司	其他桩工机械	台	338	337	

9. 市政与环卫机械

企业名称	产品类别	单位	产量	销量	库存
长沙中联重科环境有限公司	路面清扫车	辆	711	491	
鞍山森远路桥股份有限公司	路面清扫车	辆	11	9	2
珠海亿华电动车辆有限公司	路面清扫车	辆	135	45	90
鞍山森远路桥股份有限公司	洒水车	辆	7	6	1
临工集团济南重机有限公司	洒水车	辆	12	9	3
长沙中联重科环境有限公司	吸污车	辆	748	559	
鞍山森远路桥股份有限公司	吸污车	辆	2	1	1

（续）

企业名称	产品类别	单位	产量	销量	库存
长沙中联重科环境有限公司	垃圾车	辆	1 256	982	
鞍山森远路桥股份有限公司	垃圾车	辆	20	16	4
中汽商用汽车有限公司（杭州）	垃圾车	辆	850	835	15
中汽商用汽车有限公司（杭州）	垃圾处理设备	台	120	115	5
广西建工集团建筑机械制造有限责任公司	立体停车设备	车位	1 068	1 068	
新乡格林机械股份有限公司	智能环保振动筛	台	352	334	18
广东玛西尔电动科技有限公司	其他市政机械	辆	1 837	1 804	54
中汽商用汽车有限公司（杭州）	其他市政机械	辆	31	31	
扬州五环龙电动车有限公司	其他市政机械	辆	85	89	2

10. 混凝土制品机械

企业名称	产品类别	单位	产量	销量	库存
西安银马实业发展有限公司	砌块成型机	套	19	19	
福建泉工股份有限公司	砌块成型机	套	127	119	9
福建泉工股份有限公司	模具	套	256	230	30

11. 装修与高空作业机械

企业名称	产品类别	单位	产量	销量	库存
杭州爱知工程车辆有限公司	高空作业车	台	443	417	67
徐州徐工随车起重机有限公司	高空作业车	台	835	846	75
徐州海伦哲专用车辆股份有限公司	高空作业车	台	1 248	1 216	32
中汽商用汽车有限公司（杭州）	高空作业车	台	78	68	10
广西柳工机械股份有限公司	高空作业车	台	28	21	
湖南星邦重工有限公司	高空作业平台	台	9 129	8 297	832
杭州赛奇机械股份有限公司	高空作业平台	台	427	408	159
临工集团济南重机有限公司	高空作业平台	台	8 046	7 009	1 037
无锡市傲世机械制造有限公司	高空作业平台	台	200	137	
无锡华科机械设备有限公司	高空作业平台	台	16	16	
徐工消防安全装备有限公司	高空作业平台	台	6 527	6 138	389
湖南运想重工有限公司	高空作业平台	台	2 114	1 963	151
广西柳工机械股份有限公司	高空作业平台	台	40	27	
浙江鼎力机械股份有限公司	高空作业平台	台	29 876	27 170	4 222
广东玛西尔电动科技有限公司	消防车	台	162	162	31
徐工消防安全装备有限公司	高空消防救援车	台	325	307	18
湖北圣宝龙电动车有限公司	消防车	台	85	78	7
中联重科股份有限公司	其他机械（消防机械）	台	299	292	
法适达（上海）机械设备有限公司	高空作业吊篮	台	168	142	24
山东汇洋建筑设备有限公司	高空作业吊篮	台	6 800	5 529	1 271
天津海发建筑机械制限公司	高空作业吊篮	台	3 000	2 720	280

（续）

企业名称	产品类别	单位	产量	销量	库存
无锡市龙升建筑机械有限公司	高空作业吊篮	台	500	500	
无锡小天鹅建筑机械有限公司	高空作业吊篮	台	3 685	3 313	207
中际联合（北京）科技股份有限公司	高空作业吊篮	台	12	12	
江苏博宇建筑工程设备科技有限公司	高空作业吊篮	台	1 300	1 100	200
沧州力圣建筑机械设备有限公司	高空作业吊篮	台	1 000	863	177
广东裕华兴建筑机械有限公司	高空作业吊篮	台	415	312	103
河北沧胜工程机械有限公司	高空作业吊篮	台	13 000	10 000	3 000
河北华桥减速机有限公司	高空作业吊篮	台	650	500	150
江阴市路达机械制造有限公司	高空作业吊篮	台	300	250	50
河北久创建筑机械科技有限公司	高空作业吊篮	台	3 706	2 658	1 304
无锡科通工程机械制造有限公司	高空作业吊篮	台	1 500	1 500	
宁波东建建筑科技有限公司	高空作业吊篮	台	500	190	310
宁津县鲁旺机械设备有限公司	高空作业吊篮	台	6 520	5 800	720
天津庆丰顺建筑机械有限公司	高空作业吊篮	台	7 080	6 580	500
无锡瑞吉德机械有限公司	高空作业吊篮	台	3 586	3 576	33
山东连豪机电设备有限公司	高空作业吊篮	台	3 000	2 500	500
上海虹口建筑机械有限公司	高空作业吊篮	台	188	188	
申锡机械有限公司	高空作业吊篮	台	11 635	11 477	158
无锡市傲世机械制造有限公司	高空作业吊篮	台	4 000	449	149
无锡华科机械设备有限公司	高空作业吊篮	台	1 302	1 102	200
无锡天通建筑机械有限公司	高空作业吊篮	台	800	750	145
廊坊兴河工业有限公司	高空作业吊篮	台	1 000	443	557
雄宇重工集团股份有限公司	高空作业吊篮	台	3 047	2 949	98
山东汇洋建筑设备有限公司	全钢爬架	套	10	8	2
无锡小天鹅建筑机械有限公司	提升机	只	10 157	8 756	735
中际联合（北京）科技股份有限公司	其他高空作业机械	台	9 500	9 000	500
广东裕华兴建筑机械制造有限公司	其他高空作业机械	台	591	504	87
河北华桥减速机有限公司	FD/ZT-TH 升降机	台	480	460	20
河北华桥减速机有限公司	LSF 摆臂锁	把	800	700	100
河北华桥减速机有限公司	LSL 速度锁	把	1 500	1 300	200
江阴市路达机械制造有限公司	其他高空作业机械	台	35 000	33 250	1 750
申锡机械有限公司	其他高空作业机械	台	3 200	3 150	50
申锡机械有限公司	施工升降平台 STC100 型	台	400	400	
上海再瑞高层设备有限公司	擦窗机	台	35	30	5
北京凯博擦窗机械科技有限公司	擦窗机	台	106	133	44
江苏博宇建筑工程设备科技有限公司	擦窗机	台	100	82	18
南京福瑞德机电科技有限公司	擦窗机	台	58	56	2
上海普英特高层设备股份有限公司	擦窗机	台	119	107	12

（续）

企业名称	产品类别	单位	产量	销量	库存
上海万润达机电科技发展有限公司	擦窗机	台	43	41	2
申锡机械有限公司	擦窗机	台	18	18	
无锡市沃森德机械科技有限公司	擦窗机	台	24	24	
无锡市傲世机械制造有限公司	擦窗机	台	50	10	5
雄宇重工集团股份有限公司	擦窗机	台	41	38	3

12. 钢筋及预应力机械

企业名称	产品类别	单位	产量	销量	库存
柳州欧维姆机械股份有限公司	锚具	万孔	2 457	2 153	416
柳州欧维姆机械股份有限公司	索	t	19 318	19 268	1 405
柳州欧维姆机械股份有限公司	减隔震	件	292 990	276 769	21 563

13. 凿岩机械与气动工具

企业名称	产品类别	单位	产量	销量	库存
天水风动机械股份有限公司	手持式气动凿岩机	台	1 516	1 641	501
浙江红五环掘进机械股份有限公司	手持式气动凿岩机	台	15 454	14 684	1 132
浙江衢州煤矿机械总厂股份有限公司	气腿式气动凿岩机	台	781	982	775
桂林桂冶机械股份有限公司	气腿式气动凿岩机	台	201	221	6
洛阳风动工具有限公司	气腿式气动凿岩机	台	2 734	4 393	1 946
天水风动机械股份有限公司	气腿式气动凿岩机	台	31 434	28 619	1 891
天水风动机械股份有限公司	向上式气动凿岩机	台	600	512	159
洛阳风动工具有限公司	导轨式气动凿岩机	台	652	384	752
天水风动机械股份有限公司	导轨式气动凿岩机	台	463	545	88
天水风动机械股份有限公司	冲击器	台	150	150	227
桂林桂冶机械股份有限公司	液压开口机 KD 系列	台	6	7	
湖北首开机械有限公司	凿岩钻车	台	2 784	2 510	274
浙江红五环掘进机械股份有限公司	凿岩钻车	台	3 326	3 156	188
中国铁建重工集团有限公司	凿岩钻车	台	44	48	7
天水风动机械股份有限公司	凿岩钻架	台	165	169	59
桂林桂冶机械股份有限公司	其他凿岩机械	台	37	41	3
沈阳风动工具厂有限公司	其他凿岩机械	台	682	1 373	1 519
浙江衢州煤矿机械总厂股份有限公司	支柱	根	180 158	183 080	39 328
天水风动机械股份有限公司	气腿	台	28 961	28 944	895
浙江衢州煤矿机械总厂股份有限公司	气腿	台	1 139	1 263	1 740
浙江衢州煤矿机械总厂股份有限公司	三用阀	套	128 800	149 577	5 887
天水风动机械配件有限公司	弹簧件（凿岩机）	t/ 万件	4/33	6.8/55	1.2/11
天水风动机械配件有限公司	弹簧件（手工具）	t/ 万件	1/10	1/10	
天水风动机械配件有限公司	水针件（凿岩机）	t/ 万件	16/19	16/19	
天水风动机械配件有限公司	胶件（凿岩机）	t/ 万件	0.35/130	0.35/130	0.2/80

（续）

企业名称	产品类别	单位	产量	销量	库存
天水风动机械配件有限公司	叶片件（手工具）	t/万件	3/30	3/30	3.4/35
天水风动机械配件有限公司	聚氨酯件（凿岩机）	t/万件		0.5/12	0.5/12
天水风动机械配件有限公司	塑料包装箱	万件	5	5	
青岛前哨精密机械有限责任公司	气钻	台	12 141	13 383	770
天水风动机械股份有限公司	气钻	台	1 410	1 340	713
青岛前哨精密机械有限责任公司	气砂轮	台	5 868	5 254	603
山东中车同力达智能机械有限公司	SJ125角向磨光机	台	5 610	3 150	2 460
山东中车同力达智能机械有限公司	S40砂轮机	台	34 200	31 000	3 200
上海气动工具厂	气砂轮	台	11 352	11 491	208
天水风动机械股份有限公司	气砂轮	台	4 750	4 400	2 836
青岛前哨精密机械有限责任公司	气扳机	台	8 938	9 527	3 100
山东春龙风动机械有限公司	气动工具	台	51 660	48 480	20 094
山东中车同力达智能机械有限公司	气扳机	台	19 720	18 110	1 610
上海骏马气动工具有限公司	气扳机	台	2 000	1 500	500
天水风动机械股份有限公司	气扳机	台	1 156	1 213	2 076
青岛前哨精密机械有限责任公司	气剪刀	台	265	383	16
青岛前哨精密机械有限责任公司	气螺刀	台	4 872	5 101	4 243
青岛前哨精密机械有限责任公司	铆钉机	台	3 731	3 473	264
宁波市鄞州甬盾风动工具制造有限公司	捣固机	台	1 150	1 194	390
上海气动工具厂	捣固机	台	862	803	144
天水风动机械股份有限公司	捣固机	台	360	403	-30
宁波市鄞州甬盾风动工具制造有限公司	气镐	台	43 800	42 594	2 324
天水风动机械股份有限公司	气镐	台	3 297	4 902	321
浙江红五环掘进机械股份有限公司	气镐	台	14 720	15 520	1 082
义乌市风动工具有限公司	气镐	台	14 840	14 840	7 000
南京工程机械厂有限公司	气铲	台	100	68	100
宁波市鄞州甬盾风动工具制造有限公司	气铲	台	1 880	1 847	544
宁波市鄞州甬盾风动工具制造有限公司	气锹	台	31 240	31 221	9
青岛前哨精密机械有限责任公司	气铲	台	1 131	1 074	4
山东中车同力达智能机械有限公司	气铲	台	4 900	4 500	400
上海骏马气动工具有限公司	气铲	台	6 000	5 000	1 000
上海气动工具厂	气铲	台	1 357	1 345	135
天水风动机械股份有限公司	气铲	台	300	431	36
烟台市石油机械有限公司	气动绞车	台	242	197	58
天水风动机械股份有限公司	气马达	台	138	156	55
烟台市石油机械有限公司	气马达	台	6 321	8 560	470
湖北首开机械有限公司	拔管机	台	70	56	14
宁波市鄞州甬盾风动工具制造有限公司	镐钎	支	237 300	230 150	18 459

（续）

企业名称	产品类别	单位	产量	销量	库存
青岛前哨精密机械有限责任公司	吹尘枪	台	9 638	9 638	
山东春龙风动机械有限公司	拧紧工具	轴	260	433	194
上海骏马气动工具有限公司	振动器	台	800	1 600	900
上海骏马气动工具有限公司	搅拌机	台	10 000	9 500	500
上海骏马气动工具有限公司	冷水抛光机	台	12 000	11 000	1 000
上海气动工具厂	除锈器	台	1 059	1 067	161
南京工程机械厂有限公司	风动工具	台	2 045	3 166	2 964
天水风动机械股份有限公司	配件	t	175	221	449
通化市风动工具有限责任公司	风镐	只	650	715	255
通化市风动工具有限责任公司	风铲	只	725	810	131
通化市风动工具有限责任公司	配件	只	620	1 150	525
烟台市石油机械有限公司	气动预供油泵	台	1 803	1 824	377
洛阳风动工具有限公司	工矿配件	t	40	35	137

14. 建筑起重机械

企业名称	产品类别	单位	产量	销量	库存
抚顺永茂建筑机械有限公司	塔式起重机	台	480	480	
东莞市毅新庆江机械制造有限公司	塔式起重机	台	90	88	2
江苏腾发建筑机械有限公司	塔式起重机	台	12	11	2
山东鸿达建工集团有限公司	塔式起重机	台	1 065	1 052	13
哈尔滨东建机械制造有限公司	塔式起重机	台	6	6	1
马尼托瓦克起重设备（中国）有限公司	塔式起重机	台	360	351	9
四川锦城建筑机械有限责任公司	塔式起重机	台	185	185	
方圆集团有限公司	塔式起重机	台	1 008	1 009	12
徐州建机工程机械有限公司	塔式起重机	台	2 513	2 505	8
江西中天机械有限公司	塔式起重机	台	538	538	
广东省建筑机械厂有限公司	塔式起重机	台	23	23	
广西建工集团建筑机械制造有限责任公司	塔式起重机	台	1 064	1 064	
广州五羊建设机械有限公司	塔式起重机	台	93	40	53
湖北江汉建筑工程机械有限公司	塔式起重机	台	628	607	
济南建筑机械厂有限公司	塔式起重机	台	122	125	14
江麓机电集团有限公司	塔式起重机	台	378	378	
江苏正兴建设机械有限公司	塔式起重机	台	179	161	18
沈阳三洋建筑机械有限公司	塔式起重机	台	229	235	
四川建设机械（集团）股份有限公司	塔式起重机	台	301	288	13
四川强力建筑机械有限公司	塔式起重机	台	383	356	27
张家港浮山建设机械有限公司	塔式起重机	台	135	135	
浙江虎霸建设机械有限公司	塔式起重机	台	760	689	71

（续）

企业名称	产品类别	单位	产量	销量	库存
浙江省建设机械集团有限公司	塔式起重机	台	1 422	1 258	
科曼萨建设机械（杭州）有限公司	塔式起重机	台	200	53	6
陕西建设机械股份有限公司塔机事业部	塔式起重机	台	600	409	
东莞市毅新庆江机械制造有限公司	施工升降机	台	234	224	10
江苏腾发建筑机械有限公司	施工升降机	台	1	66	1
山东鸿达建工集团有限公司	施工升降机	台	185	180	4
哈尔滨东建机械制造有限公司	施工升降机	台	40	40	1
方圆集团有限公司	施工升降机	台	428	418	38
徐州建机工程机械有限公司	施工升降机	台	254	244	10
中际联合（北京）科技股份有限公司	施工升降机	台	120	105	15
广东裕华兴建筑机械制造有限公司	施工升降机	台	261	166	95
申锡机械有限公司	施工升降机	台	12	12	
无锡华科机械设备有限公司	施工升降机	台	8	3	5
江西中天机械有限公司	施工升降机	台	173	173	
广东省建筑机械厂有限公司	施工升降机	台	25	25	
广西建工集团建筑机械制造有限责任公司	施工升降机	台	786	786	
湖北江汉建筑工程机械有限公司	施工升降机	台	1 007	972	
济南建筑机械厂有限公司	施工升降机	台	12	14	1
江苏正兴建设机械有限公司	施工升降机	台	12	9	3
四川建设机械（集团）股份有限公司	施工升降机	台	118	112	6
浙江虎霸建设机械有限公司	施工升降机	台	100	98	2
浙江省建设机械集团有限公司	施工升降机	台	82	67	
重庆红岩建设机械制造有限责任公司	施工升降机	台	59	48	11
上海宝达工程机械有限公司	施工升降机	台	92	99	28

15. 观光车

企业名称	产品类别	单位	产量	销量	库存
河南森源鸿马电动汽车有限公司	内燃观光车	辆	104	85	61
苏州益高电动车辆制造有限公司	内燃观光车	辆	301	301	
郑州宇通客车股份有限公司客车专用车分公司	内燃观光车	辆	95	95	
北京北汽摩有限公司	蓄电池观光车	辆	409	157	
常州奥联电动车辆制造有限公司	蓄电池观光车	辆	58	58	
常州市多灵电动车辆制造有限公司	蓄电池观光车	辆	53	52	1
东莞市凯瑞德电瓶车有限公司	蓄电池观光车	辆	1 695	1 451	244
广东绿通新能源电动车科技股份有限公司	蓄电池观光车	辆	7 630	7 630	
广东玛西尔电动科技有限公司	蓄电池观光车	辆	2 914	2 827	208
广州朗晴电动车有限公司	蓄电池观光车	辆	820	799	27
河南森源鸿马电动汽车有限公司	蓄电池观光车	辆	1 272	1 285	116

（续）

企业名称	产品类别	单位	产量	销量	库存
柳州五菱汽车工业有限公司	蓄电池观光车	辆	6 010	5 690	320
苏州傲威电动车辆制造有限公司	蓄电池观光车	辆	450	396	54
苏州普莱尔机械设备制造有限公司	蓄电池观光车	辆	110	100	10
苏州益高电动车辆制造有限公司	蓄电池观光车	辆	6 247	6 206	41
宜昌鑫威新能源车辆制造有限公司	蓄电池观光车	辆	521	488	33
郑州宇通客车股份有限公司客车专用车分公司	蓄电池观光车	辆	120	110	8
珠海亿华电动车辆有限公司	蓄电池观光车	辆	15		15
扬州五环龙电动车有限公司	蓄电池观光车	辆	1 496	1 647	156
湖北圣宝龙电动车有限公司	蓄电池观光车	辆	65	55	10
郑州嘉骏电动车有限公司	蓄电池观光车	辆	200	185	15
浙江绿源电动车有限公司	蓄电池观光车	辆	24	17	7
成都晨明电动车辆制造有限公司	蓄电池观光车	台	120	99	21
厦门奇富电动车辆有限公司	低速电动车	辆	27	23	4
北京北汽摩有限公司	低速电动车	辆	242	171	
广东绿通新能源电动车科技股份有限公司	低速电动车	辆	1 268	1 268	
广东玛西尔电动科技有限公司	低速电动车	辆	3 988	4 011	41
广州朗晴电动车有限公司	低速电动车	辆	396	401	8
河南森源鸿马电动汽车有限公司	低速电动车	辆	864	730	162
苏州傲威电动车辆制造有限公司	低速电动车	辆	905	817	88
苏州益高电动车辆制造有限公司	低速电动车	辆	959	934	25
宜昌鑫威新能源车辆有限公司	低速电动车	辆		201	1
扬州五环龙电动车有限公司	低速电动车	辆	214	240	9
常州奥联电动车辆制造有限公司	其他观光车辆	辆	109	109	
常州市多灵电动车辆有限公司	其他观光车辆	辆	24	24	
广东绿通新能源电动车科技股份有限公司	其他观光车辆	辆	1 316	1 316	
广东玛西尔电动科技有限公司	其他观光车辆	辆	1 842	1 953	42
河南森源鸿马电动汽车有限公司	其他观光车辆	辆	69	78	6
苏州傲威电动车辆制造有限公司	其他观光车辆	辆	320	300	20
苏州益高电动车辆制造有限公司	其他观光车辆	辆	9 972	9 914	58
宜昌鑫威新能源车辆有限公司	其他观光车辆	辆		224	13
扬州五环龙电动车有限公司	其他观光车辆	辆	42	66	5
湖北圣宝龙电动车有限公司	其他观光车辆	辆	90	85	5
道达电动车制造成都有限公司	其他观光车辆	辆	468	460	8

16. 工程机械配套件

企业名称	产品类别	单位	产量	销量	库存
康明斯（中国）投资有限公司	柴油发电机	台	41 420	41 420	
上海杰士鼎虎动力有限公司	动力蓄电池组	组	12 500	12 563	500

（续）

企业名称	产品类别	单位	产量	销量	库存
常州杨氏电机有限公司	动力系统	台	51 000	49 900	1 300
上海施能电气设备有限公司	动力系统	台	64 330	60 270	1 530
蚌埠液力机械有限公司	液力变矩器	台	80 016	77 203	6 673
浙江临海机械有限公司	液力变矩器	台	9 431	8 936	
采埃孚（中国）投资有限公司	AMT 变速器	台	2 000	375	
采埃孚（中国）投资有限公司	VG 分动箱	台	8 000	39	
江西省分宜驱动桥有限公司	变速器	台	115	91	26
安徽合力股份有限公司安庆车桥厂	驱动桥	台（套）	28 875	27 649	592
徐州美驰车桥有限公司	驱动桥	台（套）	76 000	75 300	700
江西省分宜驱动桥有限公司	驱动桥	台（套）	5 436	5 121	558
安徽合力股份有限公司安庆车桥厂	转向桥	台（套）	180 505	178 962	2 760
江西省分宜驱动桥有限公司	转向桥	台（套）	469	424	61
江西省分宜驱动桥有限公司	制动器	台（套）	463	463	1
黄石赛福摩擦材料有限公司	粉末冶金制品	万片	795	816	180
杭州前进齿轮箱集团股份有限公司	工程变速器	台	22 934	21 451	4 566
蚌埠液力机械有限公司	液压油缸	件	705 826	727 244	26 961
徐州徐工液压件有限公司	液压油缸	件	350 282	330 211	21 471
太重集团榆次液压工业有限公司	液压油缸	件	781	706	646
太重集团榆次液压工业有限公司	齿轮泵	台	112 060	98 587	30 284
赛克思液压科技股份有限公司	齿轮泵	台	6 972	6 861	1 462
太重集团榆次液压工业有限公司	叶片泵	台	58 917	50 088	47 787
北京华德液压工业集团有限责任公司	柱塞泵	台	8 097	8 151	537
太重集团榆次液压工业有限公司	柱塞泵	台	646	557	256
中航力源液压股份有限公司	液压泵	台	29 805	33 012	19 387
赛克思液压科技股份有限公司	柱塞泵	台	14 310	15 977	418
青岛力克川液压机械有限公司	液压马达	台	44 400	43 257	3 143
北京华德液压工业集团有限责任公司	液压马达	台	23 939	24 014	2 152
太重集团榆次液压工业有限公司	液压马达	台	120	130	41
中航力源液压股份有限公司	液压马达	台	31 191	27 527	2 585
赛克思液压科技股份有限公司	柱塞马达	台	150	208	26
徐州徐工液压件有限公司	液压阀	件	79 111	59 088	5 980
上海强田液压股份有限公司	液压多路换向阀	件	100 000	80 000	20 000
浙江高宇液压机电有限公司	液压多路换向阀	台	62 735	57 819	5 656
北京华德液压工业集团有限责任公司	液压控制阀	台	886 636	814 178	44 694
浙江高宇液压机电有限公司	液压阀	台	61 148	59 046	4 988
赛克思液压科技股份有限公司	压力控制阀	台	18 420	9 712	38 545
河北冀工胶管有限公司	各类低压橡胶管	万吋米	1 130	1 125	5
徐州徐工液压件有限公司	液压胶管总成	件	2 329 189	2 329 189	176 891

（续）

企业名称	产品类别	单位	产量	销量	库存
徐州徐工液压件有限公司	液压金属连接管总成	件	633 368	633 368	77 196
徐州徐工液压件有限公司	液压管接头	件	1 343 321	1 343 321	90 168
太重集团榆次液压工业有限公司	液压附件	台（件）	10 009	10 639	6 502
太重集团榆次液压工业有限公司	液压系统	套	14 374	11 811	7 245
济宁市永生工程机械制造有限公司	支、托、引、驱轮总成汇总	件	629 527	616 621	506 054
烟台富野机械集团有限公司	支、托、引、驱轮总成汇总	件	45 024	45 385	8 040
烟台富野机械集团有限公司	履带链轨总成	件	14 210	13 606	3 809
莱州市莱索制品有限公司	履带链轨总成	万件	346	354	2
莱州市莱索制品有限公司	支重轮	万件	486	488	4
宜昌鑫威新能源车辆制造有限公司	巡游花车底盘	台	32	32	
扬州市高升机械有限公司	座椅	台	174 113	173 482	972
济南新瑞安迪自动化有限公司	称重显示控制器	件	1 720	1 220	545
济南新瑞安迪自动化有限公司	KR-H 电气控制柜	台	205	205	
济南新瑞安迪自动化有限公司	操作台	台	205	205	
济南新瑞安迪自动化有限公司	电气系统一体柜	台	110	110	
上海南华机电有限公司	LED 工作灯	台	120 000	115 000	7 000
上海南华机电有限公司	声光报警器	台	20 000	18 000	2 000
博索尼奥拉茂无锡叉车属具有限公司	叉车属具	件	4 256	6 377	2 368
马鞍山方圆精密机械有限公司	回转支承	套	96 405	93 165	6 941
马鞍山统力回转支承有限公司	回转支承	套	50 620	47 511	5 116
江苏法尔胜特钢制品有限公司	钢丝绳	t	5 757	5 624	1 590
天途路业集团有限公司	涂料	t	17 008	16 288	720
天途路业集团有限公司	机械设备	台	200	150	50
江苏万达特种轴承有限公司	中大型 120-190	万套	668	580	144
瑞钢钢板（中国）有限公司	HARDOX 悍达钢板	t	60 000	60 000	20 000
瑞钢钢板（中国）有限公司	STRENX 悍达钢板	t	60 000	60 000	20 000
杭州萧山红旗摩擦材料有限公司	摩擦片	万片	1 592	1 562	48
烟台富野机械集团有限公司	其他	件	36 563	46 551	2 418
北京蒂吉博纳科技有限公司	ZZR 燃烧机	台	100	78	22
浙江临海机械有限公司	水轮机	万 kW	3.45	3.44	
洛阳九久科技股份有限公司	破岩刀具	把	2 000	1 800	200
洛阳九久科技股份有限公司	盾构机刀具	把	1 000	950	50

〔供稿人：中国工程机械工业协会廖志〕

2018 年工程机械行业主要企业主要经济指标完成情况

序号	项目	指标代码	单位	2018 年	2017 年	同比增长（%）
1	工业总产值（现价）	A09	亿元	3 997	3 434	16.39
2	出口交货值	A111	亿元	389.4	286.3	36.01
3	全年从业人员平均人数	B29	人	213 052	205 464	3.69
4	全年从业人员工资总额	B30	亿元	198.5	184.8	7.40
5	生产中应用工业机器人数量	F40	台	2 501	1 855	34.82
6	固定资产净额	J19	亿元	866.6	587.9	47.40
7	流动资产余额	J06	亿元	4 192	3 790	10.62
8	应收账款	J08	亿元	1 367	1 319	3.65
9	年末负债合计	J65	亿元	3 677	3 368	9.15
10	累计完成固定资产投资	E08	亿元	115.4	103.5	11.54
11	年末资产总计	J63	亿元	6 231	5 660	10.08
12	营业收入	J301	亿元	4 286	3 890	10.18
13	营业税金及附加	J33	亿元	31.5	23.0	37.14
14	利息支出	J40	亿元	56.2	67.1	−16.24
15	利润总额	J45	亿元	275.1	168.4	63.30
16	统计企业数		家	277	248	11.69

〔供稿人：中国工程机械工业协会吕莹〕

2018 年工程机械行业 10 大类主机产品产销存情况

序号	产品名称	产、销、存	2018 年	2017 年	同比增长（%）
1	挖掘机（含轮胎式）	生产量（台）	214 255	139 636	53.4
		销售量（台）	206 646	132 195	56.3
		年末库存（台）	13 872	15 629	−11.2
2	装载机	生产量（台）	108 983	83 336	30.8
		销售量（台）	107 442	78 810	36.3
		年末库存（台）	11 952	12 424	−3.8
3	推土机（含轮式）	生产量（台）	7 491	5 892	27.1
		销售量（台）	7 595	5 649	34.4

（续）

序号	产品名称	产、销、存	2018 年	2017 年	同比增长（%）
		年末库存（台）	1 022	989	3.3
4	平地机	生产量（台）	3 396	5 388	-37.0
		销售量（台）	3 506	3 506	0.0
		年末库存（台）	405	602	-32.7
5	压路机	生产量（台）	9 884	13 342	-25.9
		销售量（台）	9 785	12 918	-24.3
		年末库存（台）	329	705	-53.3
6	摊铺机	生产量（台）	1 284	1 109	15.8
		销售量（台）	1 283	1 067	20.2
		年末库存（台）	85	112	-24.1
7	轮式起重机（汽车起重机、轮胎起重机）	生产量（台）	32 810	20 780	57.9
		销售量（台）	32 597	20 710	57.4
		年末库存（台）	1 074	897	19.7
8	履带起重机	生产量（台）	1 825	1 348	35.4
		销售量（台）	1 833	1 351	35.7
		年末库存（台）	74	85	-12.9
9	塔式起重机	生产量（台）	13 359	6 973	91.6
		销售量（台）	12 600	6 767	86.2
		年末库存（台）	290	506	-42.7
10	叉车（内燃及电动）	生产量（台）	504 339	362 019	39.3
		销售量（台）	511 603	358 321	42.8
		年末库存（台）	20 012	16 647	20.2

〔供稿人：中国工程机械工业协会吕莹〕

中国工程机械工业年鉴2019

标准篇

介绍2018年工程机械行业团体标准工作的开展情况，公布工程机械产品国家标准

标准篇

2018年工程机械行业团体标准工作开展情况暨标准化工作

2018年，在国家标准化管理委员会（简称国家标准委）的支持和全体工程机械行业同仁的共同努力下，中国工程机械工业协会（简称协会）积极贯彻2018年1月1日正式施行的《中华人民共和国标准化法》（修订），2017年12月15日国家质量监督检验检疫总局、国家标准委、民政部联合印发的《团体标准管理规定（试行）》以及2017年12月19日工业和信息化部科技司发布的《培育发展工业通信业团体标准的实施意见》等国家政策要求，协调有序地开展工程机械行业的团体标准工作，年年有创新和突破，协会下属分支机构和行业企业开展团体标准建设的积极性也逐年提高，尤其更关注绿色环保、健康安全领域的团体标准。截至2018年年底，工程机械行业共计发布了67项团体标准。

一、对新标准化法中涉及团体标准的条款释义

第十二届全国人民代表大会常务委员会第三十次会议通过的新修订的《中华人民共和国标准化法》自2018年1月1日起施行。此次新标准化法的修订构建了政府标准与市场标准协调配套的新型标准体系，能更好地发挥市场主体活力，增加标准有效供给。新标准化法中首次明确了团体标准的法律地位，对未来工程机械行业自主开展团体标准工作提供了重要支撑。

1.新标准化法第二条

新标准化法的第二条指出，标准包括国家标准、行业标准、地方标准和团体标准、企业标准。

释义：本条是关于标准分类的规定。

我国标准按制定主体分为国家标准、行业标准、地方标准和团体标准、企业标准。国家标准、行业标准和地方标准属于政府主导制定的标准，团体标准、企业标准属于市场主体自主制定的标准。团体标准由学会、协会、商会、联合会、产业技术联盟等社会团体制定。

2.新标准化法第七条

新标准化法的第七条指出，国家鼓励企业、社会团体和教育、科研机构等开展或者参与标准化工作。

释义：本条是关于鼓励各方参与标准化工作的原则规定。

标准化工作需要各方的积极参与。开展标准化工作主要包括制定满足自身需要的团体标准和企业标准，开展标准化理论研究、标准的宣贯推广、标准化教育培训、标准化试点示范建设等。

3.新标准化法第十八条

新标准化法的第十八条指出，国家鼓励学会、协会、商会、联合会、产业技术联盟等社会团体协调相关市场主体共同制定满足市场和创新需要的团体标准，由本团体成员约定采用或者按照本团体的规定供社会自愿采用。

制定团体标准，应当遵循开放、透明、公平的原则，保证各参与主体获取相关信息，反映各参与主体的共同需求，并应当组织对标准相关事项进行调查分析、实验、论证。

国务院标准化行政主管部门会同国务院有关行政主管部门对团体标准的制定进行规范、引导和监督。

释义：本条是关于团体标准及其制定与管理的规定。

团体标准是市场自主制定的标准。设立团体标准的目的是激发社会团体制定标准、运用标准的活力，充分发挥市场在标准化资源配置中的决定性作用，快速响应创新和市场对标准的需求，增加标准的有效供给。团体标准的制定主体是学会、协会、商会、联合会、产业技术联盟等社会团体。社会团体应当依照《社会团体登记管理条例》等规定成立。采用团体标准的方式包括由本团体成员约定采用，或者按照本团体的规定供社会自愿采用。

团体标准作为标准体系的重要组成部分，开放、透明、公平是制定团体标准所应遵循的原则。广泛吸纳相关方参与到标准化活动中，保证其获取相关信息、反映参与人员的共同需求，有利于协商一致的达成。由于团体标准可供社会自愿采用，所以要以科学技术和实践经验的综合成果为基础，组织对标准相关事项进行调查分析、实验、论证，以增强团体标准的科学性、有效性。

国务院标准化行政主管部门会同国务院有关部门制定团体标准相关政策，明确团体标准的制定原则、一般程序、底线要求、统一编号规则、自我声明公开等内容；鼓励在产业政策制定、政府采购、社会管理、检验检测、认证认可、招投标中应用团体标准；社会团体自愿向第三方机构申请开展团体标准良好行为评价；标准化行政主管部门、有关行政主管部门建立团体标准投诉和举报机制，营造团体标准发展的良好政策环境，对团体标准的制定进行规范、引导和监督，促进团体标准化工作健康有序发展。

4.新标准化法第二十条

新标准化法的第二十条指出，国家支持在重要行业、战略性新兴产业、关键共性技术等领域利用自主创新技术制定团体标准、企业标准。

释义：本条是关于国家支持制定自主创新团体标准和企业标准的规定。

重要行业、战略性新兴产业、关键共性技术等领域对我国经济的发展、技术的创新进步，对于增强我国的整体实力具有重要意义。企业和社会团体是技术创新和产业化的主体，企业和社会团体能够快速制定标准，及时满足市场需求。国家在政策环境、制度环境等方面给予支持。

5. 新标准化法第二十一条

新标准化法的第二十一条指出，推荐性国家标准、行业标准、地方标准、团体标准、企业标准的技术要求不得低于强制性国家标准的相关技术要求。

国家鼓励社会团体、企业制定高于推荐性标准相关技术要求的团体标准、企业标准。

释义：本条是关于标准之间关系的规定。

强制性国家标准所规定的技术要求是全社会应遵守的底线要求，其他标准技术要求都不应低于强制性国家标准的相关技术要求。本条也是对其他标准进行监督的依据。

推荐性标准是政府推荐的基本要求，企业和社会团体要在市场竞争中占据优势，提升自身和行业的市场竞争力，不能仅满足于推荐性标准的基本要求，而应积极制定高于推荐性标准的企业标准和团体标准。

6. 新标准化法第二十七条

新标准化法的第二十七条指出，国家实行团体标准、企业标准自我声明公开和监督制度。企业应当公开其执行的强制性标准、推荐性标准、团体标准或者企业标准的编号和名称；企业执行自行制定的企业标准的，还应当公开产品、服务的功能指标和产品的性能指标。国家鼓励团体标准、企业标准通过标准信息公共服务平台向社会公开。

释义：本条是关于团体标准自我声明公开和监督制度的规定。

为宣传推广团体标准，促进团体标准实施，国家实行团体标准自我声明公开和监督制度。社会团体应当公开其团体标准的名称、编号等信息。团体标准涉及专利的，还应当公开标准涉及专利的信息。鼓励社会团体公开其团体标准的全文或主要技术内容。鼓励社会团体通过标准信息公共服务平台自我声明公开其团体标准信息。对团体标准的监督依据本法第三十九条和第四十二条规定进行。

7. 新标准化法第三十九条

新标准化法的第三十九条指出，社会团体、企业制定的标准不符合本法第二十一条第一款、第二十二条第一款规定的，由标准化行政主管部门责令限期改正；逾期不改正的，由省级以上人民政府标准化行政主管部门废止相关标准，并在标准信息公共服务平台上公示。

释义：本条是关于违反标准制定基本原则处理方式的规定。

本条第二款的适用对象是从事团体标准和企业标准制定的社会团体、企业。

根据本法第二十一条第一款和第二十二条第一款的要求，制定市场标准需要符合下列两项基本要求：①团体标准、企业标准的技术要求不得低于强制性国家标准的相关技术要求。②制定标准应当有利于科学合理利用资源，推广科学技术成果，增强产品的安全性、通用性、可替换性，提高经济效益、社会效益、生态效益，做到技术上先进、经济上合理。

社会团体和企业制定标准违反第二十一条第一款和第二十二条第一款要求的，由县级以上人民政府标准化行政主管部门按照属地管辖原则，责令社会团体和企业限期改正违法行为；对于拒不改正的，由省级以上标准化行政主管部门废止相关标准，并在标准信息公共服务平台上予以公示。

8. 新标准化法第四十二条

新标准化法的第四十二条指出，社会团体、企业未依照本法规定对团体标准或者企业标准进行编号的，由标准化行政主管部门责令限期改正；逾期不改正的，由省级以上人民政府标准化行政主管部门撤销相关标准编号，并在标准信息公共服务平台上公示。

释义：本条是关于社会团体、企业未依法编号法律责任的规定。

团体标准和企业标准依法编号是制定标准的社会团体和企业需要遵循的法定义务。社会团体、企业在标准制定活动中，未依照本法的规定对其进行编号主要是指如下两种情况：一是不进行编号；二是编号不符合团体标准、企业标准的编号规则。

社会团体或企业未依法对各自制定的团体标准、企业标准进行编号的，县级以上人民政府标准化行政主管部门可以责令其限期改正。对于拒不改正的，可以由省级标准化行政主管部门撤销相关标准的编号。对于被撤销编号的团体标准、企业标准，相关社会团体和企业不能继续在各项活动中使用。

团体标准和企业标准被撤销编号的，还应当通过标准信息公共服务平台将社会团体和企业的违法情况向社会公示。违法信息的公示有助于向社会公众发出警示信息，避免相关单位和个人被错误的标准编号所误导。

二、工程机械行业团体标准工作协调有序开展

（一）工程机械行业团体标准开展情况

依据新修订的《中华人民共和国标准化法》，由国家质量监督检验检疫总局、国家标准委、民政部制定的《团体标准管理规定（试行）》明确了团体标准的编号规则依次由团体标准代号、社会团体代号、团体标准顺序号和年代号组成。协会发布团体标准的标准编号遵循以上编制规则，协会团体标准的编号由团体标准代号（T/）、协会英文简称（CCMA）、团体标准顺序号和年代号组成。

当前，协会共发布了 67 项工程机械团体标准，涉及基础标准、安全标准、产品标准、方法标准、关键零部件标准、节能环保标准、科技成果转化标准和职业培训标准。2018 年，协会发布了 13 项团体标准，并且有 19 项团体标准已经完成立项工作。协会高度重视团体标准的推广和应用效果，探索在产业政策制定以及行政管理、政府采购、认证认可、检验检测等工作中引用团体标准的机制，鼓励使用具有自主创新技术、具备竞争优势的团体标准，推动

工程机械行业团体标准工作向前发展，赋予团体标准鲜活的生命力，使团体标准真正成为“实用、爱用、管用”的标准。2018 年中国工程机械工业协会已发布团体标准目录见表 1。

表 1　2018 年中国工程机械工业协会已发布团体标准目录

序号	标准编号	标准名称	发布时间
1	T/CCMA 0056—2018	土方机械 液压挖掘机　多样本可靠性试验方法	2018.2.8
2	T/CCMA 0057—2018	场（厂）内电动消防车	2018.2.27
3	T/CCMA 0058—2018	场（厂）内电动巡逻车	2018.2.27
4	T/CCMA 0059—2018	工程机械产品销售代理合同签约操作指南	2018.3.2
5	T/CCMA 0060—2018	牵引用铅酸蓄电池电源装置箱体	2018.7.16
6	T/CCMA 0061—2018	塔式起重机防碰撞装置	2018.8.20
7	T/CCMA 0062—2018	流动式起重机用力矩限制器	2018.7.30
8	T/CCMA 0063—2018	盾构机操作、使用规范	2018.8.30
9	T/CCMA 0064—2018	全断面隧道掘进机环境与职业健康安全	2018.8.30
10	T/CCMA 0065—2018	全断面隧道掘进机检验与验收通用规范	2018.8.30
11	T/CCMA 0066—2018	沥青混合料搅拌设备　环保排放限值	2018.11.19
12	T/CCMA 0067—2018	沥青混合料搅拌设备　安全标识	2018.11.19
13	T/CCMA 0068—2018	沥青混合料搅拌设备　专用振动筛	2018.11.19

为了工程机械行业团体标准的规范管理、推广应用和评价，同时提高其在行业的影响力，从 2018 年开始，协会将已发布的工程机械团体标准作为出版物正式出版，享有版权和著作权，受法律保护。当前已有 9 项团体标准完成出版工作，5 项团体标准正在出版。2018 年中国工程机械工业协会已出版团体标准目录见表 2。

表 2　2018 年中国工程机械工业协会已出版团体标准目录

序号	标准编号	标准名称
1	T/CCMA 0047—2016	盾构机操作工
2	T/CCMA 0048—2017	二手工程机械评估师
3	T/CCMA 0055—2017	工程机械液压管路布局规范
4	T/CCMA 0056—2018	土方机械　液压挖掘机　多样本可靠性试验方法
5	T/CCMA 0057—2018	场（厂）内电动消防车
6	T/CCMA 0058—2018	场（厂）内电动巡逻车
7	T/CCMA 0059—2018	工程机械产品销售代理合同签约操作指南
8	T/CCMA 0060—2018	牵引用铅酸蓄电池电源装置箱体
9	T/CCMA 0061—2018	塔式起重机防碰撞装置

（二）协会分支机构开展团体标准情况

协会按产品类型和工作性质成立了 30 个分会和工作委员会，协会充分调动分支机构开展团体标准工作的积极性并进行指导性工作，各分支机构在团体标准的开展方面都加强了力量。当前已有 19 个分支机构开展了团体标准工作，并有标准化工作委员会、筑养路机械分会、掘进机械分会、学术工作委员会、维修及再制造分会、用户工作委员会、装修与高空作业机械分会、钢筋及预应力机械分会、观光车分会、质量工作委员会、路面与压实机械分会、建筑起重机械分会、施工机械化分会、代理商工作委员会、工程起重机分会、工业车辆分会、工程机械配套件分会等 17 个分支机构发布了团体标准。另外，混凝土机械分会、工程运输机械分会也有多项团体标准完成了立项。

关于团体标准的开展制定情况如下：协会联合分支机构、相关企业单位共同制定了 16 项团体标准；筑养路机械分会涉及 13 项；学术工作委员会和维修及再制造分会涉及 3 项；装修与高空作业机械分会涉及 5 项；用户工作委员会、施工机械化分会、钢筋及预应力机械分会和中国建筑科学研究院建筑机械化研究分院共同组织制定了 8 项能效方面的团体标准；掘进机械分会涉及 5 项；钢筋及预应力机械分会涉及 2 项；路面与压实机械分会涉及 1 项；标准化工作委员会涉及 4 项；质量工作委员会涉及 2 项；观光车分会涉及 2 项；代理商工作委员会涉及 1 项；工业车辆分会涉及 1 项；建筑起重机械分会涉及 3 项；工程起重机分会涉及 1 项。

（三）2018 年团体标准应用示范项目

为贯彻落实《深化标准化工作改革方案》和《中华人民共和国标准化法》的要求，大力培育发展团体标准，支持团体标准的推广应用，协会按照《工业和信息化部办公厅关于开展 2018 年百项团体标准应用示范项目申报工作的通知》（工信部科函〔2018〕253 号）的要求组织开展工程机械行业团体标准的申报工作。经专家审查和社会公示等环节，工业和信息化部遴选出 102 项 2018 年团体标准应用示范项目，最终有 5 项工程机械团体标准入选，分别是 T/CCMA 0056—2018《土方机械 液压挖掘机 多样本可靠性试验方法》、T/CCMA 0055—2017《工程机械液压管路布局规范》、T/CCMA 0052—2017《塔式起重机固定基础设计规范》、T/CCMA 0053—2017《建筑起重机械多功能转角式行程限位器》、T/CCMA 0054—2017《工程机械动力换挡变速器 可靠性台架试验方法》。5 项团体标准涉及可靠性、管路布局规范工艺标准、安全标准和填补空白的产品标准，均符合绿色环保发展方向和国家提倡的绿色发展理念。

团体标准 T/CCMA 0056—2018《土方机械 液压挖掘机 多样本可靠性试验方法》已列入国家科技支撑计划“工程机械节能减排关键技术研究与应用”项目。本标准解决了我国液压挖掘机可靠性研究方法和验证问题，为改善产品质量指明了方向，可扩展到其他工程机械产品，促进行业高质量发展与产业升级换代，提升了我国工程机械在国际上的竞争优势，具有突出的经济效果。

由协会牵头组织的团体标准 T/CCMA 0055—2017《工程机械液压管路布局规范》，第一次从工程机械全行业的角度对液压管路布局进行规范，大幅提升了管路装配效率，产品管路故障率降低了 20% 以上，管路维修性也大幅提高，大大提升了用户的满意度。尤其是随着工程机械产品出口量不断增加，从一定程度上提高了工程机械产品的国际形象，促进了产品的出口。本标准可以作为工程机械行业产品设计、装配及维修的规范，提升了管路布局质量和安全性能，使我国的工程机械在国际市场上更具竞争力。

工业和信息化部科技司还从 2018 年团体标准应用示范项目中遴选出能够体现高质量发展要求，优先推荐高技术、新兴产业领域项目及具有重要价值意义的 25 项团体标准作为优秀团体标准示范项目，在标准推进会上进行了典型优秀项目展示，工程机械行业 T/CCMA 0056—2018《土方机械 液压挖掘机 多样本可靠性试验方法》团体标准荣幸入选典型优秀项目。

（四）入围 2018 年中国工程机械十大新闻

2018 年中国工程机械十大新闻由协会主办，该活动已成功举办 23 届（1996—2018 年），成为业内人士梳理和总结过去一年产业和市场发展脉络的重要渠道，是我国工程机械行业最为重要的年度事件之一。团体标准化工作入围 2018 年中国工程机械十大新闻第八位，全文内容为：协会高度重视团体标准的推广和应用效果，推动工程机械行业团体标准工作向前发展。由协会发布的 5 项工程机械团体标准入选工业和信息化部科技司的 2018 年团体标准应用示范项目。该 5 项团体标准涉及可靠性、管路布局规范工艺标准、安全标准和填补空白的产品标准，均符合绿色环保发展方向和国家提倡的绿色发展理念。

（五）参与标准交流和经验分享活动

2018 年，协会标准化交流工作取得了很大的成绩。协会下属分支机构对团体标准工作的重视程度逐步提升，组织工作不断地丰富。通过充分调动工程机械行业细分领域企业参加团体标准工作的积极性，推广和宣传本行业团体标准，促进行业整体质量水平的提升和发展。协会积极参与分支机构的标准化活动，先后参加了掘进机械分会、混凝土机械分会、工程运输机械分会、筑养路机械分会的团体标准讨论和审查会议，进行政策宣贯和工作指导，保障团体标准的编制质量。2018 年 9 月 18 日，协会还到湖南长沙针对协会下属 6 个分支机构进行标准化工作调研，针对工程机械团体标准开展过程中遇到的问题或提出的建议进行了沟通交流，共同推动工程机械行业团体标准的有序健康发展。

协会一直非常重视与工程机械各相关全国标委会和上下游兄弟协会之间的外联交流和经验分享工作。标准是促进行业技术进步、促进创新成果转化的桥梁和纽带，各相关方对标准化工作的合作交流也日益联系紧密。另外，随着团体标准的发展壮大，宏观政策的利好环境，各兄弟协会之间也增加了对团体标准工作经验的交流和分享。2018 年，协会除了参加包括土方机械标委会、建筑施工机械与设备标委会等在内的各全国相关标委会标准化活动，还成为全国绿色制造标委会再制造分标委会的委员，参加了中国电子学会、中国锻压协会、中国贸促会的标准化交流活动。

（六）参加涉及标准化方面的编写工作

当前，虽然团体标准化工作发展迅速，但相对于我国政府主导和国外标准化组织的标准化工作来说，团体标准在我国作为一种新的标准化形式，起步较晚，同时各社会团体的标准化工作基础不同，在工作开展过程中遇到了不少问题。为此，协会作为联盟理事单位参加了团体标准化发展联盟组织的《团体标准百问百答》图书中编写篇的部分组稿工作，按照现行的法律法规、政策及联盟成员的共识，旨在解答社会团体在团体标准化工作开展过程中的疑惑，为团体标准化事业的发展提供支撑。

为贯彻“中国制造 2025”的部署，落实《工业绿色发展规划（2016—2020 年）》和《绿色制造工程实施指南

（2016—2020年）》的任务要求，加快绿色设计产品评价标准制修订速度，实现到2020年万种绿色设计产品的目标，协会按照工业和信息化部的通知要求，在行业内进行广泛宣传，并提出和编写了2018—2020年工程机械绿色设计产品评价标准制定计划，将工程机械绿色设计产品评价标准项目统计表上报了有关部门。

根据“中国标准2035”制造业标准化体系战略研究专题的有关要求，装备制造业标准化体系战略研究子任务下设了18个领域牵头单位。协会负责牵头编写工程机械领域的战略研究任务，按照子任务报告提纲撰写，考虑本领域标准化工作存在的问题、解决思路和建议，提出本领域2035年业态预测，以及本领域2025年和2035年标准化体系战略目标等。

三、承接国家标准委课题研究项目取得成果显著

（一）标准需求研究项目荣获2018年度中国机械工业科学技术奖二等奖

2018年度中国机械工业科学技术奖评审工作已经结束，经中国机械工业科学技术奖评审委员会和中国机械工业科学技术奖管理委员会批准，由协会申报的《中国工程机械“走出去”标准需求研究》荣获2018年度中国机械工业科学技术奖二等奖。

该研究项目是为了落实关于《深化标准化工作改革方案》《国务院关于推进国际产能和装备制造合作的指导意见》等国家文件精神，推动我国装备标准推广实施，协会首次以国家标准委项目课题的形式针对我国工程机械“走出去”标准需求进行研究。该研究分两年按照不同的细分项目完成，分别为“中国装备”标准体系建设研究（一）——中国装备“走出去”工程机械领域标准需求研究、“中国装备”标准体系建设研究（二）——中国工程机械在“一带一路”沿线重点国家的标准需求研究。

当前，我国已经成为全球工程机械的制造大国，在“走出去”战略的大背景下，我国工程机械行业在国际市场的地位日益攀升，中国品牌的影响力日渐扩大。中国工程机械的标准需求研究进一步推动了我国工程机械“走出去”，服务国家“一带一路”倡议的需要，反映了我国工程机械产品出口和国际产能合作在海外市场的标准应用情况，提出了应用主要标准名录，总结了我国工程机械“走出去”所取得的成绩，反映了我国工程机械标准所发挥的重要支撑作用，并为今后更好地促进中国标准“走出去”进而带动中国装备“走出去”提出了一些思路，对工程机械企业在“走出去”过程中具有一定的指导作用。

在产品出口方面，该项目分析总结了经贸、海外工程承包、对外援建和重大装备出口4种出口形式中应用我国标准的情况。在大部分发展中国家和部分新兴经济体，“中国标准”已获得认可，“中国标准”已经成为进入相关国家的“通行证”。

在国际产能合作方面，该项目分析总结了工程机械企业在巴西、印度、乌兹别克斯坦、白俄罗斯、缅甸等“一带一路”沿线重点国家的产能合作项目，表明了工程机械产品从设计研发到生产制造等多个环节大量使用了中国标准，使产能合作项目顺利落地。

该研究项目的基本素材主要来源于对工程机械企业的实地走访调研和工程机械主要研究院及标委会的合作交流。工程机械主要企业共提供了约20个在产品出口方面和国际产能合作方面标准应用的实际案例，并以图文并茂的形式描述了中国标准在工程机械“走出去”过程中发挥的重要作用。

该研究项目第一次提出了我国工程机械“走出去”的标准名录，反映了我国工程机械产品在海外市场的标准应用情况，总结了我国工程机械“走出去”所取得的成绩，突显了我国标准在工程机械“走出去”中发挥的机制保障、技术支撑和质量保证的作用，是对我国标准在国际化进程中取得成果的宣传和推广。

该项目研究成果推动了工程机械外文版和国际互认工作。从工程机械出口国家和地区以及调研的企业反映的情况可以看出，标准翻译英语版是当务之急。针对项目研究成果，国家标准委下达了关于工程机械国家标准的外文版计划，其中翻译的标准计划中涉及土方机械34项、建筑施工机械与设备涉及23项、起重机械16项、工业车辆5项。

国家标准委对项目研究成果给予了高度重视和认可，并与协会共同推动中国标准在国际的交流、推广及互认工作。为了更好地推广课题成果，同时也为了契合国家“一带一路”倡议，依据研究成果对外发布了《中国工程机械“走出去”标准白皮书》，这对工程机械企业“走出去”具有一定的指导和借鉴作用，同时对我国工程机械行业的转型升级具有积极的促进作用。

标准白皮书的发布展现了我国工程机械标准取得的丰硕成果，表明了我国工程机械标准发挥的重要作用，提振了我国工程机械行业迈向国际市场的信心，加速了我国工程机械标准拓宽国际发展的进程，指引了我国工程机械标准未来的工作方向。

（二）承接“中国－巴西挖掘机汽车起重机装载机标准应用合作研究”课题

2019年1月18日，国家市场监督管理总局标准创新管理司组织专家对协会2018年承担的中国标准“走出去”研究专项“中国－巴西挖掘机汽车起重机装载机标准应用合作研究”项目进行了验收。

巴西与我国建有全面战略伙伴关系，我国很多工程机械企业已经针对性地开发巴西市场并投资建厂。

基于中国标准“走出去”的迫切需要，该研究项目重点依托徐工、柳工和三一等企业在巴西投资建厂合作项目和挖掘机、汽车起重机、装载机等主要产品出口巴西情况，通过走访调研产品出口巴西和在巴西有产能合作的企业，用案例分析和比对研究的方法开展了中巴两国标准应用现状和巴西技术法规体系研究，并通过对中巴双方工程机械中的挖掘机、汽车起重机及装载机等相关标准及法规进行比对研究，提出了中国工程机械在巴西的标准需求、双方标准互认清单和制修订标准目录，建立工程机械行业海外试点示范工程方案，给出了中巴双方开展标准化合作方向和重点的建议，为我国工程机械产品“走出去”奠定了坚实的基础。

国家标准委充分肯定了协会及项目组的工作，对该项目给予了高度评价，对今后的工作也提出了期望，希望进一步将项目研究成果推广，在行业内广泛宣传，进一步推动中巴两国在工程机械领域的标准化深入合作。

该项目通过深耕研究巴西的国家工程机械标准法规，以期能够推动中国标准在巴西及南美地区的应用，最终推动中国工程机械在巴西及南美地区国际产能和装备制造合作工作。

〔撰稿人：中国工程机械工业协会宋金云、王金星〕

工程机械国家标准目录

标准号	标准名称	备注
GB/T 5082—1985	起重吊运指挥信号	GB 5082—1985
GB/T 6974.8—1986	起重机械名词术语　浮式起重机	
GB/T 6974.14—1986	起重机械名词术语　缆索起重机	
GB/T 6974.15—1986	起重机械名词术语　悬挂单轨系统	
GB/T 6974.16—1986	起重机械名词术语　冶金起重机	
GB/T 6974.17—1986	起重机械名词术语　堆垛起重机	
GB/T 6974.18—1986	起重机械名词术语　港口起重机	
GB/T 6974.19—1986	起重机械名词术语　集装箱起重机	
GB/T 8499—1987	土方机械　测定重心位置的方法	
GB/T 3883.13—1992	手持式电动工具的安全　第二部分：不易燃液体电喷枪的专用要求	GB 3883.13—1992
GB/T 14289—1993	土方机械　检测孔	
GB/T 790—1995	电动桥式起重机跨度和起升高度系列	
GB/T 7025.3—1997	电梯主参数及轿厢、井道、机房的形式与尺寸　第三部分：V类电梯	
GB/T 12265.3—1997	机械安全　避免人体各部位挤压的最小间距	GB 12265.3—1997
GB/T 17299—1998	土方机械　最小入口尺寸	
GB/T 17301—1998	土方机械　操作和维修空间棱角倒钝	
GB/T 17908—1999	起重机和起重机械　技术性能和验收文件	
GB/T 17909.1—1999	起重机　起重机操作手册　第 1 部分：总则	
GB/T 17910—1999	工业车辆　叉车货叉在使用中的检查和修复	
GB/T 17920—1999	土方机械　提升臂支承装置	
GB/T 8591—2000	土方机械　司机座椅标定点	
GB/T 9142—2000	混凝土搅拌机	
GB/T 8592—2001	土方机械　轮胎式机器转向尺寸的测定	
GB/T 18453—2001	起重机　维护手册　第 1 部分：总则	
GB/T 18576—2001	建筑施工机械与设备　术语和定义	
GB/T 20001.1—2001	标准编写规则　第 1 部分：术语	
GB/T 18717.1—2002	用于机械安全的人类工效学设计　第 1 部分：全身进入机械的开口尺寸确定原则	
GB/T 18717.2—2002	用于机械安全的人类工效学设计　第 2 部分：人体局部进入机械的开口尺寸确定原则	

（续）

标准号	标准名称	备注
GB/T 18717.3—2002	用于机械安全的人类工效学设计　第 3 部分：人体测量数据	
GB/T 18874.1—2002	起重机　供需双方应提供的资料　第 1 部分：总则	
GB/T 18874.5—2002	起重机　供需双方应提供的资料　第 5 部分：桥式和门式起重机	
GB/T 18875—2002	起重机　备件手册	
GB 7588—2003	电梯制造与安装安全规范	
GB/T 7920.5—2003	土方机械　压路机和回填压实机　术语和商业规格	
GB/T 7920.9—2003	土方机械　平地机　术语和商业规格	
GB/T 7920.15—2003	沥青贮存、熔化和加热装置　术语	
GB/T 8196—2003	机械安全　防护装置　固定式和活动式防护装置设计与制造一般要求	
GB/T 13749—2003	柴油打桩机　安全操作规程	GB 13749—2003
GB/T 16273.6—2003	设备用图形符号　第 6 部分：运输、车辆检测及装载机械通用符号	
GB/T 7920.14—2004	道路施工与养护设备沥青洒布车 / 喷洒机　术语和商业规格	
GB/T 7920.16—2004	道路施工与养护设备　石屑撒布机　术语和商业规格	
GB/T 8910.1—2004	手持便携式动力工具　手柄振动测量方法　第 1 部分：总则	
GB/T 8910.2—2004	手持便携式动力工具　手柄振动测量方法　第 2 部分：铲和铆钉机	
GB/T 8910.3—2004	手持便携式动力工具　手柄振动测量方法　第 3 部分：凿岩机和回转锤	
GB/T 13750—2004	振动沉拔桩机　安全操作规程	GB 13750—2004
GB/T 3883.17—2005	手持式电动工具的安全　第二部分：木铣和修边机的专用要求	GB 3883.17—2005
GB/T 4307—2005	起重吊钩　术语	
GB/T 5140—2005	叉车　挂钩型货叉　术语	
GB/T 5141—2005	平衡重式叉车　稳定性试验	
GB/T 5183—2005	叉车　货叉　尺寸	
GB 5226.3—2005	机械安全　机械电气设备　第 11 部分：电压高于 1 000Va.c. 或 1 500Vd.c. 但不超过 36kV 的高压设备的技术条件	
GB/T 7920.6—2005	建筑施工机械与设备　打桩设备　术语和商业规格	
GB/T 8903—2005	电梯用钢丝绳	GB 8903—2005
GB/T 10913—2005	土方机械　行驶速度测定	
GB/T 13328—2005	压路机通用要求	
GB/T 19924—2005	流动式起重机　稳定性的确定	
GB/T 19928—2005	土方机械　吊管机和安装侧臂的轮胎式推土机或装载机的起重量	
GB/T 19930—2005	土方机械　小型挖掘机倾翻保护结构的试验室试验和性能要求	
GB/T 19931—2005	土方机械　挖沟机术语和商业规范	
GB/T 19932—2005	土方机械　液压挖掘机司机防护装置的试验室试验和性能要求	
GB/T 3787—2006	手持式电动工具的管理、使用、检查和维修安全技术规程	
GB 5144—2006	塔式起重机安全规程	
GB/T 5973—2006	钢丝绳用楔形接头	
GB/T 5974.1—2006	钢丝绳用普通套环	
GB/T 5974.2—2006	钢丝绳用重型套环	
GB/T 5975—2006	钢丝绳用压板	
GB/T 5976—2006	钢丝绳夹	

（续）

标准号	标准名称	备注
GB/T 7920.10—2006	道路施工与养护设备　稳定土拌和机　术语和商业规格	
GB/T 7920.11—2006	道路施工与养护设备　沥青混合料搅拌设备　术语和商业规格	
GB/T 7920.13—2006	混凝土路面铺筑机械与设备　术语	
GB/T 8918—2006	重要用途钢丝绳	GB 8918—2006
GB/T 20118—2006	一般用途钢丝绳	
GB/T 20119—2006	平衡用扁钢丝绳	
GB/T 20303.2—2006	起重机　司机室　第 2 部分：流动式起重机	
GB/T 20303.4—2006	起重机　司机室　第 4 部分：臂架起重机	
GB/T 20303.5—2006	起重机　司机室　第 5 部分：桥式和门式起重机	
GB/T 20304—2006	塔式起重机　稳定性要求	
GB/T 20305—2006	起重用钢制圆环校准链　正确使用和维护导则	
GB/T 20315—2006	道路施工与养护设备　路面铣刨机　术语和商业规格	
GB/T 20652—2006	M（4）、S（6）和 T（8）级焊接吊链	
GB/T 20776—2006	起重机械分类	
GB/T 3883.3—2007	手持式电动工具的安全　第二部分：砂轮机、抛光机和盘式砂光机的专用要求	GB 3883.3—2007
GB/T 3883.5—2007	手持式电动工具的安全　第二部分：圆锯的专用要求	GB 3883.5—2007
GB/T 3883.10—2007	手持式电动工具的安全　第二部分：电刨的专用要求	GB 3883.10—2007
GB/T 3883.14—2007	手持式电动工具的安全　第二部分：链锯的专用要求	GB 3883.14—2007
GB/T 3883.15—2007	手持式电动工具的安全　第二部分：修枝剪的专用要求	GB 3883.15—2007
GB/T 8419—2007	土方机械　司机座椅振动的试验室评价	
GB 10055—2007	施工升降机　安全规程	
GB/T 20863.1—2007	起重机械　分级　第 1 部分：总则	
GB/T 20863.3—2007	起重机械　分级　第 3 部分：塔式起重机	
GB/T 20863.4—2007	起重机械　分级　第 4 部分：臂架起重机	
GB/T 20863.5—2007	起重机　分级　第 5 部分：桥式和门式起重机	
GB/T 20900—2007	电梯、自动扶梯和自动人行道　风险评价和降低的方法	
GB 20904—2007	水平定向钻机　安全操作规程	
GB/T 20946—2007	起重用短环链　验收总则	
GB/T 20947—2007	起重用短环链　T 级（T、DAT 和 DT 型）高精度葫芦链	
GB/T 20969.1—2007	特殊环境条件　高原机械　第 1 部分：高原对内燃动力机械的要求	
GB/T 20969.2—2007	特殊环境条件　高原机械　第 2 部分：高原对工程机械的要求	
GB/T 20969.3—2007	特殊环境条件　高原机械　第 3 部分：高原型工程机械选型、验收规范	
GB/T 21014—2007	土方机械　计时表	
GB/T 21153—2007	土方机械　尺寸、性能和参数的单位与测量准确度	
GB/T 21156.1—2007	特殊环境条件　沙漠机械　第 1 部分：干热沙漠内燃动力机械	
GB/T 21156.2—2007	特殊环境条件　沙漠机械　第 2 部分：干热沙漠工程机械	
GB 21240—2007	液压电梯制造与安装安全规范	
GB/T 1955—2008	建筑卷扬机	
GB 2893—2008	安全色	
GB/T 2893.2—2008	图形符号　安全色和安全标志　第 2 部分：产品安全标签的设计原则	

（续）

标准号	标准名称	备注
GB 2894—2008	安全标志及其使用导则	
GB/T 3811—2008	起重机设计规范	
GB/T 3883.1—2008	手持式电动工具的安全　第一部分：通用要求	GB 3883.1—2008
GB/T 3883.16—2008	手持式电动工具的安全　第二部分：钉钉机的专用要求	GB 3883.16—2008
GB/T 3883.22—2008	手持式电动工具的安全　第二部分：开槽机的专用要求	GB 3883.22—2008
GB/T 5013.5—2008	额定电压 450/750V 及以下橡皮绝缘电缆　第 5 部分：电梯电缆	
GB/T 5031—2008	塔式起重机	
GB/T 5143—2008	工业车辆　护顶架　技术要求和试验方法	
GB/T 5182—2008	叉车　货叉　技术要求和试验方法	
GB 5226.1—2008	机械电气安全　机械电气设备　第 1 部分：通用技术条件	
GB/T 5465.2—2008	电气设备用图形符号　第 2 部分：图形符号	
GB/T 5898—2008	手持式非电类动力工具　噪声测量方法　工程法（2 级）	
GB/T 6068—2008	汽车起重机和轮胎起重机试验规范	
GB/T 6375—2008	土方机械　牵引力测试方法	
GB/T 6946—2008	钢丝绳铝合金压制接头	
GB/T 6974.1—2008	起重机　术语　第 1 部分：通用术语	
GB/T 6974.3—2008	起重机　术语　第 3 部分：塔式起重机	
GB/T 6974.5—2008	起重机　术语　第 5 部分：桥式和门式起重机	
GB/T 7024—2008	电梯、自动扶梯、自动人行道术语	
GB/T 7025.2—2008	电梯主参数及轿厢、井道、机房的型式与尺寸　第 2 部分：Ⅳ类电梯	
GB/T 7025.1—2008	电梯主参数及轿厢、井道、机房的型式与尺寸　第 1 部分：Ⅰ、Ⅱ、Ⅲ、Ⅵ类电梯	
GB/T 8506—2008	平地机　试验方法	
GB/T 8533—2008	小型砌块成型机	
GB/T 8595—2008	土方机械　司机的操纵装置	
GB/T 8910.4—2008	手持便携式动力工具　手柄振动测量方法　第 4 部分：砂轮机	
GB/T 8910.5—2008	手持便携式动力工具　手柄振动测量方法　第 5 部分：建筑工程用路面破碎机和镐	
GB/T 10168—2008	土方机械　挖掘装载机　术语和商业规格	
GB/T 10175.1—2008	土方机械　装载机和挖掘装载机　第 1 部分：额定工作载荷的计算和验证倾翻载荷计算值的测试方法	
GB/T 10175.2—2008	土方机械　装载机和挖掘装载机　第 2 部分：掘起力和最大提升高度提升能力的测试方法	
GB/T 13332—2008	土方机械　液压挖掘机和挖掘装载机　挖掘力的测定方法	
GB/T 13751—2008	挖掘装载机　试验方法	
GB/T 14917—2008	土方机械　维修服务用仪器	
GB/T 16277—2008	沥青混凝土摊铺机	
GB/T 16273.1—2008	设备用图形符号　第 1 部分：通用符号	
GB/T 16754—2008	机械安全　急停　设计原则	GB 16754—2008
GB/T 16855.1—2008	机械安全　控制系统有关安全部件　第 1 部分：设计通则	
GB/T 17047—2008	混凝土制品机械　术语	
GB/T 17888.1—2008	机械安全　进入机械的固定设施　第 1 部分：进入两级平面之间的固定设施的选择	GB 17888.1—2008
GB/T 17888.2—2008	机械安全　进入机械的固定设施　第 2 部分：工作平台和通道	GB 17888.2—2008

（续）

标准号	标准名称	备注
GB/T 17888.3—2008	机械安全　进入机械的固定设施　第 3 部分：楼梯、阶梯和护栏	GB 17888.3—2008
GB/T 17888.4—2008	机械安全　进入机械的固定设施　第 4 部分：固定式直梯	GB 17888.4—2008
GB/T 18224—2008	桥式抓斗卸船机安全规程	
GB/T 18577.1—2008	土方机械　尺寸与符号的定义　第 1 部分：主机	
GB/T 18577.2—2008	土方机械　尺寸与符号的定义　第 2 部分：工作装置和附属装置	
GB/T 20969.4—2008	特殊环境条件　高原机械　第 4 部分：高原自然环境试验导则　内燃动力机械	
GB/T 20969.5—2008	特殊环境条件　高原机械　第 5 部分：高原自然环境试验导则　工程机械	
GB/T 21457—2008	起重机和相关设备　试验中参数的测量精度要求	
GB/T 21458—2008	流动式起重机　额定起重量图表	
GB/T 21682—2008	旋挖钻机	
GB/T 21739—2008	家用电梯制造与安装规范	
GB/T 21934—2008	土方机械　沉头方颈螺栓	
GB/T 21935—2008	土方机械　操纵的舒适区域与可及范围	
GB/T 21936—2008	土方机械　安装在机器上的拖曳装置　性能要求	
GB/T 21937—2008	土方机械　履带式和轮胎式推土机的推土铲　容量标定	
GB/T 21938—2008	土方机械　液压挖掘机和挖掘装载机动臂下降控制装置　要求和试验	
GB/T 21939—2008	土方机械　低速机器报警装置　超声波及其他系统	
GB/T 21940—2008	土方机械　推土机、平地机和铲运机用刀片　主要形状和基本尺寸	
GB/T 21941—2008	土方机械　液压挖掘机和挖掘装载机的反铲斗和抓铲斗　容量标定	
GB/T 21942—2008	土方机械　装载机和正铲挖掘机的铲斗　容量标定	
GB/T 22166—2008	非校准起重圆环链和吊链　使用和维护	
GB/T 22242—2008	装修机械　术语	
GB/T 22352—2008	土方机械　吊管机　术语和商业规格	
GB/T 22353—2008	土方机械　电线和电缆　识别和标记通则	
GB/T 22354—2008	土方机械　机器生产率　术语、符号和单位	
GB/T 22355—2008	土方机械　铰接机架锁紧装置　性能要求	
GB/T 22356—2008	土方机械　钥匙锁起动系统	
GB/T 22357—2008	土方机械　机械挖掘机　术语	
GB/T 22358—2008	土方机械　防护与贮存	
GB/T 22359—2008	土方机械　电磁兼容性	
GB 22361—2008	打桩设备安全规范	
GB/T 22414—2008	起重机　速度和时间参数的测量	
GB/T 22415—2008	起重机　对试验载荷的要求	
GB/T 22416.1—2008	起重机　维护　第 1 部分：总则	
GB/T 22417—2008	叉车　货叉叉套和伸缩式货叉　技术性能和强度要求	
GB/T 22418—2008	工业车辆　车辆自动功能的附加要求	
GB/T 22419—2008	工业车辆　集装箱吊具和抓臂操作用指示灯技术要求	
GB/T 22437.3—2008	起重机　载荷与载荷组合的设计原则　第 3 部分：塔式起重机	
GB/T 22437.5—2008	起重机　载荷与载荷组合的设计原则　第 5 部分：桥式和门式起重机	
GB/T 22562—2008	电梯 T 型导轨	

（续）

标准号	标准名称	备注
GB/T 22664—2008	手持式电动工具　石材切割机	
GB/T 22665.1—2008	手持式电动工具手柄的振动测量方法　第 1 部分：电钻和冲击钻	
GB/T 22665.2—2008	手持式电动工具手柄的振动测量方法　第 2 部分：螺丝刀和冲击扳手	
GB/T 22665.3—2008	手持式电动工具手柄的振动测量方法　第 3 部分：砂轮机、抛光机和盘式砂光机	
GB/T 22665.4—2008	手持式电动工具手柄的振动测量方法　第 4 部分：非盘式砂光机和抛光机	
GB/T 22665.5—2008	手持式电动工具手柄的振动测量方法　第 5 部分：圆锯	
GB/T 22665.6—2008	手持式电动工具手柄的振动测量方法　第 6 部分：锤类工具	
GB/T 3883.18—2009	手持式电动工具的安全　第二部分：石材切割机的专用要求	GB 3883.18—2009
GB 4053.1—2009	固定式钢梯及平台安全要求　第 1 部分：钢直梯	
GB 4053.2—2009	固定式钢梯及平台安全要求　第 2 部分：钢斜梯	
GB 4053.3—2009	固定式钢梯及平台安全要求　第 3 部分：工业防护栏杆及钢平台	
GB/T 5465.1—2009	电气设备用图形符号　第 1 部分：概述与分类	
GB/T 10058—2009	电梯技术条件	
GB/T 10059—2009	电梯试验方法	
GB/T 12602—2009	起重机械超载保护装置	GB 12602—2009
GB/T 18775—2009	电梯、自动扶梯和自动人行道维修规范	
GB/T 18874.4—2009	起重机　供需双方应提供的资料　第 4 部分：臂架起重机	
GB/T 23577—2009	道路施工与养护机械设备　基本类型　识别与描述	
GB/T 23578—2009	道路施工与养护机械设备　滑模摊铺机　术语和商业规格	
GB/T 23579—2009	道路施工与养护机械设备　粉料撒布机　术语和商业规格	
GB/T 23580—2009	连续搬运设备　安全规范　专用规则	
GB/T 23720.1—2009	起重机　司机培训　第 1 部分：总则	
GB/T 23721—2009	起重机　吊装工和指挥人员的培训	
GB/T 23722—2009	起重机　司机（操作员）、吊装工、指挥人员和评审员的资格要求	
GB/T 23723.1—2009	起重机　安全使用　第 1 部分：总则	
GB/T 23725.1—2009	起重机　信息标牌　第 1 部分：总则	
GB/T 23821—2009	机械安全　防止上下肢触及危险区的安全距离	GB 23821—2009
GB/T 24474—2009	电梯乘运质量测量	
GB/T 24475—2009	电梯远程报警系统	
GB/T 24477—2009	适用于残障人员的电梯附加要求	
GB/T 24478—2009	电梯曳引机	
GB/T 24479—2009	火灾情况下的电梯特性	
GB/T 24480—2009	电梯层门耐火试验	
GB/T 24803.1—2009	电梯安全要求　第 1 部分：电梯基本安全要求	GB 24803.1—2009
GB/T 24804—2009	提高在用电梯安全性的规范	GB 24804—2009
GB/T 24805—2009	行动不便人员使用的垂直升降平台	GB 24805—2009
GB/T 24806—2009	行动不便人员使用的楼道升降机	GB 24806—2009
GB/T 24807—2009	电磁兼容　电梯、自动扶梯和自动人行道的产品系列标准　发射	
GB/T 24808—2009	电磁兼容　电梯、自动扶梯和自动人行道的产品系列标准　抗扰度	
GB/T 24809.1—2009	起重机　对机构的要求　第 1 部分：总则	

（续）

标准号	标准名称	备注
GB/T 24809.3—2009	起重机　对机构的要求　第 3 部分：塔式起重机	
GB/T 24809.4—2009	起重机　对机构的要求　第 4 部分：臂架起重机	
GB/T 24809.5—2009	起重机　对机构的要求　第 5 部分：桥式和门式起重机	
GB/T 24810.1—2009	起重机　限制器和指示器　第 1 部分：总则	
GB/T 24810.2—2009	起重机　限制器和指示器　第 2 部分：流动式起重机	
GB/T 24810.3—2009	起重机　限制器和指示器　第 3 部分：塔式起重机	
GB/T 24810.4—2009	起重机　限制器和指示器　第 4 部分：臂架起重机	
GB/T 24810.5—2009	起重机　限制器和指示器　第 5 部分：桥式和门式起重机	
GB/T 24811.1—2009	起重机和起重机械　钢丝绳选择　第 1 部分：总则	
GB/T 24811.2—2009	起重机和起重机械　钢丝绳选择　第 2 部分：流动式起重机　利用系数	
GB/T 24812—2009	4 级链条用锻造环眼吊钩	
GB/T 24814—2009	起重用短环链　吊链等用 4 级普通精度链	
GB/T 24815—2009	起重用短环链　吊链等用 6 级普通精度链	
GB/T 24816—2009	起重用短环链　吊链等用 8 级普通精度链	
GB/T 24817.4—2009	起重机械　控制装置布置形式和特性　第 4 部分：臂架起重机	
GB/T 24817.5—2009	起重机械　控制装置布置形式和特性　第 5 部分：桥式和门	
GB/T 24818.1—2009	起重机　通道及安全防护设施　第 1 部分：总则	
GB/T 24818.3—2009	起重机　通道及安全防护设施　第 3 部分：塔式起重机	
GB/T 24818.5—2009	起重机　通道及安全防护设施　第 5 部分：桥式和门式起重机	
GB/T 2893.3—2010	图形符号　安全色和安全标志　第 3 部分：安全标志用图形符号设计原则	
GB/T 6067.1—2010	起重机械安全规程　第 1 部分：总则	GB 6067.1—2010
GB/T 8593.1—2010	土方机械　司机操纵装置和其他显示装置用符号　第 1 部分：通用符号	
GB/T 8593.2—2010	土方机械　司机操纵装置和其他显示装置用符号　第 2 部分：机器、工作装置和附件的特殊符号	
GB/T 10051.1—2010	起重吊钩　第 1 部分：力学性能、起重量、应力及材料	
GB/T 10051.2—2010	起重吊钩　第 2 部分：锻造吊钩技术条件	
GB/T 10051.3—2010	起重吊钩　第 3 部分：锻造吊钩使用检查	
GB/T 10051.4—2010	起重吊钩　第 4 部分：直柄单钩毛坯件	
GB/T 10051.5—2010	起重吊钩　第 5 部分：直柄单钩	
GB/T 10051.6—2010	起重吊钩　第 6 部分：直柄双钩毛坯件	
GB/T 10051.7—2010	起重吊钩　第 7 部分：直柄双钩	
GB/T 10051.8—2010	起重吊钩　第 8 部分：吊钩横梁毛坯件	
GB/T 10051.9—2010	起重吊钩　第 9 部分：吊钩横梁	
GB/T 10051.10—2010	起重吊钩　第 10 部分：吊钩螺母	
GB/T 10051.11—2010	起重吊钩　第 11 部分：吊钩螺母防松板	
GB/T 10051.12—2010	起重吊钩　第 12 部分：吊钩闭锁装置	
GB/T 10051.13—2010	起重吊钩　第 13 部分：叠片式吊钩技术条件	
GB/T 10051.14—2010	起重吊钩　第 14 部分：叠片式吊钩使用检查	
GB/T 10051.15—2010	起重吊钩　第 15 部分：叠片式单钩	
GB/T 10170—2010	挖掘装载机　技术条件	

（续）

标准号	标准名称	备注
GB/T 10183.4—2010	起重机　车轮及大车和小车轨道公差　第 4 部分：臂架起重机	
GB/T 14780—2010	土方机械　排液、加液和液位螺塞	
GB/T 14782—2010	平地机　技术条件	
GB/T 15052—2010	起重机　安全标志和危险图形符号　总则	GB 15052—2010
GB 16710—2010	土方机械　噪声限值	
GB/T 16937—2010	土方机械　司机视野　试验方法和性能准则	
GB/T 17771—2010	土方机械　落物保护结构　试验室试验和性能要求	
GB/T 17808—2010	道路施工与养护机械设备　沥青混合料搅拌设备	
GB/T 17909.2—2010	起重机　起重机操作手册　第 2 部分：流动式起重机	
GB/T 17921—2010	土方机械　座椅安全带及其固定器　性能要求和试验	
GB/T 22437.2—2010	起重机　载荷与载荷组合的设计原则　第 2 部分：流动式起重机	
GB/T 22437.4—2010	起重机　载荷与载荷组合的设计原则　第 4 部分：臂架起重机	
GB/T 23720.3—2010	起重机　司机培训　第 3 部分：塔式起重机	
GB/T 23723.3—2010	起重机　安全使用　第 3 部分：塔式起重机	
GB/T 23723.4—2010	起重机　安全使用　第 4 部分：臂架起重机	
GB/T 23724.3—2010	起重机　检查　第 3 部分：塔式起重机	
GB/T 23725.3—2010	起重机　信息标牌　第 3 部分：塔式起重机	
GB/T 24817.2—2010	起重机械　控制装置布置形式和特性　第 2 部分：流动式起重机	
GB/T 24818.2—2010	起重机　通道及安全防护设施　第 2 部分：流动式起重机	
GB/T 25028—2010	轮胎式装载机　制动系统用加力器　技术条件	
GB 25194—2010	杂物电梯制造与安装安全规范	
GB/T 25195.1—2010	起重机　图形符号　第 1 部分：总则	
GB/T 25195.2—2010	起重机　图形符号　第 2 部分：流动式起重机	
GB/T 25195.3—2010	起重机　图形符号　第 3 部分：塔式起重机	
GB/T 25602—2010	土方机械　机器可用性　术语	
GB/T 25603—2010	土方机械　水平定向钻机　术语	
GB/T 25605—2010	土方机械　自卸车　术语和商业规格	
GB/T 25606—2010	土方机械　产品识别代码系统	
GB/T 25607—2010	土方机械　防护装置　定义和要求	
GB/T 25609—2010	土方机械　步行操纵式机器的制动系统　性能要求和试验方法	
GB/T 25610—2010	土方机械　自卸车车厢支承装置和司机室倾斜支承装置	
GB/T 25611—2010	土方机械　机器液体系统作业的坡道极限值测定　静态法	
GB/T 25612—2010	土方机械　声功率级的测定　定置试验条件	
GB/T 25613—2010	土方机械　司机位置发射声压级的测定　定置试验条件	
GB/T 25614—2010	土方机械　声功率级的测定　动态试验条件	
GB/T 25615—2010	土方机械　司机位置发射声压级的测定　动态试验条件	
GB/T 25616—2010	土方机械　辅助起动装置的电连接件	
GB/T 25617—2010	土方机械　机器操作的可视显示装置	
GB/T 25618.1—2010	土方机械　润滑油杯　第 1 部分：螺纹接头式	
GB/T 25618.2—2010	土方机械　润滑油杯　第 2 部分：油枪注油嘴	

（续）

标准号	标准名称	备注
GB/T 25619—2010	土方机械　滑移转向装载机附属装置的联接	
GB/T 25620—2010	土方机械　操作和维修　可维修性指南	
GB/T 25621—2010	土方机械　操作和维修　技工培训	
GB/T 25622—2010	土方机械　司机手册　内容和格式	
GB/T 25624—2010	土方机械　司机座椅　尺寸和要求	
GB/T 25627—2010	工程机械　动力换挡变速器	
GB/T 25628—2010	土方机械　斗齿	
GB/T 25629—2010	液压挖掘机　中央回转接头	
GB/T 25637.1—2010	建筑施工机械与设备　混凝土搅拌机　第 1 部分：术语与商业规格	
GB/T 25638.1—2010	建筑施工机械与设备　混凝土泵　第 1 部分：术语与商业规格	
GB/T 25639—2010	道路施工与养护机械设备　沥青混凝土路面摊铺作业机群智能化　术语	
GB/T 25640—2010	道路施工与养护机械设备　沥青混凝土路面摊铺作业机群智能化　信息交换	
GB/T 25641—2010	道路施工与养护机械设备　沥青混合料厂拌热再生设备	
GB/T 25642—2010	道路施工与养护机械设备　沥青混合料转运机	
GB/T 25643—2010	道路施工与养护机械设备　路面铣刨机	
GB/T 25648—2010	道路施工与养护机械设备　稳定土拌和机	
GB/T 25649—2010	道路施工与养护机械设备　稀浆封层机	
GB/T 25650—2010	混凝土振动台	
GB 25684.1—2010	土方机械　安全　第 1 部分：通用要求	
GB 25684.2—2010	土方机械　安全　第 2 部分：推土机的要求	
GB 25684.3—2010	土方机械　安全　第 3 部分：装载机的要求	
GB 25684.4—2010	土方机械　安全　第 4 部分：挖掘装载机的要求	
GB 25684.5—2010	土方机械　安全　第 5 部分：液压挖掘机的要求	
GB 25684.6—2010	土方机械　安全　第 6 部分：自卸车的要求	
GB 25684.7—2010	土方机械　安全　第 7 部分：铲运机的要求	
GB 25684.8—2010	土方机械　安全　第 8 部分：平地机的要求	
GB 25684.9—2010	土方机械　安全　第 9 部分：吊管机的要求	
GB 25684.10—2010	土方机械　安全　第 10 部分：挖沟机的要求	
GB 25684.11—2010	土方机械　安全　第 11 部分：土方回填压实机的要求	
GB 25684.12—2010	土方机械　安全　第 12 部分：机械挖掘机的要求	
GB 25684.13—2010	土方机械　安全　第 13 部分：压路机的要求	
GB/T 25685.1—2010	土方机械　监视镜和后视镜的视野　第 1 部分：试验方法	
GB/T 25685.2—2010	土方机械　监视镜和后视镜的视野　第 2 部分：性能准则	
GB/T 25688.1—2010	土方机械　维修工具　第 1 部分：通用维修和调整工具	
GB/T 25688.2—2010	土方机械　维修工具　第 2 部分：机械式拉拔器和推拔器	
GB/T 25689—2010	土方机械　自卸车车厢　容量标定	
GB/T 25690—2010	土方机械　升运式铲运机　容量标定	
GB/T 25691—2010	土方机械　开斗式铲运机　容量标定	
GB/T 25692—2010	土方机械　自卸车和自行式铲运机用限速器　性能试验	
GB/T 25693—2010	土方机械　遥控拆除机	

（续）

标准号	标准名称	备注
GB/T 25694—2010	土方机械　滑移转向装载机	
GB/T 25695—2010	建筑施工机械与设备　旋挖钻机成孔施工通用规程	
GB/T 25696—2010	道路施工与养护机械设备　沥青路面加热机　术语和商业规格	
GB/T 25849—2010	移动式升降工作平台　设计计算、安全要求和测试方法	GB 25849—2010
GB/T 25850—2010	起重机　指派人员的培训	
GB/T 25851.1—2010	流动式起重机　起重机性能的试验测定　第 1 部分：倾翻载荷和幅度	
GB/T 25852—2010	8 级链条用锻造起重部件	
GB/T 25853—2010	8 级非焊接吊链	
GB/T 25854—2010	一般起重用 D 形和弓形锻造卸扣	
GB/T 25855—2010	索具用 8 级连接环	
GB/T 25856—2010	仅载货电梯制造与安装安全规范	GB 25856—2010
GB/T 25896.1—2010	设备用图形符号　起重机　第 1 部分：通用符号	
GB/T 25896.2—2010	设备用图形符号　起重机　第 2 部分：流动式起重机符号	
GB/T 25896.3—2010	设备用图形符号　起重机　第 3 部分：塔式起重机符号	
GB/T 25977—2010	除雪车	
GB/T 25981—2010	护栏清洗车	
GB/T 26080—2010	塔机用冷弯矩形管	
GB 26133—2010	非道路移动机械用小型点燃式发动机排气污染物排放限值与测量方法（中国第一、二阶段）	
GB/Z 26139—2010	土方机械　驾乘式机器暴露于全身振动的评价指南　国际协会、组织和制造商所测定协调数据的应用	
GB/T 5905—2011	起重机　试验规范和程序	
GB/T 8420—2011	土方机械　司机的身材尺寸与司机的最小活动空间	
GB/T 10060—2011	电梯安装验收规范	
GB/T 10597—2011	卷扬式启闭机	
GB/T 14406—2011	通用门式起重机	
GB/T 14405—2011	通用桥式起重机	
GB/T 14627—2011	液压式启闭机	
GB/T 14687—2011	工业脚轮和车轮	
GB/T 14695—2011	臂式斗轮堆取料机　型式和基本参数	
GB/T 16178—2011	场（厂）内机动车辆安全检验技术要求	
GB 16899—2011	自动扶梯和自动人行道的制造与安装安全规范	
GB/T 20418—2011	土方机械　照明、信号和标志灯以及反射器	
GB/T 26408—2011	混凝土搅拌运输车	
GB/T 26409—2011	流动式混凝土泵	
GB/T 26465—2011	消防电梯制造与安装安全规范	GB 26465—2011
GB 26469—2011	架桥机安全规程	
GB/T 26470—2011	架桥机通用技术条件	
GB/T 26471—2011	塔式起重机　安装与拆卸规则	
GB/T 26473—2011	起重机　随车起重机安全要求	
GB/T 26474—2011	集装箱正面吊运起重机　技术条件	

（续）

标准号	标准名称	备注
GB/T 26475—2011	桥式抓斗卸船机	
GB/T 26476—2011	机械式停车设备　术语	
GB/T 26477.1—2011	起重机　车轮和相关小车承轨结构的设计计算　第 1 部分：总则	
GB 26504—2011	移动式道路施工机械　通用安全要求	
GB 26505—2011	移动式道路施工机械　摊铺机安全要求	
GB 26545—2011	建筑施工机械与设备　钻孔设备安全规范	
GB/T 26546—2011	工程机械减轻环境负担的技术指南	
GB/T 26557—2011	吊笼有垂直导向的人货两用施工升降机	GB 26557—2011
GB/T 26558—2011	桅杆起重机	
GB/T 26559—2011	机械式停车设备　分类	
GB/T 26560—2011	机动工业车辆　安全标志和危险图示　通则	
GB/T 26665—2011	制动器　术语	
GB/T 26945—2011	集装箱空箱堆高机	
GB/T 26946.2—2011	侧面式叉车　第 2 部分：搬运 6m 及其以上长度货运集装箱叉车的附加稳定性试验	
GB/T 26947—2011	手动托盘搬运车	
GB/T 26948.1—2011	工业车辆驾驶员约束系统技术要求及试验方法　第 1 部分：腰部安全带	
GB/T 26949.10—2011	工业车辆　稳定性验证　第 10 部分：在由动力装置侧移载荷条件下堆垛作业的附加稳定性试验	
GB/T 26950.1—2011	防爆工业车辆　第 1 部分：蓄电池工业车辆	
GB/T 27542—2011	蓄电池托盘搬运车	
GB/T 27543—2011	手推升降平台搬运车	
GB/T 27544—2011	工业车辆　电气要求	
GB/T 27545—2011	水平循环类机械式停车设备	
GB/T 27546—2011	起重机械　滑轮	
GB/T 27547—2011	升降工作平台　导架爬升式工作平台	
GB/T 27548—2011	移动式升降工作平台　安全规则、检查、维护和操作	
GB/T 27549—2011	移动式升降工作平台　操作人员培训	
GB/T 27613—2011	液压传动　液体污染　采用称重法测定颗粒污染度	
GB/T 27693—2011	工业车辆安全　噪声辐射的测量方法	
GB/T 27694—2011	工业车辆安全　振动的测量方法	
GB 27695—2011	汽车举升机安全规程	
GB/T 27696—2011	一般起重用 4 级锻造吊环螺栓	
GB/T 27697—2011	立式油压千斤顶	
GB/T 27903—2011	电梯层门耐火试验　完整性、隔热性和热通量测定法	
GB/T 27996—2011	全地面起重机	
GB/T 27997—2011	造船门式起重机	
GB/T 27998—2011	平衡式起重机	
GB/T 3883.2—2012	手持式电动工具的安全　第 2 部分：螺丝刀和冲击扳手的专用要求	GB 3883.2—2012
GB/T 3883.4—2012	手持式电动工具的安全　第 2 部分：非盘式砂光机和抛光机的专用要求	GB 3883.4—2012
GB/T 3883.6—2012	手持式电动工具的安全　第 2 部分：电钻和冲击电钻的专用要求	GB 3883.6—2012

（续）

标准号	标准名称	备注
GB/T 3883.7—2012	手持式电动工具的安全　第 2 部分：锤类工具的专用要求	GB 3883.7—2012
GB/T 3883.8—2012	手持式电动工具的安全　第 2 部分：电剪刀和电冲剪的专用要求	GB 3883.8—2012
GB/T 3883.9—2012	手持式电动工具的安全　第 2 部分：攻丝机的专用要求	GB 3883.9—2012
GB/T 3883.11—2012	手持式电动工具的安全　第 2 部分：往复锯（曲线锯、刀锯）的专用要求	GB 3883.11—2012
GB/T 3883.12—2012	手持式电动工具的安全　第 2 部分：混凝土振动器的专用要求	GB 3883.12—2012
GB/T 3883.19—2012	手持式电动工具的安全　第 2 部分：管道疏通机的专用要求	GB 3883.19—2012
GB/T 3883.20—2012	手持式电动工具的安全　第 2 部分：捆扎机的专用要求	GB 3883.20—2012
GB/T 3883.21—2012	手持式电动工具的安全　第 2 部分：带锯的专用要求	GB 3883.21—2012
GB/T 12974—2012	交流电梯电动机通用技术条件	
GB/T 15706—2012	机械安全　设计通则　风险评估与风险减小	
GB/T 19876—2012	机械安全　与人体部位接近速度相关的安全防护装置的定位	
GB/T 26949.1—2012	工业车辆　稳定性验证　第 1 部分：总则	
GB/T 28391—2012	建筑施工机械与设备　人力移动式液压动力站	
GB/T 28392—2012	道路施工与养护机械设备　热风式沥青混合料再生修补机	
GB/T 28393—2012	道路施工与养护机械设备　沥青碎石同步封层车	
GB/T 28394—2012	道路施工与养护机械设备　沥青路面微波加热装置	
GB 28395—2012	混凝土及灰浆输送、喷射、浇注机械　安全要求	
GB/Z 28597—2012	地震情况下的电梯和自动扶梯要求　汇编报告	
GB/Z 28598—2012	电梯用于紧急疏散的研究	
GB 28621—2012	安装于现有建筑物中的新电梯制造与安装安全规范	GB 28621—2012
GB 28755—2012	简易升降机安全规程	
GB/T 28756—2012	缆索起重机	
GB/T 28757—2012	除流动式、塔式和浮式起重机以外的起重机　稳定性基本要求	
GB/T 28758—2012	起重机　检查人员的资格要求	
GB/T 29009—2012	建筑施工机械与设备　移动式破碎机　术语和商业规格	
GB/T 29010—2012	建筑施工机械与设备　履带式建设废弃物处理机械　术语和商业规格	
GB/T 29011—2012	建筑施工机械与设备　液压式钢板桩压拔桩机　术语和商业规格	
GB/T 29012—2012	道路施工与养护机械设备　道路灌缝机	
GB/T 29013—2012	道路施工与养护机械设备　滑模式水泥混凝土摊铺机	
GB/T 29086—2012	钢丝绳　安全　使用和维护	
GB/T 783—2013	起重机械　基本型的最大起重量系列	
GB/T 2893.1—2013	图形符号　安全色和安全标志　第 1 部分：安全标志和安全标记的设计原则	
GB/T 2893.4—2013	图形符号　安全色和安全标志　第 4 部分：安全标志材料的色度属性和光度属性	
GB/T 6247.1—2013	凿岩机械与便携式动力工具　术语　第 1 部分：凿岩机械、气动工具和气动机械	
GB/T 6247.2—2013	凿岩机械与便携式动力工具　术语　第 2 部分：液压工具	
GB/T 6247.3—2013	凿岩机械与便携式动力工具　术语　第 3 部分：零部件与机构	
GB/T 6247.4—2013	凿岩机械与便携式动力工具　术语　第 4 部分：性能试验	
GB/T 7920.12—2013	道路施工与养护机械设备　沥青混凝土摊铺机　术语和商业规格	
GB/T 10827.5—2013	工业车辆　安全要求和验证　第 5 部分：步行式车辆	GB 10827.5—2013
GB/T 14711—2013	中小型旋转电机通用安全要求	GB 14711—2013

（续）

标准号	标准名称	备注
GB 14784—2013	带式输送机　安全规范	
GB/T 24803.2—2013	电梯安全要求　第 2 部分：满足电梯基本安全要求的安全参数	
GB/T 24803.3—2013	电梯安全要求　第 3 部分：电梯、电梯部件和电梯功能符合性评价的前提条件	
GB/T 24803.4—2013	电梯安全要求　第 4 部分：评价要求	
GB/T 25697—2013	道路施工与养护机械设备　沥青路面就地热再生复拌机	
GB/T 29561—2013	港口固定式起重机	
GB/T 29560—2013	门座起重机	
GB/T 29562.1—2013	起重机械用电动机能效测试方法　第 1 部分：YZP 系列变频调速三相异步电动机	
GB/T 29562.2—2013	起重机械用电动机能效测试方法　第 2 部分：YZR/YZ 系列三相异步电动机	
GB/T 29562.3—2013	起重机械用电动机能效测试方法　第 3 部分：锥形转子三相异步电动机	
GB/T 26949.2—2013	工业车辆　稳定性验证　第 2 部分：平衡重式叉车	
GB/T 30023—2013	起重机　可用性　术语	
GB/T 30024—2013	起重机　金属结构能力验证	
GB/T 30025—2013	起重机　起重机及其部件质量的测量	
GB/T 30026—2013	起重用短环链　TH 级手动链式葫芦用高精度链	
GB/T 30027—2013	起重用短环链　VH 级手动链式葫芦用高精度链	
GB/T 30028—2013	电动葫芦能效测试方法	
GB/T 30031—2013	工业车辆　电磁兼容性	
GB/T 30032.2—2013	移动式升降工作平台　带有特殊部件的设计、计算、安全要求和试验方法　第 2 部分：装有非导电（绝缘）部件的移动式升降工作平台	
GB/T 30193—2013	工程机械轮胎耐久性试验方法	
GB/T 30197—2013	工程机械轮胎作业能力测试方法　转鼓法	
GB/T 30221—2013	工业制动器能效测试方法	
GB/T 30222—2013	起重机械用电力驱动起升机构能效测试方法	
GB/T 30223—2013	起重机械用电力驱动运行机构能效测试方法	
GB/T 30462—2013	再制造非道路用内燃机　通用技术条件	
GB/T 2981—2014	工业车辆充气轮胎技术条件	
GB/T 2982—2014	工业车辆充气轮胎规格、尺寸、气压与负荷	
GB 5226.6—2014	机械电气安全　机械电气设备　第 6 部分：建设机械技术条件	
GB/T 6067.5—2014	起重机械安全规程　第 5 部分：桥式和门式起重机	GB 6067.5—2014
GB/T 6572—2014	土方机械　液压挖掘机　术语和商业规格	
GB/T 10054.1—2014	货用施工升降机　第 1 部分：运载装置可进人的升降机	GB 10054.1—2014
GB/T 10054.2—2014	货用施工升降机　第 2 部分：运载装置不可进人的倾斜式升降机	GB 10054.2—2014
GB/T 10827.1—2014	工业车辆　安全要求和验证　第 1 部分：自行式工业车辆（除无人驾驶车辆、伸缩臂式叉车和载运车）	GB 10827.1—2014
GB/T 13331—2014	土方机械　液压挖掘机　起重量	
GB/T 14781—2014	土方机械　轮胎式机器　转向要求	
GB/T 17922—2014	土方机械　滚翻保护结构　实验室试验和性能要求	
GB/T 19929—2014	土方机械　履带式机器　制动系统的性能要求和试验方法	
GB/T 19930.2—2014	土方机械　挖掘机保护结构的实验室试验和性能要求　第 2 部分：6t 以上挖掘机的滚翻保护结构（ROPS）	

（续）

标准号	标准名称	备注
GB/T 19933.1—2014	土方机械　司机室环境　第 1 部分：术语和定义	
GB/T 19933.2—2014	土方机械　司机室环境　第 2 部分：空气滤清器试验方法	
GB/T 19933.3—2014	土方机械　司机室环境　第 3 部分：增压试验方法	
GB/T 19933.4—2014	土方机械　司机室环境　第 4 部分：采暖、换气和空调（HVAC）的试验方法和性能	
GB/T 19933.5—2014	土方机械　司机室环境　第 5 部分：风窗玻璃除霜系统的试验方法	
GB/T 19933.6—2014	土方机械　司机室环境　第 6 部分：太阳光热效应的测定	
GB/T 20001.10—2014	标准编写规则　第 10 部分：产品标准	
GB/T 20002.3—2014	标准中特定内容的起草　第 3 部分：产品标准中涉及环境的内容	
GB 20178—2014	土方机械　机器安全标签　通则	
GB/T 20850—2014	机械安全　机械安全标准的理解和使用指南	
GB 20891—2014	非道路移动机械用柴油机排气污染物排放限值及测量方法（中国第三、四阶段）	
GB/T 21154—2014	土方机械　整机及其工作装置和部件的质量测量方法	
GB/T 30559.1—2014	电梯、自动扶梯和自动人行道的能量性能　第 1 部分：能量测量与验证	
GB/T 30560—2014	电梯操作装置、信号及附件	
GB/T 30561—2014	起重机　刚性　桥式和门式起重机	
GB/T 30574—2014	机械安全　安全防护的实施准则	
GB/T 30575—2014	机械振动与冲击　人体暴露　生物动力学坐标系	
GB/T 30584—2014	起重机臂架用无缝钢管	GB 30584—2014
GB/T 30587—2014	钢丝绳吊索　环索	
GB/T 30588—2014	钢丝绳绳端　合金熔铸套接	
GB/T 30589—2014	钢丝绳绳端　套管压制索具	
GB/T 30692—2014	提高在用自动扶梯和自动人行道安全性的规范	GB 30692—2014
GB/T 30750—2014	道路施工与养护机械设备　路面处理机械　安全要求	
GB/T 30751—2014	建筑施工机械与设备　移动式破碎机　安全要求	
GB/T 30752—2014	道路施工与养护机械设备　沥青混合料搅拌设备　安全要求	
GB/T 30753—2014	移动式道路施工机械　路面铣刨机安全要求	
GB/T 30754—2014	移动式道路施工机械　稳定土拌和机和冷再生机安全要求	
GB/T 30964—2014	土方机械　可再利用性和可回收利用性　术语和计算方法	
GB/T 30965—2014	土方机械　履带式机器平均接地比压的确定	
GB/T 30977—2014	电梯对重和平衡重用空心导轨	
GB/T 31037.1—2014	工业起升车辆用燃料电池发电系统　第 1 部分：安全	
GB/T 31037.2—2014	工业起升车辆用燃料电池发电系统　第 2 部分：技术条件	
GB/T 31050—2014	冶金起重机能效测试方法	
GB/T 31051.1—2014	起重机　工作和非工作状态下的锚定装置　第 1 部分：总则	
GB/T 31052.1—2014	起重机械　检查与维护规程　第 1 部分：总则	
GB/T 31094—2014	防爆电梯制造与安装安全规范	GB 31094—2014
GB/T 31200—2014	电梯、自动扶梯和自动人行道乘用图形标志及其使用导则	
GB/T 31254—2014	机械安全　固定式直梯的安全设计规范	
GB/T 31255—2014	机械安全　工业楼梯、工作平台和通道的安全设计规范	
GB/T 2883—2015	工程机械轮辋规格系列	

（续）

标准号	标准名称	备注
GB/T 12939—2015	工业车辆轮辋规格系列	
GB/T 14521—2015	连续搬运机械　术语	
GB/T 16755—2015	机械安全　安全标准的起草与表述规则	
GB/T 16856—2015	机械安全　风险评估　实施指南和方法举例	
GB/T 16936—2015	土方机械　发动机净功率试验规范	
GB/T 18148—2015	土方机械　压实机械压实性能试验方法	
GB/T 20001.2—2015	标准编写规则　第 2 部分：符号标准	
GB/T 20001.3—2015	标准编写规则　第 3 部分：分类标准	
GB/T 20001.4—2015	标准编写规则　第 4 部分：试验方法标准	
GB/T 20002.4—2015	标准中特定内容的起草　第 4 部分：标准中涉及安全的内容	
GB/T 21155—2015	土方机械　行车声响报警装置和前方喇叭　试验方法和性能准则	
GB/T 24809.2—2015	起重机　对机构的要求　第 2 部分：流动式起重机	
GB/T 26950.2—2015	防爆工业车辆　第 2 部分：内燃工业车辆	
GB/T 30032.1—2015	移动式升降工作平台　带有特殊部件的设计、计算、安全要求和试验方法　第 1 部分：装有伸缩式护栏系统的移动式升降工作平台	
GB/T 31052.5—2015	起重机械　检查与维护规程　第 5 部分：桥式和门式起重机	
GB/T 31052.11—2015	起重机械　检查与维护规程　第 11 部分：机械式停车设备	
GB/T 31704—2015	装载机电子秤	
GB/T 31821—2015	电梯主要部件报废技术条件	
GB/T 32069—2015	土方机械　轮胎式装载机附属装置的连接装置	
GB/T 32070—2015	土方机械　危险监测系统及其可视辅助装置　性能要求和试验	
GB/T 32076.1—2015	预载荷高强度栓接结构连接副　第 1 部分：通用要求	
GB/T 32076.2—2015	预载荷高强度栓接结构连接副　第 2 部分：预载荷适应性	
GB/T 32076.3—2015	预载荷高强度栓接结构连接副　第 3 部分：HR 型　大六角头螺栓和螺母连接副	
GB/T 32076.4—2015	预载荷高强度栓接结构连接副　第 4 部分：HV 型　大六角头螺栓和螺母连接副	
GB/T 32076.5—2015	预载荷高强度栓接结构连接副　第 5 部分：平垫圈	
GB/T 32076.6—2015	预载荷高强度栓接结构连接副　第 6 部分：倒角平垫圈	
GB/T 32076.7—2015	预载荷高强度栓接结构连接副　第 7 部分：M39 ～ M64　大六角头螺栓和螺母连接副	
GB/T 32083—2015	机场除冰剂撒布机	
GB/T 32271—2015	电梯能量回馈装置	
GB/T 32272.1—2015	机动工业车辆　验证视野的试验方法　第 1 部分：起重量不大于 10t 的坐驾式、站驾式车辆和伸缩臂式叉车	
GB/T 32273—2015	建筑施工机械与设备　手扶随行式振动平板夯　术语和商业规格	
GB/T 32274—2015	建筑施工机械与设备　手扶随行式振动冲击夯　术语和商业规格	
GB/T 5184—2016	叉车　挂钩型货叉和货叉架　安装尺寸	GB/T 5184—2008
GB/T 5972—2016	起重机　钢丝绳　保养、维护、检验和报废	GB/T 5972—2009
GB/T 6974.4—2016	起重机　术语　第 4 部分：臂架起重机	GB/T 6974.10—1986，GB/T 6974.11—1986
GB/T 6974.6—2016	起重机　术语　第 6 部分：铁路起重机	GB/T 6974.7—1986
GB/T 7920.4—2016	混凝土机械术语	GB/T 7920.4—2005
GB/T 10171—2016	建筑施工机械与设备　混凝土搅拌站（楼）	GB/T 10171—2005

（续）

标准号	标准名称	备注
GB/T 14560—2016	履带起重机	GB/T 14560—2011
GB/T 20303.1—2016	起重机　司机室和控制站　第 1 部分：总则	GB/T 20303.1—2006
GB/T 20303.3—2016	起重机　司机室和控制站　第 3 部分：塔式起重机	GB/T 20303.3—2006
GB/T 20863.2—2016	起重机　分级　第 2 部分：流动式起重机	GB/T 20863.2—2007
GB/T 23724.1—2016	起重机　检查　第 1 部分：总则	GB/T 23724.1—2009
GB/T 24817.1—2016	起重机　控制装置布置形式和特性　第 1 部分：总则	GB/T 24817.1—2009
GB/T 24817.3—2016	起重机　控制装置布置形式和特性　第 3 部分：塔式起重机	GB/T 24817.3—2009
GB/T 26949.4—2016	工业车辆　稳定性验证　第 4 部分：托盘堆垛车、双层堆垛车和操作者位置起升高度不大于 1 200mm 的拣选车	GB/T 21468—2008
GB/T 26949.7—2016	工业车辆　稳定性验证　第 7 部分：两向和多向运行叉车	GB/T 22420—2008
GB/T 26949.8—2016	工业车辆　稳定性验证　第 8 部分：在门架前倾和载荷起升条件下堆垛作业的附加稳定性试验	GB/T 21467—2008
GB/T 26949.11—2016	工业车辆　稳定性验证　第 11 部分：伸缩臂式叉车	
GB/T 26949.14—2016	工业车辆　稳定性验证　第 14 部分：越野型伸缩臂式叉车	
GB/T 26949.20—2016	工业车辆　稳定性验证　第 20 部分：在载荷偏置条件下作业的附加稳定性试验	
GB/T 26949.21—2016	工业车辆　稳定性验证　第 21 部分：操作者位置起升高度大于 1 200mm 的拣选车	
GB/T 31051.4—2016	起重机　工作和非工作状态下的锚定装置　第 4 部分：臂架起重机	
GB/T 31052.2—2016	起重机械　检查与维护规程　第 2 部分：流动式起重机	
GB/T 31052.3—2016	起重机械　检查与维护规程　第 3 部分：塔式起重机	
GB/T 31052.6—2016	起重机械　检查与维护规程　第 6 部分：缆索起重机	
GB/T 31052.7—2016	起重机械　检查与维护规程　第 7 部分：桅杆起重机	
GB/T 31052.8—2016	起重机械　检查与维护规程　第 8 部分：铁路起重机	
GB/T 31052.9—2016	起重机械　检查与维护规程　第 9 部分：升降机	
GB/T 31052.10—2016	起重机械　检查与维护规程　第 10 部分：轻小型起重设备	
GB/T 32542—2016	建筑施工机械与设备　混凝土泵送用布料杆计算原则和稳定性	
GB/T 32543—2016	建筑施工机械与设备　混凝土输送管　连接型式和安全要求	
GB/T 32544—2016	桥式与门式起重机金属结构声发射检测及结果评定方法	
GB/T 32799—2016	液压破碎锤	
GB/T 32800.3—2016	手持式非电类动力工具　安全要求　第 3 部分：钻和攻丝机	
GB/T 32800.4—2016	手持式非电类动力工具　安全要求　第 4 部分：纯冲击式动力工具	
GB/T 32801—2016	土方机械　再制造零部件　装配技术规范	
GB/T 32802—2016	土方机械　再制造零部件　出厂验收技术规范	
GB/T 32803—2016	土方机械　零部件再制造　分类技术规范	
GB/T 32804—2016	土方机械　零部件再制造　拆解技术规范	
GB/T 32805—2016	土方机械　零部件再制造　清洗技术规范	
GB/T 32806—2016	土方机械　零部件再制造　通用技术规范	
GB/T 32819—2016	土方机械　零部件可回收利用性分类及标识	
GB/T 32820—2016	土方机械　防盗系统　分类和性能	
GB/T 32827—2016	物流装备管理监控系统功能体系	
GB/T 32828—2016	仓储物流自动化系统功能安全规范	

（续）

标准号	标准名称	备注
GB/T 33080—2016	塔式起重机安全评估规程	
GB/T 33081—2016	移动式升降工作平台　操作者控制符号和其他标记	
GB/T 33082—2016	机械式停车设备　使用与操作安全要求	
GB/T 4208—2017	外壳防护等级（IP 代码）	GB/T 4208—2008
GB/T 3883.403—2017	手持式、可移式电动工具和园林工具的安全　第 4 部分：步行式和手持式草坪修整机、草坪修边机的专用要求	GB/T 4706.54—2008
GB/T 5226.32—2017	机械电气安全　机械电气设备　第 32 部分：起重机械技术条件	GB 5226.2—2002
GB/T 6974.2—2017	起重机　术语　第 2 部分：流动式起重机	GB/T 6974.2—2010
GB/T 8498—2017	土方机械　基本类型　识别、术语和定义	GB/T 8498—2008
GB/T 8706—2017	钢丝绳　术语、标记和分类	GB/T 8706—2006
GB/T 10595—2017	带式输送机	GB/T 10595—2009
GB/T 13752—2017	塔式起重机设计规范	GB/T 13752—1992
GB/T 17300—2017	土方机械　通道装置	GB/T 17300—2010
GB/T 18831—2017	机械安全　与防护装置相关的联锁装置　设计和选择原则	GB/T 18831—2010
GB/T 19154—2017	擦窗机	GB/T 19154—2003
GB/T 19155—2017	高处作业吊篮	GB/T 19155—2003
GB/T 20001.5—2017	标准编写规则　第 5 部分：规范标准	
GB/T 20001.6—2017	标准编写规则　第 6 部分：规程标准	
GB/T 20001.7—2017	标准编写规则　第 7 部分：指南标准	
GB/T 20062—2017	流动式起重机　作业噪声限值及测量方法	GB/T 20062—2006
GB/T 24476—2017	电梯、自动扶梯和自动人行道物联网的技术规范	GB/T 24476—2009
GB/T 25604—2017	土方机械　装载机　术语和商业规格	GB/T 25604—2010
GB/T 25608—2017	土方机械　非金属燃油箱的性能要求	GB/T 25608—2010
GB/T 25623—2017	土方机械　司机培训　内容和方法	GB/T 25623—2010
GB/T 25625—2017	土方机械　教练员座椅　挠曲极限量、环境空间和性能要求	GB/T 25625—2010
GB/T 25687.1—2017	土方机械　同义术语的多语种列表　第 1 部分：综合	GB/T 25687.1—2010
GB/T 25687.2—2017	土方机械　同义术语的多语种列表　第 2 部分：性能和尺寸	GB/T 25687.2—2010
GB/T 26949.13—2017	工业车辆　稳定性验证　第 13 部分：带门架的越野型叉车	
GB/T 26949.15—2017	工业车辆　稳定性验证　第 15 部分：带铰接转向的平衡重式叉车	
GB/T 28264—2017	起重机械　安全监控管理系统	GB/T 28264—2012
GB/T 30032.3—2017	移动式升降工作平台　带有特殊部件的设计、计算、安全要求和试验方法　第 3 部分：果园用移动式升降工作平台	
GB/T 30559.2—2017	电梯、自动扶梯和自动人行道的能量性能　第 2 部分：电梯的能量计算与分级	
GB/T 30559.3—2017	电梯、自动扶梯和自动人行道的能量性能　第 3 部分：自动扶梯和自动人行道的能量计算与分级	
GB/T 31052.4—2017	起重机械　检查与维护规程　第 4 部分：臂架起重机	
GB/T 31052.12—2017	起重机械　检查与维护规程　第 12 部分：浮式起重机	
GB/T 33504—2017	移动式悬吊工作平台	
GB/T 33505—2017	自动扶梯梯级和自动人行道踏板	
GB/T 33640—2017	齿轮齿条式人货两用施工升降机安装质量检验规程	
GB/T 33941.1—2017	土方机械　结构件应力测试方法　第 1 部分：通则	

（续）

标准号	标准名称	备注
GB/T 33941.2—2017	土方机械　结构件应力测试方法　第 2 部分：轮胎式装载机机架	
GB/T 33941.3—2017	土方机械　结构件应力测试方法　第 3 部分：装载机、挖掘机和挖掘装载机的工作装置和附属装置	
GB/T 33942—2017	特种设备事故应急预案编制导则	
GB/T 34023—2017	施工升降机安全使用规程	
GB/T 34025—2017	施工升降机用齿轮渐进式防坠安全器	
GB/T 34029—2017	锅炉炉膛检修升降平台	
GB/T 34109—2017	旋挖机钻杆用无缝钢管	
GB/T 34353—2017	土方机械　应用电子器件的机器控制系统（MCS）　功能性安全的性能准则和试验	
GB/T 34529—2017	起重机和葫芦　钢丝绳、卷筒和滑轮的选择	
GB/T 34650—2017	全断面隧道掘进机　盾构机安全要求	
GB/T 34651—2017	全断面隧道掘进机　土压平衡盾构机	
GB/T 34652—2017	全断面隧道掘进机　敞开式岩石隧道掘进机	
GB/T 34653—2017	全断面隧道掘进机　单护盾岩石隧道掘进机	
GB/T 34354—2017	全断面隧道掘进机　术语和商业规格	
GB/T 35191—2017	土方机械　履带式吊管机	
GB/T 35192—2017	土方机械　非公路机械传动宽体自卸车　试验方法	
GB/T 35193—2017	土方机械　非公路机械传动矿用自卸车　试验方法	
GB/T 35194—2017	土方机械　非公路机械传动宽体自卸车　技术条件	
GB/T 35195—2017	土方机械　非公路机械传动矿用自卸车　技术条件	
GB/T 35196—2017	土方机械　非公路电传动矿用自卸车　技术条件	
GB/T 35197—2017	土方机械　非公路电传动矿用自卸车　试验方法	
GB/T 35198—2017	土方机械　轮胎式装载机　试验方法	
GB/T 35199—2017	土方机械　轮胎式装载机　技术条件	
GB/T 35200—2017	土方机械　履带式湿地推土机　技术条件	
GB/T 35202—2017	土方机械　履带式推土机　试验方法	
GB/T 35205.1—2017	越野叉车　安全要求及验证　第 1 部分：伸缩臂式叉车	
GB/T 35213—2017	土方机械　履带式推土机　技术条件	
GB/T 35484.1—2017	土方机械和移动式道路施工机械　工地数据交换　第 1 部分：系统体系	
GB/T 35484.2—2017	土方机械和移动式道路施工机械　工地数据交换　第 2 部分：数据字典	
GB/T 3227—2018	螺栓螺母用装配工具　机动套筒工具的传动四方	
GB/T 3229—2018	螺栓螺母用装配工具　手动和机动螺刀头的传动端和连接部件的尺寸及扭矩试验	
GB/T 6104.1—2018	工业车辆　术语和分类　第 1 部分：工业车辆类型	
GB/T 6374—2018	凿岩机械与气动工具　尾柄和衬套配合尺寸	
GB/T 7586—2018	土方机械　液压挖掘机　试验方法	
GB/T 7920.8—2018	土方机械　铲运机　术语和商业规格	
GB/T 8511—2018	振动压路机	
GB/T 8590—2018	土方机械　推土机　术语和商业规格	
GB/T 9139—2018	土方机械　液压挖掘机　技术条件	
GB/T 9465—2018	高空作业车	

（续）

标准号	标准名称	备注
GB/T 10183.1—2018	起重机　车轮及大车和小车轨道公差　第 1 部分：总则	
GB/T 13333—2018	混凝土泵	
GB/T 17772—2018	土方机械　保护结构的实验室鉴定　挠曲极限量的规定	
GB/T 18874.3—2018	起重机　供需双方应提供的资料　第 3 部分：塔式起重机	
GB/T 21152—2018	土方机械　轮式或高速橡胶履带式机器　制动系统的性能要求和试验方法	
GB/T 22437.1—2018	起重机　载荷与载荷组合的设计原则　第 1 部分：总则	
GB/T 24813—2018	带安全闭锁装置的 8 级钢制锻造起重吊钩	
GB/T 25196—2018	起重机　设计工作周期的监控	
GB/T 25626—2018	冲击压路机	
GB/T 25648.1—2018	手持便携式动力工具　振动试验方法　第 1 部分：角式和端面式砂轮机	
GB/T 26548.6—2018	手持便携式动力工具　振动试验方法　第 6 部分：夯实机	
GB/T 25686—2018	土方机械　司机遥控装置的安全要求	
GB/T 26949.3—2018	工业车辆　稳定性验证　第 3 部分：前移式和插腿式叉车	
GB/T 26949.5—2018	工业车辆　稳定性验证　第 5 部分：侧面式叉车（单侧）	
GB/T 26949.9—2018	工业车辆　稳定性验证　第 9 部分：搬运 6 m 及其以上长度货运集装箱的平衡重式叉车	
GB/T 26949.16—2018	工业车辆　稳定性验证　第 16 部分：步行式车辆	
GB/T 35014—2018	建筑施工机械与设备 预应力用自动压浆机	
GB/T 35019—2018	全断面隧道掘进机　泥水平衡盾构机	
GB/T 35020—2018	全断面隧道掘进机　单护盾 - 土压平衡双模式掘进机	
GB/T 35850.1—2018	电梯、自动扶梯和自动人行道安全相关的可编程电子系统的应用　第 1 部分：电梯（PESSRAL）	
GB/T 35857—2018	斜行电梯制造与安装安全规范	
GB/T 35975—2018	起重吊具　分类	
GB/T 36152—2018	齿轮齿条式人货两用施工升降机安全评估规程	
GB/T 36156—2018	道路施工与养护机械设备　除雪机械安全要求	
GB/T 36255—2018	建筑施工机械与设备　混凝土喷射机械　术语和商业规格	
GB/T 36507—2018	工业车辆　使用、操作与维护安全规范	
GB/T 36513—2018	移动式道路施工机械　夯实机械安全要求	
GB/T 36515—2018	混凝土制品机械　砌块成型机安全要求	
GB/T 36693—2018	土方机械　液压挖掘机　可靠性试验方法、失效　分类及评定	
GB/T 36694—2018	土方机械　履带式推土机燃油消耗量　试验方法	
GB/T 36695—2018	土方机械　液压挖掘机燃油消耗量　试验方法	
GB/T 36696—2018	土方机械　轮胎式装载机燃油消耗量　试验方法	
GB/T 36974—2018	土方机械　轮胎式叉装机　技术条件	
GB/T 36977—2018	土方机械　轮胎式叉装机　试验方法	
GB/T 36978—2018	土方机械　轮胎式叉装机燃油消耗量　试验方法	
GB/T 37168—2018	建筑施工机械与设备　混凝土和砂浆制备机械与设备安全要求	
GB/T 37217—2018	自动扶梯和自动人行道主要部件报废技术条件	

〔供稿单位：中国工程机械工业协会标准化工作委员会〕

FYG方圆集团
FANGYUAN GROUP

方圆集团
3HZS120D
方圆集

浙江海宏液压科技股份有限公司

浙江海宏液压科技股份有限公司是生产工程机械液压件的专业企业，始建于1970年，在国内工程机械行业享有很高的知名度，是国家重点支持的高新技术企业。公司占地面积13万㎡，建筑面积10万㎡。

产品覆盖工程机械、工业车辆、农业机械、矿山机械、车工机械、环保车辆的液压阀、液压缸等部件，共40多个系列、600多个品种，是目前国内品种较为齐全的液压件配套厂商。产品主要配套三一重工、徐工、中联重科、柳工、安徽合力、杭叉、林德叉车、比亚迪、约翰迪尔、龙工、厦工、中联农机、山推、杭齿、斗山工程机械、江淮重工、山河智能、内蒙古一机集团、常州科试等国内各大工程机械主机生产企业，部分产品随主机出口或直接销往海外市场。

公司一直以科技创新为战略，以用户至上为宗旨，具有雄厚的科技实力和研发能力。公司拥有浙江省高新技术企业研发中心、浙江省企业技术中心，通过不断加大研发投入，自主研发出一系列具有国内领先、国际先进水平的核心技术。公司是浙江省专利示范企业，获得专利65项，其中发明专利15项。公司参与了多项国家、行业标准的制定，是国家（行业）标准制定单位；通过了ISO9001质量管理体系认证，公司“临宏”牌工程机械液压阀被评为浙江省名牌产品；公司还参与了国家科技支撑计划项目的研发与制造。

我们期待您的光临，与您携手共创美好未来！